라마나와 함께한

추억의 순간들

옮긴이 ● 대성(大晟)

선불교와 비이원적 베단타의 내적 동질성에 관심을 가지고 라마나 마하르쉬의 '아루나찰라 총서'와 마하라지 계열의 '마하라지 전서'를 집중 번역하면서, 성엄선사의 『마음의 노래』, 『지혜의 검』, 『선의 지혜』, 『대의단의 타파, 무방법의 방법』, 『부처 마음 얻기』, 『비추는 침묵』 등 '성엄선서' 시리즈와 『눈 속의 발자국』, 『바른 믿음의 불교』를 번역했다. 그 밖에도 중국 허운선사의 『참선요지』와 『방편개시』, 감산대사의 『감산자전』, 혜능대사의 『그대가 부처다: 영어와 함께 보는 육조단경, 금강경구결』 등을 옮겼다.

라마나와 함께한 추억의 순간들

지은이 | V. 가네산
옮긴이 | 대성(大晟)
펴낸이 | 이효정
펴낸곳 | 도서출판 탐구사

초판 발행일 2024년 1월 15일

등록 | 2007년 5월 25일(제208－90－12722호)
주소 | 04097 서울 마포구 광성로 28, 102동 703호(신수동, 마포벽산 e솔렌스힐)
전화 | 02－702－3557 **Fax** | 02－702－3558
e-mail | tamgusa@naver.com

잘못된 책은 바꾸어 드립니다.

ISBN 978－89－89942－62－7 03270

아루나찰라 총서 15

라마나와 함께한
추억의 순간들

합본 별책 1 진아가 되라
합본 별책 2 바가반 라마나의 직접 가르침

V. 가네산 지음 대성(大晟) 옮김

탐구사

Moments Remembered : Reminiscences of Bhagavan Ramana
by V. Ganesan
First Edition 1990; Third Edition 2018

with
Be the Self
by V. Ganesan
First Edition 1987; Second Revised Edition 2018; Third edition 2019

Direct Teaching of Bhagavan Ramana
by V. Ganesan
First Edition 2003; Second Edition 2011

Published by V. S. Ramanan
President, Sri Ramanasramam,
Tiruvannamalai 606 603, Tamil Nadu, INDIA

Printed in Seoul, Korea

바가반 스리 라마나 마하르쉬

차례

라마나와 함께한 추억의 순간들

서언 · 13
머리말 · 15
제1장 향기로우신 라마나 · 17
제2장 사랑받으시는 라마나 · 24
제3장 자비로우신 라마나 · 34
제4장 아주 멋지신 라마나 · 43
제5장 영원하신 라마나 · 56
제6장 매혹적인 라마나 · 68
제7장 인자하신 라마나 · 79
제8장 가장 성스러우신 라마나 · 91
제9장 청정하신 라마나 · 107
제10장 쾌활하신 라마나 · 119
제11장 어머니보다 더 친절하신 라마나 · 133
제12장 사랑스러우신 라마나 · 145
제13장 아낌없이 주시는 라마나 · 155
제14장 고상하신 라마나 · 165
제15장 모든 것을 아시는 라마나 · 177

제16장 으뜸이신 라마나 · 187
제17장 모범 그 자체이신 라마나 · 195
제18장 찬란히 빛나시는 라마나 · 206
제19장 지고의 라마나 · 218
제20장 전율시키시는 라마나 · 226
제21장 이해심 깊으신 라마나 · 241
제22장 승리하신 라마나 · 251

합본 별책 1 : 진아가 되라

머리말 · 261
1. 자기탐구의 수행 · 263
2. 낮, 밤, 침묵의 태양 · 279
3. 과녁과 화살 · 289
4. 지복이 되라 · 296
5. 스리 바가반과 은총 · 303

합본 별책 2 : 바가반 라마나의 직접 가르침

간행사 · 313
머리말 · 314
제1편 : 불길이 날아감
1. 불길이 날아감 · 319
2. 축복의 개화 (1) · 326
3. 축복의 개화 (2) · 339

4. 축복의 개화 (3) · 349

제2편 : 전주곡

1. 그저 자각하라 · 361

2. 자기탐구 수행에 전념하라 · 366

3. 고요함 속으로 해소되기 · 370

4. 가장 중요한 학學 · 374

5. 그대가 그것이다 · 383

6. 우리가 신이다 · 388

제3편 : 친존, 진보, 완성, 평안

1. 스승이 곧 가르침이다 · 397

2. 가르침과 스승은 누구를 위해 있는가? · 402

3. 나는 누구인가? 큰 스승의 단순한 가르침 · 406

4. 자기발견의 영적인 향기 · 410

5. 우리의 참된 정박 : 몸 · 마음인가, 진아인가? · 415

6. 그대 자신을 사랑하라! 그대 자신을 알라! 그대 자신이 되라! · 420

제4편 : 지복의 꽃다발

1. 지복의 꽃다발 (1) · 427

2. 지복의 꽃다발 (2) · 442

3. 축복 – 은총 · 452

용어 해설 · 455

찾아보기 · 463

옮긴이의 말 · 469

일러두기

1. 본문 중 꺾쇠표에 든 말은 원문의 개념을 설명하기 위해 편집자가 넣은 주석 또는 보충문구이다. 본문의 괄호 안에 있는 말 중 본문과 비슷한 크기의 것은 원문에 있는 것이고, 본문보다 작은 글자로 된 것은 역자가 문맥을 보충한 것이다.
2. 본문에서 돋움체로 표시된 말은 원문에서 대문자로 시작하는 단어와, 옮긴이가 부각시킨 일부 핵심 용어들이다. 원문에서 대문자로만 표기되거나 이탤릭체로 강조한 단어는 굵은 글씨로 표시하였다.
3. 옮긴이의 각주는 *T.*(Translator의 약자)로 표시하였다.

라마나와 함께한
추억의 순간들

MOMENTS REMEMBERED

Reminiscences of Bhagavan Ramana

By V. Ganesan

(First edition, 1990; Third edition, 2018)

서언

『추억의 순간들』은 스리 V. 가네산 님이 여러 해 동안 **스리 라마나**의 가장 원로인 헌신자들과 접촉하면서 즐겁게 수집한 회상 모음집이다. 지난 5년간 「마운틴 패스(*The Mountain Path*)」에 정기적으로 게재되는 동안, 헌신자들은 매회 분의 새로운 회상들을 기다려 즐겨 읽곤 했다.

스리 바가반의 아우(도감, *Sarvadhikari*)의 손자인 스리 가네산 님은 그의 형, 아우, 누이들과 함께, **스리 라마나**의 지켜보시는 눈길 아래서 성장하는 특권을 가졌다. 대학을 졸업한 뒤에는 근 30년 가까이 아쉬람과 **바가반**의 헌신자들을 위한 봉사에 온 마음으로 전념해 왔다. 원로 헌신자들과 함께 한 그 경이로운 순간들은 가네산 님의 청소년기와 수행(*sadhana*)을 형성하고 육성해 왔다. 그는 이 순수한 영혼들과 함께 어울리며 그들의 신임을 얻었기에, 이 원로들은 곧잘 마음을 열고 **스승님**에 대한 그들의 가장 깊숙한 생각과 체험들을 드러내 주었다.

가네산 님과 꽤 가깝게 알고 지내온 내 남편과 나는 다수의 이런 이야기 모임에 동참하는 행운을 가졌다. 우리는 여러 번에 걸쳐, 소수의 헌신자 그룹과 함께 **바가반**의 생애에 대한 아주 사소한 세부 사항까지도 열중하며 경청하곤 했다. **아루나찰라** 산기슭의 바위에 걸터앉아 있노라면 멀리서 사원의 종들이 울리고, 지는 해가 서녘 하늘을 물들이기도 했다. 그 헌신자가 이야기를 하고 있을 때, 그의 얼굴은 **스리 라마나**의 찬연한 친존親存으로 밝게 빛나곤 했다. 우리는 자연스럽게 그 **친존**(Presence)으로 이끌려 갔고, 그 이야기가 종종 무대로 하던 구舊 회당의 평안 속을 감돌던 향의 내음까지 맡을 수 있었다. 바로 이 특별한 은총의 흐름이 『추억의 순간들』에 수집된 회고담들 속에서 빛나고 있다.

책의 형태로 나온 이 『추억의 순간들』은 위대한 진인의 친존에서 산다는 것이 어떤 것이었는지를 내밀하고도 정확하게 엿볼 수 있게 해준다. 우리는 원로 헌신자들의 심장에서 방사되는 이 빛살들을 붙잡아 기록해 둠으로써 우리가 그에 대해 반추하고 명상할 수 있게 힘써 준 스리 가네산 님께 감사드린다.

1989년 6월 27일

미국에서, 조안 그린블래트(Joan Greenblatt)

머리말

『추억의 순간들』은 「마운틴 패스」에 싣기 위해 쓴 것으로, 1982년부터 1987년까지 22회에 걸쳐 연재되었다. 헌신자들의 요청으로, 이제 그것을 한 권의 책으로 엮었다.

내가 회상하는 몇 가지 순간들을 제외하면, 이 책 내용의 대부분은 원로 헌신자들의 회상으로 이루어져 있다. 그들 모두 처음에는 망설였지만 결국 입을 열었고, 스리 바가반의 친존에서 보낸 그 지복스러운 순간들에 대한 자신들의 추억을 기꺼이, 즐겁게 들려주었다. 「마운틴 패스」 저널에 매회 기고할 때는, 향기로운 추억을 가진 무루가나르, 코헨, 비스와나타 스와미, 사두 나따나난다 기타 헌신자들의 회상을 내가 기록해 둔 것을 사용하기도 했지만, 다행히도 아직 우리 곁에 계신 라마스와미 삘라이, 꾼주 스와미, 까나깜마와 같은 다른 헌신자들은 나를 위해 기억을 더듬어 '무無시간자(Timeless One)'와 함께 보낸 시간 속의 황홀했던 그 순간들을 들려주었다. 나는 "추억의 순간들(moments remembered)"을 이야기해 준 라마스와미 삘라이, 꾼주 스와미, 삼뿌르남말, N. 발라라마 레디, N. R. 크리슈나무르티 아이어 교수, 알라감말(빌라쩨리 랑가 아이어의 따님), 키티 더글러스(오즈본의 따님), 크리슈나스와미, K. 나떼산, 쁘라브하바띠 라제 공주, 암마니 암말, 랄리따 벤까따라만, K. 수브라마니안 박사, 까나깜마, N. 나따라자 아이어, 안나말라이 스와미, 빠드마 시따빠띠, 세샤드리 사스뜨리갈, 라마니 암말, 라자빨라얌 라마니 암말 그리고 숩부락슈미 암말 님들께 깊은 감사를 표하고 싶다.

내가 쓴 “추억의 순간들” 원고가 매회 인쇄에 넘어가기 전에 원고를 다듬어 주신 당시의 「마운틴 패스」 주간 K. 스와미나탄(Swaminathan) 교수님께도 이루 말할 수 없이 감사드린다. 편집상의 상당한 도움은 이 존경 받는 교수님이 나를 위해 해 주신 많고 많은 친절한 도움들 중 하나일 뿐이다. 교수님의 현명한 인도와 ‘하나의 고정된 지표’[1]인 그의 사랑을 내가 얻을 수 있었던 것은 스리 바가반의 은총 덕분이었다.

17장 이후의 장들 앞머리에 엄선된 라마나 헌신자들에 대한 묘사 글을 기고해 준 J. 자야라만 님께도 감사드리고 싶다. 또한 「마운틴 패스」에서 가져온 인쇄된 원고를 주의 깊게 읽어주고 이 책에 반영된 귀중한 조언들을 해준 조안 그린블래트에게도 고마움을 표하고 싶다. 그녀가 이 책의 아름다운 표지와 내지 디자인도 맡아 주고 훌륭한 서언을 써 준 것에 대해서도 감사드린다. 그리고 원고를 다듬어 주고, 조안이 제안한 대로 색인과 용어 해설을 준비해 준 K.V. 수브라모니얀에게도 감사하는 바이다.

뽄디체리 ‘올인디아프레스’ 인쇄소의 스리 사팔 님은 탁월한 작업과 여러 수상 경력으로 잘 알려진 분인데, 예의 일급 솜씨로 책을 만들어 주셨다. 그에게 진심으로 감사드린다.

마지막으로 그러나 누구 못지않게, 내 아버지이자 아쉬람 총재이신 스리 T.N. 벤까따라만 님께 감사드린다. 당신은 이 책이 발전해 가던 매 단계에서 나를 격려해 주셨다.

V. 가네산

---

1) *T.* 이것은 ‘변함없는 사랑’을 비유한 말로, 셰익스피어 ‘소네트 116’에 나오는 “오, 아니어라! 사랑은 늘 고정된 지표이니(O no! it is an ever-fixed mark)”에서 따온 것이다.

제1장

향기로우신 라마나

Ambrosial Ramana

시인 성자이자 **스리 바가반**의 확고한 헌신자(*bhakta*)인 스리 무루가나르(Sri Muruganar)는 진지한 구도자들을 언제나 기꺼이 도와주고 인도해 주었다. 그는 '**라마나**'라는 이름만 나와도 감정이 복받치곤 했지만, 당신의 가르침을 견고히 고수하는 점에서는 바위같이 굳건했다. 우리는 그에게서 헌신(*bhakti*)과 지知(*jnana*)의 완벽한 겸비를 발견한다. 자신의 **스승님**에게 전적으로 순복한 그는 '**바가반**의 그림자'라는 이름을 얻었다! 구도자들을 인도하고 **바가반**의 가르침을 일러주는 데서는 엄격하고 비타협적이었다.

한번은 내가 그에게 **탐구의 길**(*vichara marga*)을 따르기가 나로서는 힘들고, 그래서 더 쉬운 다른 방법을 써서 근기가 성숙된 다음 **탐구법**으로 가는 것이 좋겠다고 말했다. 그는 즉각 이렇게 대답했다. "그것은 다 도피주의야. **바가반**께 와서 당신의 가르침을 알았다면 **자기탐구**(Self-Enquiry)로 뛰어들어야 해. **바가반**께 끌린 사람은 이미 직접적인 길에 들어선 거야. **바가반**이 다른 방법을 권하신 것은 그런 질문을 하는 사람들을 위한 것이지, 자네에게는 해당되지 않아. **바가반**의 길이 자네에게는 유일한 길이야. **바가반**께 왔으면서 왜 헤매나?"

며칠 뒤에는 또 무루가나르에게 **바가반**의 **형상**(Form)이 얼마나 매혹적이며 당신의 **이름**(Name)이 얼마나 듣기 좋은지 모르겠다고 했더니, 그는

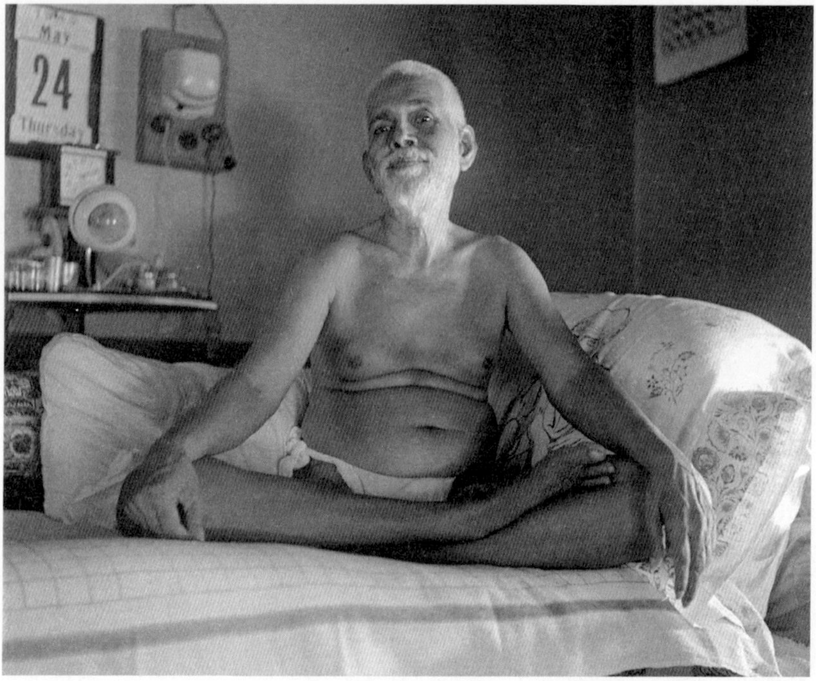

금방 눈에 눈물을 가득 담고 울먹이며 말했다. "그래, 그렇지. 바가반의 이름 그 자체로 우리에게 충분해. 당신의 모습은 우리를 당신께로 끌어당겨 당신 안으로 흡수하고 말아. 당신의 이름은 일체를 포용하지! 당신의 형상은 일체를 삼켜 버리고!"

*　　*　　*

쁘라브하바띠 라제 공주(Princess Prabhavati Raje)[1]가 결혼한 직후에 남편과 함께 바가반의 축복을 얻으러 왔다. 그녀는 아름다운 장미 화만華鬘 두 개를 가져 왔고, 남편과 함께 그것을 바가반의 목에 걸어드리고 싶어 했다. 그러나 그런 일은 엄격히 금지되어 있었다. 하지만 그녀는 열렬한

---

1) *T.* 현 마디야 프라데시 지역의 Devas라는 작은 토후국 공주(?-1991). 1940년대 초에 바가반을 처음 찾아왔고, 몇 년 뒤 께랄라 지역 왕실 사람과 결혼한 뒤 바가반을 뵈러 왔다.

사랑으로, 꼭 걸어 드리고 싶다면서 침상에 앉아 계시던 바가반께 그 화만을 가져갔다. 바가반은 화만을 거절하면서 이렇게 제안하셨다. "그것을 어머니 사원 안에 갖다 두지." 쁘라브하바띠는 실망했고, 떠나기 전에 엎드려 절하기 위해 몸을 굽히면서 화만들을 침상 위에 놓았다. 그녀는 일어나서 화만을 집어 들고 회당을 떠나며 슬피 울었다. 얼마 후 스리 꾼주 스와미(Sri Kunju Swami)가 저만치 떨어진 데서 그녀에서 놀라운 장면을 보게 했다. 바가반이 그 화만에서 떨어진 침상 위의 꽃잎들을 하나하나 집어 천천히 당신의 입안에 넣고 계셨다! 꾼주 스와미가 공주에게 말했다. "거 봐요! 당신은 복도 많군요! 당신은 바가반께서 장미 화만을 받지 않으셨다고 실망했지만, 지금 당신의 장미가 바가반의 음식이 되었네요. 이것은 실제로 받으신 것 아닙니까?" 그녀는 너무 기뻤고, 슬픔의 눈물이 기쁨의 눈물로 바뀌었다.

* * *

아쉬람 이들리(*iddlis*)[2]는 워낙 유명해서 어쩌다 구자라트 주에 있는 사바르마티 아쉬람(Sabarmati Ashram-간디의 아쉬람)에서 이들리를 배식할 때는 간디지(Gandhiji)가 "라마나스라맘 이들리야!"라고 말하곤 했다. ('인도의 나이팅게일(여류시인)'인 사로지니 나이두(Sarojini Naidu)[3]가 한동안 바가반 곁에 머물렀는데, 아쉬람 이들리를 아주 좋아해서 그것을 간디지에게 이야기했던 것이다!) 아쉬람에서 이들리를 만들게 된 경위를 돌이켜 보는 것도 흥미로울지 모른다. 그 당시 바가반은 아침에 아주 일찍 일어나서 채소를 써시곤 했는데, 가끔은 웁뿌마(*uppuma*)[4] 만드는 것을 돕기도 하셨다. 한번은 로깜말(Lokammal)[확고한 헌신자이며 주방 보조원]이 뗀까시(Tenkasi)

2) *T.* 쌀과 콩을 반죽해 쪄 내는 떡의 일종. 아쉬람의 아침식사 때 흔히 나온다.
3) *T.* 인도의 여류 시인(1879-1949).
4) *T.* 거칠게 간 쌀가루를 가볍게 볶고 기에 튀긴 양념과 섞어 만드는 되직한 음식.

근처의 자기 고향 마을 빠따꾸리찌에서 최상품의 찐쌀을 다량 보내왔다. 또 다른 주방 보조자인 산땀마(Santhamma)는 찐쌀을 어떻게 이용해야 할지 몰라서(아쉬람에서는 생미로만 밥을 짓는다) 바가반과 의논한 뒤 그날 아침 식사로 이들리를 준비했고, 다들 그것을 아주 좋아했다. 그때부터 이들리가 주된 아침 식단이 되었다. 오늘날에도 아쉬람 이들리는 그 크기와 부드러움, 그리고 맛에서 훌륭하다고 평가받는다. 로깜마 빠띠(로깜마 할머니)에게 그 공을 다 돌려야 할 것이다!

* * *

"띠루반나말라이에서는 여름이 열 달을 간다"는 것이 아쉬람 헌신자들 사이에서 즐겨 듣는 농담이었다! 5-6월에 태양은 가장 뜨겁게 작렬하는데, 말하자면 온 대지가 타오른다. 바가반은 평생 신발을 신지 않으셨다. 매일 점심식사 후 12시에서 1시 30분 사이에 당신은 빨라꼬뚜(Palakothu)까지 맨발로 걸어가셨다. 맨 땅의 모랫길은 맨발로 걷기가 불가능할 정도였으나, 바가반은 비가 퍼붓든 햇볕이 뜨겁든 걷는 속도를 전혀 바꾸지 않으셨다. 당신은 천천히 걸으셨지만 따라오는 시자侍者에게는 "뛰어! 뛰어가서 저 나무 밑에서 피해! 윗도리 천을 발밑에 깔고 잠시 서 있게." 하시곤 했다. 시자들에게는 그러라고 하셨지만 당신 자신은 일정하게 천천히 걸으시는 것이었다!

* * *

스리 바가반의 헌신자인 스리 상까라난다는 마드라스(첸나이)의 한 우편국에 근무하고 있었다. 그는 만트라 염송(*mantra japa*)을 오래 한 끝에 심잠心潛(*manolaya*), 즉 마음의 고요함을 성취했다. 모든 세간사에 흥미를 잃었고 언제나 심잠삼매心潛三昧(*laya samadhi*)에 잠겨 있었기 때문에, 사무실에서나 집에서 자신의 일에 집중할 수 없었다. 그런 상태에서 6개월의 휴가를 얻어 바가반을 찾아왔다. 그는 구 회당(Old Hall)에 바가반과 함께 앉아 있었는데, 곧 모든 외부적 의식을 잃어버렸다. 점심식사 종이 울린 뒤에도 꼼짝 않고 앉아 있었다. 바가반은 그를 부드럽게 밀어서 의식이 돌아오게 하여, 식당으로 데려가셨다.

심잠삼매는 우리를 궁극적 진리로 이끌어주지 않을 것이기 때문에, 바가반은 스리 꾼주 스와미, 스리 비스와나타 스와미, 기타 사람들에게 상까라난다를 오전에 사원에 데려가고 저녁에는 사무드람 호수(Samudram Lake)[5]로 데려가서, 낮 동안에는 이런저런 방식으로 그의 주의를 붙들어서 심잠에 빠지지 못하게 하라고 하셨다. 여러 날 동안 이런 식으로 낮 동안 그를 깨어 있게 했는데, 결국 잠에 빠져드는 것이었다. 얼마 후 상까라난다는 스리 바가반의 은총에 의해 정상이 되었다. 휴가 기간이 끝날 무렵 그는 집으로 돌아가서 정상적인 생활을 계속했고, 승진도 했다!

나중에 스리 니란자난다 스와미를 버마(미얀마)로 모셔가서 마뜨루부떼스와라 사원(Matrubhuteswara Temple-라마나스라맘의 어머니 사원)을 짓는 데 사용할 티크 목재를 구해 오게 한 사람도 이 상까라난다였다.

* * *

바가반은 밤에도 헌신자들에 둘러싸여 계셨다. 당신의 침상 주위에서는 사람들, 심지어 개들까지 잠을 자곤 했다.

스리 소마순다람 스와미는 아쉬람 거주자였는데, 헌신자들이 방해받지 않도록 원숭이들을 몰아내곤 했다. 그는 다른 헌신자들과 함께 회당에서 잠을 자기도 했는데, 이따금 한밤중에 꿈속에서 (원숭이를 쫓아낼 때 쓰는) 특이한 소리를 내곤 했다. 그러면 스리 라마크리슈나 스와미는 "그래,

---

5) *T.* 아루나찰라 남쪽의 얕고 너른 호수. 건기에는 마르고, 우기에는 호수가 된다.

그래! 원숭이들은 가 버렸어. 잠이나 자!" 하고 말하는 것이었다. 바가반은 라마크리슈나 스와미에게 그의 마음이 꿈속에 머물러 있지 않도록 그를 깨우라고 말씀하시곤 했다. 바가반은 우리가 꿈 없이 곧바로 잠 속으로 들어가야 하며, 마찬가지로 깨어날 때도 처음 깨어나려는 충동이 온 뒤 즉시 일어나야 한다고 말씀하시곤 했다.

바가반이 잠을 주무시기나 했는지는 아무도 모른다! 새벽 2시나 3시에 당신은 침상에 앉아 계시곤 했다. 바가반은 누구의 잠도 방해하지 않으셨다. 그러나 누구든지 한번 깨어난 뒤에 다시 잠을 자려고 하면, 당신은 그들에게 잠을 연장시켜 꿈속에 빠지지 말라고 말씀하시곤 했다. 당신의 지팡이로 그들을 부드럽게 찔러서 일어나라고 신호하기도 하셨다. 바가반은 당신의 헌신자들에게 진정 한 분의 어머니셨다!

* * *

아루나찰라에 대한 스리 바가반의 열렬한 헌신은 잘 알려져 있다. 그러나 다음과 같은 사실을 아는 사람은 거의 없다. 바가반은 새 펜이 생겼거나, 펜에 잉크를 채우거나, 연필을 깎으실 때마다, 잘 써지는지 보려고 종잇조각에 써 보시곤 했다. 그럴 때 스리 바가반은 어김없이 (타밀어로) "아루나짤람(*Arunachalam*)"이나 "아루나짤라바시(*Arunachalavasi*)"라는 단어를 쓰셨다![6]

* * *

우리는 「마운틴 패스」 과월호에 스리 바가반이 스리 꾼주 스와미의 공책에 손수 그려주신 아루나찰라 산의 그림 하나를 실은 바 있다. 또 한

6) *T.* "아루나짤람"은 아루나찰라의 타밀식 표기이고, "아루나짤라바시"는 "아루나찰라에 사는 사람"이라는 뜻이다.

명의 가까운 시자인 스리 시바난다 스와미가 공책 한 권을 나에게 건네 주었는데, 거기에 바가반이 그리신 아루나찰라 산의 그림 하나가 있었다. 그 그림은 아래와 같다.

제2장

사랑받으시는 라마나

Beloved Ramana

『영적인 가르침』과 『라마나 다르사남(*Ramana Darsanam*)』의 편찬자인 스리 사두 나따나난다(Sadhu Natanananda)는 수십 년째 아쉬람 근처에 살고 있지만 바깥 세계에 거의 알려져 있지 않다. 그는 활동적 삶에서 완전히 물러났고, 인정받고 좋은 평판을 얻는 것에 대한 모든 욕망에서 벗어나 **바가반**의 가르침을 따르고 실천하면서 사는 데 만족하고 있었다. 그는 아주 자비로워서, 구도자들이 **자기탐구**(*Atma Vichara*)의 길로 나아가는 것을 도와주었다.

내가 그에게 **스승님**과 나눈 마지막 대화가 무엇이었느냐고 묻자, 그는 제일 마지막 대화는 아니지만 **바가반**의 **대삼매**大三昧(*Mahasamadhi*) 전에 당신에게서 받은 가장 중요한 가르침으로 다음 이야기를 들려주었다.

"내가 **바가반**께 다가가서 우리가 어떤 존재의 상태에서 살고 있는지 말씀해 달라고 하자, 당신은 『해탈정수』의 이 두 구절을 인용하셨지.

> '신성한 반얀나무 아래 앉으신 **주님**(다끄쉬나무르띠)에 의거하여, 나는 진리를 말한다! 그대는 거칠고, 미세한 (그리고 원인적인) 무지와, 생시·꿈·잠의 상태들과, 과거·현재·미래의 시간이 지나가는 것을 지켜보는 불변의 **주시자**이다. 그런 것들은 지복의 바다 안에서 파도처럼 끝없이 일어나고 스러진다.' (I.72)

'저는 몸을 자기로 착각하면서 무수한 과거생을 살았습니다. 그러다가 높고 낮은 모든 것을 하나의 신기루로 보면서, 스승님의 은총에 의해 '나'로서의 진아를 깨닫고 해탈했습니다.' (II.174)

"이 시구들은 진보된 수행자들조차 갖는 뿌리 깊은 의문, 즉 우리가 진아로 살고 있는가 아니면 에고로 살고 있는가 하는 의문을 밝혀준다네."

또 하루는 사두 나따나난다가 나에게 스리 바가반의 가르침의 요지를 다음과 같이 들려주었다.

"진리는 단 하나인데, 이 진리를 성인 웃달라카(Uddhalakha)가 스웨따께뚜(Swetaketu)에게, 야마다르마(Yamadharma)가 나찌께따(Nachiketa)에게 전했고, 야냐발끼야(Yagnavalkya)가 가르기(Gargi)에게, 마이뜨레이에게, 다시 자나까(Janaka)에게 전했으며, 비야사가 수까(Suka)에게, 바시슈타가 라마에게, 라마가 안자네야(Anjaneya-하누만)에게 전했고, 크리슈나가 아르주나에게, 샹까라가 만다나미스라(Mandanamisra)에게, 그리고 스리 라마크리슈나가 비베카난다(Vivekananda)에게 전했다네. 모든 우파니샤드의 핵심이면서 우리 스승님의 직접지각이기도 한 이 똑같은 진리를, 바가반은 우리에게 당신의 넘치는 자비와 은총 안에서 전해주셨지! 그건 이런 거야. '인간의 본래적 상태는 자각일 뿐이다. 그는 몸도 아니고 감각기관도 아니고 마음도 아니다. 자각은 허공(*akash*)만큼이나 미세하다. 이 자각은 몸 안에 있는 것처럼 보이기는 해도, 물 위에 뜬 연잎처럼 그리고 진흙 속의 벌레처럼, 몸에 의해 속박되지 않는다. 또한 허공이 지수화풍地水火風에 두루 편재하는 기본 원소이듯이, 이 자각은 몸과 마음에 편재하면서도 그것들에 의해 결코 영향을 받지 않는다. 이 자각에는 탄생도 죽음도 없고, 속박도 해탈도 없기 때문이다. 저 자각이 그대의 참된 성품이다.' 이것이 바가반께서 우리에게 힘주어 말씀하시는 거라네."

그는 계속해서 말했다. "한번은 내가 스리 바가반께 자기탐구를 하는 올바른 방법을 여쭈었더니 이렇게 대답하셨지. '(1) 언제 어떤 상황에서도 우리는 자신의 참된 성품["내가 있다"]을 어김없이 기억해야 한다. (2) 이것을 기억하면서 세간에서의 자기 의무를 수행하면, 우리는 자기가 하는 행위나 그 결과에 대해 조금도 집착 없이 그 일을 하게 될 것이다. 이러한 마음 자세가 강화되면 수행자는 자신의 수행이 진보하고 있다는 확신을 느끼게 된다. (3) 모두가 이러한 마음 자세를 닦아야 한다.'"

"예를 들어 바가반 자신도 아주 활동적이면서 온갖 일들을 하셨지. 당신은 나뭇잎들을 기우셨고,[1)] 물주전자(*kamandalams*)를 만들고 지팡이를 다듬으셨어. 주방 일을 도와서 무엇을 빻고, 반죽을 만들고, 채소를 썰고, 실제 요리도 하셨지. 개나 원숭이들의 산파 역할도 하셨다네. 그런 일들

1) *T.* 남인도에서는 흔히 음식을 바나나 잎 같은 엽반葉盤에 놓고 먹는데, 바나나 잎이 부족할 때는 아몬드나무 잎들을 여러 장 기워 붙여서 엽반으로 사용하기도 한다.

을 모두 완벽하게, 조금도 집착 없이 하셨지. 우리가 집착 없이 행위를 하고 있다는 증거는, 그 일이 이루어지도록 그리고 잘 이루어지도록 우리를 쓰시고 있는 분은 하느님이라고 우리가 느낀다는 거지. 그의 전 존재가 이렇게 말한다네. '지고자가 나를 통해서 이 일들을 하셨다.' 그런 겸허함이 영적인 성숙의 징표라네."

*　　*　　*

삼뿌르남말(Sampoornammal)[2]은 여러 해를 주방에서 바가반의 보조자로 일했다. 하루는 그가 스리 바가반의 삼매당에서 아부다야까(Avudayakka)[3]의 다음과 같은 노래를 부른 뒤에 나에게 달려왔다.

그 노래는 이러하다.

"저의 주님이시여! 저는 당신께서 주시는 은총의 말씀에 대한 보답으로 아무것도 드릴 게 없습니다."

"제게는 이 온 우주가 의식으로 충만한 것으로 보여, 당신께 아무것도 드리지 못하는 것이 죄스럽습니다."

"그 무엇을, 심지어 제 몸과 마음과 영혼, 혹은 이 우주 안의 어떤 물질을 내놓는다 해도 당신의 은총의 말씀 한 마디에 미치지 못합니다. 이 우주는 다름 아닌 당신이니, 이 세상에서 제가 당신께 드릴 수 있는 어떤 것이 있습니까?"

"자기 집 안에 있는 벌레에게 전수한 가르침(*Upadesa*)이, 밖에서 윙윙거리는 벌에게 무슨 소용 있겠습니까? 저는 혼란에 빠져 있으니, 부디 저를 인도해 주소서."

---

2) *T.* 스리 바가반과 동향인 띠루쭐리 출신의 여성 헌신자(1900-1993). 1928년과 1932년에 띠루반나말라이로 바가반을 방문했고, 1933년부터 띠루반나말라이 읍내에 살면서 아쉬람 주방의 요리를 담당했다. 요리에 관해 바가반의 가르침을 많이 받고 뛰어난 요리사가 되었다.

3) 이 여류성자는 베단타적 의미로 충만한 많은 노래를 지었다. 바가반의 어머니는 바가반이 산 위에 살고 있을 때 당신의 친존에서 그 노래들을 부르곤 했다.

그녀가 말했다. "이 노래를 부르다가 문득 내가 사탕과자와 바나나를 좀 집어서 바가반 앞에 놓아드리던 날이 생생하게 생각났어. 당신이 미소를 지으며 말씀하셨거든. '이런 것을 나에게 준들 무슨 소용 있어? 자네 마음을 내맡겨야지.'라고 말이야!"

* * *

학구적인 노老헌신자 스리 N. 발라라마 레디아르(Balarama Reddiar)는 바가반에 대해서라면 언제든지 이야기할 준비가 되어 있는 분인데, 다음과 같은 이야기를 해주었다.

"한 비슈누파派 헌신자가 스리 바가반의 침상 곁으로 가서 선 채로 더없이 공손하게 여쭈었지. '바가반! 위대한 진인들이 『바가바드 기타』의 가장 중요한 소절이라 했고, 비슈누파(Vaishnavites)의 종결구(*charama sloka*)[4] 이기도 한 "모든 올바른 행위를 내버리고(*Sarvadharman parityajya*)"[18.66] 라는 구절을, 당신께서는 왜 고르지 않으셨습니까?' 바가반이 답변하셨지. "그 대신 그대는 같은 장의 더 앞쪽에 나오는 연[18.62]을 제가 골랐다는 것을 알게 될 겁니다."

스리 발라라마 레디아르는 이 뜻 모를 말씀을 다음과 같이 설명했다. 즉, 제66연에서는 "모든 올바른 행위를 내버리고 나를 그대의 유일한 피난처로 추구하라"는 소극적 측면이 강조되지만, 제62연에서는 "그대의 전 존재로써, 오 바라타(Bharata)여, 그에게만 순복하라"는 적극적 방법이 제시된다는 것이다.

여기 제18장의 그 두 연이 있다.

---

4) *T.* 비슈누파의 스승 라마누자(Ramanuja)는 『바가바드 기타』의 제18장 제66연을 이 경전의 실질적인 '종결구(*charama sloka*)'로 선언했다(『바가바드 기타』는 제18장 제78연으로 끝난다). '종결구'란, 모든 수행법을 아우르는 가장 포괄적이고 쉬운 길로 주 크리슈나가 제시한 구절이란 뜻이다.

"모든 올바른 행위를 내버리고 나를 그대의 유일한 피난처로 추구하라. 내가 그대를 모든 죄에서 해방시켜 줄 테니, 슬퍼하지 말라."

(제66연. 이것은 바가반의 「바가바드 기타 요지」[5]에 포함되지 않았다.)

"그대의 전 존재로써, 오 바라타여, 그에게만 순복하라. 그의 은총에 의해 그대가 지고의 평안, 영원한 거소居所를 얻게 될 것이니."

(제62연. 이것은 「바가바드 기타 요지」의 마지막 연인 제42연에 나온다.)

* * *

1929년에 업무를 개시한 아쉬람 시약소施藥所의 초대 의사였던 M. R. 크리슈나무르티 아이어(Krishnamoorthy Iyer) 박사는 대단한 구도자였는데, 세월이 가면서 높은 영적 성숙을 성취하여 그와 단순히 접촉하기만 해도 그것을 알 수 있을 정도였다. 그는 띠루반나말라이 읍내에 살았고, 나는 어릴 때부터 그의 집을 친숙히 드나들었다. 바가반이 범열반梵涅槃(*Brahma Nirvana*)을 성취하신 뒤에 크리슈나무르티 박사는 바가반의 삼매지三昧地에 가서 헌가를 한 곡 부르고 산(아루나찰라)을 돌러 가곤 했다. 나는 그를 매우 우러르고 있었기 때문에, 내가 중한 병이 들었을 때 그만이 나를 치료할 수 있다고 고집을 부렸고, 그는 큰 보살핌과 애정으로 나를 치유해 주었다. 그 기간 동안에 나는 그의 치열한 구도 열정을 알게 되었고, 그에게 바가반에 대해 더 이야기해 달라고 했다.

그는 이렇게 말했다. "1930년대 후반에 바가반께서 계속 딸꾹질이 나서 내가 당신을 치료해 드리고 있었지. 여러 날이 되었는데도 낫지 않았고, 의사들이 아는 모든 요법을 다 써 보았지만 소용이 없었어. 바가반의 상태는 급격히 나빠지고 있었지. 하루는 당신의 맥박을 쟀더니 아주 약

5) *T.* 바가반이 『바가바드 기타』에서 핵심적인 42개 연을 뽑아내어 타밀어 4행시로 번역한 작품. 『라마나 마하르쉬 저작 전집』(이하, 『저작 전집』)에 수록되어 있다.

해서 나는 당신이 사실 날이 얼마 남지 않았나 하고 겁이 났어. 몹시 황망했지. 나는 당신께 아무 말도 하지 않고, 당신의 친존에 서서 마음속으로 당신을 치료할 방법을 저에게 보여주시라고 기도했지."

"나는 슬픔에 사로잡혀 집에 돌아와 어린애같이 울고 또 울다가 잠이 들었어. 새벽녘에 **바가반**께서 꿈에 나타나서 말씀하셨지. '왜 울고 있나?' 나는 울면서 대답했지. '**바가반**, 다 아시지 않습니까. 당신의 딸꾹질을 어떻게 고쳐 드려야 할지 모르겠습니다. 어떻게 해야 합니까?' '울지 말게. 자네 집 뜰에 씬디꼬디(*Seendhikodi*)[6]가 하나 있지. 그 잎을 좀 따서 기(ghee)로 튀긴 다음, 그것을 말린 생강과 막설탕과 섞어서 두드려 환丸으로 만들어 가져오게. 걱정 말고!' 나는 기뻐하면서 깨었고, 아내와 함께 남포등(휴대용 석유등)을 들고 밖에 나가 뜰에서 그 약초를 찾았어. 좁다란 땅 한 조각 외에 뜰은 대부분 시멘트로 발라져 있었지. 그 좁은 땅에 많은 덤불이 자라고 있었네. 그 중에서 우리는 그 약초를 찾아냈는데, 그것도 한 포기뿐인 거야. 우리는 시키신 대로 그 약을 만들어 아쉬람으로 거의 달려갔지. 아주 이른 아침에 회당에 들어가니, **스리 바가반**이 침상에 앉아 계셨어. 당신은 미소를 지으면서 우리에게 인사를 하시고 손을 내밀며 이렇게 말씀하셨지. '자네들이 가져온 것을 주게!' 그리고 그 약을 드셨어. 내가 그 꿈 이야기를 하자, 당신은 마치 그에 대해 전혀 모르는 것처럼 천진한 얼굴을 하시는 거 아니겠나! 말할 필요도 없이 딸꾹질은 며칠 안에 멈추었고, 당신은 평소의 건강을 회복하셨다네."

* * *

스리마띠[7] 락슈미 랑가나단(Smt. Lakshmi Ranganadhan)은 **바가반**이 "우

---

6) *T.* 아유르베다에서 약재로 쓰는 덩굴식물. 타밀어 이름은 원래 씬디르꼬디('씬딜 덩굴')인데, 구두치(*guduchi*)라고도 불리며, 학명은 *Tinospora Cordifolia*이다.

7) *T.* 스리마띠(Smt.)는 성인 남자에게 붙이는 '스리(Sri)'처럼 성인 여성에게 붙이는 존칭이다.

리 락슈미"라고 부른 복 있는 헌신자였는데, "우르 아따이(*Oor Athai*)"[딴 동네 아주머니]라는 애칭으로 알려져 있었다.

우르 아따이는 자상하게도 나에게 다음과 같은 이야기를 들려주었다. "나는 오빠 나라야나 라오를 통해 **바가반**께 오게 되었어. 어머니와 함께 읍내에 머물면서 아쉬람을 찾아왔지. 그때 찐나스와미(Chinnaswami) 혼자서 아쉬람의 요리를 도맡고 있었는데, 나에게 주방 일을 도와 달라더군. 하루는 다음날 먹을 이들리 재료를 갈고 있는데, 갑자기 **바가반**이 거기 오셔서 물으시는 거야. '왜 그걸 혼자서 하고 있나?' 그러고는 내 곁에 앉아 그것을 다 갈고 나서 가셨어. 그 생각을 하면 지금도 머리가 곤두선다니까!"

우르 아따이가 이야기를 계속했다. "**바가반**은 우리가 실수를 하면 엄격하실 때도 있었어. 한번은 내가 오후에 낼 푸리(*puris*-기름에 튀긴 빵의 일종)를 만들었지. 그것을 기름에 튀겼지만 몇 개는 기(ghee)에다가도 튀겼어. 그렇게 특별히 만든 것을 맨 위에 얹어두었다가 **바가반**께 말없이 배식하려고 했지. 모든 음식이 분배되었어. 다 끝난 뒤 **바가반**이 나를 부르시더니 이러시는 거야. '락슈미, 다시는 그러지 마라. 네가 사람에 따라 차별을 두겠다면 네가 만든 것은 손도 대지 않을 테니까.' 내가 그렇게 한 것을 어떻게 아셨을까? 나는 두 번 다시는 그런 실수를 하지 않았지. **바가반**의 말씀은 워낙 강력해서 듣는 사람의 전 존재가 당신의 단 한 마디 말씀으로 변화돼. 당신은 **자비의 샘**일 뿐 아니라 **힘의 주님**(Lord of Power)이기도 하셔."

* * *

바가반의 머리는 끊임없이 흔들리곤 했고, 지팡이 없이는 당신이 걷거나 똑바로 서 계시지도 못했다는 것은 잘 알려져 있다. 그것은 노령의

징후는 아니었다. 스리 꾼주 스와미(Sri Kunju Swami)는 그 머리 흔들림과 지팡이 짚기는 아주 초기 시절까지 거슬러 오른다고 말한다. 그것은 마두라이에서의 그 엄청난 진아 깨달음(*Atmanubhuti*) 체험에 의해 당신에게 남겨진 흔적이었다는 것이다! 이 상태에 관해 누가 질문하면 스리 바가반은 이렇게 말씀하셨다. "작은 초가 움막 안에 큰 코끼리를 붙들어 매 두면 어떤 일이 일어날 거라고 생각합니까? 그 움막이 부서지지 않겠습니까? 여기서도 같은 경우지요!"

* * *

빌라쩨리 랑가 아이어(Vilacheri Ranga Iyer)는 스리 바가반의 동급생이었다. 그의 경우는 바가반이 어떤 사람의 삶의 과정에 직접 개입하여 그것을 바꾸어 놓았다고 알려진 드문 사례 중의 하나이다. 당신은 그를 몇 달간 곁에 머물러 있게 했는데, 그가 몇 번이나 가겠다고 허락을 구했음에도 보내주지 않았다. (이 이야기는 데바라자 무달리아르의 『나의 회상(*My Recollections*)』, 103-4쪽에 나온다.) 마침내 바가반이 그에게 집으로 가는 것을 허락했을 때는 랑가 아이어의 문제들 대부분이 해결되어 있었다.

그의 딸인 스리마띠 알라감말(Smt. Alagammal)은 바가반께 깊이 헌신하고 있다. 그녀의 이름 알라감말은 바가반이 지어 주신 것이었다. 그녀는 자기 아버지가 들려준, 바가반의 친존에서 일어난 몇 가지 흥미 있는 사건을 이렇게 이야기했다.

랑가 아이어가 바가반을 처음 만났을 때, 산 위에서 당신께 이렇게 여쭈었다. "아니 바가반! 당신께서 아루나찰라로 떠나기 바로 전날 저녁만 해도 우리는 같이 축구를 했고, 그때는 그토록 정상이셨지요. 그런데 그렇게 친한 친구였던 저에게도 어찌 알리지 않으셨습니까?" 바가반은 미소를 짓고 대답했다. "랑가! 내가 짐 따위를 꾸려서 정상적인 경로로 그 여정을 떠났소? 어떤 큰 힘이 나를 밀어내어 아루나찰라로 데려온 거라오. 달리 무엇을 할 여지가 어디 있소?"

랑가 아이어의 부인인 쩰람마(Chellamma) 역시 바가반께 깊이 헌신하고 있었다. 그들이 아쉬람을 방문했을 때, 한번은 랑가 아이어와 가족이 바가반의 허락을 얻어 산의 오른돌이(*giripradakshina*)를 하러 갔다. 쩰람마는 다리가 부어 있어 그들과 함께 갈 수 없었다. 그러나 그녀는 아쉬람 경내를 한 번 돈 다음, 바가반이 앉아 계신 구 회당을 몇 번 돌았다. 그녀가 회당에 들어가자 바가반은 놀라면서 그녀에게 어떻게 산 오른돌이를 그렇게 빨리 했느냐고 물으셨다. 그녀가 대답했다. "저는 같이 가지 못했습니다. 그렇지만 아쉬람과 회당을 돌았고, 저한테는 그것이 아루나찰라 오른돌이입니다. 주 가네사(Lord Ganesa)는 언젠가 당신의 부모인 시바와 빠르바띠를 돌고 나서 우주를 돌았다고 상을 받지 않았습니까? 저에게는 바가반이 제 아버지이고 어머니시니, 당신을 오른돌이 하는 것은 저 산의 오른돌이 이상입니다." 바가반은 웃고 나서 말했다. "나는 쩰람마가 가네사가 받았던 금빛 망고 같은 상을 나한테 청하지 않았으면 하는데요?" 쩰람마가 대답했다. "상은 바라지 않습니다, 바가반. 저는 당신의 은총을 원합니다." 바가반은 자애롭게 미소를 지으셨다!

제3장

자비로우신 라마나

Compassionate Ramana

스리 비스와나타 스와미(Sri Viswanatha Swami)는 라마나 생애사(Ramana *vaibhava*)에서 특별한 한 자리를 점한다. 겨우 대학생이던 그가 바가반의 두 발 아래 귀의하자 바가반은 그에게 물리적 피난처를 제공했고, 그의 영적인 진보까지 책임져 주셨다![1] 그런 은총은 아마 달리 누구도 하사받지 못했을 것이다. 이 복 있는 젊은이가 딘디걸(Dindigul)에 있는 부모와 가족을 버리고 도망쳐 아쉬람에 도착한 날부터, 바가반은 당신의 사랑과 보호와 은총을 그에게 쏟아주셨다. 당신은 청년 비스와나탄(비스와나타 스와미)에게 특정한 장소와 특정한 시간에 수행을 하라고 가르치시곤 했다. 바가반은 가끔 그곳에 들러서 이 청년의 수행을 격려해 주시기도 했다. "나는 스리 바가반께서 나에게 이런 방해 받지 않는 생활방식을 열어주시고 나를 그리로 입문시켜 주신 데 대해 늘 고마워할 것이네." 스리 스와미가 언젠가 나에게 말했다. 지금 아쉬람에 살고 있는 원로 헌신자들은 그 초기 시절에 바가반이 비스와나탄에게 쏟아주신 어머니 같은 애정에 대해서 이야기한다. 스리 비스와나타 스와미는 이런 신적 애정에 대해, 스리 바가반에 대한 확고부동한 순복으로써 충분히 보답했고, 자신의 학구적 저술이나 『대담』의 타밀어 번역, 그리고 구도자들에 대한 개인적 지도

1) *T.* 비스와나타 스와미는 바가반의 외사촌 형 라마스와미의 아들, 즉 외종질外從姪이었다.

등 다양한 방식으로 당신의 가르침을 해설하는 일을 많이 했다.

나는 다년간 아쉬람에서 그와 교류하는 소중한 특권을 가졌는데, 특히 그가 우리 저널(「마운틴 패스」)의 주간이 되고 난 뒤에 그러했다. 그가 한번은 나에게 이렇게 말했다. "나의 내적인 비이원성의 체험을 자네에게 전해주고 싶네. 자네에게 도움이 되게 말이야."

"현상계 안에는 수많은 혼란, 격동과 불행이 있지만, 그것은 다 마음의 영역에 속한다네. 주체와 대상으로 갈라지는 무지한 마음 말일세. 삶의 모든 경험들은 상대적이네. 즉, 그것을 경험하는 자와 관련되어 있지. 그런데 이 경험자는 하나의 그림자에 불과해서, 그 자신의 고유한 실체성이 없다네. 각자의 안에 있는 **실재는 궁극의 순수한 존재, 곧 절대적 자각**인데, 그것은 주체와 대상으로 갈라지지 않네. 중요한 것은 그것뿐이야. 만약 에고와 에고의 모든 경험을 그저 일과성 그림자로 무시해 버리면,

항상 존재하는 궁극의 실재만이 빛을 발하지. 우리가 이러한 진리를 지적으로 확신하기만 해도 무집착과 마음의 평안을 얻게 된다네."

"우리는 이따금 잠시 멈추어, 초연히 있으면서 이 불변이고 무구無垢한 절대적 자각을 체험해야 하네. 끝없이 다양한 경험들이 나타남에도, 이것만이 중요하고, 이것만이 있다네. 붓다, 샹까라 그리고 라마나는 우리 자신의 존재(being)인 이 실재를 확언해 주는 불멸의 기념비들이지. 이런 빛의 기둥들을 보기만 해도 우리는 이 실재를 상기하게 되고, 이해를 초월하는 평안을 얻게 되네. 유한한 마음이 무한한 실재에 몰두하여 그 안에 합일되어야 하네." 그런 다음 비스와나타 스와미는 스리 바가반의 「아루나찰라 5보송五寶頌(*Arunachala Pancharatna*)」 마지막 연을 인용했다.

당신께 내맡긴 심장으로
항상 당신만을 바라보고
모든 것을 당신의 형상으로 보면서
그것들을 다름 아닌 진아로 사랑하고 봉사하는
사람은, 오 아루나 산이시여,
승리합니다. 왜냐하면 그는 순수한 지복이신
당신 안에 잠기기 때문입니다.

* * *

까라이꾸디(Karaikudi)에 사는 스리 P. R. 나가순다람 아이어는 자얀띠(*Jayanti*-바가반의 탄신일)나 마하뿌자(*Mahapuja*-어머니 열반일)와 같이 아쉬람에 특별한 일이 있을 때 남쪽 지방에서 요리사들을 데려오는 임무를 맡았다. 그는 그들과 함께 워낙 친밀하게 일을 했기 때문에 A. 데바라자 무달리아르(Devaraja Mudaliar) 같은 아쉬람 상주자도 그를 수석 요리사로 여길 정도였다! 한번은 자얀띠 중에 나가순다람 아이어가 밤새 일을 한 뒤에 녹초가 되어, 그가 늘 걸치고 다니는 짧은 수건을 허리에 두른 채 주방 근처의 땅바닥에 어떤 이불이나 덮는 천도 없이 뻗어 누워버렸다. 때는 12월이라 상당히 추웠다. 새벽 일찍(2시나 3시경) 일어나신 바가반은 나가순다람 아이어가 아무것도 덮지 않고 그곳에 뻗어 누워 있는 것을 보셨다. 자비심이 충만하신 바가반은 그의 가까이에 멈춰 서서 시자에게, 가서 당신이 덮는 모포 숄을 가져와 나가순다람 아이어를 덮어주라고 하면서 이렇게 말씀하셨다. "가여운 나가순다람, 밤낮을 가리지 않고 일하더니 완전히 녹초가 되어 이슬이 많이 내리는 것도 모르는군!"

* * *

북인도 출신의 M.이라는 헌신자는 1940년대 후반 몇 년 동안 여기에 머물렀는데, 대금업을 하고 있었다. 그는 바가반의 확고한 헌신자였지만, 아쉬람 안팎의 거의 모든 사람이 그의 직업 활동을 싫어했다. 그는 자기 돈을 모두 날렸고, 외동딸마저 미쳐 그와 함께 살려고 와서 그의 부담을 가중시켰다. M.은 완전히 결딴난 상태였지만 그래도 계속 아쉬람 근처에 살았다. 1950년 4월의 어느 날, 그는 당시 중병이 드신 스리 바가반을 친견하기 위해 늘어선 줄 가운데 서 있었다. 헌신자들이 바가반께 직접 말을 거는 것은 엄히 금지되어 있었고, 당신에게 물건을 건네 드리는 것은 더 말할 것도 없었다. M.은 스리 바가반 앞에 서더니 종이 한 장을 당신의 두 발에 떨어뜨리고는 물러갔다. 바가반은 그것을 읽고 나서 당신의 베개 밑에 넣어두셨다. 얼마 후 시자 한 사람이 M.을 데리러 왔다. 다른 사람들은 M.이 규칙을 위반한 것을 질책하려는 것이라고 생각했다. 그러나 시자는 그를 바로 바가반께 데려갔다. 스리 바가반은 한동안 강렬한 은총으로 M.을 바라보더니 고개를 끄덕여 승인을 표시하셨다. 종이에 M.은 이렇게 썼던 것이다. "바가반, 저를 구해주십시오"!

* * *

우리가 존경하는 아서 오즈본 님의 따님인 키티(Kitty)는 자기 딸들을 데리고 거의 매년 크리스마스 때마다 **아루나찰라**에 와서 자기 어머니와 함께 행복한 며칠을 보낸다.[1)] 올해도 키티는 여기 왔고, 우리는 모두 함께 산을 돌았다. 오른돌이 일행에는 키티와 그녀의 사랑스런 딸, 아루나, 에블린, 폴[아루나찰라 아쉬라마에서 온 사람], 마르소, 크리스티안 패스터, K. 나떼산, K. 벤까따라만, 나 그리고 스리다란(Sridharan)이 있었다. 나는 키티에게 **바가반**에 대해 이야기해 달라고 청했다. 그녀는 아주 즐거워하며 몇 가지 사건들을 이야기해 주었는데, 그것은 **스리 바가반**의 자비심과 당신의 **은총**의 힘을 말해 주는 것들이었다.

키티 자신의 말을 들어보자.

"어린 시절의 기억을 더듬는 것은 책장을 훨훨 넘기는 거나 같습니다. 어떤 것은 희미하고 어떤 것은 밝게 채색되어 또렷하지요. **바가반**에 대한 대부분의 기억들은 후자의 범주에 들어갑니다. 그것은 당신과 관련된 모든 사건들이 지닌 고유한 성질 때문이기도 하고, 이런 기억들은 그 후에 두고두고 끄집어내어 마치 보물같이 이리저리 살펴보았기 때문이기도 해요. 우리는 아이였으니까 **바가반**에 대한 태도는 아마 어른들의 태도와 약간 달랐겠지요. 우리는 물론 당신이 **신**이시고, 가까이 하기에 너무 멋진 분이라는 것을 알고 있었습니다. 정말 마술적인 느낌이었지만, 우리는 이것을 아주 자연스럽게 받아들였고 경외감은 없었지요. 하지만 가끔은 아이들조차도 경외감을 느낄 수 있습니다."

"제가 가진 이런 기억들 중 하나는 상당히 묘한 건데, 왜냐하면 지금까지도 그 당시 제가 놀란 것을 기억하지만 실제로 무슨 일이 일어난 것

---

2) 그녀의 어머니 루시아 오즈본은 그 뒤 세상을 떠났다. 키티는 이제 띠루반나말라이와 꼬다이까날(Kodaikanal)을 오가면서 지내고, 매년 잠깐씩 영국에 있는 딸들을 방문한다.

은 아니기 때문입니다. 북인도에서 어떤 여성이 띠루반나말라이에 왔습니다. 그 시절에는 북인도 사람이든 노르웨이인이든 모든 '외국인'은 우리 집으로 보내졌습니다. 저는 당시 열 살쯤 되었고 특별히 민감한 아이는 아니었지만, 그래도 그녀와 같은 방에 있는 것이 견딜 수 없었지요. 그녀가 너무 긴장되어 있고, 신경이 예민하고, 불행해했기 때문에 제가 여간 마음이 불편하지 않았거든요. 그녀의 이야기인즉, 자기는 아주 사랑하는 남자와 결혼을 했는데, 그가 다른 카스트 사람이었기 때문에 부모가 허락하지 않았는데도 그들은 모든 반대를 극복하고 결혼을 했고, 신혼여행으로 어느 해안 지방에 갔다너군요. 그들은 1주일가량 몹시 행복한 시간을 보냈는데, 어느 날 남편이 자기 바로 눈앞에서 상어에 물려 죽었다는 것입니다. 이 모든 일은 약 2년 전에 일어났고, 비탄에 잠긴 이 과부는 인도 각지의 여러 아쉬람을 찾아다니며 많은 성자들을 만났다고 했습니다. 그녀는 가는 데서마다 한 질문들의 목록을 가지고 있더군요. 모두 얼마간은, 만약 정의의 신이 존재한다면 왜 그런 일이 일어나야 했느냐는 것 등이었습니다. 그녀는 불행했고 공격적으로 화를 잘 내는 여성이었지요. 어머니가 저에게 그녀를 바가반이 앉아 계신 회당까지 안내해 드리라고 했을 때는 가슴이 철렁했습니다. 제가 말없이 앞서 갔고 그녀는 뒤를 따라왔는데, 저는 그녀에게 회당을 가리켜준 다음 놀러가 버렸습니다. 얼마 후 점심시간이 된 걸 알고 그녀를 집으로 데려가기 위해 회당으로 갔습니다. 아주 마지못해서요."

"불과 한 시간여 만에 그녀에게 일어난 변화를 저는 결코, 결코 잊지 못할 겁니다. 그녀는 차분하고 안정되어 있었고, 평화롭고 행복했습니다. 저는 너무 놀랍고 어떻게 된 일인지 궁금해서, 바가반이 무슨 말씀을 하셨는지 어머니가 그녀에게 물어보기를 기다리며 조바심으로 주변을 맴돌고 있었지요. 어떤 말씀이었든 간에, 그런 즉각적 효과가 나타난 걸 보면 대단한 지혜와 힘을 가진 말씀이었을 것이 분명했겠지요. 마침내 어머니가 물어보자 그녀는 대답하기를, 자기가 회당에 들어가서 앉자 바가반께서 자기를 바라보셨다고 해요. 그냥 바라보기만 하셨는데, 워낙 무한한 자비심으로 바라보셔서 그녀는 자기가 하려던 질문들이 그냥 더 이상 중요하지 않다는 느낌이 들었다고 했습니다. 그녀는 거기 앉아서 평안을 느꼈고, 한 마디 말도 하지 않았다는 겁니다. 바가반은 정말 최고예요!"

* * *

스리 크리슈나스와미(Sri Krishnaswamy)는 바가반의 시자를 12년 이상 하는 드문 특권을 누렸다. 그는 다른 시자들 위에 군림했으므로 '회당 도감都監'이라는 별명을 얻기까지 했다! 그는 지금 아쉬람에 살고 있다. 그가 들려준 다음 일화는 바가반이 동물들에 대해 가지고 계시던 특별한 자비심을 보여준다.

원숭이들은 당신이 산 위에서 사시던 동안 늘 바가반의 동반자였다. 바가반에 관한 책이라면 어느 것에나 원숭이에 대한 이야기가 많다. 당신이 비루팍샤 산굴(Virupaksha Cave)과 스깐다쉬람(Skandashram)에 머무르실 때는, 헌신자들이 음식을 탁발해 오면 원숭이들을 포함해 그 자리에 있던 모두에게 공평하게 분배하셨다. 원숭이들은 자기 몫을 먹고 나면 고마움을 표시하며 큰 소리를 지르곤 했다. 바가반이 현재의 스리 라마나스라맘으로 이주하자 그 원숭이들이 당신을 찾아왔다. 이내 그들은 아쉬람의 덤불 속에 자리잡고 살았다. 그들은 여기서도 음식을 제공받았다.

한번은 원숭이들이 정원을 엉망으로 만들고 방문 헌신자들이 바가반께 드리려고 가져온 공양물을 훔치는 등 제멋대로 굴었다. 많은 사람들의 불평이 도감都監(*Sarvadhikari*-아쉬람 운영책임자) 스리 니란자나난다 스와미의 귀에 들어가자, 그는 즉시 크리슈나스와미에게 원숭이에게 음식을 주지 말도록 조치했다. 그날, 원숭이 한 마리가 와서 창문턱에 앉아 바가반이 늘 주시던 '쁘라사드(*prasad*)'를 고대하며 당신을 바라보고 있었다. 크리슈나스와미가 아무것도 주지 않자, 바가반은 그에게 저 '방문객'을 보살펴 주라고 하셨다. 크리슈나스와미는 자기도 어쩔 수 없다면서, 원숭이들이 부리는 말썽을 도저히 용납하지 못한 도감이 금지 명령을 내릴 수밖에 없었던 사정을 설명 드렸다. 원숭이는 여전히 기다리고 있었다.

바가반은 원숭이가 그토록 오래 기다리는 것을 보시고 안쓰러워하셨다. 당신은 마음이 북받쳐 이렇게 말씀하셨다. "보게! (『라마야나』에서) 안자네야(Anjaneya-원숭이왕 하누만)는 어머니 시따(Mother Sita)가 스리랑카에 무사히 계신 것을 보자, 너무 기뻐서 어쩔 줄 몰랐지. 순전히 기쁜 마음에 그는 아쇼카 숲(Ashoka grove)을 망쳐놓고 스리랑카에 불을 지른 다음, 그 기쁜 소식을 주 라마에게 전하기 위해 즐거이 돌아갔지!" 당신은 이야기를 계속했다. "원숭이들은 너무 기분이 좋으면 가끔 걷잡을 수 없이 되어 나뭇가지나 잎을 부러뜨리기도 하고 방문객들을 괴롭히기도 하는 거야. 우리는 이것을 '성가신 일'로 보고 그들의 정당한 몫을 박탈하면 안 돼. 여기는 그들이 태어난 곳이고 외부인은 우리야. 우리는 그들을 쫓아낼 권리가 없어." 바가반은 워낙 북받쳐서 감정을 제어하지 못하셨다. 동물들에 대한 바가반의 자애로운 배려에 크리슈나스와미는 몹시 감동 받아, 도감의 명령을 무시하고 기다리던 원숭이에게 바나나 한 송이를 주었다. 바가반은 눈부신 미소로 얼굴이 환히 빛나셨다!

한번은 스리 꾼주 스와미가 발에 심한 종기가 나서 고통으로 소리를 지르고 있을 때, 아쉬람에서는 그를 아쉬람 맞은편의 만땁(*mantap*-벽이 없고 기둥과 지붕만 있는 사원 건물)에 머물러 있게 했다. 물론 아쉬람 사람들이 그를 돌봐주었다. 같은 때에 아쉬람의 개 재키(Jackie)도 그 만땁 안에 누워 있었다. 재키는 사나운 돼지와 싸우다가 돼지의 공격을 받아 배가 찢겨

창자가 나왔고, 배에 여러 바늘을 꿰매는 큰 수술을 해 주어야 했다. 바가반이 만땁에 오시자 고통을 참을 수 없었던 꾼주 스와미는 큰 소리로 울면서 스리 바가반의 발 앞에 엎드렸다. 자비심에 충만하신 바가반은 이렇게 말했다. “봐, 재키는 그렇게 큰 수술을 받고 나서 신음소리도 내지 않고 말없이 고통을 참고 있지 않나!” 이러한 위로의 말씀을 듣자 꾼주 스와미의 고통은 참을 만하게 되었다. 바가반은 재키의 등을 부드럽게 두드려 주시고, 꾼주 스와미가 식사를 했는지 점검하신 다음, 두 환자에게 작별을 고하고 떠나셨다.

* * *

크리슈나스와미는 마馬달구지에서 내리다가 달구지꾼이 그 달구지를 이용하려던 북인도 헌신자에게 두 배의 요금을 요구하는 것을 보았다. 크리슈나스와미가 개입했지만 달구지꾼은 그의 충고를 들으려 하지 않았다. 크리슈나스와미가 이 이야기를 바가반께 하면서 달구지꾼이 자기 말을 듣지 않더라고 했다. 바가반은 미소를 지으며 물으셨다. “자네는 내 말을 듣나?”

우리는 당신의 말씀을 듣나? 우리는 당신의 가르침을 따르고 있나? 그 질문은 우리 모두에게 하신 것이 아닌가…!?

제4장

아주 멋지신 라마나

Darling Ramana

스리 꾼주 스와미는 스깐나쉬람 시절에 라마나 생애사 안으로 들어왔다! 우리의 친구 바버라 로즈가 본 대로, 스깐다쉬람에서 **바가반**과 함께 살았던 사람으로서 지금 살아 있는 아쉬람 상주자는 스리 라마스와미 삘라이와(Sri Ramaswami Pillai)와 스리 꾼주 스와미의 두 노인뿐이다.[1)]

꾼주 스와미의 실제 이름도 바로 꾼주(*Kunju*)였다. 그가 청년으로 스깐다쉬람에 왔을 때 워낙 왜소해 보여—그는 상주자들 중에서 가장 몸집이 작았다—**바가반**이 이렇게 말씀하셨다. "그래! 그는 '꾼주(*kunju*)'['작다'는 뜻]야!" 1927년 그가 히말라야 순례(*yatra*)를 하던 도중 사정상 부득이 출가를 해야 했고, '꾸마라난다 기리'라는 이름을 받았다. 아쉬람으로 돌아온 그가 **스리 바가반**께 자초지종을 이야기하자, 당신은 자비롭게도 이렇게 말씀하셨다. "그거야 어떻든, 우리에게는 자네가 항상 '꾼주'일 걸세!" 그 이후로 그는 계속 '꾼주 스와미'였다.

동료 헌신자들은 꾼주 스와미의 인격이 사람들이 좋아할 만한 많은 특성을 가지고 있다는 데 나와 의견을 같이할 것이다. 그는 언제든지 다가가서 만나볼 수 있고, **스리 바가반**의 가르침을 폭넓게 알고 있으며, 기억력이 뛰어나서 그의 이야기를 듣는 사람들에게 우리 **스승님**의 친존에서

---

1) 두 헌신자 모두 그 뒤에 라마나에 합일되었다.

'살' 수 있게 한다. 스리 바가반의 말씀과 행적에 대한 그의 이야기는 정말 사람을 아주 몰입시키고 사로잡는다. 그는 바가반의 가르침—그는 바가반에게서 직접 가르침을 받았다—을 친숙히 아는 것과 별개로 스리 바가반에 대한 헌신도 열렬하여, 스리 바가반의 친존에서 가졌던 지복의 순간들을 이야기하면서 종종 눈물을 쏟곤 했다. 동료 헌신자들은 그가 라마나 문헌과 라마나 이야기에서 하나의 보고寶庫임을 알았고, 인간적이면서도 신적이신 바가반, 진인(*Jnani*)이자 헌신가(*Bhakta*)이자 요기이자 완벽한 행위가(*Karmi*)이신 바가반, 어린아이이자 아버지이자 어머니이며, 전통주의자이자 비전통주의자이신 바가반, 그리고 유머리스트이자 고요한 침묵의 현인이신 바가반의 생생한 친존을 그와 함께 공유했다!

바가반이 생애의 아주 이른 시기부터 지팡이를 쓰시게 된 연유를 나에게 설명해 준 사람도 그였다. 대다수 사람들은 당신이 노년에 그러셨을 거라고 짐작하겠지만 말이다. 그것은 거의 당신이 아루나찰라에 도착한 시절부터였던 것이다! 당신의 머리가 흔들리기 시작한 것도 그 무렵부터라는 것을 듣는 것도 놀랍다. 당신의 머리 흔들림에 대해 누가 여쭈자 바가반이 꾼주 스와미에게 말씀하셨다. "어떡하나? 그 큰 체험[2]이 몸을 뒤흔들어 놓고 말았어. 몸이 늘 비틀거리는 상태였네. 그것은 마치 거대한 코끼리를 작은 초가 움막 안에 밀어 넣으려는 것과 같았지. 그 움막이 어떻게 되겠나? (몸을 가리켜 보이시며) 이것의 상태가 그러했다네!"

꾼주 스와미는 그런 이야기를 들려줄 때 이따금 "당신을 묘사하기란 불가능하시"라는 말을 되풀이하곤 했다. 내가 수집해서 보존하려는 것이 이런 '불가능한 것들'이다. 내가 거의 매일 꾼주 스와미와 함께 얼마간의 시간을 보내면서 우리의 대화를 기록할 수 있었던 것은 큰 특권이었다고 생각한다.

어느 날 저녁 산 위를 걸을 때 꾼주 스와미는 나에게 바가반이 「실재사십송 보유補遺」의 기원문 시를 지으시게 된 경위를 설명해 주었다.

위대한 타밀어 저작인 『냐나 바시땀(*Jnana Vasittam*)』은 바가반이 꽤 자주 언급하신 책이다. 이것은 산스크리트어 『요가 바시슈타(*Yoga Vasishta*)』에서 진아지(Self-Knowledge)의 길을 전적으로 다루고 있는 연들만 가려 뽑아 번역한 것이다. 1920년대 초에 바가반은 이 책을 훑어보셨는데, 그 과정에서 인쇄 오류들을 바로잡기 시작하셨다. 한 장章은 자나까 왕(King Janaka)[3]이 싯다(*siddhas*)들의 한 대화를 듣다가 어떻게 깨달음을 얻었는가 하는 이야기를 다루고 있다. 그 대화는 원본에서 6개 연에 걸치는데 타밀어판에는 5연밖에 없었다. 바가반은 누락된 연을 타밀어로 번역하여 그것을 산스크리트 원문과 함께 그 책에 덧붙이셨다. 지금 「실재사십송

---

2) 1896년 마두라이 숙부 댁에서 가상 죽음의 체험을 통해 진아 깨달음을 얻은 일.

3) *T.* 이 자나까 왕은 진인 아쉬따바끄라와의 일화로 유명한 자나까 왕과 다른 인물일 수 있다. 왜냐하면 '자나까 왕'은 그 왕국에서 왕들이 대대로 세습하던 칭호였기 때문이다.

보유」의 기원문 시가 된 것이 이 연이다.[4] 진인 바시슈타(Sage Vasishta)가 스리 라마(Sri Rama)에게 들려준 자나까 왕의 이야기는 이러하다.

자나까 왕은 매일 저녁 왕실 정원에서 수행원들을 밖에 둔 채 산책을 했다. 하루는 정원에 혼자 있을 때, 보이지 않는 어떤 싯다들이 주고받는 대화를 듣게 되었다. 그 대화의 취지는 다음과 같았다.

(1) '아는 자'와 '알려지는 것'이 하나가 될 때 진아의 지복을 체험한다네. 이것을 진아지라고 하니, 사람은 이것을 목표로 해야 한다네.

(2) 원습原習(*vasanas*)을 뿌리 뽑으려면 '보는 자, 보이는 것, 보는 행위'에 빛을 하사하는 진아에 대해 명상해야 하네. 이처럼 존재와 비존재 사이의 중심인 영원한 진아에 대해 명상해야 한다네.

(3) 그것 안에 온 우주가 존재하고, 그것에 이 우주가 속하고, 그것에서 이 우주가 일어나고, 그것을 위해 이 우주가 있으며, 그것에 의해 이 우주가 생겨나고, 실로 그것이 이 온 우주인, 그것이야말로 존재하는 실재, 곧 진리이니, 그 진아를 심장 안에서 명상하세.

எதன்கண்ணே நிலையாகி யிரந்திடமிவ்
வலகமலொ மதென தலெ்லா
மதெனின்றிவ் வனைத்தலக மழெமே ாமற்
றிவயைாவ மதென்பெ ா ரட்டா
மதெனாலிவ் வயைமலொ மழெந்திடமிவ்
வலெ்லாம மதெவே யாக
மததானே யளபெ ாநளாஞ் சத்தியமா
மச்செ ாரப மகத்தி ல் வபைபாம். .

yasmin sarvam yasya sarvam yatah sarvam yasmāyidam ।
yena sarvam yaddhi sarvam tatsatyam samupāsmahe ॥

---

4) 아래의 제3연이 그것이다. 바가반의 타밀어 번역문과 산스크리트 원문은 그 뒤에 있고, 바가반이 그 책의 여백에 직접 쓰신 것이 47쪽에 영인되어 있다.

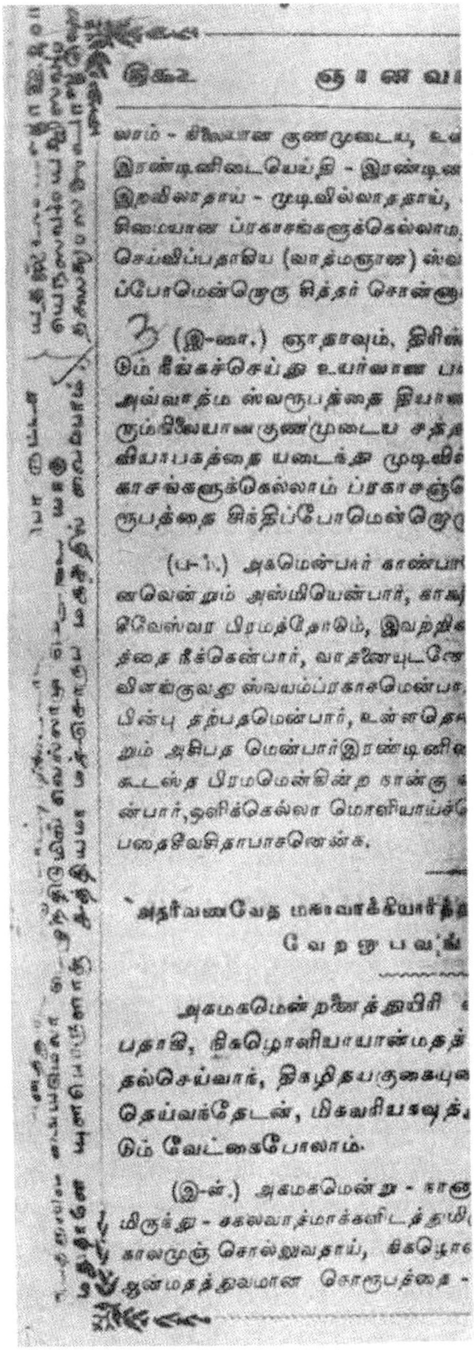

௩௯௨ ஞானவா

லாம் - சிலையான குணமுடைய, உ
இரண்டினிடையெய்தி - இரண்டின
இறவிலாதாய் - முடிவில்லாததாய்,
சிலையான ப்ரகாசங்களுக்கெல்லாம்
செய்விப்பதாகிய (வாத்மஞான) ஸ்வ
ப்போமென்றொரு சித்தர் சொன்னு

3 (இ-வா.) ஞாதாவும், திரி
டும் நீங்கச்செய்து உயர்வான ப
அவ்வாத்ம ஸ்வரூபத்தை தியா
ரும்பிலையான குணமுடைய சத்
வியாபகத்தை யடைந்து முடிவி
காசங்களுக்கெல்லாம் ப்ரகாசஞ்
ரூபத்தை சிந்திப்போமென்றொ

(ப-ம்.) அகமென்பார் காண்பா
னவென்றும் அஸ்மியென்பார், கா
சிவேஸ்வர பிரமத்தோடும், இவற்றி
த்தை நீக்கென்பார், வாதனையுடனே
விளங்குவது ஸ்வயம்ப்ரகாசமென்பா
பின்பு தற்பதமென்பார், உன்னதெ
றும் அசிபத மென்பார்இரண்டினி
கூடஸ்த பிரமமென்கின்ற நான்கு
ன்பார்,ஒளிக்கெல்லா மொளியாய்ச்
பதைசிவசிதாபாசனென்க.

அதர்வணவேத மகாவாக்கியார்த்
வேதானுபவ

அகமகமென்றனைத்துயிரி
பதாகி, திகழொளியாயான்மதத்
தல்செய்வாந், திகழிதயகுகைபு
தெய்வத்தேடன், மிகவரியகவுத்
டும் வேட்கைபோலாம்.

(இ-ள்.) அகமகமென்று - கா
யிருந்து - சகலவாத்மாக்களிடத்தாமி
காலமுஞ் சொல்லுவதாய், திகழொ
ஆன்மதத்துவமான சொரூபத்தை -

(4) '나'로서 빛나며 자신을 드러내는 단 하나의 영원한 진아를 내관해야 하네. 무지한 자는 심장 안에서 진리를 찾는 대신, 자기 바깥에서 신을 찾네. 그것은 손 안의 귀중한 까우스뚜바(*Kaustubha*) 보석(경전에 나오는 보석의 하나)을 내버리고 고둥 껍질을 찾는 것과 같다네.

(5) 진아는 욕망들의 무리를 완전히 소멸한 사람들만이 깨달을 수 있다네. (과거와 미래의) 유독有毒한 대상들에 행복이 없다는 것을 알면서도 거기에 매달린다면 속박 속에 있게 될 것이며, 그는 노새보다 나을 것이 없다네.

(6) 천상의 인드라(Indra)가 자신의 벼락으로 산들을 부쉈듯이, 쉭쉭거리는 뱀처럼 두건을 쳐드는 감각기관들을 우리의 강력한 분별심으로 쳐부수세. 이로써 마음은 평안을 얻고, 평정심을 얻으며, 지복스러운 진아와 하나가 된다네.

왕은 순수하고 성숙되어 있었다. 그는 이처럼 '싯다'들이 계시하는 진리를 듣자마자 아주 무욕이 되어 상대적인 세계에 대한 모든 흥미를 잃어버렸다. 그래서 국사를 현명한 대신들에게 맡기고 자신의 처소로 돌아갔다. 혼자 남게 되자 그는 그 진리에 대해 일념으로 내관했다. 다음은 자나까 왕이 자신의 체험에 대해 밝힌 요지이다.

"산깔빠(*sankalpa*-욕망, 의지)가 소멸되면 마음도 쉽게 소멸될 것이다. 마음의 유독한 뿌리가 소멸되면 탄생과 죽음의 나무도 끝이 날 것이다. '오, 나는 내 자아 보석(*Atmic* Jewel), 즉 나의 진아를 내게서 훔쳐간 도둑을 적발했다네. 그의 이름은 마음이네. 나는 이 악당 때문에 오래 고생했으니, 이제 그를 교수형에 처해 죽게 하리라.'

"이제까지 나는 마음이라는 진주에 구멍을 뚫지 못했다. 이제 그렇게 해서, 그것을 체험이라는 실에 꿰어 염주로 만들어 내 몸에 두르리라."

이리하여 왕의 성숙된 마음은 내면으로 향했고, 진아에 합일되었다. 왕은 오랫동안 삼매에 들어 있었다. 시간이 지나 상대적 차원으로 돌아왔을 때, 그는 진아가 일체의 바탕임을 깨달았다. 그 의식 안에, 진아 안에 뿌리내린 그는 나라를 다스리기 시작했지만, 그의 마음은 고통과 쾌락 같은 모든 상대물의 쌍들(pairs of opposites)이 갖는 결과에서 전적으로 초연하게 머물러 있었다.

꾼주 스와미는 그 6연의 타밀어 시 전부를 암송하기까지 했다. 나는 놀라서 말문이 막혔다. 그가 말했다. “내가 대단한 게 아닐세. 바가반이 우리에게 이와 같이 그 이야기를 해 주셨거든. 바가반이 대단하실 뿐이야. 나같이 못 배운 사람이 당신을 통하지 않고 어떻게 이런 것을 다 알 수 있었겠나?”

* * *

M. R. 크리슈나무르티 아이어 박사의 부인인 스리마띠 숩부락슈미(Smt. Subbulakshmi)는 스리 바가반의 아주 확고한 헌신자이다. 바가반은 그녀의 꿈속에서 그녀에게 축복을 내렸다. 특히 그들이 결혼 초기에 딴다람빠뚜(Tandarampattu) 마을(띠루반나말라이 서남쪽의 큰 마을)에 살고 있을 때, 남편은 종종 그녀를 혼자 남겨두고 바가반에게 와 있곤 했다. 어느 날 그녀는 남편이 사두(*sadhu*-출가자)가 될지 모른다 싶어서 몹시 겁이 났다. 다음날 밤에 바가반이 꿈에 나타나 그녀의 곁에 앉아서 안심시켜 주었다. “겁내지 마라. 내가 그의 곁에 있으니까. 그가 자신이 선택한 길을 추구하게 내버려두어라. 나는 항상 너와 함께한다. 모든 걱정을 놓아라.” 그렇게 말하면서 바가반은 당신의 손을 그녀의 머리에 얹고 그녀를 축복해 주었다. 그녀는 기뻐하며 깨어났다. M. R. 크리슈나무르티 아이어 박사가 그 꿈 이야기를 바가반께 하자, 당신은 자비로운 미소를 지으셨다!

그녀는 바가반의 넘치는 은총에 관한 또 하나의 아름다운 사건을 들려주었다. 하루는 스리 세샤드리 스와미(Sri Seshadri Swami)[5]의 사진 하나가 실려 나와, 늘 그러듯이 나팔을 불고 북을 치는 가운데 거리에서 행진하고 있었다. 그것을 보자 스리마띠 숩부락슈미는 **스리 바가반**의 큰 사진 하나를 자기 집에 모셔두고 예배를 올리고 싶다는 강한 충동을 느꼈다. 그런 다음 집 안으로 들어가 문빗장을 질렀다. 조금 뒤 누군가가 문을 두드렸다. 문을 열자 놀랍게도 어떤 남자가 **스리 바가반**의 큰 액자 사진 하나를 들고 있는 것이 아닌가! 그는 자신의 직업이 전기기사인데 띠루빠뚜르(Tirupattur)에서 온다고 하면서, 사진을 여기 두고 가라는 지시를 받고 왔다는 것이었다. 그리고 아쉬람을 방문하고 다시 오겠다고 했다. "나는 **바가반**의 사진에 화만을 두르고 황홀경에 잠겨 있었네. 아이들이 학교에서 돌아와 **바가반**의 아름다운 사진을 보고는 기뻐 날뛰면서 소리치는 거야. '**바가반**이 우리 집에 오셨어!' 남편이 집에 돌아오자 아이들이 **바가반**이 우리 집에 오셨다고 말씀드렸지. 내가 남편에게 **바가반**께서 전기기사를 통해 사진을 보내신 것 같다고 말하자 놀라워했어. 우리가 점심을 먹고 있는데 그 사람이 아쉬람에서 돌아왔네. 그는 이렇게 설명했지. '저는 채드윅 소령님 방에 전기공사를 좀 해드렸지요. 그분이 돈을 주실 때, 제가 그 대신 **스리 바가반**의 저 큰 액자 사진을 주시면 안 되겠느냐고 간청하자 그걸 주시더군요. 집에다 모셔놓고 규칙적으로 예공을 하면서 예배를 드렸습니다. 하루는 제가 뭔가에 씌었는지, 누가 이렇게 소리치는 것이 들렸습니다. "이 사진을 아바란까뚜 거리(아루나찰레스와라 사원 북쪽의 한 거리)에 살고 있는 크리슈나무르티 아이어 박사에게 즉시 갖다 주어라!" 제 아버지가 당신들이 사는 곳을 가르쳐 주어 이렇게 사진을 갖다 드린 것입니다!' 그렇게 말하고 그는 가버렸네. 그날 저녁 우리는 모두 **바가반**께 가서 자초지종을 말씀드렸지. 아주 멋지신 분인 **라마나**께서 나와 우리

---

5) *T.* 바가반보다 먼저 띠루반나말라이에 와 있던 성자. 많은 사람들에게 존경 받았다.

가족을 자애롭게 바라보셨고, 거기에는 평안만이 지배했다네."

채드윅 소령(Major Chadwick)[사두 아루나찰라]은 아쉬람에 정주했고 영국으로 돌아갈 생각조차 아예 해 본 적이 없었다. 하루는 그가 스리 K. 나떼산(Natesan)을 불러 그에게 스리 바가반께 종이 한 장을 좀 보여드려 달라고 부탁했다. 그는 그 종이에 진아 깨달음에 대한 정의 하나를 내려두었다. 스리 바가반은 읽고 나서 그것을 아주 잘 썼다고 말씀하셨다. 그 종이쪽지에는 이렇게 쓰여 있었다. "진아 깨달음: 그것은 죽음 후에도 살아 있는 것의, 살아 있는 동안의 죽음이다."

* * *

스리 나떼산은 청년 시절에 부모에게 알리지도 않고 집을 떠나 성지순례를 하곤 했는데, 그러면 그의 부모는 크게 걱정하며 그것을 스리 바가반께 말씀드리는 것이었다. 바가반은 나떼산에게 이렇게 충고하시곤 했다. "떠날 때 왜 쪽지를 남겨서 부모님이나 다른 사람들이 자네가 성지순례를 떠났다는 것을 알리지 않나?" 한번은 나떼산이 한동안 떠나 있어서 많은 사람들이 걱정을 했다. 그가 돌아오자 바가반이 어디 어디를 갔었느냐고 물으셨다. 나떼산은 띠루따니(Tiruttani),[6] 빠다이비두(Padaiveedu),[7] 그리고 띠루빠띠(Tirupatti)[8]에 있었다고 대답했다. 바가반이 그에게 예리하게 물으셨다. "그럴 때 마음에 어떤 생각이 있었나?" 즉시 『스리 라마나 기타』(11.8)에서 인용하는 시의 형식을 빈 자연발로적 대답이 나떼산에게서 튀어나왔다.

---

6) *T.* 첸나이 교외의 띠루따니 언덕에 무루간(시바의 둘째 아들 수브라마니아)을 모신 '수브라마니아 스와미' 사원이 있다. 타밀 지역의 6대 무루간 사원의 하나이다.

7) *T.* 띠루쩬두르(Tiruchendur)를 가리킨다. 이곳은 수브라마니아가 그의 군대와 함께 머무른 곳이라 하여 '빠다이비두'로 불리며, '수브라마니아 스와미 사원'이 있다.

8) *T.* 안드라프라데시 주 남쪽 띠루빠띠의 산 위에는 비슈누 신을 모신 유명한 '스리 벤까떼스와라 스와미 사원'이 있다.

"주님, 스와미말라이(Swamimalai)[9]에도, 띠루따니 산(Tiruttani Hill) 위에도, 벤까따짤라(Venkatachala)[띠루빠띠] 꼭대기에도 당신은 아니 계십니다. 실은 당신께서는 **아루나찰라** 안에 계십니다!"

na tvam svamigirau natha na tvam ksanikaparvate
na tvam venkatasailagre somadravasi vastutah.

라마나께서는 미소를 지으셨다!

* * *

내가 S. S. 코헨(Cohen)에게 **바가반**께 한 마지막 질문이 무엇이었느냐고 묻자, 그가 대답했다. "1949년이었지. **바가반**께서는 신 회당의 밖에 앉아 **아루나찰라**를 향하고 계셨어. 무루가나르와 몇 사람이 당신의 곁에 있었지. 나는 공경스럽게 **바가반**께 다가가서 말씀드렸네. '저는 올바른 일만 하고 싶습니다. 어려운 점은 결정을 내려야 할 때, 제가 하고 싶은 일이 올바른 것인지 아닌지 모르겠다는 것입니다. 만약 저에게 어떤 공식, 즉 제가 올바른 판단을 내릴 수 있는 어떤 잣대를 주신다면, 저는 어떤 대가를 치르더라도 그 올바른 일만 할 것이고 흔들리지 않을 것입니다. 부디 저를 지도해 주십시오.' **바가반**은 아주 엄격한 표정을 하시더니 이렇게 말씀하셨네. '삶을 위한 그런 지름길은 없네. 자네 스스로 결정하고 그에 대한 책임을 져야 하고, 그 결과도 거두어야지.'라고 말일세."

나는 코헨에게 그것을 설명해 달라고 했다. 그는 친절하게도 이렇게 말했다. "의사결정을 위한 지름길을 구하는 것은 마음의 장난이지. 자신의 책임을 피하고 싶으면서도 자기 자신을 지속시키고 싶어 하는 것이 마음이야. 그러나 두 가지를 동시에 다 가질 수는 없네. 우리가 결정을

9) *T.* 꿈바꼬남(Kumbakonam)에 인접한 읍이다. 이곳의 '스와미나타 스와미 사원'도 무루간을 주재신으로 모신 사원의 하나이다.

내리고 싶어 하는 한, 그것은 마음이 작용하고 있음을 확실히 말해주지. 마음이 작용하는 한, 그것은 좋아함과 싫어함이라는 평행선상에서가 아니면 작용할 수가 없다네. 좋아함과 싫어함 때문에 우리의 결정이 균형을 잃어. 불균형은 마음의 장기長技라네. 상대물의 쌍들의 행위에서만 마음이 존재할 수 있네. 따라서 올바른 행위는 전적인 순복 안에서만 가능하지. 그것을 위해서는 은총이 필요하네. 어떤 행위를 하기 전에 자네 마음을 바가반께 내맡긴 다음 행위하게. 그러면 그것이 올바른 행위가 될 것이네. 바가반은 모든 문장, 모든 단어에서, 우리는 결국 마음을 회피해야 한다는 진리를 각인시켜 주셨다네!"

* * *

모리스 프리드먼(Maurice Frydman)이 방갈로르(Bangalore-벵갈루루)에 있는 한 회사의 소유주 겸 엔지니어로 일하고 있을 때, T. K. 순다레사 아이어(Sundaresa Iyer)와 같은 아쉬람 상주자들의 아들 몇 명을 자신의 회사에 채용했다. 그는 매주 토요일 저녁에 아쉬람에 왔다가 다음날 밤 이 젊은 이들과 함께 자기 지프를 타고 돌아가곤 했다. 어떤 사람이 모리스에게 왜 한 달에 한 번쯤 오지 않고 그 많은 돈을 들여 매주 오느냐고 묻자, 그가 즉시 대답했다. "어떡하지요? 저의 배터리는 고작 1주일을 가고, 그러고 나면 고갈되니 말입니다. 여기 바가반께 와야 재충전이 됩니다!"

* * *

한번은 모리스 프리드먼이 시를 한 수 지어 바가반께 건네 드렸다. 그가 떠나고 한참 뒤에 바가반은 이렇게 말씀하셨다. "모리스 프리드먼은 이렇게 기원하는군. '왕의 궁정에서 무용가가 완전 기진맥진 되었어도 왕이 그만하라는 신호를 보낼 때까지는 계속 춤을 추어야 하듯이, 바가반!

언제 저에게 은총의 눈길을 던지셔서, 제가 이 활동의 소용돌이를 멈추라고 명하시렵니까?' 압빠야 딕쉬따르(Appaya Dikshtar)[10]가 산스크리트로 이런 시를 쓴 적이 있지. 모리스도 분명 똑같은 마음 상태(*bhava*)여서 이것을 썼을 거야. 왜냐하면 그는 딕쉬따르를 전혀 읽어보지 못했을 테니까!"

* * *

원로 헌신자인 로다 맥키버 여사(Mrs. Roda McIver)가 한번은 나에게 다음과 같은 사건들을 들려주었다.

(1) "한번은 묵언을 하고 있던 까말라니(Kamalrani)가 **바가반** 앞에 긴 메시지를 갖다 놓았는데, 모두 큰 종이에 멋지게 쓰여 있었지. **바가반**이 말씀하셨네. '이게 묵언인가?' 그러면서 그것을 읽지도 않고 그녀에게 돌려주셨다네. **바가반**에 따르면 진정한 묵언은 마음의 침묵이지 혀만 침묵하는 게 아니라는 거지. 또 누가 **바가반**께 어느 사두가 완전 묵언을 몇 년 하는 동안 50권 이상의 책을 썼다고 말씀드리자, '그래, 그래! 대단한 묵언이군!' 하고 말씀하신 것도 기억나네."

(2) "방문객 두 사람이 **바가반**을 찾아왔는데, 그 중 한 사람이 말했지. '제 친구는 사두도 아닌 사람을 자신의 구루로 삼았습니다. 저는 그가 그 구루를 포기하고 당신을 따르게 하려고 그를 여기로 데려왔습니다, **바가반**. 부디 그가 그렇게 하게 해 주십시오.' **바가반**은 엄하게 대답하셨네. '그대가 누구기에 그에게 적합한 구루가 누구라고 말합니까? 그대는 무슨 힘으로 사람의 진면목을 알아볼 수 있습니까? 그리고 그대는 구루가 그토록 중요하다는 것을 확신합니까? 모든 것은 그 제자에게 달렸습니다. 바위 하나라도 그대가 큰 신심을 가지고 숭배한다면, 그것이 신으로 보일

10) *T.* 타밀 지역 출신의 베단타 학자이자 시바 헌신자였던 성자(1520-1593). 산스크리트어로 지은 저작 60편이 현존하고 있고, 그 중에는 헌신의 찬가들도 있다.

것입니다.'"

(3) "바가반은 사람들이 남을 나쁘게 말하는 것을 절대 좋아하지 않으셨고, 비난 받는 측을 편들곤 하셨지. 한번은 어느 부유한 여성 헌신자가 부랑아 소년을 입양했는데, 얼마 후 그 아이는 그녀의 보석을 좀 훔쳐 사라졌다네. 그녀가 바가반께 하소연하자 당신은 이렇게 말씀하셨네. '당신의 보석이 당신에게 아이를 잃게 했군요'!"

* * *

하루는 스리 리마스와미 삘라이가 구 회당에 들어갔더니, 시바(Siva)와 샥띠(Shakti) 둘 중에서 누가 더 위대한가를 놓고 토론이 벌어지고 있었다. 바가반은 평소처럼 재미있다는 듯한 표정으로 말없이 앉아 계셨다. 이야기의 흐름은 샥띠 없이는 시바가 아무것도 할 수 없다는 쪽이었고, 이 논변은 무적인 것처럼 보였다. 라마스와미 삘라이도 그 소동에 가세하여 이렇게 말했다. "예, 예! '그'는 '그녀' 안에 들어 있지요!" 샥띠파는 즐거워했다. 삘라이가 덧붙였다. "그러나 '그'는 '그녀' 없이도 독립적으로 존재할 수 있지만, '그녀'는 '그' 없이 있을 수 없습니다!" 그러자 시바파가 의기양양해 보였다. 바가반은 눈에 눈물이 맺힐 만큼 웃으셨다. 당신은 이 단어 게임을 한껏 즐기셨다!

제5장

영원하신 라마나

Eternal Ramana

N.R. 크리슈나무르티 아이어(Krishnamoorthy Iyer) 교수는 **스리 바가반**의 가장 연로한 생존 헌신자의 한 분이다. 그의 부친 스리 랑가나타 아이어는 **스리 바가반**의 확고한 헌신자였다. 스리 크리슈나무르티 아이어는 매 호흡마다 **스리 라마나**의 성스러운 이름을 염했다! 전직 물리학 교수였던 그는 **라마나** 헌신에 푹 빠져 있는 것 외에도 **라마나**의 가르침에 정통했다. 초기에 **스리 바가반**을 찾아오던 중 한번은 **바가반**에게서 직접 「아루나찰라 다섯 찬가(*Arunachala Stuti Panchakam*)」와 「라마나 다섯 찬가(*Ramana Stuti Panchakam*)」[1)]가 든 책을 한 권 받기도 했다. 그 이후로 그는 이 노래들의 빠라야나(*parayana*)를 해 왔고, 이 두 찬가를 각기 천만 번 염하기를 바라고 있다. 그는 자랑스럽게 말한다. "그 둘은 진언(*mantras*)이고, 특별히 빠라야나용으로 지어진 거라네. **바가반**은 「아루나찰라 다섯 찬가」의 의미를 설명해 달라는 요청을 받자, '그것을 계속 반복해서 읽는 것이 바로 그 의미지요!'라고 말씀하셨지. 나는 **스승님**의 말씀에 복종하여 매일, 날이면 날마다, 몇 번이든 이 빠라야나를 할 것이네!"

나는 그와 꽤 자주 이야기를 나누는 뿌듯한 특권을 가지고 있다. 여기

---

1) *T.* 「라마나 다섯 찬가」는 비루팍샤 산굴 시절 **바가반**을 찾아왔던 사띠야망갈람 스리 벤까따 라마이야라는 헌신자가 지은 다섯 편의 노래이다(그 첫 번째 노래는 「라마나 마하르쉬와 진아지의 길」, 167쪽 참조). 라마나스라맘의 토요일 빠라야나에서 이 노래들을 찬송한다.

내가 그와 나누었던 이야기의 요지가 있다. 그는 이렇게 말했다.

"바가반 스리 라마나 마하르쉬 자신이, 생전해탈(*Jivanmukti*)[육신으로 살아 있는 동안의 해탈]을 이루기 위한 방법으로 이제까지 인류가 알고 있는 모든 수행법의 화신이시네."

"주 마뜨루-부떼스와라-시바(Matru-Bhuteswara-Siva) 자신이 어머니 알라감말(Alagammal-바가반의 어머니)로 화현하셨고, 고통 받는 인류를 위해 성스러운 라마나로 나투셨지. 그 라마나 몸(Ramana Body)은 이제 스리 라마나스라맘의 당신 삼매지에 안치되어 있고, 그곳에 라마네스와라 마하 링가(*Ramaneswara Maha Linga*)로서 거주하시네. 그 성스러운 몸은 전 세계 라마나 헌신자들의 심장 속에도 모셔져 있다네."

"우리 라마나 헌신자들 모두는 어머니 알라감말의 사랑받는 자식들이네. 스리 라마나는 우리가 매일 생각할 대상이고 우리가 바라보며 주목할 대상이지. 당신의 사진을 친견하거나 아니면 당신을 생각하는 것만으로도 우리의 내면에서 자기탐구, 즉 '나는 누구인가?' 하는 내적 탐구의 미묘한 흐름이 확립되는데, 그것 하나로도 우리가 해탈하기에 충분하다네."

"어머니 알라감말은 스리 라마나를 통해 우리에게 우리의 원초적 무지라는 병에 대한 즉각적 치유를 베풀어 주셨다네. 이미 우리 수중에 있는 이 신의 선물을 내버리고, 닦기도 어려운 전통적 요가 행법들에 몰두하는 것은 어리석은 짓이야. 더 나쁜 것은 사이비 구루들의 지도를 받으려 하거나 그들의 기적 팔이(miracle-mongering)를 추종하는 것인데, 그것은 진아 깨달음, 곧 해탈에 큰 장애라네."

"알라감말의 자식들인 우리는 모두 그녀의 귀중한 선물을 받을 일이네. 스리 라마나의 삼매지나 사진 앞에 앉아서 당신의 사랑스러운 형상을 눈으로 들이마시자고. 그러면 즉시 어김없이 마음이 아주 고요해지고 큰 침묵(*Maha Mouna*)의 상태, 곧 육신을 벗어난 영원한 지복의 상태를 얻게 될 것이네. 그 상태에서는 세상의 한 어머니 자궁 속으로 돌아가는 일이 없다네."

그는 잠시 멈추었다가 계속 이렇게 말했다.

"바가반에 관한 흥미로운 뭔가를 이야기해 주겠네. 자네는 지금 쓰고 있는 기고문에서 바가반을 '향긋하신 라마나', '사랑받으시는 라마나', '자비로우신 라마나', '아주 멋지신 라마나'라고 불렀지. 나는 당신을 '띠루 아디라이 깔리 라마나(Thiru-Adirai-Kali Ramana)'라고 부르고 싶군."

"타밀력의 마르갈리(*Margazhi*)[12월-1월]에 달이 아르드라(*Ardra*) 성좌와 합合을 이룰 때, 남인도의 모든 사원에서는 나따라자(Nataraja)이신 시바의 신비로운 춤을 경축하지. 그날 '띠루 아디라이 깔리(*Thiru-Adirai-Kali*)'라고 하는 특별한 푸딩을 신께 올리는데, 그 쁘라사드(*prasad*)를 성대하게 즐긴다네. 그 깔리[푸딩]의 주된 재료는 볶은 쌀을 곱게 간 것, 푸른 콩, 막설탕, 그리고 버터오일에다 카다멈(cardamom)과 캐슈너트 씨야. 그 달콤한 음식에 '옐루 탄 꾸뚜(*Yezhu-than-kootu*)'라는 맛난 찬을 곁들이지. 이 꾸뚜는 일곱 가지 썬 채소 국에다가 소금, 타마린드, 말린 고추를 더해서 만든다네. 그 상서로운 날에 그런 조합은 신들에게 정말 멋진 음식이지!"

"그런데 1879년 12월의 그 아르드라 다르샨(*Ardra-Darshan*) 날, 알라감말 님이 **신성한 자식**인 **라마나**를 낳으신 거야. 우리는 이분 **라마나**를 **주마뜨루-부떼스와라-시바 자신**이 당신의 인간 화신인 알라감말의 몸으로 고통 받는 세상에 특별한 '아르드라-푸딩'을 선물하셨다고 부른다네. 물릴 정도로 단 '**라마나 푸딩**'에 맛난 찬을 곁들이는 것은, 모든 살아 있는 존재의 핵심에 내재한 '**자기탐구**(Self-Enquiry)'의 강한 흐름이라네. **아루나찰라-시바-라마나**를 생각하는 것만으로도 에고를 장악하여 **자기탐구**의 강한 흐름 속에 끌어넣고, **베다의 진인들이 사뜨-찌뜨-아난다-브라만**이라고 선인하는 영원한 **지복**의 심연 속으로 그것을 던져 넣는다네."

"내가 **스리 바가반**께 직접 보여드린 이야기가 있는데, 당신은 그것을 즐겁게 읽으시고 승인한다는 의미로 자애로운 미소를 지어주셨어. 그것을 자네에게 이야기해 주지."

꼬마 깐난의 이야기

꼬마 깐난(Kannan)은 여섯 살 때, 엄마가 '띠루 아디라이 깔리'와 '꾸뚜'를 다 만들고 나서 무슨 용무로 집 밖으로 나간 뒤 집에 혼자 있었다. 이 아이는 엄마가 하던 모든 일을 유심히 지켜보았고, 특히 볶은 쌀을 막자에 빻는 것을 재미있어 했다. 엄마가 집을 나가자마자 아이는 일을 시작했다. 아이다운 무지와 열의로, 깐난은 '깔리' 단지를 비워 막자에 넣고 작은 손으로 있는 힘을 다해 그것을 빻기 시작했다. 얼마 후 아이는 지치고 배가 고파졌다. 아이는 쌀가루가 잘 빻아지지 않은 데 실망했다. 애는 썼지만 반죽만 얼굴과 눈에 튀었다. 아이가 울기 시작했을 때, 이내 엄마가 돌아왔다. 그녀는 아이를 끌어안고 달래면서 말했다. "어쩌나! 우리 귀염둥이! 왜 가만히 앉아서 저 '깔리'나 먹지 그랬니? 내가 너를 위해 다 만들어 두지 않았니?" 깐난은 앉아서 행복하게 그 푸딩을 먹었다. 아이는 그렇게 먹기만 하면 되는 것이었다.

스리 크리슈나무르티 아이어 님은 눈물을 글썽이며 이렇게 마무리했다. "마하르쉬님의 친견(*darshan*)은 모든 행법의 종착점이야. 바가반이 우리가 먹도록 '깔리'를 다 요리해 두셨는데, 왜 예전의 행법들로 되돌아가는 중대한 실수를 범한단 말인가? 영원한 라마나의 은총의 쏟아짐 속에 우리 자신을 담그고 그 안에서 익사하세!"

*　　*　　*

내가 저녁 무렵에 꾼주 스와미와 함께 아쉬람 근처의 아루나찰라 산비탈로 서서히 오르막을 이루는 성근 숲을 산책하고 있을 때, 그가 라마나의 요기니(yogini) 헌신자인 자띠니 순다람발(*Jatini* Sundarambal)의 이야기를 다음과 같이 들려주었다:

순다람발은 시바와 시바 헌신자들에게 헌신하는 신심 깊은 가정에서 태어났다. 그녀는 아이 때부터 사두들이 종종 자기네 집을 방문하면 그들을 반겼다. 총명하고 쾌활한 아이였다. 한번은 한 유랑승려가 아이의 신심에 감명 받아 아이에게 양미간 명상법을 가르쳐 주었다. 그녀는 큰 열의로 그것을 닦았고, 장시간 완전히 명상에 몰입해 앉아 있곤 했다. 나중에 결혼을 했지만, 계속 오랜 시간 명상을 계속했다. 결혼 생활에서는 일상적인 살림살이에도 신경을 써야 했기 때문에 명상의 흐름이 방해를 받았다. 명상하는 동안은 모든 일이 잘 되었지만, 마음을 밖으로 돌리면 이마에 참을 수 없는 통증을 겪곤 했다. 그래서 단절 없는 명상을 수련할 혼자만의 장소에 있고 싶었다. 이해심 많은 남편이 그러도록 허락하고 그녀가 좋아하는 곳에서 수행하는 것을 도와주었다.

그래서 순다람발은 아루나찰라에 왔고, 고행을 하면서 산 위에서 살았다. 머리가 자라서 헝클어졌기 때문에 '자띠니'(머리가 헝클어진 여자) 순다람발이라고 불렸다. 이따금씩 바가반을 찾아왔는데, 한번은 21일간 단식한 뒤 단식을 트면서 바가반과 당신의 헌신자들에게 대중공양(*bhiksha*)을 베풀었다. 그런 다음 바가반과 헌신자들은 그녀의 청에 따라 성산을 돌러 나갔다. 산을 도는 도중 순다람발은 자신이 하고 있던 수행과 자신이 직면한 문제들을 자세히 이야기하고, 수행이 더 진보하려면 어떻게 해야 하는지 바가반께 가르침을 청했다. 바가반은 꾼주 스와미를 돌아보며, 그녀에게 『요가 바쉬슈타』에 나오는 시키드와자(Sihkidhvaja)의 이야기를 해 주라고 말씀하셨다. 꾼주 스와미는 몹시 기뻐하며 그 이야기를 그녀에게 자세하게 해 주었다. 자띠니 순다람발은 열중하여 이야기를 경청했고, 그 이야기가 정곡을 찔렀다. 그녀는 곧 아루나찰라를 떠났는데, 분명히 자기 자신 안에 완전히 자리잡았던 것이다. 바가반께서 그런 힘 있는 이야기를 골라 그녀에게 해 주라고 하셨는데, 달리 어떤 일이 일어날 수 있겠는가? 우리도 그 이야기에 귀를 기울여 보자.

"시키드와자(Sikhidhvaja) 왕과 쭈달라(Chudala) 왕비는 말라바(Malava) 왕국을 다스리고 있었다. 쭈달라는 고요한 시간에 규칙적으로 명상을 닦았다. 세월이 흐른 뒤 그녀는 절대적 진리를 깨달았다. 그녀의 얼굴은 환히 빛났고 전보다 훨씬 더 아름다워졌다. 왕이 그것을 보고 그 이유를 물었다. 왕비는 자신이 진리를 깨달았기 때문이라고 대답했다. 왕은 그녀를 비웃었다. 깨달음은 혹독한 고행을 통해서만 얻을 수 있지, 궁궐에 사는 동안은 결코 얻을 수 없다고 생각한 것이다. 그는 궁궐을 떠나 숲에서 따빠스(*tapas*)를 하여 깨달음을 얻고 싶었다. 왕비는 그를 말리면서, 궁궐 안에서 나라를 다스리면서도 따빠스를 할 수 있다고 말했다. 왕은 그녀의 조언을 따르지 않고 숲으로 들어가서 힘든 고행을 했다. 왕이 없는 동안은 왕비가 나라를 다스렸다."

"왕비는 왕이 가여워서 그를 미혹의 늪에서 구제하고 싶었다. 그래서 싯디(*siddhis*-초능력)를 수련했고, 꿈바 무니(Kumbha Muni-고대의 진인)로 가장하여 그의 앞에 나타났는데, 땅에서 조금 높은 허공에 서 있었다! 왕은 어떤 천인이 자신을 축복해 주러 천상에서 내려온 줄로 생각하고 그의 발아래 엎드려 절을 한 다음, 자신의 문제를 이야기하고 지도를 청했다. 무니는 왕에게 다음과 같은 가르침을 주었다. '행위(*karmas*)는 하느님이 정해 놓으신 대로 과보를 안겨줄 수 있지만, 행위 그 자체는 그대에게 해탈을 안겨줄 수 없습니다. 결과에 초연한 행위를 하면 우리의 마음이 순수해질 수 있습니다. 순수한 마음으로 진아를 명상해야 합니다. 그러면 원습原習(*vasanas*)이 소멸될 것입니다. 그런 다음 어떤 스승을 찾아가서 그의 은총을 통해 진아의 성품을 어떻게 탐구하는지 배워야 합니다. 해탈은 탐구를 통해서만 얻을 수 있지, 행위를 아무리 닦는다 해도 얻지 못합니다. 일체를 포기하면 진리를 깨닫게 될 것입니다.'"

"왕은 자신이 왕국과 가족 등 일체를 포기했다고 말했다. 꿈바 무니(쭈달라)는 그에게, 그런 포기는 외적인 것이고 집착의 씨앗들이 아직 그에게 있다고 말해 주었다. 그러자 왕은 자신의 지팡이, 까만달루(*kamandalu*)[2], 루드락샤 염주(*rudrakshas*)[3] 그리고 옷을 모두 불 속에 던지고 아무것도 가진 것 없이 섰다. 그래도 완전히 포기한 것은 아니라는 말을 듣자, 왕은 산꼭대기에서 투신하여 자신의 마지막 소유물인 몸을 놓아버릴 준비가 되었다. 무니가 그에게 물었다. '몸이 무슨 잘못을 했길래 그런 벌을 받아야 합니까?' 그러면서 무니는 그에게, 몸을 죽인다고 해서 진리를 깨닫지는 못하며, 모든 집착의 근원인 마음을 죽여야만 한다고 가르쳤다. 마음은

2) *T.* 수행자, 승려 등이 휴대하던 물주전자. 전통적으로 코코넛 열매 껍질 등으로 만들었다.
3) *T.* 청색 열매에 든 딱딱한 알맹이를 말리고 줄에 꿰어 염주로 만든 것.

자신을 '나'와 동일시하는데 그것이 속박이며, 이 동일시를 끊어버리는 것이 일체를 포기하는 것이라고 했다. 그런 다음 무니는 분별의 수행을 자세히 묘사해 주었다."

"그리하여 왕의 의심은 사라졌고 그의 마음이 순수해졌다. 왕은 진아의 근원을 탐구했고, 곧 그것과 하나가 되어 지복스러운 삼매(*samadhi*)에 들었다. 꿈바 무니는 사라졌다가 얼마 후 다시 돌아왔다. 왕은 여전히 삼매에 들어 있었다. 쭈달라는 사자처럼 포효하여 그를 깨워보려 했지만 깨우지 못했다. 그녀는 미세한 형상을 취해 왕의 심장 속으로 들어가 보았다. 그 심장은 순수했고 어떤 원습도 남아 있지 않았다. 그러고 나서 그녀는 감미로운 음성으로 싸마 베다(*Sama Veda*)를 창송했고, 마치 연꽃이 피어나듯 왕은 다시 세계를 의식하게 되었다. 기쁨에 충만한 왕은 고마움을 표할 말을 찾지 못해 침묵하고 있었다. 그런 다음, 왕비의 조언대로 그녀와 함께 궁궐로 돌아갔다. 왕은 이와 같이 진리에 자리잡은 채 나라를 다스렸고, 왕비와 함께 오랫동안 행복하게 살았다."

꾼주 스와미는 어느 날 저녁 여느 때와 같이 바가반을 수행하여 산 위를 걷다가, 스리 바가반의 허벅지 위쪽 부분에서 고름 같은 어떤 분비물이 스며 나오는 것을 발견했다. 바가반은 당신의 작은 수건으로 그것을 닦아내셨다. 꾼주 스와미는 어쩔 줄 몰랐다. 바가반이 미소를 지으며 설명하셨다. "그래! 이건 흰개미들이 스와미에게 준 쁘라사드야!"

바가반이 빠딸라 링가(Patala Linga)[4]에 계실 때 곤충과 흰개미들에게 허벅지를 물어뜯긴 적이 있었다. 흰개미의 독이 당신의 몸 안에 남아 있었던 것이다. 바가반은 그 분비물이 1년에 두 번 나온다고 그에게 말씀하셨다. 그러나 다른 사람들은 그것을 발견하지 못했다. 1940년대가 되어

---

4) *T.* 아루나찰레스와라 사원에 있는 옛 성자의 삼매지. 계단으로 내려가는 반지하 공간이며, 링감이 하나 있다. 바가반이 17세에 이 사원에 왔을 때 한동안 여기서 깊은 삼매에 들었다.

서야 그 고름이 나오기를 그쳤다고 꾼주 스와미는 말한다!

* * *

헌신은 질병이나 나이의 한계를 모른다!

여기 우리의 존경하는 스리 비스와나타 스와미의 동생인 스리 R. 시바라마(Sivarama) 님이 나에게 보낸 편지에서 발췌한 글이 있다.

"1958년의 일이라네. 스리 비스와나타 스와미님은 마비성 발작을 일으켜 딘디걸(Dindigul)에서 누워 계신 어머니를 간호하고 계셨지. 둘째 형인 스리 수브라마니얌도 마두라이의 한 병원에서 죽음을 앞두고 있었네. 그 형이 친구에게 받아쓰게 하여 스리 비스와나타 스와미님에게 이런 우편엽서를 보냈다네."

1958년 12월 21일
마두라이

친애하는 비스완나 형님께,

저는 글을 쓸 수도 읽을 수도 없습니다. 형님도 (어머니 구완하느라) 마찬가지로 힘든 상태라 시간이 없으신 것 같군요. 아시다시피 스리 바가반의 자얀띠(Jayanti-탄신일)가 27일입니다. 부디 무깐[서기의 이름]에게 부탁하여 과일 한 바구니(300개)를 이달 26일에 띠루반나말라이에 도착하도록 급히 보내 주십시오. 어머님께 존경을 드리며.

사랑으로 아우
R. 수브라마니얌 올림

"나의 형 스리 수브라마니얌은 1958년 12월 29일에 돌아가셨네! 죽음을 앞두고서도 바가반의 자얀띠를 기억하고, 여러 해 동안 그래왔던 것처럼 스리 바가반께 올리는 공양물로 과일을 보내고 싶어 하셨지!"

*　*　*

빌라쩨리 랑가 아이어(Vilacheri Ranga Iyer)[스리 바가반의 동급생]의 따님인 스리마띠 알라감말은 자신의 어머니인 쩰람마(Chellamna)에 대해 즐거이 이야기했다.

“어머니가 한번은 아쉬람을 방문하고 있을 때 바가반께, 두 딸 빠르바땀과 미나끄쉬가 결혼할 나이가 되었는데 신랑감들을 찾기 어렵다고 말씀드렸지. 바가반은 자비심에서 타밀어 시 두 연을 어디서 베껴 쓰셨는데, 하나는 주 가네샤를 찬양하는 것이었고 하나는 주 수브라마니아를 찬양하는 것이었네. 당신은 어머니에게 그것을 건네주며 그 시들을 창송하라고 하셨고, 얼마 후 두 자매는 행복하게 시집을 갔다네. 더 놀라운 것은 그들의 남편들 이름이 가나빠띠(가네샤) 아이어와 (시바) 수브라마니아 아이어였다는 거야!”

“어느 날 저녁에는 내 어머니 쩰람마와 다른 처녀 한 사람이 스리 바가반 앞에 앉아 있었다네. 비가 오려고 했고, 어머니는 비를 맞지 않으려면 (읍내의) 집에 얼른 가야겠다고 느꼈어. 그러나 바가반의 허락 없이는 갈 수 없었지. 그날따라 바가반은 이상하게도 그녀에게 노래를 불러 보라고 했고, 한 곡이 끝나자 또 한 곡을 부르라고 하셨네. 비가 억수로 내리기 시작했고, 노래는 계속되었지. 마침내 바가반이 어머니에게 집에 가라고 하셨을 때는 비가 그쳐 있었다네. 읍내에 도착하여 자기 방에 들어서는 순간, 다시 억수같이 비가 내렸네. 다음날 어머니가 바가반을 뵙자 바가반이 미소를 지으며 물으셨네. ‘쩰람마! 비에 안 젖었지요? 비 안 맞고 싶어 했잖아요!’ 비에 젖고 싶지 않은 사신의 마음을 바가반이 어떻게 아셨는지, 그리고 그런 사소한 문제에서도 어떻게 당신은 더없이 자연스럽게 헌신자들을 가호하시는지, 어머니는 놀라워 하셨지!”

*　　*　　*

스리 바가반을 친견하러 북인도에서 온 한 헌신자는 바가반의 쁘라사드(prasad)를 자신의 가족에게 가져가고 싶어 했다. 그는 사탕과자를 잔뜩 사 와서 바가반 앞에 놓았다. 그는 바가반 앞에 바친 것은 뭐든 회당 안에서 즉시 분배된다는 것을 몰랐다! 시자가 그 사탕과자 쟁반을 바가반께 가져갔다. 바가반은 그 과자 무더기 위에 손을 얹어 거의 모든 과자에 접촉하셨다. 그런 다음 조금 집으시고, 그 헌신자를 바라보시더니 시자에게 꽤 이례적으로 이렇게 말씀하셨다. "다 분배하지 말고 일부는 남기게. 그가 몇 개는 가족에게 쁘라사드로 가져가고 싶어 하니까." 바가반은 거의 모든 과자에 손을 대심으로써 가족에게 줄 몇 개를 쁘라사드로 가져가고 싶었던 그 헌신자의 소망이 다 이루어지게 하셨다! 정말 자비로우셨다!

*　　*　　*

회당에서 쁘라사드를 분배하는 이야기를 하다 보니, 한 확고한 헌신자가 한번은 바가반의 평정심을 시험했다가 자신은 바가반에게 필적할 수 없음을 발견한 이야기가 생각난다!

'천의 얼굴' 람꾸마르(Ramkumar)는 당시 유명했다. 그는 얼굴 근육을 잡아당기는 것만으로 처칠의 얼굴, 간디의 얼굴, 혹은 누구의 얼굴이든 만들 수 있었고, 그 닮은 모습은 완벽했다. 그가 한동안 바가반과 함께 있었는데, 바가반은 그의 재능에 감탄하셨다. 람꾸마르는 헌신자들이 바가반께 과일을 공양 올린 다음 그 일부를 쁘라사드로 다시 받는 것을 유심히 관찰하고 있었다. 그는 바가반을 시험해 보고 싶었다.

하루는 그가 큰 망고를 하나 사 가지고 와서 그것을 당신의 발 앞에 올렸다. 바가반은 시자에게 그곳에 놓여 있던 작은 망고 하나를 꺼내어 람꾸마르에게 주라고 신호하셨다. 람꾸마르는 미소 짓는 바가반 앞에 엎드려 절을 한 다음 이렇게 말했다. "바가반! 당신께서 이기셨고 제가 졌습니다! 저는 큰 과일 한 개를 가져와 그것을 당신께서 어떻게 쁘라사드로 저에게 돌려주시는지 보려고 했습니다. 그런데 작은 과일 하나를 주시면서 저에게 교훈을 가르쳐 주셨군요. 당신께서 접촉하시는 것은 뭐든지 성스러운 쁘라사드 아니겠습니까!"

제6장

매혹적인 라마나

Fascinating Ramana

"먼지조차도 활용할 수 있어야 하고, 그러면서도 전 우주를 먼지에 불과한 것으로 배격할 준비가 되어 있어야 해!" 이것은 **스리 바가반**이 스리 비스와나타 스와미와 함께 (주방에서) 채소를 썰면서 그에게 베푸신 가르침(*upadesa*)이다. **바가반**은 모든 채소 토막을 다 요리에 사용하려고 신경 쓰셨다. 보통 가지(*brinjal*) 꼭지는 잘라서 버리지만, **바가반**은 이 '버림치'들을 모아서 다른 음식을 만들 때 사용하시곤 했다. 시금치도 푸른 잎뿐만 아니라 줄기와 뿌리까지 전부를 사용하셨다. 당신은 그 줄기들을 갈아서 즙을 내어 라삼(*rasam*)에 넣으셨다. **바가반**은 낭비하는 것을 언짢아 하셨다. 채소와 마찬가지로 종이도 아주 조심스럽게 아껴서 사용하셨다. 종잇조각 하나도 다 보관해 두셨다. 당신은 그것을 크기에 따라 제본하여 작은 공책을 만드시기도 했다. 그 일을 위해 당신은 접착 고무(gum-접착제로 쓰이는 고무 분말), 옥양목, 바늘과 꼰 실(twine)을 보관하고 계셨다. 그리고 이런 재료들을 그것이 필요할 때 필요한 만큼만 사용하셨다. 당신의 일상적 삶은 그 자체로 우리 모두에게 큰 교훈이었다. 당신은 솔선수범, 절약, 낭비 없기로써 가르치셨는데, 물자뿐만 아니라 말로 하거나 글로 쓰는 단어들에 대해서도 그러하셨다. 당신은 어떻게 그토록 적은 단어로 많은 것을 말씀하셨는지!

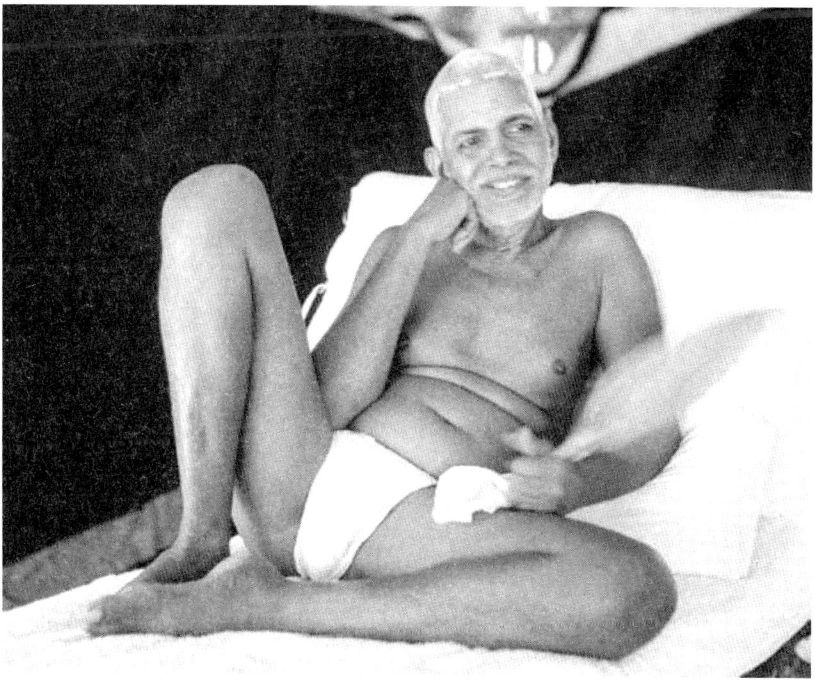

*　　*　　*

스리 비스와나타 스와미는 언젠가 나에게 스리 바가반이 비슈누파의 찬가 모음집인 『디비야 쁘라반담(*Divya Prabandham*)』을 매우 좋아하시고 잘 아셨다는 이야기를 들려주었다. 당신은 알와르(Alwars)들의 하느님(비슈누)에 대한 사랑뿐만 아니라 그들 서로간의 열렬한 사랑을 우러르셨고, 다음과 같이 사람을 전율시키는 이야기를 들려주시곤 했다. 스리 비스와나타 스와미는 바가반이 그 알와르들의 만남을 실감나게 생생히 재연하셨다고 말했다. 직업적 배우도 당신의 표현력 있는 멋진 연기에는 미칠 수 없었다고 했다.

그 이야기는 이러하다:

시바파 성자들을 '나얀마르(Nayanmar)'라고 하고 비슈누파 성자들을 '알와르(Alwar)'라고 한다. 맨 처음 세 분의 알와르는 뽀이가이 알와르(Poigai

Alwar), 부따뚜 알와르(Bhutattu Alwar) 그리고 뻬이 알와르(Pey Alwar)였다.

어느 날 저녁 뽀이가이 알와르는 성지순례 중 띠루꼬일루르(Tirukoilur)에 도착하여 아주 작고 비좁은 방에서 유숙하게 되었다. 날이 어두워졌고, 방은 너무 작아 겨우 누울 수 있는 정도였다. 얼마 후 다른 사람이 당도하여 들어가도 되겠느냐고 물었다. 뽀이가이 알와르는 기쁘게 일어나 그를 맞아 들였고, 그 사람이 누구인지 모른 채 이렇게 말했다. “한 사람이면 누울 만한 공간이지만 두 사람이면 앉기에 족한 공간이지요!” 얼마 후 또 한 사람이 와서 머무를 공간을 찾았다. 두 사람은 기쁘게 일어나 그를 맞이하면서 말했다. “한 사람이면 넉넉히 누울 공간이고, 두 사람이면 앉기에 족하고, 세 사람이면 서 있기에 족한 공간이지요!” 세 사람은 서로를 몰랐지만 하느님에 대한 환희로운 묘사들을 서로 주고받았다. 주 비슈누가 세 성자를 이 좁은 곳에서 만나게 한 것은, 그들을 축복하고 그들의 환희에 동참하기 위해서였다. 그래서 그는 갑자기 사방을 깜깜하게 하여 큰 폭우가 쏟아지게 했다. 또한 그는 큰 체구의 형상을 취하여 그 작은 방으로 들어섰다. 세 성자는 즉시, 새로 온 존재가 어떤 물리적 협소함도 야기하지 않으면서 그들의 환희심을 고조시킨다는 것을 즉각 알아차렸다. 그들은 그가 누구인지 알고 싶었다.

그래서 뽀이가이 알와르는 황홀경에서 노래 하나를 불렀는데, 거기서 그는 “전 세계를 그릇으로 만들어, 바다를 그 안에 기름으로 붓고 태양이라는 등불로 거기에 불을 켰습니다”[1]라고 했다. 이 멋진 시를 경청하던

1) *வையம் தகளியா வார்கடலே நெய்யாக*
வெய்ய கதிரோ ன் விளக்காக —செய்ய
சுடர் ஆழி யான் அடிக்கே சூட்டினேன் சொ ல்மாலை
இடராழி நீங்குகவே என்று .

“대지를 그릇으로, 바다를 기름으로, 태양을 불길로, 제 시들을 꽃목걸이로 삼아,
빛나는 바퀴를 가지신 주님의 성스러운 두 발에 (예공을) 올리노니,
이는 저의 불행의 바다를 없애기 위해서입니다.” — Poigai Alwar

부따뚜 알와르는 같은 황홀경에서 자신도 시 한 수를 지었는데, 거기서 그는 "사랑의 그릇 안에 믿음의 기름과 기쁨에 충만한 마음을 심지로 삼아, 지知(*Jnana*)의 등불을 켰습니다"[2]라고 했다. 그런데 이게 웬일인가! 주 비슈누가 그들 곁에서 장엄한 모습으로 서서 그 누추한 곳을 기쁨과 빛으로 채우고 계신 것을 모두가 보게 되었다! 뻬이 알와르는 전율을 느끼고 다음과 같은 노래를 불렀다.

"오늘 저는 바다처럼 푸른 저의 주님, 빛나는 태양의 아름다운 빛깔을 하신 당신의 금빛 형상에서, 모든 전투를 이기는 황금빛 바퀴와 소라고둥[3]을 보았습니다!"

세 성자는 서로를 알아보았고, 그들을 그곳에서 만나게 하고 주님의 이름과 영광을 노래하며 즐거워하게 만드신 분이 바로 주 비슈누임을 알고 전율을 느꼈다!

이제 전 세계의 라마나 지부(Ramana Kendras)에서 예공(*puja*)을 올리면서 「라마나 아쉬또따람(*Ramana Ashtottaram*)」—스승님이 승인하고 인가하신 아쉬또따람(*Ashtottaram*)[4]—을 창송하는 것을 내가 볼 때면, 스리 비스와나타 스와미가 한 말이 생각난다. 그는 언젠가 나에게 다음과 같이 말했다.

"내 어머니는 타밀어와 산스크리트어 둘 다에 해박한 분이셨네. 바가반에 대한 헌신도 아주 강렬했어. 어머니는 매일 아주 작은 공책 한 권을

---

2) *அன்பே தகளிய ஆர்வமே நெய்யாக*
இன்புரக சிந்தனை இடதிரியா —நன்புரகி
ஞானச் சுடர் விளக் கேற்றினேன் , நாரணற்க
ஞானச் தமிழ் புரிந்த நான் .

"사랑을 그릇으로, 저의 믿음을 기름으로, 그리고 기쁨에 충만한 마음을 심지로 삼아,
지知-타밀어(*Jnana*-Tamil)를 아는 저는 주 나라야나(비슈누)께
지知의 등불을 켰습니다." — Bhutattu Alwar

3) *T.* 바퀴(무기의 일종)와 소라고둥은 비슈누가 휴대한다는 상징물들이다.

4) *T.* 아쉬또따람(*ashtottaram*)은 신이나 스승에게 바치는 '108명호 찬가'이다.

숭배했는데, 아무도 그것을 보지도 못하게 하셨지! 어머니가 돌아가신 뒤에야 우리는 그것이 바가반께서 손수 실로 기워 어머니에게 주신 귀중한 공책이라는 것을 발견했다네. 그 표지에는 '스리 라마나 108명호 찬가(*Sri Ramana Ashtottara Satanama Stuti*)'라고 쓰여 있었네. 바로 내가 스리 바가반에 대해서 쓴 아쉬또따람(*Ashtottaram*)이었지. 바가반께서 그것을 아주 예쁜 작은 글씨의 그란타(*Grantha*) 문자[5]로 필사하셨던 거네. 어머니로서는 그것이 남들과 공유하기에는 너무 소중한 것이었지!"

그는 이렇게 덧붙였다. "나는 스리 바가반의 108명호를 쓰고 싶은 강한 충동을 느꼈네. 그래서 명호찬名號讚(*namavalis*)을 몇 수씩 지어 바가반 앞에 놓아 드리곤 했네. 당신은 그것을 나야나(Nayana)[까비야깐타 가나빠띠 무니]에게 보여주면서 말씀하셨네. '우리 비스와나탄이 저에 대한 108연시를 짓고 있군요.' 그런 종이를 바가반이 이렇게 건네주시면 나야나는 여기저기 조금 수정하여 바가반께 돌려드렸지. 이렇게 하여 「아쉬또따람」 전체가 나의 주님(스승님) 바가반과 나의 선생님 나야나[6]의 승인을 얻었던 거라네."

그가 이야기를 계속했다. "108연시로 말하면, 자네가 그 위대함과 중요성을 알았으면 하네. 한번은 스리 바가반의 가까운 헌신자들 중 한 사람이 당신께 빠라야나를 위해 송찬(*stotra*) 하나를 골라 주시라고 청했지. 바가반은 그에게 이 '라마나 108연시'를 주셨네. 또 한번은 어떤 사람이 텔루구어로 바가반의 전기를 하나 쓰고 싶어 했는데, 바가반께서 그에게 직접 이렇게 제안하셨네. '라마나 108연시에 있는 이름 하나하나를 잘 풀어쓰면 그 자체 하나의 전기가 되겠지요!'"

---

5) *T.* 전통 타밀어 문자에 외래어 표기를 위한 자음들이 추가된 타밀어 문자 체계.
6) *T.* 나야나는 뛰어난 산스크리트어 시인이자 학자였다. 비스와나타 스와미는 아쉬람으로 바가반을 찾아와 출가한 뒤, 나야나에게서 한동안 산스크리트어 경전을 배웠다.

*　*　*

스리 쁘라바까르(Sri Prabhakar)는 1949년에 바가반께 왔다. 그가 스승님을 찾아온 경위가 무척 흥미롭다. 쁘라바까르는 순전히 합리주의자여서 영적인 것은 뭐든 혐오했다. 바가반에 대한 이야기도 듣고 당신의 사진도 보았지만 당신을 무시했다. 그러나 돌연 그의 삶이 완전히 뒤바뀌는 일이 일어났다. 어느 날 밤 바가반이 그의 꿈에 나타난 것이다. 그 꿈에서 그의 사장이 그에게 바가반을 가리키며 저분을 아느냐고 물었다. 모른다고 대답하자 사장은 쁘라바까르에게 그분은 다름 아닌 바가반 스리 라마나 마하르쉬이며, 그에게 아루나찰라로 가서 당신을 친견해야 한다고 말했다. 쁘라바까르는 자신은 그럴 필요를 느끼지 않으며, 여하튼 여행할 돈도 없다고 자만하듯 대답했다. 사장은 필요한 돈을 주겠다고 했다. 그는 "60루피는 필요할 겁니다"라고 말했다. 그 말을 하고 꿈에서 깨어났다.

그는 사장에게 꿈 이야기 하기를 망설였지만 친한 친구 한 명에게는 그 이야기를 했다. 친구는 쁘라바까르에게 사장에게 가서 그 꿈 이야기를 하라고 권했다. 하루는 그가 용기를 내어 자신의 꿈 이야기를 (돈에 관련된 부분은 빼고) 사장에게 전부 들려주었다. 사장은 별 동요가 없었고, 이렇게 말했다. "좌우간 자네 일에 더 주의를 기울이고, 그렇게 해서 자네의 바가반을 찾아갈 가욋돈을 좀 저축하게.' 쁘라바까르가 채 나오려고 하기도 전에 사장의 태도가 바뀌더니 급히 이렇게 덧붙였다. '직접 바가반을 찾아가고 싶은 깊은 열망이 있나?" 쁘라바까르가 그렇다고 하자 사장은 그에게 돈이 얼마나 필요한지를 물었다. 그런데 대답을 기다리지도 않고 60루피짜리 수표를 하나 써서 그에게 건네주었다! 정확히 꿈에서 말한 그 금액을 받자 쁘라바까르는 그것이 모두 스리 바가반의 은총임을 알고 즉시 띠루반나말라이로 떠났다. 이런 모든 일들보다 더 전율을 느끼게 한 것은, 바가반이 마치 누군가가 오기를 기다리는 것처럼 회당 입구를 뚫어지게 바라보시다가 쁘라바까르가 들어서자마자 활짝 웃어주며 반긴다는 표시로 고개를 끄덕이신 것이었다! 쁘라바까르는 난생 처음으로 어떤 위대한 분께 오체투지(*sashtanga namaskar*)를 올렸다. **스리 바가반**을 처음 얼핏 본 순간 어엿한 헌신자가 된 것이다!

그가 **바가반**께 여쭈었다. "저를 부르셨습니까?" **바가반**은 그렇다는 뜻으로 고개를 끄덕이셨다. 그는 같은 질문을 두 번이나 되풀이했다. 그때마다 **바가반**은 고개를 끄덕이셨다. 그래서 쁘라바까르는 **바가반**에게 붙들린 사람이 되고 말았다. 아쉬람에 머무르는 동안 그는 질문을 하곤 했는데, **바가반**은 질문 하나하나에 다 대답해 주셨다. 한번은 **바가반**이 그에게 말씀하셨다. "자네는 '나는 쁘라바까르다'라고 말하는데, 이 쁘라바까르는 누구인가? 왜 자신이 쁘라바까르라는 것을 받아들이나? 자네 부모님이 자네를 그렇게 불렀지. 자네는 합리주의자인데 왜 그것을 받아들여? 이 쁘라바까르가 누구지? 자네의 추론 능력을 발휘하여 '자네가 정말 누구인지'를 탐구하게. 그러면 그 특정한 형상과 이름의 쁘라바까르는 떨어져 나가고, 진정한 **존재**만이 빛날 것이네. 자신이 이 모든 괴로움을 겪는 자라는 그릇된 생각이 단번에 다 종식될 것이네."

쁘라바까르는 **바가반**에 대한 이 믿음과 헌신으로 인해 난관과 장애에도 불구하고 평안으로 충만한 삶을 영위했다. 그는 산스크리트어로 「쁘라빠띠 샤따깜(*Prapatti Satakam*)」을 지었다. 그가 산스크리트어에 정통하지 못했기 때문에 많은 수정이 가해졌고, **바가반**은 그것을 아쉬람 문서고에 보관 중인 시 모음집에 넣도록 하셨다. 이 시는 아주 감동적인 구절로 시작한다. "당신에 대한 제 헌신의 온전함은, 오 **바가반**, 저의 추론 능력이나 영적 성숙도가 뛰어나서가 아니라, 당신께서 저에게 그토록 듬뿍 비춰주신 광채 때문일 뿐입니다!"

*　　*　　*

스리 비스와나타 스와미의 동생인 스리 R. 시바라만은 라마나 헌신자들 사이에서 별로 알려져 있지 않다. 그러나 스리 바가반에 대한 그의 헌신과 당신의 가르침에 대한 이해는 아주 깊다. 나는 대학에 다니던 시절부터 스리 시바라만을 알고 지냈지만(그는 탐독가여서 내가 그에게 책을 대주곤 했다!), 그가 스리 라마나와 깊은 관련을 맺고 있었다는 것은 스리 비스와나타 스와미가 임종을 앞둔 무렵에야 알게 되었다. 다음은 내가 이 신심 깊고 겸손한 라마나 헌신자로부터 (그 자신이 말한 대로) 수집한 이야기이다.

"내가 아루나짤람(*Arunachalam*-아루나찰라)을 처음 방문한 것은 1923년인데[당시에는 철도역 표지판에도 아루나짤람이라는 이름이 써져 있었다], 나는 겨우 9살이었고 부모님과 함께 왔다네. 부모님은 이때 비스완나 형[스리 비스와나타 스와미]을 집으로 도로 데려가려 했지만 무위로 끝났지. 나는 기차 여행이 처음이어서 (처음 본) 전등에 놀랐다네! 너무 신이 나서 밤새 깨어 있었지. 아침에 대여섯 명의 사람들이 띠루반나말라이 역에서 우리를 맞이하더군. '비스완나는 어디 있어요?' 나는 아버지에게 열심히 물었지. 당신은 발목까지 내려오는 도띠(*dhoti*)를 입고 얼굴에 반년쯤 기른 수염이 난 사람을 가리켜 보였고, 나는 놀라서 입을 다물지 못했네. 우리는 읍내의 바수데바 사스뜨리(Vasudeva Sastri)의 집에 머무르면서, 아침에 아쉬람에 갔다가 저녁에 돌아오곤 했지. 라마나타 브라마짜리(Ramanatha Brahmachari), 찐나 라마나탄, 안나말라이 등 몇 사람이 우리와 동행해 주기도 했다네."

"전날 밤 잠을 전혀 못 잔 나는 (회당에서) 즉시 잠에 떨어졌네. 스리 바가반께서 나를 부드럽게 깨우고 말씀하셨지. '자지 마. 일어나. 맛있는 망고가 기다리고 있어.' 내가 일어나니 바가반께서 망고 썬 것을 담은 쟁반 하나를 주시면서, 그곳에 앉아 있는 스물 댓 명의 사람들에게 한 조각씩

나눠주라고 하셨네. 시키신 대로 했지. 스리 바가반께서 물으셨네. '모두에게 배식했나?' '예.' 내가 고개를 끄덕였는데, 스리 바가반은 아주 부드럽게 한 기둥 뒤에 앉아 있던 사람을 가리키며 말씀하셨네. '저 양반을 빼먹었군!' 그래서 그에게도 갖다 주었네. 나는 바가반께서 그 자리에 있는 모든 사람에게 골고루 분배되는 것에 얼마나 신경 쓰시는지 알았다네!"

"아침에 스리 바가반께서 땅바닥에 앉아 채소를 썰고 계셨네. 나도 당신 앞에 쪼그려 앉았지. 찐나스와미[당시 도감이던 스리 니란자나난다 스와미]가 머리에 바구니 하나를 이고 읍내에서 왔어. 내가 바가반께 그가 무엇을 가져오느냐고 여쭈자 당신이 대답하셨네. '간밤에 개들 중 한 마리가 돼지에게 심하게 물렸어. 다친 개를 동물병원에 데려갔던 거야.'"

"까말라(Kamala), 까루빤(Karuppan), 재키(Jackie), 세 마리의 개가 있었지. 내가 회당 안에 놓여 있던 소라고둥을 집어서 불었더니 개들이 으르렁거렸네. 스리 바가반께서 나에게 그만 불라고 하셨는데, 그것이 개들을 자극하기 때문이라는 거였네. 당신이 동물들까지 배려하신다는 것이 내 가슴에 각인되었다네!"

"내가 그때 아쉬람에 가 있는 동안 일어난 가장 의미 있는 사건은, 놀랍게도 스리 바가반이 나에게 서양의 전설에 나오는 이야기 하나를 당신께 들려달라고 하신 거라네. 당신은 마치 어린 소년처럼 아주 몰입해서 계속 채근하며 그 이야기를 귀담아 들으셨다네! 하루는 식사를 마친 뒤 스리 바가반께서 나에게 이야기를 하나 해 달라고 하시며, '너는 책을 아주 많이 읽은 모양이군' 하셨지. 나는 자못 진지하게, 왕과 세 명의 아들, 과일 나무들이 있는 정원, 특히 매월 보름날 밤에 익었다가 새벽만 되면 사라지는 황금빛 과일이 열리는 정원에 관한 동화를 들려드리기 시작했다네. 왕이 세 아들에게 (그 과일을 훔치는) 도둑을 잡으라고 했다는 것, 공감력 없는 첫째, 둘째 아들은 도둑을 잡지 못했으나 아주 선하고 순진

무구한 셋째 아들은 한 노파와 개 한 마리 등의 도움을 받아 도둑을 붙잡았다는 것과, 마침내 그가 도둑맞은 황금 과일을 어떻게 되찾아 그것을 아버지인 왕에게 돌려드렸는지를 이야기해 드렸지. 세월이 많이 지난 지금도, 마치 이야기에 홀딱 빠진 아이처럼 귀담아 들으시던 바가반의 얼굴 표정들을 회상하면 전율을 느낀다네. 진인(*Jnani*)만이 일순간에 아이가 되면서도 안정된 지혜의 드높은 당신의 상태에 확고히 안주할 수 있는 거라네!"

"매혹적인 라마나에 대해 또 하나 생각나는 일은 1943년으로 거슬러 오른다네. 그때는 집사람과 생후 1년 반 된 우리 딸아이 비말라를 데려왔네. 나는 스깐다쉬람을 찾아가고 싶었고, 가 보라는 바가반의 허락까지 얻었지. 그래서 나와 비스완나, 아기를 안은 집사람이 스깐다쉬람을 향해 산을 올라갔네. 90미터도 못 가서 바가반의 시자가 꾸러미 하나를 들고 우리 쪽으로 달려오더니 그것을 건네주더군. 거기에는 과일, 설탕 그 밖의 먹을 것들이 들어 있었네. 우리가 기쁨을 표하고 고맙다는 말을 채 하기도 전에 시자가 급히 이렇게 말했다네. '바가반께서 "애가 배가 고파서 울면 어떡하지? 가서 이 먹을 것을 주고 오게." 하셨습니다. 그래서 온 겁니다.' 당신의 자비심이 얼마나 놀라웠던지! 그날 나는 스리 라마나를 한 분의 어머니로 보았다네."

"내 평생 최고의 순간은 스리 바가반을 마지막으로 친견했을 때였네. 그 일은 이렇게 되었네. 나는 엄한 훈육가인 사장님과 함께 인도 전역을 바쁘게 다니고 있었는데, 갑자기 비스완나에게서 편지가 왔다네. '미루지 말고, 즉시 띠루반니말라이로 오라.' 나는 서둘러 아루나찰라로 갔고, 비스완나는 나를 급히 스리 바가반을 친견하는 줄에 넣어주었네. 비스완나는 내 뒤에 있었지. 내 차례가 왔을 때, 나는 순수한 지복과 은총을 듬뿍 뿌려주시는 바가반과 얼굴을 마주했다네! 비스완나는 마치 나를 스리 바가반께 소개하듯 입술로만 속삭였네. '시바라만, 시바라만.' 저 사랑의 산께서는 알아본다는 표시로 거의 알 듯 말 듯 고개를 끄덕이셨네. 바가반의 그 단 한 번의 고요한 끄덕임 속에서, 내 삶의 목적이 달성된다네.7) 내가 인식되고, 내가 받아들여지고, 내가 구원되는 거지!"

*　　*　　*

바가반의 가까운 시자였던 스리 시바난다 스와미(Sri Sivananda Swami)는 바가반이 얼마나 관찰력이 예리하면서도 심오하게 자비로우셨는지를 나에게 들려주었다. 그가 말했다. "오전 10시쯤이었을 거야. 바가반이 우사牛舍(*goshala*)에서 돌아오시다가 회당 옆의 우물 가까이 오셨을 때, 우물에서 새나 큰 곤충이 물속에서 버둥거리며 날개를 퍼덕이는 것 같은 어떤 특이한 소리가 나는 것을 아셨지. 당신은 가만히 서서 우물을 들여다보시고, 날개가 달린 큰 곤충 한 마리가 있는 것을 발견하셨네. 당신이 나에게 말씀하셨어. '저 녀석이 즐거운 기분으로 물 위에서 날개를 퍼덕이는지, 아니면 물에 빠져 죽지 않으려고 버둥거리는지 살펴보게. 만일 전자라면 방해하지 말고, 후자라면 부디 얼른 물에서 건져내 주게.' 나는 그것이 버둥거리고 있는 것을 보고, 대나무 장대를 그 곤충에게 닿게 하여 그것을 구해 주었고, 그 녀석은 기쁘게 날아갔다네."

---

7) *T.* 이 말은, 그 친견으로 그의 가슴이 열리면서 진아를 체험했다는 뜻이다. 그는 이 문장을 현재시제로 말하고 있는데, 아마 자신의 체험을 직접 드러내지 않기 위해서였을 것이다.

제7장
인자하신 라마나

Gracious Ramana

스리 바가반은 「실재사십송 보유補遺」의 처음 다섯 연에서 사두들과의 삿상(*satsang*)의 중요성을 강조하면서 "그들과의 친교를 구하라"고 명하신다. 제3연이 눈에 띄게 아름답다. "만일 사두들과 친교한다면 이런 모든 수행 체계들이 무슨 필요 있겠는가? 기분 좋은 남풍이 불어오는데, 말해보라, 부채가 무슨 소용 있는가?"

스리 바가반의 원로 헌신자들은 아주 복 받은 분들이고, 그분들의 말씀은 순수한 감로이다. 그분들 곁에서 보내는 시간은 영적인 서적 백 권을 읽는 것 이상의 가치가 있다. 책을 읽을 때 우리는 머리를 쓴다. 그러나 원로 헌신자들이 쏟아내는 말씀들은 우리의 심장으로 바로 들어가서 우리에게 희유한 영적 황홀경을 안겨준다!

스리 N. 발라라마 레디(Balarama Reddy)는 가장 원로급 라마나 헌신자들 중에서도 독특한 분이다. 하이데라바드 스리 라마나 껜드람(*Sri Ramana Kendram*-라마나 헌신자들의 지역 지부)의 K. 수브라마니안 박사는 그들이 하이데라바드에서 근 한 달간 스리 레디와 함께 하면서 스리 바가반에 대한 그분의 회상을 듣는 특권을 가졌다고 나에게 알려주었다. 그가 말하기를, 스리 발라라마 레디가 머무르던 방은 하나의 아쉬람이 되었고, 그 분위기는 라마나의 친존으로 충만해 있었다고 했다! 아쉬람에 새로 오는 헌신

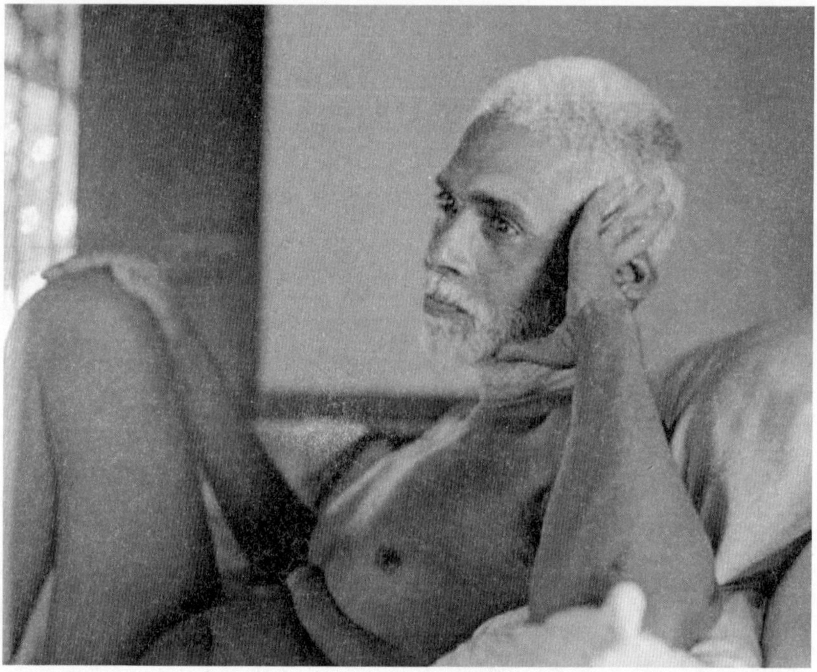

자들이 이제 몇 분 남지 않은 **스리 바가반**의 원로 헌신자들을 접할 기회를 최대한 활용해, 배우려는 진지한 열망으로 그들에게 다가가고 있다는 것은 고무적이다.

최근에 나는 스리 발라라마 레디와 함께 하면서, **스리 바가반**의 영광스러운 친존에 있던 옛 시절을 행복하게 회상하는 것을 듣는 특권을 가졌다. 그는 이렇게 말했다.

"**바가반**은 한갓 철학 토론과 논쟁에 결코 끌려들지 않으셨지. 만일 사람들이 진지하면 당신이 그들의 질문에 답변을 하시고, 그들의 이해력에 맞추어 도움을 주시곤 했네. 그러나 만약 그들이 한갓 논쟁이나 토론을 하려고 왔다면 즉시 그들의 말을 자르셨지. 한번은 한 학식 있는 산야시(*sannyasi*)가 북인도에서 와서 **바가반**께 영어로 질문을 하기 시작했네. 처음에는 **바가반**이 그의 질문에 인내심 있게 답변을 하셨지만, 이내 그가 온 것은 자신의 뛰어나 보이는 학식을 과시하기 위한 것이었을 뿐임이 분명해졌네. 그래서 **바가반**은 결국 이렇게 말씀하셨지. '좋습니다. 당신이 논쟁에서 저를 이겼다는 증명서를 써 드리지요. 그거면 만족하겠습니까?' **바가반**은 논쟁하거나 누구에게 무엇을 증명하고 싶은 마음이 전혀 없으셨네. 사람들이 당신의 가르침을 받아들일 준비가 되어 있지 않다면, 당신의 견해를 결코 그들에게 강요하려 하지 않으셨지. 사람들이 자신이 믿고 싶은 것을 뭐든지 마음대로 믿게 내버려 두셨다네."

이어서 우리의 이야기는 **스리 바가반**이 지으신 산스크리트어 작품으로 옮겨갔다. 『바가반과 함께한 나날(*Day by Day with Bhagavan*)』(46-1-20)에서는 **스리 바가반**이 당신이 지으신 '데함-므린마야(*deham-mrinmaya*)'[1]로 시작하는 시를 까비야깐타 가나빠띠 무니에게 보여주셨을 때, 가나빠띠 무니가 아브하바(*abhava*)를 아뻬따(*apeta*)로 고쳤다고 이야기한다. 스리 네디는 말했다. "까비야깐타는 어떤 문법적 이유로 그렇게 고친 것임이 분명해. '아브하바'라는 단어는 '부재하는'이라는 뜻이고, '아뻬따'라는 단어는 '없는' 혹은 '미현현의'이라는 뜻이네. 그래서 거의 같은 의미이지. 무루가나르는 그 수정에 동의하지 않고 여쭈었네. '어떻게 나야나가 **바가반**의 말씀을 고칠 수 있습니까?' 그러나 나는, 만일 그럴 필요가 없었다면 나야나가 그렇게 고치지 않았으리라고 생각하네. 어쨌든 그는 산스크리트 시의 대단한 달인이었고, 그래서 어떤 이유로 '아브하바'가 적절치 않다고 느꼈을 수 있겠지. 우리는 산스크리트어를 많이 알지 못하니, 어떻게 판단할 수 있겠나? 여하튼 **바가반**은 그의 수정을 승인하셨네. 당신은 까비야깐타가 산스크리트어에 더 해박하다는 점을 늘 존중하셨지."

---

1) 「실재사십송 보유」, 제10연을 보라. 이 연의 첫 두 행에서 **스리 바가반**은 몸이 '나'가 아닌 두 가지 이유를 제시한다. 즉, (1) 몸은 지각력이 없고, '나'-의식이 없다, (2) 우리는 몸이 존재하지 않는 잠 속에서도 존재한다. 까비야깐타는 '*abhava*'를 '*apeta*'로 교체함으로써, '몸이 부재하는'을 '몸이 나타나지 않는'이라는 관념으로 바꾼 것이다.
T. 위 제10연은 **바가반**이 먼저 산스크리트어로 짓고, 나중에 다시 타밀어로 번역한 것이다.

스리 레디는 바가반이 산스크리트어로 지으신 다른 작품들에 대한 이야기 흐름을 계속 이어갔다. 나는 그에게, 바가반이 산스크리트어로 지으신 시들은 모두 무엇 무엇이냐고 여쭈면서 그런 질문을 하신 것은 당신이었지 않느냐고 지적했다(『나날』, 46-1-20 참조).

(산스크리트어 책 『스리 아루나찰라라마나의 참된 형상에 대한 내관(*Sri Arunachalaramana Swarupanusandhanam*)』에서는 이렇게 말한다. "「가르침의 핵심(*Upadesa Saram*)」, 「해탈 3시詩(*Muktaka Trayam*)」,[2] 「아루나찰라 5보송(*Arunachala Pancharatnam*)」—이 시들이 바가반이 산스크리트어로 지으신 유일한 시이며, 이 시들은 본서에 수록되어 있다." 그러나 『라마나스라맘에서 보낸 편지』, 1948-7-27자에서 수리 나감마는 스리 바가반은 '빠르딴 떼리날(*Parthan therinal*)'로 시작하는 당신의 타밀어 시—『바가바드 기타 요지(*Bhagavad Gita Saram*)』의 기원문 시—를 산스크리트어로 번역하셨다고 기록하고 있다. 그 시의 의미는 이러하다. "빠르타[아르주나]의 전차에 앉으셔서, 당신의 자비로운 말씀으로 그의 슬픔을 몰아내 주신, 은총의 화신[주 크리슈나]께서 우리를 보호해 주시기를." 이 산스크리트어 시구는 텔루구어 책 『스리 라마나 라짜나발리(*Sri Ramana Rachanavali*)』의 37쪽에 텔루구어 문자로 인쇄되어 있다. 그러나 G. V. 숩바라마이야 교수는 『스리 라마나 회상(*Sri Ramana Reminiscences*)』의 78쪽(한국어판 97쪽)과 129쪽(한국어판 150쪽)에서 이 산스크리트어 시구는 자가디스와라 사스뜨리(Jagadiswara Sastri)가 타밀어에서 번역한 것이라고 쓰고 있다. 따라서 이 산스크리트 시구를 바가반이 실제로 지으셨는지 자가디스와라 사스뜨리가 번역했는지에 대해 의문이 일었다.)

---

2) *T. Muktaka Trayam*은 세 수의 독립된 산스크리트어 시를 한데 묶어서 부르는 이름이다. 그것은 1) 1935년에 지은 '한 글자(*ekam aksaram*)' 시, 2) 1915년에 지은 '심장동혈의 한가운데(*hrdayakuhara madhye*)' 시, 3) 1927년에 지은 '몸은 질그릇처럼(*deham mrinmaya*)' 시이며, 나중에 바가반이 모두 타밀어로 번역했다. 이 시들의 타밀어 버전은 『저작 전집』(한국어판)의 225쪽, 189쪽, 190쪽에서 볼 수 있다.

스리 레디는 그 시구를 즉시 기억해내지는 못했지만, 그것을 보여드리자 그 문체는 분명 **스리 바가반**이 지으신 것이지 자가디스와라 사스뜨리가 번역한 것이 아니라고 말했다. "자가디스와라 사스뜨리는 분명히 훌륭한 시인이었지만 학식에 의한 시인이었을 뿐이야. 반면에 **바가반**은 공식적으로 산스크리트어를 배운 적이 없었음에도 신적 영감에 의한 시인이셨지. 이 시구의 문체와 흐름은 그것이 영감으로 지어졌지 단순히 학식에 의해 지어진 것이 아님을 보여주네. 따라서 우리는 **스리 바가반**께서 그것을 지으셨다고 단호히 말할 수 있네." 스리 레디의 설명이었다.

그는 나아가 이렇게 말했다. "이 시들[「가르침의 핵심」의 30개 연, 「아루나찰라 5보송」의 5개 연, 「해탈 3시」의 3개 연, 그리고 위에서 언급한 별시 1연] 외에 다른 어떤 시도 **스리 바가반**께서 산스크리트어로 지으셨다고 생각되지 않는군. 우리는 종종 당신이 지으신 타밀어 시를 산스크리트어로 번역해 날라고 청했지만, 나야나[까비야깐타 가나빠띠 무니]가 이곳을 떠난 뒤에는 '나야나가 여기 없는데 어떻게 하나!'라고 말씀하시곤 했지. 그전에는 당신이 산스크리트어로 무엇을 지으실 때마다 그것을 나야나에게 보여주어 그가 고치거나 승인하게 하셨는데 말이야. 알다시피 **바가반**은 산스크리트어를 전혀 공부하신 적이 없고, 오직 영감을 통해서만 산스크리트어 시를 지으셨지. 나야나는 산스크리트어 문법에 완전히 통달한, 현존하는 유일한 사람이었다네. 그래서 당신은 늘 당신이 지으신 것이 문법적으로 올바른지 나야나가 점검해 주기를 바라셨네. **바가반**은 당신이 하신 모든 일에서 완벽을 기하신 거지."

"텔루구어의 경우도 마찬가지였네. **바가반**은 텔루구어로 무엇을 지으실 때마다, 텔루구어를 말하는 우리들 중 한 사람에게 그것을 점검해 달라고 하셨지. 예컨대 당신이 『바가바땀(*Bhagavatam*)』[XI.13.36]에 나오는 그 연을 번역하셨을 때는 나에게 보여주면서 그것을 더 낫게 할 의견이 없느냐고 물으셨어. 그러나 나는 '제가 무슨 의견을 냅니까?' 했지. 이것은 『나날』(46-1-22)에도 기록되어 있어. **바가반**은 그렇게 겸허하셨다네!"

스리 레디가 말했다. "까비야깐타는 『스리 라마나 기타』[2.2]에서 '심장 동혈의 한가운데(*Hridayakuhara madhye*)' 시를 해석하기를, 그 시는 세 가지 길이 있음을 의미한다고 했지. 텔루구어로는 **바가반**이 두 가지 길밖에 없다고 분명히 쓰셨어. 까비야깐타는 '**진아**를 추구하는 것'이 하나의 길, '뛰어들기'가 또 하나의 길, 그리고 '호흡제어'가 세 번째 길이라고 생각한 거지. 그러나 텔루구어 시에서 **바가반**은 '뛰어들기'를 별개의 길로 여기지 않으셨네. 당신은 '**진아**를 추구하여 뛰어들거나, 아니면 호흡제어로써 뛰어든다'고 하셨지. 그래서 뛰어들기를 두 길과 모두 연관 지으신 거라네."

"숩바라마이야 교수가 세 길을 언급한 이 시에 대한 자신의 영어 번역문을 **바가반**이 다듬고 승인하셨다고 말하는 것은 사실이지만, **바가반**이 승인하셨다고 말하기는 쉽지 않아. 『스리 라마나 릴라(*Sri Ramana Lila*)』[3]를 다시 찍으려고 그 제5판을 점검할 때 나도 **바가반**을 도와드린 사람 중 하나였네. 당시 **바가반**은 그 책에서 수많은 사실의 오류를 지적하셨지. 왜 초판에서 바로 그 오류들을 지적하지 않으셨을까? 왜 4판까지 간행된 뒤에야 오류를 지적하셨을까? **바가반**께는 이런 모든 것이 **마야**의 본질적인 부분이었어. 이런 '사실들'이 옳든 그르든 관심이 없으셨던 거지.[4] 어떤 때는 사실의 오류를 바로잡으셨고, 어떤 때는 그러지 않으셨어. 그래서 설사 **바가반**이 무엇에 반대하지 않는다고 해서 반드시 그것을 승인하셨다는 의미는 아닌 거지. 당신은 속박되실 수 없으니 말일세. 왜 당신이 어떤 때는 사실의 오류나 오역을 바로잡고 어떤 때는 그러지 않는지

---

3) *T.* **바가반**의 헌신자였던 스리 크리슈나 빅슈(Sri Krishna Bhikshu)가 텔루구어로 쓴 **바가반**의 전기. 초판은 1936년에 나왔다.

4) 「마운틴 패스」 1982년 1월호 5쪽에 나오는 **바가반**에 대한 말라얄람어 전기 이야기와 비교해 보라.

는 당신만 아신다네!"

"까비야깐타가 세 가지 길을 이야기한 것은 그가 전통적 경전에 젖어 있었기 때문이라고 생각되네. 그런 경전에서는 세 가지 길이 있다고 종종 이야기하니까. 그는 '진아를 추구하는 것'을 지知의 길(*Jnana Marga*), '호흡제어'를 요가의 길(*Yoga Marga*), '뛰어들기'를 헌신의 길(*Bhakti Marga*)로 본 거지. 그러나 그런 경전들이 언제나 세 가지 길이 있다고 한 것은 아니네. 예를 들어 『바가바드 기타』의 유명한 구절[III.3]에서 스리 크리슈나는 지知의 길과 행위의 길, 두 가지 길을 이야기하지."

"학자들은 왜 크리슈나가 이 시구에서 헌신의 길을 뺐는지를 두고 종종 논쟁을 벌인다네. 어떤 학자들은 헌신이 지知와 행위 사이에 있다고도 하지. 내가 바가반께 이 점에 대해 여쭈자 당신은 헌신은 별개의 길이 아니라 지知 요가와 행위 요가에 모두 포함된다고 하셨네. 헌신이 없으면 어떤 지知와 행위도 있을 수 없다는 거지. 바가반의 답변과 학자의 답변 간의 차이를 보게. 만일 지知와 행위 사이에 헌신이 있다면, 크리슈나는 세 가지 길을 이야기했겠지. 두 가지 길만 이야기한 이유는, 바가반이 말씀하셨듯이 헌신은 두 가지 길의 필수적 부분이기 때문이야. 이 경우도 그와 비슷해. '뛰어들기'는 별개의 길이 아니라 '진아를 추구하기'와 '호흡제어'의 필수적 부분인 거라네."

"바가반은 아짜리야(*acharya*), 곧 철학자가 아니네. 진인이시지. 당신은 단순한 지적 이해로 말씀하시는 게 아니라 직접적 체험에서 말씀하시네. 틀 지워지고 정의된 철학 체계에 따라 말씀하시는 것이 아니라 질문자의 필요와 근기에 따라 말씀하시지. 이런저런 학파에 당신을 붙들어 맬 수가 없다네."

"『나날』(46-3-15 오후)에는 바가반께서 이런 관념을 아주 명료하게 설명하시는 멋진 대목이 있네. 마살라왈라 박사가 친구에게서, 바가반은 불생론不生論(*ajata* doctrine)의 주장자라고 쓴 편지를 받았지. 바가반은 이 편지를 보시자, 당신은 불생론만 가르치지 않고 모든 학파를 승인한다고 설명하셨네. 불생론에서는 '단 하나인 실재 외에는 아무것도 존재하지 않는다, 창조도 파괴도 없고 속박도 해탈도 없다'고 말하지. 세계의 존재나 출현을 전혀 받아들이지 않네. 그러나 우리가 세계를 보기 때문에 불생론은 젖혀두고 동시창조론, 곧 견현론見現論(*drishtisrishti-vada*)을 가르치게 되네. 이 원리에서는 '그대가 보는 모든 것은 보는 자에 의존한다. 보는 자를 떠나서는 보이는 대상도 없다'고 하고, 한 예로서 꿈의 경험을 지적하지. 그러나 어떤 사람들은 이 원리조차 이해하지 못하고 그에 대해 수많은 반론을 제기하네. 그런 사람들에게는 현견론現見論(*srishtidrishti-vada*)이라는 원리를 가르치는데, 이것은 점진적 창조의 상세한 과정을 묘사하지. 그런 사람들은 그렇게 묘사해 주어야 만족할 수 있으니까 말이네.[5] 바가반은 이런 말로 당신의 설명을 매듭지으신다네. '이 모든 것은 배우는 사람의 근기에 맞추기 위해서일 뿐입니다. 절대자는 하나일 수밖에 없습니다.' 바가반 자신이 단 하나의 절대적 진리를 깨달으셨지만, 당신을 찾아온 사람들의 여러 근기에 따라 서로 다른 이론들을 가르치신 거라네."

형이상학은 그쯤 해두고, 나는 스리 레디에게 '흥미로운' 일화가 있으면 들려달라고 했다. 그는 친절하게도 이렇게 답변했다.

"1948년 12월 첫째 주였던 것 같군. 히말라야의 스리 크리슈나쁘렘(*Sri Krishnaprem*)은 영국인으로서 비슈누파 승려가 된 사람인데, 아쉬람에서 바가반과 함께 기억에 남을 만한 사흘을 보낸 뒤 뽄디체리로 떠났지. 나는 그를 빌루뿌람(Villupuram)에서 만나 그가 남쪽의 저명한 사원 몇 군데를 순례하는 데 합류하기로 했네. 나는 띠루반나말라이에서 정오 열차

5) 이런 창조론들에 대한 스리 바가반의 비슷한 설명은 「자기탐구」의 10장 답변, 『대담』(한국어판), 425-6쪽, 432쪽, 453쪽, 520쪽, 728쪽에도 나온다.

를 타기로 되어 있었네. 점심을 먹고 나서, 아직 식당에 앉아 계시던 바가반 앞에 엎드려 절을 하고 내가 떠나는 것을 허락해 달라고 간청하자, 당신이 말씀하셨네. '이 사람들(아쉬람 집행부)이 나거꼬일(Nagercoil-까니야꾸마리 군의 군청 소재지)의 한 변호사 헌신자에게 편지를 보내어, 우리가 마뜨루부떼스와라 사원(Matrubhuteswara Temple-아쉬람의 어머니 사원)의 관수식灌水式(*Kumbhabhishekam*) 때 쓰게 까니야꾸마리(Kanyakumari-인도의 최남단 읍)에서 구할 수 있는 색깔 있는 모래들을 여기로 보내 달라고 했네. 지금까지는 그가 그것을 보내오지 않았군.' 당신이 나에게 그것을 가져오라고 명시적으로 말씀하지는 않았으나, 나는 당신의 의중을 이해했다네. 내가 그것을 가져와야 하는 것이었지. 바가반의 그런 명령(*adesa*)은 나의 순례 여행에 대한 자비로운 승인의 표시였을 뿐 아니라, 당신의 걸림 없는 은총의 흐름이 그렇게 해서 흘러오는 친밀함의 표현이기도 했다네. 만약 위대한 분들이 추종자들에게 일을 맡긴다면, 그것은 그들을 축복하려 한다는 것을 의미한다고, 한 위대한 산스크리트어 시인은 말하지."

"까니야꾸마리에 도착했을 때, 그 모래를 수집해서 그곳을 빠져나오기가 그리 쉽지 않다는 것을 알았네. 정부에서 모래 반출을 엄금하고 있었고 경찰이 철도역에서 문제의 모래가 불법 반출되지 않는지 짐을 검사하고 있었거든. 곤란한 상황이었지. 생각을 해 본 뒤, 결과가 어찌 되든 그 모래를 가져가기로 결심했네. 그래서 그 모래를 색깔별로 모은 뒤 그것을 조심스럽게 포장하여 내 잡낭에 넣었다네. 역에 갔더니 검표원의 게이트 근처에 경찰관이 두어 명 있더군. 약간 걱정이 되었고, 바가반을 생각하면서 어떤 공상에 잠겼네. 짐꾼은 그 짐을 가지고 게이트를 조용히 통과했고, 내가 따라갔는데 경찰이 전혀 문제 삼지 않더군! 기차가 움직이자 나는 바가반께서 그 전체 과정을 부드럽게 처리하셨다고 느꼈지."

"띠루반나말라이에 도착한 나는 세 개의 서로 다른 꾸러미에 담긴 그

색깔 있는 모래들을 바가반께 내놓았고, 당신은 그것을 주의 깊게 바라보시더니 승인하듯이 당신 가까이 앉아 있던 몇 명의 헌신자에게 그것을 보여주셨네. 몇 주 후에 나거꼬일 변호사가 보낸 모래 소포를 받고 보니, 소포 안의 종이 봉지에 넣어 묶어 두었던 서로 다른 모래들이 운송 도중 (봉지가 터져) 심히 뒤섞여 있었고, 사제들은 그것은 의식에서 사용하기 부적당하다고 선언했네. 그리고 관수식까지 시간도 별로 남지 않았지. 바가반이 말씀하셨네. '발라라마 레디가 모래를 가져오지 않았다면, 우리가 때맞춰서 그 의식에 쓸 새 탁송품을 어떻게 받을 수 있었을까?'

그러나 실은 누가 그 모래들을 제때에 구하셨던가? 발라라마 레디는 하나의 구실이었을 뿐이다!

* * *

N. R. 크리슈나무르티 아이어(Krishnamoorthy Iyer) 교수가 나에게 다음과 같은 흥미로운 사건을 들려주었다.

"순다람 아이어(Sundaram Iyer-바가반의 아버지)의 집 좌우에 있는 두 집의 사람들이 아기 벤까따라만(Venkararaman-바가반)을 데려다가 낮 동안 많은 시간 귀여워하곤 했지. 서쪽 집에는 락슈미(Lakshmi)라고 하는 여자 아기가 있었는데, 대략 라마나와 같은 나이였다네. 두 아이는 놀이동무였고 떼어놓을 수 없는 짝궁이었네. 아직 젖을 빨던 라마나는 어머니의 다른 쪽 젖가슴을 락슈미가 빨아야 한다고 고집하곤 했지. 라마나는 거의 다섯 살이 될 때까지 젖을 떼지 못하셨다네!"

"락슈미는 나중에 스리 바가반의 확고한 헌신자인 V. 라마크리슈나 아이어 박사의 어머니로 알려졌는데, (바가반의) 어머니 알라감말(Alagammal)이 병을 앓으시던 마지막 두 달 동안 스깐다쉬람에 머무르면서 정 많은 딸에게서나 볼 법한 헌신으로 어머니를 돌보셨다네. 락슈미 암말(Lakshmi

Ammal-어른 락슈미의 이름)은 내가 자주 만난 분인데, 그분이 나에게 이야기하기를 어머니 알라감말이 라마나를 배고 계실 때는 뜨거운 열감에 시달리셨다고 하더군. 락슈미 암말은 라마나께서 건장한 체격을 가지신 것은 젖을 오래 드셨기 때문이라고 했지."

*　　*　　*

스리 바가반께 전적으로 헌신한 로다 맥키버 여사는 존경할 만한 분이었다. 그녀는 바가반을 처음 만났을 때의 경험을 나에게 이렇게 묘사했다. "나는 1940년에 딸레아르칸 여사(Mrs. Taleyarkhan)에게서 바가반에 대해 처음 들었다네. 우리는 봄베이에 있었는데, 그녀가 책 몇 권과 사진들을 주면서 마하르쉬님은 아주 위대한 분이라고 하더군. 나는 그 책들을 이해하지 못했지만 그 사진에서는 강한 감동을 받았다네. 당신을 뵈러 가야겠다는 충동을 느꼈는데, 시간이 갈수록 그 충동이 점점 강해지더군. 그런 충동일 일어나야 할 어떠한 외적인 이유도 없었지. 봄베이에서의 내 지위는 재정적으로나 사회적으로나 좋았지만, 왠지 만족하지 못하고 있었다네. 조바심을 느꼈고, 떨치고 새롭게 뭔가를 하고 싶었지."

"결국 1942년에 아쉬람에 왔네. 내가 도착했을 때 바가반은 산에 올라가신 뒤였고, 돌아오시는 길 위에서 당신을 기다리면 될 거라고 하더군. 당신이 오시는 것을 보지는 못했는데, 갑자기 떠오르는 해처럼 찬란한 빛이 내 앞에 있는 것을 보았다네. 고개를 들어 보니 바가반이 앞에 서 계셨네. 당신은 나를 바라보시고, 고개를 끄덕이면서 미소를 지으셨지. 그 순간 내 안에서 뭔가가 일어나는 것을 느꼈는데, 그것은 내 평생 한 번도 경험해 보지 못한 것이었다네! 해이셨던 당신이 그 순간, 당신은 빛이고 지知의 불이라는 것을 드러내신 거지!"

*　*　*

한번은 명망 있는 정부 변호사이던 스리 데바라자 무달리아르가—『라마나 마하르쉬 저작 전집』의—「스리 아루나찰라 마하뜨미야(*Sri Arunachala Mahatmya*)」['스리 아루나찰라의 영광']에 나오는 말씀들에 대해 다양한 의문을 제기한 적이 있는데, 특히 "이 산에서 3요자나(*yojana*) 반경 안에 거주하는 것 그 자체로, 입문전수(initiation)를 받지 않고도 모든 결함을 태워 버리고 **지고자**와 결합하기에 족할 것이라고 내가 명한다"는 연[6]에 대해서 그러했다. **바가반**은 미소를 지으며 무달리아르를 바라보며 말씀하셨다. "무달리아르! 이것은 대법원 자체의 평결입니다. 우리는 그것을 받아들이고 복종하는 것 외에 아무것도 할 수 없지요!" **바가반**이 **주 시바**를 '대법원'이라고 지칭하자 이 '변호사'는 즐거워했다.

한 헌신자가 거듭해서 탄식했다. "**바가반**, 제 마음이 들떠 있습니다. 아무리 제어해 보려고 해도 자꾸만 실패합니다. 당신께서만 그것을 고요히 만들어 주실 수 있습니다." **바가반**은 대답하지 않으셨다. 그 사람이 떠난 뒤에 당신은 미소를 지으며 말씀하셨다. "말해 보세요! 마음에 대한 이런 이야기가 무엇입니까? 마음이 어디 있습니까? 어떻게 생겼습니까? 단순한 진리는, 마음이란 없다는 것입니다. 존재하는 것은 '있는 것'(실재)이지요!"

---

6) *T.* 『라마나 마하르쉬 저작 전집』(한국어판), 126쪽 제6연 참조.

제8장
가장 성스러우신 라마나

Holy of the Holiest Ramana

스리 꾼주 스와미는 **바가반**의 자상한 성질들을 들려줄 때 가장 즐겁게 신난 모습이다. **바가반**의 가르침은 사람을 고상하게 하며, 그 방식도 아주 단순하고 자연스러웠다.

"**바가반**의 평등심(*samatva bhava*)은 최고였지. 당신은 어떤 사물이나 사람도 당신 자신과 다르다고 보지 않으셨고, 모두가 당신과 동등한 존재였다네. 그래서 헌신자들이 '**바가반**, 당신께서는 깨달은 **진인**이시고, 저희는 무지하고 깨닫지 못했습니다'라고 호소할 때면, 당신은 그들의 말을 자르면서 '그 무지가 어디 있고, 누가 깨닫지 못했습니까?'라고 하셨지. 당신께는 어떤 타자도 없었고, 영적인 진보에는 어떤 점차漸次(graduation)도 없는 거였네. **바가반**이 '어떤 차이도' 보지 않으신 것은 유감이었네. 우리의 딱한 곤경을 '보실' 수 있었다면, 단 한 번의 바람으로 우리에게 순간적인 깨달음을 베푸셨을 테니 말일세."

"**바가반**이 **자기탐구**(*Atma Vichara*)를 얼마나 큰 중점을 두셨는지는 모두가 알지. 당신은 이렇게 쓰셨네. '**진아 깨달음**은 쉽고도 가장 쉬운 길이고, 다른 모든 길들보다 더 쉽다네.' 하지만 어느 헌신자에게도 이 방법을 따르는지 당신 스스로 한 번도 묻지 않으셨네. 당신이 **자기탐구**의 행법을 명하실 수도 있었을 테고, 그러면 헌신자들은 맹목적으로 따랐겠지.

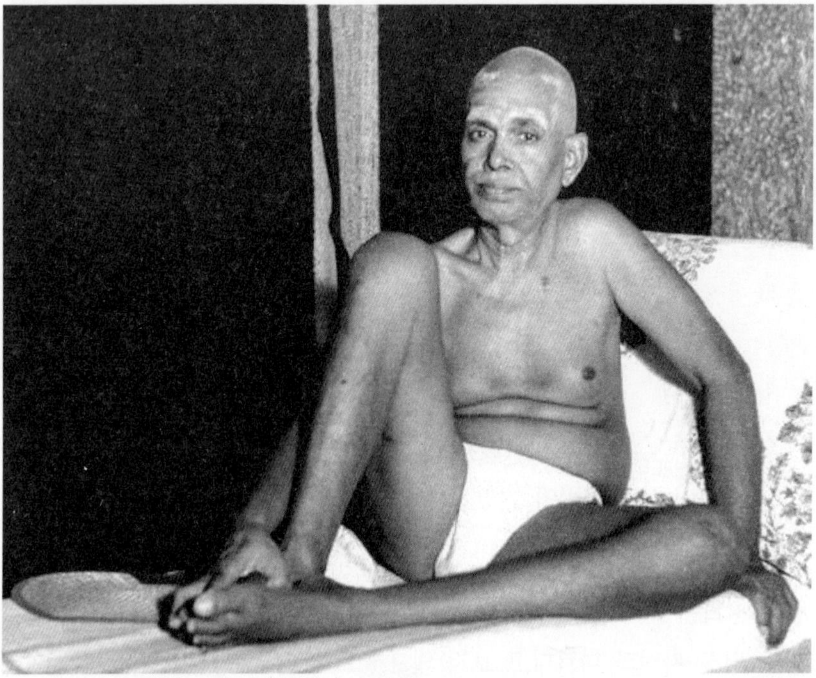

오랜 세월 **바가반**과 아주 친근했던 요기 라마이아(Yogi Ramiah)는 하타 요가를 하곤 했네. **바가반**은 아쉬람에서 그에게 특별한 제한식을 제공하는 것을 승인하셨네. 당신은 빨라꼬뚜에 있는 그의 산굴로 그를 찾아가기도 하셨고, 요기는 **바가반**이 산책하실 때 동행하기도 했지. 요기는 자신이 원할 때 자유롭게 **바가반**과 함께할 수 있었다네. 하지만 **바가반**이 그에게 조식이나 하타 요가 대신 **자기탐구**를 하라고 말씀하셨다는 것을 보여주는 어떤 기록도 없네."

"무달리아르 빠띠(Mudaliar Patti)의 아들 땀비란 스와미(Thambiran Swami)는 비라 사이바(*Veera Saiva*)[1]였지. 그는 정오에만 정원에서 꽃을 땄고, 그런 다음 그 꽃들로 링가(*linga*)를 하나 만들어 꽃들로 그것을 숭배하면서

---

1) *T*. 힌두교 시바파(Saivism)의 한 유파. 흔히 링가야뜨파(Lingayats)로도 불리며, 까르나따까 주를 중심으로 남인도에 분포하고 있다. 한정비이원론을 신봉하고, 카스트에 반대한다.

빨라꼬뚜의 저수지에서 예공(*puja*)을 하곤 했네. **바가반**은 매일 그것을 지켜보셨지. 땀비란 스와미는 몸이 아주 허약했고, 이 늦은 예공을 마친 뒤에 자기 음식을 요리하여 먹을 때쯤이면 저녁이 되곤 했네. **바가반**이 한 번은 농담을 하셨네. '가여운 신이군! 예공이 끝나려면 시간이 너무 오래 걸리니 공양물(*naivedya*)을 아주 오래 기다려야 하잖아!' 그러나 **바가반**은 그에게 단 한 번도 '왜 그런 것을 다 하지? **자기탐구**를 하는 것이 좋을 거야.'라고 말씀하시지 않았지. **바가반**은 가까운 추종자들에게조차도 그들이 명상을 하는지, **자기탐구**를 하는지 결코 묻지 않으셨네. 당신의 가르침은 최고였지만, 그것을 닦든 그만두든 그것은 전적으로 우리에게 맡겨져 있었다네! 대단한 평정심 아닌가! 물론 이 불간섭은 구도자들의 삶의 세간적 측면에까지 두루 해당되었지. 나는 다년간 **바가반**을 시봉한 뒤에 어떤 타당한 이유로 아쉬람을 떠났고, 빨라꼬뚜에 정주하고 싶어 했네. 내 결심을 당신께 전해 드리자 당신은 뭘 그러려니 여기셨네. 당신에게서 어떤 반응도 없었지! 그것이 무관심이었던가? 전혀 그렇지 않지. 당신은 20년 만에 당신을 찾아온 어떤 사람도 즉시 알아보시고, 당시에 어떤 일이 있었는지를 말씀하시곤 했다네."

"당신은 전적으로 무욕이셔서, 그 무엇에도 결코 영향을 받지 않으셨네. **바가반**은 나야나에 대해 큰 존경심을 가지고 계셨지. 그가 시르시(Sirsi)로 떠나게 되었을 때—알고 보니 다시는 **아루나찰라**로 돌아오지 못하게 되지만—**바가반**은 '왜 가야 합니까? 여기 그대로 계셔도 됩니다'라고 말씀하시지 않았다네. 또 한 사람의 위대한 헌신자인 무루가나르는 아쉬람에서 수백 명의 사람들에게 음식을 배식하던 시절에도 탁발을 하러 나가곤 했지. **바가반**은 그에게, 아쉬람에서 먹을 수 있는데 왜 탁발을 나가느냐고 결코 묻지 않으셨다네."

"단다빠니 스와미는 초기에 아쉬람의 중요한 구성원이었네. 그러나 어떤 이유로 사람들이 그에게 아쉬람을 떠나 달라고 했을 때, 그는 떠나려 하지 않았다네. 읍내에서 책임 있는 사람의 한 팀이 와서 단다빠니 스와미에게 조용히 떠나 달라고 하면서, 그러지 않으면 볼썽사나운 결과가 있을지 모른다고 했네. 이 일은 바가반 앞에서 일어났지. 당신은 동요되지 않고 앉아 계셨네. 다음날 아침, 단다빠니 스와미가 하직인사를 하러 바가반께 갔을 때, 바가반은 역시나 동요되지 않고 앉아 계셨다네. 전에는 단다빠니 스와미가 음식을 많이 원하고 또 그럴 필요가 있으니 그에게 배식을 많이 하라고 종종 말씀하신 바가반이신데도 말이네. 한번은 한 무리의 사람들이 바가반의 아우인 니란자나난다 스와미를 번쩍 들어 운반해 가면서 그를 죽이겠다고 위협했을 때도 당신은 일절 동요가 없었지. 그쪽으로 고개도 돌리지 않으셨다네. 저녁에 니란자나난다 스와미가 다친 데 없이 돌아와 바가반 앞에 앉았네. 당신은 그가 무사히 돌아온 것도 돌아보지 않으셨네. (물론 니란자나난다 스와미가 그날 무사했던 것은 오로지 당신의 은총 때문이었지만, 그것은 전혀 별개의 문제이다.)"

*　　*　　*

요전에 스리 꾼주 스와미는 「마운틴 패스」 84년 1월호에서 스리 무루가나르에 관한 나의 기고문을 읽다가, '아핫따마라이(*ahattamarai*)'로 시작하는 시[2]가 『친존 예경(*Sannidhi Murai*)』에는 비스와나타 스와미의 작품이라고 되어 있으나 그것은 바가반이 지으신 거라는 사실을 내가 밝혀

---

2) *ahattamarai malarmithudrai yarunachala ramanan*
nagaittanudra vizhittanadras seguttanena thuyirai
migattanarul suranthanena muhavapuri murugan
segattaruya vaguttanmudrai thiruvachaka nikare.
"심장연꽃 안에 거주하시는 아루나찰라 라마나께서
미소를 띠면서 꾸준히 나를 바라보아 주시고, 내 작은 별개의 자아를 살해하셨네.
그래서 이 은총의 흐름을 노래하면서, '무하바뿌리 무루간(무루가나르)'은
세상 사람들이 구원되도록, 『띠루바짜감』에 필적하는 『산니디 무라이』를 지었다네."

둔 것을 즐거워하셨다. 스와미는 바가반이 어떻게 종종 남들에게 시를 짓게 하여 그들에게 저자의 지위와 명예를 얻게 하셨는지를 회상했다. 바가반이 방대한 저작인 『탐구의 바다(*Vichara Sagaram*)』를 멋지게 축약한 「탐구보주화만探求寶珠華鬘(*Vichara Mani Malai*)」을 저술했을 때, 띠루반나말라이의 스리 아루나찰라 무달리아르가 그것을 자신의 저술로 직접 출간하고 싶어 했다. 바가반은 그렇게 하도록 허락하셨다. 최근까지도 「탐구보주화만」은 타밀어로는 아루나찰라 무달리아르의 이름으로만 나왔다! 무나갈라 벤까따라마이아(Munagala Venkataramaiah)[『대담』의 기록자]가 만든 영역본이 나오고서야 그 사실이 헌신자들에게 알려졌다.

스리 꾼주 스와미는 그런 다음 또 하나 흥미로운 사건을 들려주었다.

"비루팍샤 산굴(Virupaksha cave)에서는 비드완 라마짠드라 아이어 같은 많은 학자들이 바가반을 방문하여 타밀어로 당신을 찬양하는 시들을 지었지. 스리 뻬루발 스와미(Sri Perumal Swami)는 자신이 그런 시를 지을 능력이 없는 것을 탄식했다네. 바가반이 그것을 아시고 즉시 시를 한 수 지어, 그 밑에 뻬루말 스와미의 이름을 적으셨네. 여기 그 시가 있네."

Anjalena adiyarkudrai yagadrrathiruc chuzhiyil
azhakanaisun daranarula avanithanil vanthe
thanchamenat thāzhamavar thanvinaichūr thadinthu
thanpathatthait thantharulap pannirugai thangi.
vinsumanak kanchamayil mīthamarnthu jnāna
vizhiyāgum vēlōcchi vilayādal purivōn
anjadakki ādrumuka mānaperu mānām
arunamalai ramananena amaruperu mālē.

"어머니 알라감말과 (아버지) 순다람에게 (인간 형상으로) 띠루쭐리에서 태어나 세상에 오신 여섯 얼굴의 주님[수브라마니아]은, 당신의 헌신자들의 결함을 없애주기 위하여, '두려워하지 말라'고 말씀하시고, 오관을 조복 받고 드높은 마음 연꽃이라는 공작을 타고 계시며, 지知의 시선인 창을 던지는 게임을 하시는 당신의 두 발아래 귀의하는 사람들의 업을 소멸함으로써 당신 자신의 상태를 하사하기 위해, 열두 개의 손[다섯 찬가, 「가르침의 핵심」, 「실재사십송」, 「실재사십송 보유」, 「진아 5연시」, 「압빨라 빠뚜」, 「진아지」, 「나는 누구인가?」]을 지니셨으니, 당신은 실로 아루나말라이-라마나로서 지복스럽게 안주하시는 주님이시라네."

꾼주 스와미가 이야기를 계속했다. "바가반은 남쪽의 많은 정사精舍들의 장長을 알고 계셨네. 유명한 꼬빌루르 정사(Kovilur Mutt)의 장長들은 많이 배운 학승들이었지. 당시 이 정사의 장長이었던 스리 비라 숩바이아 스와미(Sri Veera Subbiah Swami)도 대단한 명성의 학승이었고, 타밀어로 된 표준적인 많은 영적 저작들의 저자였네. 그는 바가반을 크게 우러르는 사람이었지만, 당시에는 바가반을 위대한 고행가(*tapasvin*)로만 알았지. 그때가 「실재사십송」이 나왔을 때였는데, 비라 숩바이아는 그 첫 번째 기원시에서 '울라(*ulla*)'라는 어근을 가지고 순수한 타밀어를 폭넓고 아름답게 변용시킨 것을 읽고 전율했지. 그가 말했네. '벤바(*Venba*) 자체가 어려운 운율이어서 감히 시도하는 시인도 거의 없습니다. 바가반은 40연 전부를 이 운율로 지으셨는데, 그것도 가장 심원한 철학적 관념들을 전달하기 위해서였지요. 그 모든 연을 가장 멋지게 장식하는 것이 첫 번째 기원시입니다. 저는 이날까지 바가반에 대해 오로지 고행가로서만 큰 존경심을 지니고 있었지만, 이제 탁월한 타밀어 시인으로서도 당신께 절합니다.'"

*　　*　　*

바가반이 작업하신 마지막 작품은 샹까라짜리야의 「진아각지송(*Atma Bodha*)」을 타밀어 벤바 운으로 번역하신 것이다. 스리 T. P. 라마짠드라 아이어는 나에게, 바가반이 어떻게 촛불을 당신 곁에 두고 안 그래도 약한 눈을 혹사하며 밤을 꼬박 새워 그 작품을 끝내셨는지를 말해 주었다. 꾼주 스와미는 그 작품이 나오게 된 경위에 대해 다음과 같은 흥미로운 이야기를 해 주었다.

"내가 스깐다쉬람에 계시던 당신을 찾아가기 얼마 전에[즉, 1920년 전에] 바가반과 다른 몇 사람이 스깐다쉬람보다 훨씬 높이 산꼭대기 바로 밑에 있는 '일곱 샘(Seven Springs)'에서 하루 종일을 보내기로 계획했다네. 그들은 그릇, 쌀 기타 요리 재료를 가져가서 그것을 일곱 샘에 남겨두고 산꼭대기로 올라갔지. 일곱 샘으로 돌아와서 보니 낭패스럽게도 성냥갑을 가져오지 않은 거야! 바가반은 즉시 「진아각지송」에 있는 한 연을 기억해 내어 그것을 암송하셨네. 이런 내용이지. '해탈에 이르는 모든 수단 중에서, (모든 수단으로 얻을 가치가 있는) 지知만이 직접적인 수단이라네. 불 없이는 요리를 하지 못하듯이, 지知 없이는 해탈이 없기 때문이네.'"3)

"세월이 지나 바가반이 마지막 병환을 얻기 직전에, 법무관(Law Officer)이자 유능한 산스크리트 학자이고 능숙한 타밀어 시인이던 민나 누룻딘(Minna Nuruddin) 씨가 K. 스와미나탄(Swaminathan) 교수와 함께 아쉬람을 방문하여 샹까라의 「진아각지송」을 자신이 타밀어 8행시로 옮긴 것을 수록한 소책자 인쇄본 하나를 증정했네. 바가반은 당신이 예전에 한 연을 벤바 버전으로 옮기셨던 것을 즉시 기억해 내셨고, 각 연의 의미를 간략한 벤바 시에 담아내야겠다는 충동을 느끼고, 곧장 앉아서 그 밖의 모든 연을 벤바 시로 번역하셨다네. 이 새로운 인쇄본 소책자가 나오자 바가반은 자비롭게도 그 중 두 부를 한 부는 누룻딘 씨에게, 다른 한 부는 스와미나탄 씨에게 보내셨는데, 그때 마드라스를 방문하기로 되어 있던 두 헌신자 V. 스리니바사 라오 박사와 스리 T. P. 라마짠드라 아이어가 (마드

3) *Bodho' nyasādhanebhyo hi, sāksānmoksaika sādhanam*
pākasya vahnivat jñānam, vinā mokso na sidyati. —*Atma Bodha*, v.2.

라스에 가서) 그 책들을 직접 건네주게 하셨지."

"바가반이 「진아각지송」을 타밀어로 번역하는 것을 끝내신 뒤에 학자인 한 헌신자가 당신께 거기에 기원시(*mangala sloka*)도 한 연 지어 달라고 간청했다네. 바가반은 평소처럼 그 요청에 따라 이렇게 쓰셨지.

> 진아를 깨닫게 하시는 샹까라가
> 그 진아와 다른 분일 수 있겠는가? 내 안에
> 거주하시는 그분 외에, 오늘 타밀어로 이것을
> 말씀하시는 분이 달리 누구이겠는가?
>
> — 「진아각지송」, 기원시

바가반이 지으신 다른 그와 같은 기원시들도 바가반 자신인 진아를 주 내용으로 하고 있다네.

> 영원히 기뻐하라! 내면에서 '나-나'로서 빛나며, 낮도 밤도 모른 채 에고의 무지를 달아나게 하시는, 진아이신 하느님의 두 발아래서 심장이 기뻐한다네.
>
> — 「분별정보(*Vivekachudamani*)」, 기원시

> 진아이신 하느님께서 일찍이 구하(Guha-수브라마니아)에게 하사하신 '진아 깨달음' 장을, 태고의 지고자로서 내 안에 거주하시는 같은 하느님이 이제 타밀어로 가르치시네.
>
> — 「진아 깨달음 장(*Atma Sakshatkara*)」, 기원시

> 남쪽을 향하시는 하느님으로 빛나시며, 당신의 진정한 침묵의 상태를 드러냄으로써 위대한 고행자들[사나까, 사난다나, 사나뜨꾸마라, 사나뜨수자따]에게 평안을 하사하시고, 이 찬가에서 진아의 성품을 드러내신 저 샹까라께서는 내 안에 안주하시네.
>
> — 「다끄쉬나무르띠 송찬(*Hymn to Dakshinamurti*)」, 기원시

주 시바께서 신성한 말씀으로 데비(Devi-빠르바띠)에게 가르치신, 「데비깔롯따라」에서 드러난 지知의 힘찬 결실이자, 자비롭고 지복스러운 천상적 감로인 비이원적 침묵의 화신이신 코끼리 얼굴의 신[가나빠띠]에 대해, 심장 속에서 명상합시다. ─ 「데비깔롯따라(*Devikalottara*)」, 기원시

* * *

"인자하신 라마나"(위 제7장) 편을 읽은 나의 존경하는 영적 형제인 스리 라 가나빠띠(Sri Ra Ganapati)─학자이자 작가인 헌신자─가 나에게 이런 편지를 보내왔다. "바가반이 『기타』의 제3장 제3연 시구에서 헌신의 길(*Bhakti Marga*)을 언급하지 않고 있는 이유를 설명하실 때의 '형이상학적' 면도 '흥미롭습니다.' 그것은 헌신을 아주 잘 조명해 주는데, 그것이 지知의 빛(*Jnana Jyoti*)의 입에서 나온 말씀이기에 더욱 더 빛납니다." 이 편지를 스리 발라라마 레디에게 부여드리자, 그는 회상적 분위기에 젖어들었다. 그는 바가반이 불관용 외에는 일체를 어떻게 관용하고 허용하셨는지를 보여주는 한 사건을 회상했다. 그가 말했다.

"당신의 헌신자들 중에 샥띠 비이원론자들(*Saktadvaitins*)과 순수 비이원론자들(pure *Advaitins*)의 두 그룹이 있었지만, 바가반은 불편부당하셨고 어느 그룹에 대해서도 찬반의 판단을 내리지 않으셨지. 내 기억으로, 하루는 오후 2시경에 구 회당(Old Hall)에 사람이 거의 없을 때, 자가디스와라 사스뜨리가 바가반께 여쭈었네. '저희는 당신의 가르침을 샥띠 비이원론의 해석과 순수 비이원론의 해석 중 어느 쪽이 올바른 해석인가를 두고 저희끼리 논쟁을 하고 있습니다. 왜 바가반께서는 어느 쪽이 옳다고 직접 말씀하지 않으십니까?' 바가반은 침묵을 지키셨지만, 몇 분 뒤에 그 말이 나에게 전해졌고, 내가 이렇게 말했다네. '그래서 당신께서 바가반으로 불리시는 거지요!' 이 말을 들으신 바가반은 부드럽게 미소를 지으셨네."

스리 발라라마 레디는 이어서 이렇게 말했다.

"중요한 것은, **바가반**의 가르침을 어떤 기존의 철학적 틀에 끼워 맞추지 않고, 그것을 닦기 시작하는 거라네. 만일 어떤 헌신자가 『실재직견實在直見(*Sat Darsana*)』이 **샥띠** 비이원론 철학을 가르친다고 생각한다면, 그 사람은 그것을 닦아야겠지. 그리고 다른 어떤 사람이 그것은 순수 비이원론을 가르친다고 생각하면, 그 사람은 그것을 닦아야지. 수행만이 중요하다네. **바가반**의 가르침은 허다한 방식으로 해석될 수 있고, 미래에는 분명히 더 많은 해석들이 나올 것이네. 그것도 다 좋은 거야. 그러나 우리는 **바가반**이 늘 개인의 필요와 역량에 따라서 가르치셨다는 것을 기억해야 하네. **바가반 자신**이 당신은 한 원리만 가르치지 않으며, 배우는 이가 자신이 선택한 길을 따르면서 동시에 **자기탐구**를 추구하기를 권한다고 말씀하셨네. 그러나 우리는 '**진아지**는 쉬운 것이고, 존재하는 가장 쉬운 것이네(*Aye atisulabam, Anmaviddai*)'['진아지', 『저작 전집』(한국어판), 205쪽]라고 하신 **바가반**의 주장을 결코 잊으면 안 될 것이네. 당신이 가르치신 것은 **자기탐구**이니, 우리는 끝없는 논쟁에 시간과 기력을 낭비하지 말고, 직접적인 길로서 그것을 열심히 따라야 하네. 수행이 가장 중요한 거지."

* * *

"**바가반**은 가장 사려 깊고 친절하셨지만, 동시에 엄격한 훈육가이기도 하셨네. **바가반**은 당신 주위에서 일어나는 일들에 무관심하신 것처럼 보였지만, 실은 구도자들의 진보에—특히 그들이 젊은이라면—예리한 관심을 가지고 계셨네. 나 자신도 여러 번 **바가반**의 도움을 받았지. 어떤 위기 때문에 내가 **바가반**을 떠나서 내 고향 마을에 영구히 정착해야 했을 때, 당신께 그 말씀을 드렸더니 당신은 경청하시고 고개를 끄덕이셨네. 그 고개 끄덕임의 의미를 나는 어머니에게서 온 편지를 받고서야 이해했는데, 어머니는 내가 **스리 바가반**의 친존을 떠날 필요가 없고, 자신이 그 마을에서 우리의 모든 일을 처리할 수 있다고 하셨네. 이것은 나의 세간적 삶에서 하나의 전환점이었고, 그것은 의심할 바 없이 **바가반**의 **은총**이 직접 개입했기 때문이었지. 어머니의 편지를 **스리 바가반**께 보여드리자 당신은 그것을 읽고 자애로운 미소를 지어주셨는데, 마치 '이제 만족하는가?'라고 말씀하시는 것 같았다네."

"어느 날 밤 내가 혼자서 산을 돌고 있었네. 우리가 **아루나찰라**의 다섯 봉우리를 보는 빤짜 무카 다르사나(*Pancha Mukha darsana*) 지점[4)]에 당도했을 때, 분위기가 평안과 침묵으로 가득 충전되었네. 그 순간 나는 경전에서 **침묵**을 어떻게 찬양하는지를 기억했지. 묵언의 맹세를 해야겠다는 강한 충동을 느꼈고, 그렇게 했다네. 내 맹세를 알게 된 비스와나타 스와미가 이것을 아난다쉬람(Anandashram)[5)]의 스리 스와미 람다스(Sri Swami Ramdas)에게 귀띔했고, 스와미는 내 조치를 좋게 평가하는 편지를 보내왔네. **바가반**이 스와미 람다스의 이 편지를 내게 보여주셨는데, 그것은 당신이 승인하신다는 분명한 표시였지. 나는 한동안 묵언을 계속했네. 필요할 경우 **바가반**하고만 이야기했고, 달리 누구와도 말을 하지 않았다네!"

"어느 날 저녁, 구 회당의 **스리 바가반 친존**에서 한동안 명상을 하고 나서 눈을 뜨니, 내 곁에 위대한 애국자이자 현자인 사두 바스와니(Sadhu Vaswani)[6)]가 앉아 계셨네. 나는 그를 아주 잘 알고 있었는데, 우리가 히말라야에서 함께 머물렀기 때문이네. 보아 하니 아쉬람에서는 아무도 그를 모르는 것 같았네. 나는 묵언을 하고 있었기 때문에 그에게 이야기를 하지 않았네. 얼마 후 그는 회당을 떠났네. 나는 명상에 몰입해 있었지."

---

4) *T.* 아루나찰라의 북쪽 오른돌이 길의 한 곳에서 산을 바라보면 크고 작은 다섯 개의 봉우리가 보이는데, 이곳을 '빤짜 무카 다르사나', 곧 '다섯 얼굴 친견' 지점이라고 한다.
5) *T.* 께랄라(Kerala) 주 깐한가드(Kanhangad)에 있는 스와미 람다스의 아쉬람.
6) *T.* 인도의 교육가, 저술가, 독립운동가(1879-1966).

"다음 날 아침에 사두 바스와니를 찾아 보니, 그는 이미 떠나고 없었네. 나는 그런 위대한 인물이 제대로 인식되지 않은 채, 그리고 스리 바가반께 공식적으로 소개도 되지 않은 상태에서 떠났다는 데 마음이 불편했다네. 그래서 스리 바가반께 가서 자초지종을 말씀드리고, 내가 묵언의 맹세를 했기 때문에 전날 밤 그에게 이야기를 하지 못했다고 덧붙였지. 바가반이 말씀하셨네. '그에게 이야기를 했어야지.' 이것은 나에게 묵언의 맹세를 그만두라는 암시였네."

바가반이 얼마나 엄격하실 수 있는지 보여주기 위해, 스리 레디아르(발라마 레디)는 다음 사건을 들려주었다.

"바가반은 새벽 3시 30분에 일어나 주방으로 가서 채소를 썰고 재료들을 준비하기 시작하시곤 했지. 아침에 오는 공양보살들이 솥들을 오븐 위에 얹는 것 말고는 할 일이 많지 않게 말이야."

"바가반은 채소의 모든 토막—껍질, 줄기, 잎과 전부를 사용하여 꿋뚜(*Koottu*),[7] 처트니, 삼바르(*Sambhar*), 웁뿌마(*Uppuma*)를 만들곤 하셨네. 나아가 당신은 막자에서 근채류를 짓이겨 즙을 내어 라삼(*Rasam*)[8]에 넣기도 하셨지. 이 모든 일은 큰 주의력과 많은 노력과 시간을 요했다네."

"한번은 바가반이 전날 밤에 시금치와 가지(brinjal)를 써셨는데, '원치 않는' 부분들은 다음 날 아침에 다른 것과 조합할 때 쓰도록 따로 보관해 두셨지. 아침에 평소처럼 당신이 주방에 들어가서 그 자투리 부분들을 달라고 하셨는데, 그것이 바가반의 일거리를 늘려 몸에 더 무리가 가지 않게 하려고 그것을 벌써 내다버렸다는 말을 들으셨지. 바가반은 밖으로 나가 그 버려진 나머지들을 찾아서 다시 가져오셨네. 그런 다음 그것을 씻고, 작은 토막으로 썰어서 사용하신 다음 주방을 떠나셨다네."

---

7) *T.* 채소와 렌즈콩으로 만드는 남인도식 스튜.
8) *T.* 밥에 곁들여 먹는 멀건 국물 음식.

*　　*　　*

N. R. 크리슈나무르티 아이어 교수가 다음 내용을 들려주었다. "내가 바가반의 소싯적 친구들—빌라쩨리 랑가나타 아이어(Vilacheri Ranganatha Iyer)와 무띠룰라빤(Muthirulappan)—을 만났을 때, 그들에게서 다음과 같은 이야기를 들었다네."

"라마나는 다섯 살 때 띠루쭐리에 있는 세뚜빠띠(Setupati) 초등학교 유아반 학생으로 입학했지. 수업 시간이 아닐 때, 그리고 집에서 먹고 자면서 시간을 보낼 때, 꼬마 라마나는 넓은 복도에서나 부미나떼스와라 사원(Bhuminatheswara Shrine) 주변의 공터에서 친구들과 활발하게 놀곤 했다네. 술라 띠르탐(*Soola Tirtham*)이라고 하는 사원의 성수지가 라마나와 그의 친구들이 자주 가서 노는 곳이었네. 그들은 그 사원 성수지에서 하루에도 수없이 미역을 감았지. 그 물은 유황 성분이 있어서, 라마나는 부모님에게 꾸지람을 듣지 않기 위해 자신의 은 발찌에 생기는 또렷한 얼룩을 지우려고 무진 애를 써야 했다네."

"어느 날 아침, 라마나와 친구들은 유난히 명랑했다네. 아버지 순다람 아이어가 집을 멀리 떠나 있었던 거지. 그 집 다락에는 (시골 변호사인 아버지가 맡았던) 오래 전에 종결된 소송사건들과 관련된 낡은 서류 꾸러미들이 쌓여 있었네. 꼬마 라마나와 친구들은 용케 다락으로 기어 올라가서 꾸러미 하나를 꺼냈다네. 그리고 이내 많은 종이배를 만들었지. 이윽고 종이배 선단이 사원 성수지를 떠다니자 아이들은 굉장히 즐거워했다네."

"순다람 아이어가 집에 돌아와 어떤 일이 있었는지 알게 되자, 화를 버럭 냈다네. '저 녀석 옷을 벗겨서 집에서 내쫓아!' 이 말을 들은 꼬마 라마나는 금세 사라져 버렸네."

"점심시간 동안 그는 행방이 묘연했네. 집안의 어디에도 없고, 친구들 집에도 없었고, 사원 안에도 없었네. 누구도 이 소년을 어디서도 보지 못했지. 아이가 아버지의 질책을 견디지 못해서 사원 성수지에 빠져 죽었나? 아무리 찾아 봐도 헛수고였다네."

"그러는 사이 (부미나떼스와라) 사원의 승려는 신상, 즉 어머니 사하얌발(Mother Sahayambal)에 대한 한낮의 숭배(뿌자)를 하려고 준비하고 있었네. 불빛이 희미한 지성소至聖所에 들어가서 관수식을 거행하기 위해 신상을 덮어 두었던 천을 걷자, 신상 뒤에 석상 같은 또 하나의 인물이 고요히 앉아 있었지. 가까이 가서 살펴보니 작은 인간이었다네! 실종되었던 아이가 여기 있었네. 그 소식이 걱정하던 아버지에게 전해졌고, 그는 사원으로 달려가서 소년을 자기 어깨에 목말을 태워 집으로 데려갔네. 아버지의 질책을 견딜 수 없었던 라마나는 이름에 걸맞게 늘 도움을 주는 사하얌바[9]에게서 위안을 찾았던 거지."

* * *

로다 맥키버 여사가 나에게 다음과 같은 이야기를 들려주었다. "나는 스리 라마나스라맘에서 데이비드 맥키버와 결혼했다네. 바가반께서는 누가 보기에도 그 예식에 관심을 보이셨지. 우리는 내 남편과 아쉬람 사이의 어떤 오해로 인해 한동안 아쉬람 경내에 들어오지 않았네. 그러나 나는 매일 바가반을 뵙는 것을 포기할 수 없었다네. 나는 산 위에서 내가 당신을 처음 만난 곳으로 가서 당신을 기다리곤 했지. 매번 바가반께서는 잠시 멈추어서 큰 자애로움으로 나를 바라보시곤 했네. 아쉬람 집행부와의 다툼은 알고 보니 하나의 축복이었던 거야. 회당에서는 산 위에서와 같이 마하르쉬님의 그런 직접적인 눈길을 좀처럼 얻지 못했거든!"

로다 마(Roda Ma-로다 맥키버)가 이야기를 계속했다.

---

9) *T.* Sahayamba는 '도움을 주는 어머니'라는 뜻이다(*sahayam*: '도움, 구제'). 이 여신 사하얌바는 사하야발리(Sahayavalli)로도 불린다.

"한번은 내가 봄베이에서 들어오면서 바가반을 위해 비싼 문구를 좀 가져왔네. 한 헌신자가 왜 그런 비싼 물건들을 가져왔느냐고 묻더군. 내가 말했지. '문구가 필요하다고 생각해서요. 싸구려를 가져올 수 있습니까?' 바가반이 개입하여 말씀하셨네. '하지만 애초에 왜 뭘 가져와요? 필요한 건 내가 이미 다 가지고 있는데.' 나는 몹시 낙담했고, 바가반께 실제로 필요했던 것은 당신이 새와 다람쥐 친구들을 위해 간수해 두시던 견과를 넣어둘 예쁜 은제 곽이라고 생각하기 시작했네. 당신이 가지고 계시던 작은 주석 곽은 낡고 볼품이 없었지. 그런 생각이 내 마음 속을 지나가기가 무섭게 어떤 사람이 딱 내가 생각했던 그런 은제 곽 하나를 가져와서 바가반께 드렸다네. 바가반은 거기에 손도 대지 않으셨네. '아니, 은제 곽을? 아닙니다. 부디 도로 가져가세요. 이 보세요. 저에게 은제 곽이라니요! 제가 은제 곽들로 무엇을 합니까?' 이 말씀을 하시면서 당신은 나를 바라보셨는데, 마치 '자네가 은제 곽을 가져왔어도 똑같은 일이 일어났을 거야!'라고 말씀하시는 것 같았네. 바가반은 단순한 삶을 사셨고, 호화 사치는 승인하지 않으셨지. 우리 모두에게 좋은 교훈이었다네."

그녀가 이야기를 계속했다.

"그 시절에는 원숭이들이 정말 성가신 존재였지. 헌신자들이 가져온 음식물과 그 밖의 물건들을 곧잘 망쳐 놓았으니까. 우리가 바가반께 하소연하면 당신은 이렇게 말씀하시곤 했네. '예전에는 이곳이 깊은 밀림이었고, 원숭이들의 집이었지요. 우리가 와서 땅을 고르고, 집을 짓고, 원숭이들을 몰아냈습니다. 누구를 탓해야 합니까? 우리입니까, 그들입니까? 설사 그들이 우리를 좀 번거롭게 한다 해도, 왜 묵묵히 감내하지 못합니까?' 바가반은 원숭이들을 정말 좋아하셨지. 한 시자가 원숭이들이 견과를 훔쳤다고 때렸을 때, 바가반은 그를 질책하시며 말씀하셨네. '자네는 원숭이들을 때리는 것이 아니라 나를 때리고 있어. 그 고통은 내 고통이야.'"

그 초기 시절에 바가반께 정기적으로 음식을 공급한 사람들 중에서 무달리아르 빠띠와 에짬말이 잘 알려져 있다. 비루팍샤 시절부터 바가반과 당신의 헌신자들에게 음식을 올린 또 한 사람의 관대한 헌신자가 있었다. 그녀는 데수르 아킬란담말(Desur Akhilandammal)[10]인데, 그녀도 우리가 알고 기억할 만한 분이다. 스리 사두 옴(Sri Sadhu Om)이 그녀에 대해 타밀어로 쓴 작은 책이 있다.

한번은 스깐다쉬람에서 아킬라난담말이 바가반께 음식을 배식했는데, 애완 원숭이 '논디(Nondi)'가 그것을 낚아채서 먹어 버렸다. 그녀가 바가반의 엽반葉盤에 다시 한 번 배식하려고 하자, 원숭이가 화를 내며 이 신심 있는 여사에게 겁을 주려고 했다. 바가반이 개입하여 논디에게 말씀하셨다. "아데이, 아데이[야, 야]. 그녀는 우리 식구야. 겁주지 마라!" 아킬란담말은 "우리 식구"라는 말을 듣자 축복 받은 느낌이 들었다.

그녀가 어느 날 말했다. "바가반, 부디 저에게 가르침(*Upadesa*)을 좀 주십시오." 바가반은 그녀에게 자애로운 시선을 주며 대답하셨다. "운나이 비다말 이루(*Unnai vidamal iru*)"["그대 자신을 자각하며 존재하시오"].

---

10) 아킬란담말에 대한 정보는 226-229쪽에 더 나온다.
T. 이름 앞에 지명인 '데수르'가 붙은 것은 출신지로써 동명이인들을 구분하기 위해서이다.

제9장
청정하신 라마나
Immaculate Ramana

꾼주 스와미와 내가 숲 쪽으로 걸어가기 시작했을 때, 발라라마 레디, 조안과 매튜 그린블래트(Joan and Matthew Greenblatt)도 우리와 합류했다. 걷는 도중 내내 두 원로 헌신자는 **바가반**에 대한 이야기라는 감로로 우리를 대접해 주었다. 보통은 우리 젊은 사람들이 이런 원로 헌신자들에게 탐색적 질문을 한다. 그러나 그날은 발라라마 레디 자신이 꾼주 스와미에게 질문들을 했다!

발라라마 레디는 **바가반**이 스깐다쉬람에 계실 때, **스리 나라야나 구루**(Sri Narayana Guru)[1]가 **바가반**을 방문한 일에 대한 자세한 묘사를 듣고 싶어 했다. 꾼주 스와미는 이렇게 말했다:

스리 나라야나 구루는 1929년까지 께랄라(Kerala)에서 살았던 큰 **진인**이었다. 그는 아주 높은 반열의 **진인**으로서보다 사회개혁가로 더 알려져 있다. 그의 위대함은 마하트마 간디, 라빈드라나트 타고르, C. F. 앤드루스(C. F. Andrews)[2]와 같은 위대한 인물들이 께랄라에 갈 때면 그를 방문할 정도였다! 그는 산스크리트어로 몇 권의 중요한 철학적 저작을 저술했다.

---

1) *T.* 인도의 사회개혁가, 영적 스승(1856-1928). 께랄라 지역 출신으로, 카스트에 기반한 사회적 불의를 개혁하는 운동을 이끌고, 영적 깨달음을 고취하였다. 그가 바르깔라(Varkala)에 지은 사라다 정사(Sarada Mutt)에 그의 아쉬람이 있고, 남인도에 몇 군데 지부가 있다.

2) *T.* 영국 출신의 성공회 사제, 교육가, 사회개혁가(1871-1940). 1904년부터 1935년까지 인도에 머무르며 인도의 사회개혁과 독립운동을 도왔고, 간디, 타고르와 친분이 두터웠다.

여행을 하면서 자신의 아쉬람 지부에 머무르기도 했다. 그 지부들 중 하나인 나라야나 세바 사미띠(Narayana Seva Samiti)는 깐찌뿌람에 있다. 이곳은 고빈다난다 기리(Govindananda Giri)라는 사람이 운영하고 있는데, 그는 꽤 자주 바가반을 방문하여 여러 날 당신과 함께 머무르곤 했다. 나라야나 구루의 제자들 중 보다난다(*Bodhananda*), 비디야난다(*Vidyananda*), 아쭈따난다(*Achyutananda*), 아뜨마난다(*Atmananda*) 같은 많은 사람이 바가반을 대단히 우러러 보았다. 나라야나 구루가 그렇게 깐찌뿌람을 방문했을 때 한번은 고빈다난다 기리가 그에게 아루나찰라로 스리 마하르쉬를 방문해 보시기를 간청하자, 놀랍게도 나라야나 구루는 승낙했다.

구루는 자신이 이끄는 제자들과 함께 아루나찰라에 왔고, 사두깔 짜뜨람(Sadhukkal Chatram)[3]에 머물렀다. 이 여행자 숙소(choultry)는 당시 께랄

---

3) *T.* Chatram은 일종의 여행자 숙소이다. '사두깔 짜뜨람'은 사두 전용 숙소였을 것이다.

라 출신의 한 학자 헌신자가 관리하고 있었다. 사두깔 짜뜨람에서 스리 바가반께 음식을 보낼 시간이 되었는데, 그 음식을 매일 빨라니 스와미(Palani Swami)가 받아 가고 있었다. 같은 께랄라인이었던 빨라니 스와미가 나라야나 구루에게 소개되었다. 그 자리에 있던 다른 사람들의 권유로, 빨라니 스와미는 구루에게 스깐다쉬람으로 마하르쉬님을 방문해 달라고 청했다. 구루는 그 초청을 받아들였다.

다음날 나라야나 구루와 그의 제자들은 오전 10시경에 스깐다쉬람으로 갔다. 바가반은 베란다 안에 앉아 계셨다. 구루가 문살 바깥에 서서 마하르쉬님을 뚫어지게 바라보는 동안, 제자들은 안으로 들어가서 바가반 앞에 절을 했다. 구루는 말없이 바가반과 당신 주위에서 일어나는 활동들을 관찰했다. 늙거나 젊은 사람들이 바가반께 존경을 표하고 자리에 앉거나 움직이고 있었고, 바가반은 말없이 앉아 있었다. 바가반은 특별히 누구도 주목하지 않았다. 누구의 소재도 묻지 않았고, 아무 말씀도 하지 않았다! 그러나 그러는 동안 내내 바가반은 지복스러운 기쁨으로 빛나고 있었고, 모두가 그것을 흡수하고 있었다. 이 모든 것은 구루에게 대단한 인상을 주었다. 얼마 후 그는 올라가서 망고나무 아래 앉았다. 그는 보통 혼자서 먹었고, 그것도 순수성 식품만 먹었다. 구루의 현지 숭배자들이 그를 위해 음식을 가져왔다가, 그가 산을 올라갔다는 말을 듣고 그 음식을 스깐다쉬람으로 가져왔다. 때는 점심시간이었고, 바가반은 그의 제자들에게 구루를 부르라고 손짓하셨다. 그들은 겸허하게 바가반께서 직접 구루를 청해 주십사고 했다. 바가반은 밖으로 나와 코코넛나무 근처에서 나라야나 구루가 앉아 있던 곳을 올려다보며 말씀하셨다. "오셔서 저희랑 점심을 드시지요." 나라야나 구루가 말했다. "아하, 마하르쉬님의 쁘라사드를 받아야지요!" 그가 내려와서 바가반 옆에 앉았다. 바가반이 말씀하셨다. '뜨거운 것은 드시지 말고 당신께 맞는 것만 드셔도 됩니다.' 그런 다음,

특별히 구루를 위해 가져온 그 음식을 보신 바가반이 말씀하셨다. '당신을 위해 특별한 음식을 가져왔군요. 그러면 다들 먹읍시다.' 점심을 드신 직후에 바가반은 늘 그렇게 하시듯이 산 위로 산책을 나가셨고, 나라야나 구루는 망고나무 자리로 돌아갔다. 그의 제자들 중 한 사람이 우연히 그에게 다가갔을 때, 구루가 그에게 물었다. '우리가 공양을 좀 올려야 하지 않나?' 그 제자는 당황하여 어떤 과일을 마하르쉬께 공양물로 드릴 수 있을지 궁금해 했다. 구루는 그에게 종이와 연필을 가져오라고 하더니, 「무욕 5연시(*Nivritti Panchakam*)」[4]라는 제목으로 산스크리트어 시 5연을 썼다. 바가반이 돌아오자 나라야나 구루가 와서 당신 곁에 앉아 그 종이를 바가반의 자리에 놓았다. 그가 말했다. "그들이 저를 이사냐 정사(Easanya Mutt)로 데려가려고 왔군요. 가 봐야겠습니다." 바가반은 동의의 뜻으로 고개를 끄덕이셨다. 나라야나 구루는 일어나서 잠시 바가반의 눈을 똑바로 들여다보았다. 그런 다음 황홀경에서 말했다. '저렇게 되기를(*Angane avatte*)'['나도 본연상태에 자리잡기를'이라는 의미임]. 일행 전부가 산을 내려갔다. 읍내에 당도하자 나라야나 구루가 제자들에게 말했다. '마하르쉬 님은 왕뱀[킹 코브라]이시다. 그분의 영적인 상태는 워낙 위대해서, 그분의 단 한 번의 바라봄도 사람을 구원하기에 족하다. 지금 그분은 항아리 안에 숨겨진 등불처럼 세상 사람들에게 알려지지 않은 채로 계시다. 그분이 세상에 알려져서 그분의 영적인 보물이 가능한 한 많은 사람들을 풍요롭

---

4) 1. 남들의 이름, 고향, 계급이나 부족, 직업과 나이를 묻지 않는 분이야말로, 모두의 단 하나인 진아의 내적인 행복을 즐긴다네.
2. 누구에게도 오라, 가라, 가지 말라, 들어오라거나 어디로 가느냐고 묻지 않는 분이야말로, 모두의 단 하나인 진아의 내적인 행복을 즐긴다네.
3. 누구에게도 어디로 가는지, 어디서 오는지, 그가 누구인지 묻지 않는 분이야말로, 모두의 단 하나인 진아의 내적인 행복을 즐긴다네.
4. 나, 너, 그, 그것, 안이나 밖, 존재나 비존재와 같은 차별상의 관념이 없는 분이야말로, 모두의 단 하나인 진아의 내적인 행복을 즐긴다네.
5. 알려지는 것과 알려지지 않는 것에 평등하고, 자기와 남들의 구분에서 벗어나 있으며, 무차별조차도 주장하지 않는 분이야말로, 모두의 단 하나인 진아의 내적인 행복을 즐긴다네.

게 해야 한다. 보다난다! 자네는 여기 와서 여섯 달을 머무르면서 순례자들을 위해 필요한 숙식을 준비하여, 수천 명이 매일 마하르쉬님을 방문하고 영적으로 이익을 얻을 수 있도록 해야 한다. 지금 그분 주변에 있는 소수의 사람들은 그저 음식 운반자들(*annakavadis*)에 불과하다. 큰 학자들과 치열한 구도자들이 마하르쉬님을 찾아가야 한다.'"

우연히 거기에 함께 있던 빨라니 스와미는 나라야나 구루의 마지막 말['음식운반자']에 깊은 상처를 받았다. 그는 이 모든 것을 바가반께 보고했고, 자신이 상처를 받았다고 말했다. 바가반이 대답하셨다. "음식운반자라는 말을 들었을 때 왜 침묵을 지켰습니까? '왜 겉옷(*kavadi*)을 보십니까? 내면을, 존재(*Sat*)를 보십시오'라고 반문했어야지요."

나라야나 구루는 자신을 찾아오는 누구에게나 "성함이 무엇입니까?", "어디서 옵니까?" "무엇을 원합니까?", "언제 떠나려고 합니까?"라고 묻는 습관이 있었다. 그러나 바가반을 뵌 뒤로는 그런 습관을 완전히 포기했다. 왜냐하면 자신이 「무욕 5연시」에서 썼듯이, 그는 바가반에게서 당신 주위에서 무슨 일이 일어나도 영향 받지 않는 완전한 의연함을 보았기 때문이다. 타밀나두 출신의 사람들이 구루를 찾아가면, 그는 그들에게 먼저 마하르쉬님을 찾아가고, 그런 뒤에야 자신을 찾아오라고 말하곤 했다. "그렇게 쉽게 찾아갈 수 있는 곳에 마하르쉬님이 계신데, 여기를 왜 옵니까? 가서 그분을 친견하십시오." 그는 바르깔라(Varkala)에 있는 자신의 아쉬람으로 돌아간 뒤에 또 하나의 5연시[5]를 지었고, 그것을 바가반께

---

5) 「진인의 언행에 대한 5연시(*Municharya Panchakam*)」(S. 상까라나라얀 영역)

1. 발 하나 디딜 때마다 발밑 땅을 성스럽게 하는 분에게는, 팔이 베개가 되고 바닥이 침상이 되지 않겠는가? 정념에서 벗어난 그 진인에게 저급한 이익이 무슨 소용 있겠는가? "그대가 그것이다"의 깨달음을 가진 그는 모든 즐김을 초월하여 즐긴다네.

2. 탁월한 달변이거나 아니면 언어가 절제되어 있고, 때로는 학자이고 어떤 때는 무식한 사람으로서, 진인은 방랑하거나 정주하거나 자리를 뜬다네. 찰나적이고 시간에 조건 지워진 몸을 가지고서도 언제나 그는, 조건 지워지지 않은 지고한 지知인 진아의 자리에 안주한다네.

3. 몸을 유지하기 위해, 구하지도 달라지도 않고 신의 뜻에 의해 주어지는 음식을 먹으면서, 진인은 걱정 없이 길가에서 잔다네. 늘 진아를 지각하는 그는, 자신의 진아와 지고아의 합일,

보냈다. 바가반은 그것을 아주 좋게 평가하셨다.

나라야나 구루가 병이 들었을 때, 바가반은 꾼주 스와미에게 가서 그의 곁에 있어 달라고 하셨다. 구루는 꾼주 스와미를 알아보았고, 바가반에 대한 빛나는 찬사를 바쳤다. 꾼주 스와미는 그곳에 머물러 있었다. 구루가 삼매에 든 뒤에(입적한 뒤에) 꾼주 스와미가 아쉬람으로 돌아오자, 바가반은 구루에 대한 자세한 이야기를 아주 주의 깊게 그리고 애정을 가지고 경청하셨다. 그런 다음 나라야나 구루에 대해 높은 찬사를 바치셨다. 바가반은 큰 자비심을 가지고 말씀하셨다. "나라야나 구루는 완전히 개화한 사람이었습니다. 어떻게 합니까? 그가 처한 상황이 그에게 그런 활동을 하지 않을 수 없게 했습니다. 다른 면에서, 그는 일체를 알았고, 완성된 존재(*Purna*)였지요."

* * *

스리 T. K. 순다레사 아이어(Sundaresa Iyer)는 바가반에게 경칭으로 불리지 않는 특권을 가진 몇 안 되는 사람 중의 하나였다. 당신은 다정하게 그를 '순다레사' 혹은 '순다람(Sundaram)'이라고 부르셨기 때문이다. 하지만 아쉬람 사람들 사이에서는 그가 'T.K.S'로만 알려져 있었다. 그는 베단타 문헌에 대한 학식이 깊었다. 산스크리트어, 타밀어, 영어에도 능통했다. 그래서 스리 바가반의 통역자로서도 능숙히 활동할 수 있었다. 다만 대부분의 시간은 아쉬람 사무실에서 오고가는 서신들을 처리했다. 물

곧 진리-의식-지복의 상태로 빛나면서, 그 자신의 불멸하는 비할 바 없는 상태를 성취한다네.

4. 존재와 비존재에 대한 논쟁에 관여하지 않고, 이것과 저것에서 얼굴을 돌리면서, 그는 지각되지 않고, 만질 수도 없고, 원자적이고, 장대하고, 오염되지 않고, 드높고, 동요하지 않고, 깊고 고상한 지고의 상태를 성취한다네. 진인은 존재와 비존재라는 두 가지 상태를 넘어설 준비가 다 되어 있다네.

5. 그 요기는 자신의 집이든, 숲속이든, 강변의 모래사장이든, 교외든, 어디에든 거주해도 된다네. 그의 마음은 브라만 위에 머무른다네. 진인은 진아의 관점에서 이 모든 것을 사막의 신기루처럼 지각하고, 비할 바 없이 지고한 브라만 안에서 유희한다네.

론 여기서도 그는 복 받은 사람이었다. 왜냐하면 편지들을 바가반께 보여드려야 했고, 어떤 편지들에 답장할 때는 당신에게서 힌트도 얻어야 했기 때문이다. 나는 내 (학교) 선생님이었던 스리 T.K.S에게서 아쉬람이 받는 편지들에 답장을 하는 기술을 배웠다.

스리 T.K.S는 나에게 다음과 같이 말했다. "영국에 사는 해리 딕먼이라는 확고한 헌신자는 스리 바가반의 가르침에 흠뻑 빠졌다네. 다만 당신을 친견하지는 못했지. 그가 흐리다얌(*Hridayam*)이라는 용어의 의미와 그 중요성에 대해 편지로 물었네. 바가반은 자애롭게도 나에게 답변의 바탕이 될 문장들을 말씀해 주셨지. 다음이 그 답변의 요지인데, 나중에 바가반이 승인하셨고 해리 딕먼에게 보낸 것이라네."

흐리다야라는 용어

전체 우주가 거기서 일어나는, 그리고 거기서 나오는 힘 혹은 지시직 에너지로써 우주가 존재하고 작용하는 하나의 우주적 중심이 있듯이, 우리가 그 안에 존재하고 있는 육신이라는 틀 안에도 하나의 중심이 있습니다. 인간 몸 안의 이 중심은 우주적 중심과 결코 다르지 않습니다. 우리 안의 이 중심이 흐리다야(*Hridaya*-흐리다얌), 곧 존재-지知-지복으로서 깨달아지는 순수한 의식(Pure Consciousness)의 자리라고 불리는 것입니다. 이것이 실은 이른바 우리 안에 있는 신의 자리입니다. 혈액 순환을 관장하는 신체적 심장과 다르다고 이야기되는 것이 이 흐리다야입니다. 흐리다야는 (가슴의) 오른쪽에 존재하며, 보통은 우리가 알거나 느낄 수 없습니다. 우리 안에서 '나'로서 일어나는 1차적 생각을 그 근원에까지 추적하면 그것이 우리 안의 어딘가에서 끝나는데, 모든 생각이 죽고 에고가 사라지는 그 장소가 곧 흐리다야입니다. 이 중심으로부터 순수한 의식이 느껴지고 향유됩니다.

'문자적이고, 실제적이고, 신체적인 **자아**에 대한 직관의 자리'로서 묘사되는 **흐리다야**는 위에서 설명한 의미를 가지고 있습니다. 어쩌면 '신체적 자리'라는 단어가 다소 사고의 혼란을 야기할지도 모릅니다. 그것이 실제로 의미하는 바는, 육신 안에 **순수한 의식**의 중심이 있다는 것입니다. 그것은 신체적인 것과 관계되지만 그 자체가 신체적인 것은 아닙니다.

흐리다야라는 단어는 **흐리드**(*Hrid*)와 **아얌**(*Ayam*)—"**중심**, 이것"—의 복합어입니다. 그것은 우리가 명상의 결과로 도달하는 (가슴) 오른쪽의 중심입니다. **흐리다야**로부터 **의식**이 일어나서 수슘나(*sushumna*)를 통해 사하스라라(*sahasrara*)에 이르고, 거기서 여러 '나디(*nadis*-영맥)'를 통해 몸의 모든 부분으로 퍼져 나갑니다. 그러고 나서야 우리가 주위의 대상들을 의식하게 됩니다. 인간은 이런 대상들이 실제적 존재성을 가졌다는 환상으로 인해 괴로움을 경험하는데, 그것은 그가 자신의 **진아**에서 멀리 벗어나서 헤매기 때문입니다. 이 모든 것이 일어나서 현현하는 그 자리가 **흐리다야**입니다.

잠 속에서든, 기쁨·슬픔·두려움 혹은 만족감 속에서든, 우리는 이 **심장**으로 되돌아가며, 그래서 우리는 주위의 사물들에 대해 모든 의식을 상실했다고 느낍니다. 만일 명상이나 **자기탐구**에 의해 우리가 우리의 중심, 곧 **흐리다야**를 성취하고, 그리하여 우리의 진정한 **자아**일 때, 우리는 순전한 **지복**을 즐깁니다.

우리의 근원에까지 우리 자신을 추적해 들어가는 과정에서 모든 생각이 사라졌을 때, (가슴) 오른쪽의 **흐리다야**에서 '나', '나'(*Aham, Aham*)로서 현현하는 하나의 맥동이 일어납니다. 이것은 **순수한 의식**이 드러나기 시작한다는 표지입니다. 그러나 그것은 그 자체 끝이 아닙니다. 이 스푸라나(*sphurana*)가 어디서 일어나는지 주의 깊게 지속적으로 기다리면 **진아**가 드러납니다. 그러면 존재의 단일성이라는 **자각**이 옵니다.

우리가 호흡을 안정시키면 우리의 생각이 안정되는 것을 느낍니다. 그러면 생각들이 안으로 향하고, 어느 시점에서 녹아 없어집니다. 생각들이 사라지는 이 시점을 지켜보는 것도 우리가 흐리다야 속에 합일되는 데 도움이 될 것입니다.

* * *

스리 바가반의 더없이 아름다운 인간적 측면을 묘사하는 사건들을 헌신자들에게서 들으면 들을수록, 나는 "완전한 인간", 뿌루쇼따마(*Purusho-thama*), 청정한 라마나에 대해 더 많이 듣기를 갈망하게 된다.

한번은 아쉬람에서 6개월마다 새끼를 낳아서 모두를 짜증나게 하던 절름발이 고양이가 36킬로미터나 멀리 떨어진 마을로 보내지게 되었다. 그 소식을 듣지 못한 바가반은 그 고양이를 보고 싶어 하셨다. 며칠 후 그 고양이가 갑자기 바가반 앞에 나타났고, 당신은 고양이를 보며 기뻐하셨다. 당신이 말씀하셨다. "너는 그들의 모든 노력을 무산시켰군! 잘했어! 이리 와, 이리 와." 당신은 그 절름발이 고양이를 애틋하게 돌보셨다.

바가반이 마뜨루부떼스와라 사원 앞의 신 회당(New Hall)에 머무르고 계실 때였다. 어느 날 바가반이 우사(*goshala*)에서 돌아오시던 중 한 헌신자가 바가반의 욕실 옆 수도꼭지에서 손을 씻고 있었다. 그 헌신자가 돌연 바가반을 돌아보더니 큰 존경심으로 당신 쪽으로 다가갔다. 바가반은 그를 바라보신 뒤 수도꼭지 쪽으로 향하셨다. 수도꼭지는 반쯤만 잠겨 있었다. 바가반은 가서 수도꼭지를 잠그신 뒤 그 헌신자에게 활짝 미소를 지어 보이고 가셨다!

한 파르시(Parsee-조로아스터교) 헌신자가 10대인 아들을 데려와서 처음으로 바가반을 친견하게 했다. 아침에 그들이 바가반과 함께 앉아서 조반을 들었고, 이들리(*iddlis*)가 나왔다. 그 소년은 이들리를 한 번도 맛본 적이 없었다. 그래서 시무룩한 얼굴을 하여 불만을 드러냈다. 바가반이 그것을 보신 것이 분명했다. 다음날 소년은 아침을 먹으러 식당에 들어가기를 망설였다. 그러나 밀려서 들어갔고, 바가반 앞에 앉게 되었다. 바가반은 그에게 이해한다는 미소를 지어 보이셨다. 이들리가 자신의 엽반에 놓였을 때 소년은 놀랐다. 이들리에 설탕이 많이 얹혀 있었기 때문이다. 그래서 이들리가 맛있었다. 바가반이 주방 사람들에게 그 소년에게는 이들리에 입맛을 돋우는 옷을 입혀 배식하라고 지시하셨던 것이다!

몇 년 뒤인 1950년 4월의 첫째 주에, 그 젊은이가 자기 아버지와 함께 밤에 열반실(Nirvana Room) 근처에 앉아 있었다. 그의 아버지는 아쉬람의 다른 사람들과 같이 스리 바가반의 악화하는 건강에 대해 걱정하고 있었다. 자정이 지났을 때였다. 소년이 앉은 자세로 꾸벅꾸벅 졸고 있는 동안 그 아버지의 시선은 열반실의 입구에 고정되어 있었다. 밤 1시경에 바가반이 방을 나와서 바로 곁의 화장실로 가셨다. 소년이 여전히 자고 있었다. 그 아버지가 바가반을 친견하도록 소년을 깨우려고 했다. 바가반이 그것을 보시고, 마치 '잠자는 아이를 깨우지 말라'고 말씀하시듯 자비심 가득히 손을 저으셨다. 당신의 마지막 날들까지, 얼마나 어머니 같은 애정과 사랑이셨던지!

한번은 한 남자가 구 회당에 나타나 바가반께 백 회 오체투지(*sashtanga namaskars*)를 하기 시작했다. 바가반은 한동안 그를 바라보시고 말씀하셨다. "그런 체조를 다 할 필요가 어디 있습니까? 침묵을 지키면서 그대의 헌신을 표하는 것이 더 낫습니다."

* * *

M. R. 크리슈나무르티 아이어 박사의 부인 스리마띠 숩부락슈미(Smt. Subbulakshmi)가 스리 바가반의 은총을 받는 큰 복이 있었다는 이야기는

이미 했는데(48-9쪽), 그녀는 바가반이 당신의 자식들을 '향해서 보내주는' 은총을 묘사하는 매혹적인 두 사건을 들려주었다. 그녀가 말했다.

"내가 셋째아들 벤까뚜를 낳았을 때, 바이러스 감염으로 심한 열병을 앓았네. 그래서 시골에서 띠루반나말라이로 옮겨졌지. 아쉬람 주방에서 스리 바가반께 봉사하던 떼남마(Thenamma)는 자신도 요리의 달인이었고, 토착 의학에도 통달해 있었네. 그녀가 내 맥을 짚어 보더니 내가 급속히 가라앉고 있고 십 분도 못갈 거라고 결론지었네. 그녀는 급히 바가반께 가서 말씀드렸네. '우리 크리슈나무르티 아이어의 처가 죽었습니다.' 바가반이 대꾸하셨네. '자네가 어찌 아는가?' 그녀가 대답했네. '맥을 짚어 보았고, 그렇다는 것을 아주 확신합니다.' 바가반은 충격을 받으신 듯했고, 당신의 손바닥을 슬프게 뺨에 대고 외치셨네. '하! 그녀가 갔다고?' 내가 세상을 떠났다는 전보가 일가친척들에게 보내졌다네. 시골에 있던 오빠가 와서 큰 소리로 울었지. 내 남편은 바가반의 사진 앞에서 당신의 은총으로 나를 구해 주시라고 기도하면서, 내가 살아나면 사두들과 아쉬람 상주자들에게 대중공양(*bhiksha*)을 하겠다고 맹세했다네. 그런 슬픔과 혼란의 상태에서 갑자기 나는 눈을 떴고, 주위의 소동에 깜짝 놀랐네. 내가 냉정하고 차분하게 물었지. '이게 다 무슨 일이죠?' 그리고 내가 소생한 것이 기적이나 다를 바 없다는 것을 알게 되었다네. 내가 오늘날 살아 있다면, 그것은 순전히 바가반의 은총 때문이라는 것은 전혀 의심의 여지가 없네."

그녀는 또 하나의 사건을 들려주었다.

"그러고 나서 얼마 후, 내 오빠가 시골로 돌아가다가 목에 난 종기로 몸져눕게 되었네. 당시에 그것은 치명적인 병으로 여겨졌네. 현지 의사인 락슈마난 박사는 가망이 없다고 보았고, 내 남편이 와서 처리해야 한다고 했네. 남편도 의사였기에 그런 병의 심각성을 알고 있었지. 그가 바가반께 직행하여 말했다네. '처남이 종기로 고생하고 있습니다. 제가 시골에 가서 치료하려고 합니다. 바가반의 축복을 청합니다.' 바가반이 대답하셨네. '그래, 그래! 가게.' 남편이 시골에 당도했을 때는 그 병이 이미 16일째였고, 오빠는 극심한 통증에 시달리고 있었다네. 남편은 바가반께 기도하면서 검사하기 위해 환부에 손을 댔네. 즉시 환부가 열렸고, 락슈마난 박사와 다른 사람들이 놀랐다네! (그 종기는 치료되었고) 모두가 그것을 하나의 '기적'이라고 찬탄했네. 내 남편만 그 비결을 알고 있었지! 큰 삼사리(*samsari*)[대가족의 가장]였던 내 오빠의 목숨을 구한 것은 순전히 바가반의 은총이었다네."

제10장

쾌활하신 라마나

Joyful Ramana

무루가나르가 구 회당에 들어갔다. 스리 바가반께 엎드려 절을 한 그는 사람들이 스리 바가반 앞, 소파 가까이에 몇 권을 책을 쌓아두고 거기에 장식을 하고 화만을 둘러 예공을 한 것을 발견했다. 그는 그날이 사라스와띠 뿌자(*Saraswathi Puja*) 날이라는 것을 깨달았다. 화만을 두른 그 책들을 바라본 다음 고요히 앉아 계신 스승님을 쳐다본 그의 얼굴에 즐거운 미소가 번졌다. 이것을 보신 바가반이 이유를 묻는 듯한 손짓을 하셨다. 바가반과 무루간의 관계는 독특했다. 무루가나르는, 자신이 모두의 영적인 안내자로서 인간의 형상을 걸친 실재의 친존에 있다는 것을 알고 있었다. 아주 어렵사리 자신의 즐거움을 억누른 채 그가 말했다. "바가반! 당신의 친존에서 신성한 책들에 예공을 올린 것을 보니 재미있습니다. 최고 품종의 사탕수수 한 단을 압착하여, 그 즙에서 만들어진 가장 순수한 품질의 결정체 설탕으로 인간의 형상 하나를 만들었다고 생각해 보십시오. 이제 한 손에는 그 최고의 설탕으로 만든 뛰어난 인간 형상이 있고, 다른 손에는 사탕수수 찌꺼기가 있다고 상상해 보십시오. 바가반, 당신께서는 진리의 정수이십니다. 이 책들은 아무리 신성하다고 해도 그냥 사탕수수 찌꺼기와 같습니다. 그들은 그 즙 없는 사탕수수에 예공을 올렸지만, 가장 아름다운 설탕 형상이신 당신께서는 바로 여기 앉아 계십니다!"

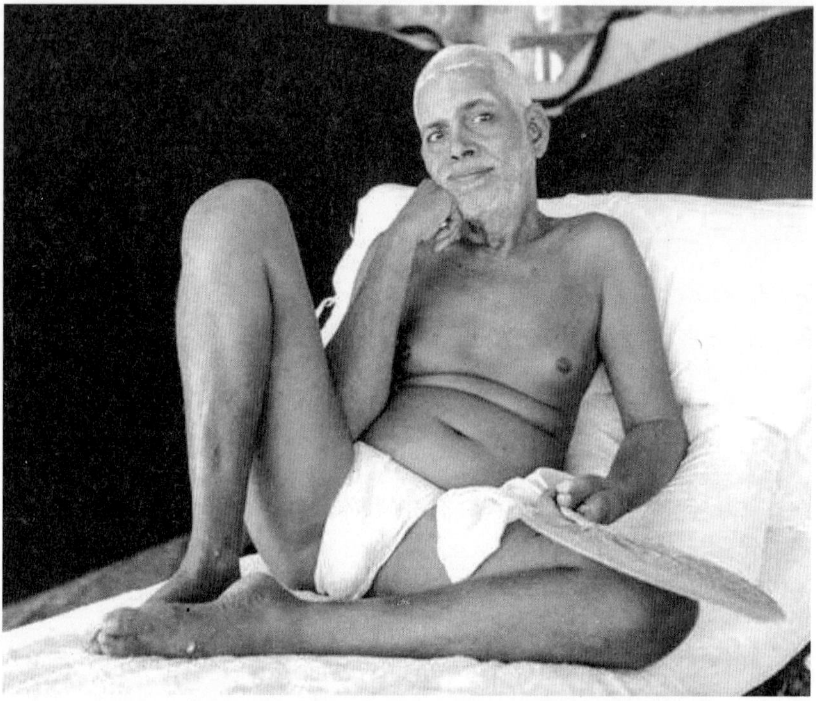

이 말을 하고 무루가나르는 웃었다. 바가반께서도 껄껄 웃으셨다.

무루가나르와 바가반의 독특한 관계에 대해서 이야기하자면, 나는 그의 '도마뱀 대화'가 생각난다. 무루가나르가 구 회당에 들어서는 순간, 바가반은 종종 그에게 이야기를 시작하시기도 했다. 무루가나르는 바가반께 오체투지를 하기 전에도 대답을 시작할 때가 있었고, 오체투지를 하면서도 계속 이야기를 하곤 했다. 심지어 자신이 오체투지하면서 바닥에 엎드려 있다는 것도 잊고 마치 카멜레온이 그러듯이 고개를 들고 당신의 질문에 답하면서 계속 당신께 이야기를 할 때도 자주 있었다. 다른 사람들은 이런 희한한 광경에 재미있어 했다. 무루가나르는 나에게 이것을 들려주면서 이렇게 덧붙였다. "비스와나타(스와미)가 농담조로 나에게 그런 '도마뱀 대화'를 그만둬 달라고 하곤 했지. 내가 하는 말이 스리 바가반을 포함하여 누구에게도 잘 들리지 않는다고 말이야. 어떻게 하나? 그런 일이 일어난다는 것을 나는 전혀 의식하지 못했네. 그런 경우에 내 유일한 생각은 바가반께 즉각 대답해야 한다는 것이었고, 주위 환경과 내 몸을 포함한 다른 일체를 잊어버리곤 했다네!" '바가반의 그림자'였던 무루가나르는 당신에 대한 최고의 헌신을 지니고 있었는데, 당신께 오체투지도 여러 번 하고, 당신이 회당을 떠나실 때는 공경스럽게 일어나서 어김없이 헌신을 표현하곤 했다. 그러나 무루가나르가 시를 짓고 있을 때 바가반이 회당을 떠나셨다 돌아와 보면, 그가 여전히 시를 짓고 있기도 했다. 그러면 바가반은 침상으로 가지 않고, 앉아 있는 무루가나르 옆에 한동안 서서 당신이 회당을 떠나시기 전에 그와 나누던 대화를 이어서 하시곤 했다. 무루가나르에게는 바가반이 서 계시려면 힘이 많이 들고, 참스승(*Satguru*)이 자기 곁에 서 계실 때 자신은 앉아 있으면 안 된다는 생각 자체가 일어나지 않았기에, 그는 계속 이야기를 하곤 했다. 주위의 헌신자들은 외관상 이런 불경함의 표시를 못마땅해 하기도 했다. 무루가나르는 나중에 남들이 그것을 지적해 주어야 비로소 그것을 깨닫곤 했다.

* * *

지금 스리 바가반의 석상으로 장식되어 있는 신 회당에서의 일이다. 바가반의 친존의 힘에 분위기가 가득 충전되어 있었다. 스리마띠 까나깜마(Smt. Kanakamma)[1]는 늘 가장 뒤쪽 구석에 앉아서 명상하기를 좋아했는데, 그녀가 바가반과 가까이 있는 '호사'를 누리도록 다른 여성 헌신자가 그녀에게 앞쪽으로 나가라고 채근했다. 까나깜마는 주저하면서 그 말에 따라 앞줄에 사리삽았는데, 그러면서 바가반이 당신의 침상 주위의 난간

---

1) *T.* 텔루구 지역 출신의 여성 헌신자(1922-2010). 8살 때 처음 가족과 함께 바가반을 방문했고, 1946년부터 띠루반나말라이에 정주한 헌신자가 되었다. 바가반이 입적한 뒤에는 스리 무루가나르의 지도를 많이 받았고, 바가반의 저작들에 대한 몇 권의 주석서를 저술했다.

으로 에워싸인 구역에서 나오시는 통로를 막았다는 것을 몰랐다. **바가반**이 주시는 자애로운 눈길이 스리마띠 까나까에게 기쁨의 전율을 안겼고, 그녀는 눈을 감았다. 어떤 느낌에 다시 눈을 떠보니, **바가반**의 은총 가득한 눈길이 그녀를 꿰뚫고 있었다! 그녀는 황홀경에 충만했고, 외부 환경을 의식하지 못한 채 그 상태에 오랜 시간 머물러 있었다. **바가반**이 밖으로 나가실 시간이 되었다. 시자들은 까나까가 바로 통로를 막고 앉아 있는 데 대해 누가 보기에도 언짢아했다. 그 여성 헌신자도 조바심이 나서 그녀를 깨우고 싶어 했다. **바가반**은 시자들에게 불승인의 표정을 지어 보이시고, 그 여성 헌신자에게도 명상 중인 까나까를 방해하지 말라는 손짓을 하셨다. 모든 사람이 회당을 떠난 상태였고, 까나까는 계속 완전히 몰입되어 있었다! **바가반**은 류머티즘 때문에 옆으로 힘들게 움직여서 옆쪽 구획 부분을 재조정하게 하여 겨우 빠져나오실 수 있었다. 명상하는 이 구도자에게 방해되지 않도록, 당신은 이 모든 것을 아무 소리도 내지 않고 하셨다. 나중에 그 여성 헌신자는 까나까에게 그녀가 큰 행운을 얻었다고 말해 주었다. 산책을 나가려고 일어서실 때까지 **바가반**은 당신의 은총의 시선을 까나까에게 쏟아 주셨던 것이다.

*　　*　　*

상까람말(Sankarammal)은 **바가반**의 생전에 주방 보조원 중 한 분이었다. 민첩하고 엄격한 사람이었던 그녀는 보통 주방에서 자기 일에 몰두한 채 누구에게도 말을 하지 않았고, 자신이 맡은 나날의 의무를 조심스럽고 주의 깊게 완수하는 데 아주 열심이었다. 나는 그녀에게 끌렸다. 그녀와 더 가까이 함께 다닐수록 그녀를 우러러보는 마음이 더 커져 갔다. 그녀의 위대함을 확신한 나는, 그 완벽한 평정심의 비결을 말해 달라고 청했다. 그녀는 친절하게도 나에게 그 비결을 말해 주었다.

"나는 바가반께 오기 전부터 『요가 바시슈타』, 『해탈정수』 등 비이원론 문헌에 매혹되었고, 삶의 목표에 대한 어떤 관념을 얻었지. 그렇게 해서 이론적으로, 나는 영적인 삶에 잘 준비되어 있었던 거야. 바가반을 친견했을 때는 그 목표에 내가 도달했다는 것을 알았네. 바가반 자신이 모든 경전에서 아주 생생하게 표현되고 찬양받는 궁극의 진리이셨거든. 이 내적 평안의 체험은 외적·내적인 동요에 의해 우리에게 부과되는 모든 한계들을 초월한다네. 나는 생각에 의해 오염되지 않은 이 내적 평정의 상태가 최종적 목표인지에 대한 단 한 가지 의심만 가지고 있었지. 어느 날 시자 한 명 외에는 아무도 없을 때, 아침 식사를 마치고 손을 씻고 계시던 바가반께 용기를 내어 다가갔네. 나는 당신께 오체투지하고 『해탈정수』에 나오는 다음 연을 암송했다네."

> '스승님, 당신께서는 저의 가장 내밀한 진아로 머무르는 실재이시면서, 저의 무수한 생 동안 저를 지배하셨습니다! 당신의 가르침을 통해서 저를 구원하시기 위해 이 인간 형상을 걸치신 당신께 영광이 있으시기를! 저의 해탈을 도와주신 당신의 은총에 어떻게 보답할 수 있을지 모르겠습니다. 영광! 당신의 성스러운 두 발에 영광이 있으시기를!'
>
> —『해탈정수』, I.86.

그녀의 애로점을 이해하신 바가반은 기쁘게 인정하는 빛나는 시선을 그녀에게 베푸심으로써 깨달음의 상태는 실로 그렇게 단순하고 자연발로적이라는 것을 확인해 주시고, 이렇게 말씀하셨다. "그래, 그렇지! 그 답은 바로 그 다음 연에 들어 있지." 그리고 그 연을 인용하셨다네.

> "그대의 체험을 가로막는 세 가지 장애[무지·불확신·그릇된 지知] 없이 그와 같이 진아에 고정되어 있는 것이, 그대가 나에게 할 수 있는 최상의 보답이다."
>
> —『해탈정수』, I.87.

이 신심 깊은 여사는 생애 마지막 날 저녁까지 아쉬람 주방에서 봉사했고, 그날 밤 **바가반**의 **이름**을 염하면서 평화롭게 세상을 떠났다.

* * *

쁘라브하바띠 라제 공주는 왕족 출신이다. 그녀의 부모는 아주 영적인 사람들이었고, 그래서 그녀는 아주 어릴 때부터 영성에 끌렸다. 이 공주는 여러 철학 체계를 공부한 학자였고, 몇 가지 언어를 알고 있었다. 그녀가 선택한 **신인 바가반**은 그녀에게 애정 어린 주의를 기울여 주셨다. 무나갈라 벤까라마이아와 자가디스와라 사스뜨리가 그녀의 선생님이었다. 벤까따라마이아는 그녀의 후견인이기도 했는데, 그녀는 그를 애칭으로 '나야나(Nayana)'[아버지]라고 불렀다.

쁘라브하바띠는 **스승**의 친존에 있기 위해 부모와 일가친척을 떠나온 상태였는데, **바가반**이 그녀에게 필요한 것들을—영적으로 필요한 것뿐 아니라 그녀의 세간적 삶까지도—어떻게 보살펴 주셨는지가 흥미롭다. 그녀는 처음에 결혼을 완강히 거부했지만, 집안사람들이 께랄라의 다른 왕족 일원과 함께 그녀의 결혼을 중매했다. 쁘라브하바띠는 께랄라에 있는 예비 신랑의 집으로 가야 했다. 그러나 친척 중 누구도 자신과 동행하는 것을 허용하지 않고 혼자 가는 쪽을 선호했다. **바가반**은 꾼주 스와미를 불러서 이렇게 지시하셨다. "쁘라브하바띠 라제가 께랄라로 가네. 자네는 께랄라 출신이니 그녀와 동행할 적임자일 거야. 그녀를 데려가게." 라즈꾸마리 쁘라브하바띠는 자신이 선택한 **참스승**인 **바가반**에게서 그런 명확한 배려를 받았으니 실로 비상하게 복 있는 사람이었다.

께랄라에 도착한 그녀는 친척과 친구들의 무리에 파묻혔다. 꾼주 스와미는 그런 가족 모임에서 자신은 낄 곳이 없다고 느꼈고, 무나갈라 벤까따라마이아에게 편지를 써서, 쁘라브하바띠는 그곳에 몇 주 머무를 필요가 있게 되었으며, 그 기간 동안 자신은 께랄라의 몇 군데 성지로 짧게 순례여행을 떠날 것이라고 했다.

꾼주 스와미는 우편으로 즉시 답장을 받았다. 답장에서 무나갈라 벤까따라마이아가 말하기를, 자신이 그 편지를 바가반께 읽어 드렸고, 당신에게서 찬성하지 않는다는 분명한 표시를 보았다고 했다. 바가반은 또 이렇게 말씀하셨다. "그는 쁘라브하바띠와 있어야 해." 꾼주 스와미는 라즈꾸마리의 집 밖을 나서지 않았고, 그녀와 함께 있다가 다시 그녀와 동행하여 스리 라마나스라맘으로 돌아올 수 있었다! 바가반은 우리에게 어떤 임무가 맡겨지면 어떤 상황에서도 그것을 소홀히 하면 안 된다고 강조하신다는 점에서 엄격했다. 헌신자의 행복에 대한 당신의 배려도 그에 못지않게 분명했다.

라즈꾸마리가 들려준 다른 한 사건도 나를 전율시켰다.

쁘라브하바띠 라제 공주가 결혼하기 오래 전에, 그녀는 바가반께 책버팀(bookends) 한 벌을 선물하면서, 그것을 당신께서 손수 사용하시고 사무실이나 다른 사람에게 주어 버리지 마시라는 특별한 청을 드렸다. 바가반은 회전식 서가 하나를 가지고 계셨고, 거기에 둔 책을 종종 참조하셨다. 서가 위에도 책들이 쌓여 있었다. 이것을 본 쁘라브하바띠 라제가 책버팀을 가져와 서가 위에 두고 쓰셔야 한다고 주장한 것이다. 몇 년이 지났다. 그녀는 결혼했고, 바가반과 멀리 떨어져 살아야 했다.

당시는 바가반의 신체적으로 존재하시는 마지막 나날들이었다. 쁘라브하바띠가 자신이 사랑하는 스승님께 존경을 표하러 왔다. 그녀는 긴 줄에 서서 친견을 기다렸다. 바가반은 몸이 몹시 약했지만, 그러지 마시라는 의사들의 조언에도 불구하고 친견을 베풀겠다고 고집하셨다. 각 헌신자는 당신을 잠깐 일견한 다음, 뒷사람에게 자리를 내주며 움직여야 했다. 쁘라브하바띠가 못 박힌 듯 서 있자, 바가반이 그녀를 바라보며 당신의 은총을 쏟아주셨다. 당신은 방 안쪽을 향해서도 시선을 향하셨다. 그녀가 당신의 제스처를 이해하지 못했기 때문에, 당신은 힘겹게 오른손을 들어(당신의 왼팔은 흑색종에 걸려 있었다) 서가 쪽으로, 더 정확히는 서가 위쪽으로 뻗으셨다. 그녀가 선물한 책버팀이 여러 해가 지났음에도 여전히 거기 있었고, 당신이 잘 사용하셨던 것이다. 그녀는 전율했다. 스승님은 어떻게 헌신자의 가장 단순한 바람조차도 이루어 주셨는지! 그뿐만이 아니었다. 바가반의 매우 좋지 않던 건강 상태와 그 책버팀을 가리키려고 움직이기 위해 당신이 들이셨을 노력을 고려할 때, 그 사건은 더 큰 의미를 띤다. 쁘라브하바띠는 울음을 터뜨렸고 흐느꼈다. 바가반은 자애로운 시선으로 그녀를 한껏 축복해 주셨다.

*　　*　　*

내가 서너 살 때, 기억할 만한 사건이 일어났다. 나는 매우 건강한 아이였고, 통통하게 살이 올라 있었다. 특히 대개 연로한 여성들이었던 주방 보조원들이 나를 예뻐했다. 분명히 나는 응석받이였다. 나는 식당에서 음식을 배식하는 것에, 특히 모든 배식이 끝난 뒤에 바가반이 모두가 식사를 시작하라는 표시로 고개를 끄덕이시는 것에 매혹되곤 했다.

하루는 나도 바가반과 다른 사람들에게 음식을 배식해야겠다는 욕구를 강하게 느꼈다. 나는 키가 아주 작았고(아버지는 나에게 '땅꼬마'라는 별명을 붙여주셨다), 배식 그릇들은 하나같이 아주 컸다. 내가 배식을 할 수 없다는 말을 듣자 나는 큰소리로 울기 시작했다. 여성 공양주들과 다른 상주자들, 그리고 주방에 있던 사람들이 다른 것으로 내 주의를 끌어보려고 최선을 다했지만, 아무 소용이 없었다. 나는 많은 소음과 소란, 큰 소동을 일으키고 있었다. 바가반이 그것을 보시고 무슨 일이냐고 물으셨다. 자초지종을 들으신 당신은 즉시 그 문제의 해법을 발견하셨다. 어느 엄마나 아동 전문가도 그 문제를 그렇게 잘 해결할 수 없었을 것이다! 당신이 그 주방 보조원에게 말씀하셨다. "아이에게 소금을 가득 담은 아주 작은 컵과 작은 숟가락을 주어서, 아이가 각자의 엽반에 소금을 조금씩 놓게 하게." 나는 컵을 받았고, 내 울음은 싹 사라졌다. 나는 바로 **바가반**께로 갔다. 당신은 나에게 숟가락으로 컵에서 소금을 얼마나 떠야 하는지, 그것을 어디에 어떻게 놓아야 하는지를 가르쳐 주셨다. 당신은 이 모든 것을 더없이 수월하게, 그리고 정확한 동작으로 보여주셨다. 나는 **스리 바가반**의 엽반에서부터 배식을 시작했다. 보통의 관행은 **바가반**에게 맨 마지막으로 배식하는 것이었다. **바가반**은 즐거운 미소로 승인하시고, 나에게 다른 사람들을 가리켜 보이셨다. 그것이 내가 식당에서 한 첫 배식이었고, (라마나스라맘의) 사상 최연소 배식자였다고 확신한다. 나는 활발하게 배식했고, 득의양양하게 다시 주방으로 걸어갔다!

무루가나르

꾼주 스와미

T. K. 순다레사 아이어

사두 나따나난다

G. 라마스와미 삘라이

N.R. 크리슈나무르티 아이어
교수

비스와나타 스와미

M.R. 크리슈나무르티 아이어
박사

나따라자 아이어(N. N. 라잔)

N. 발라라마 레디

무달리아르 빠띠

산땀마

A. 데바라자 무달리아르

아킬라난담말(데수람마)

R. 나라야나 아이어

K. 스와미나탄 교수

아난담말

까나깜마

M. G. 샤무감과 함께(앞줄 맨 왼쪽)

라마나타 브라마짜리와 함께(가운뎃줄 왼쪽에서 네 번째)

띠루쭐리의 락슈미 암마(머리에 흰 타월 쓴 이)와 함께

우산을 쓰신 바가반

스리마띠 라잠말이 그린 그림

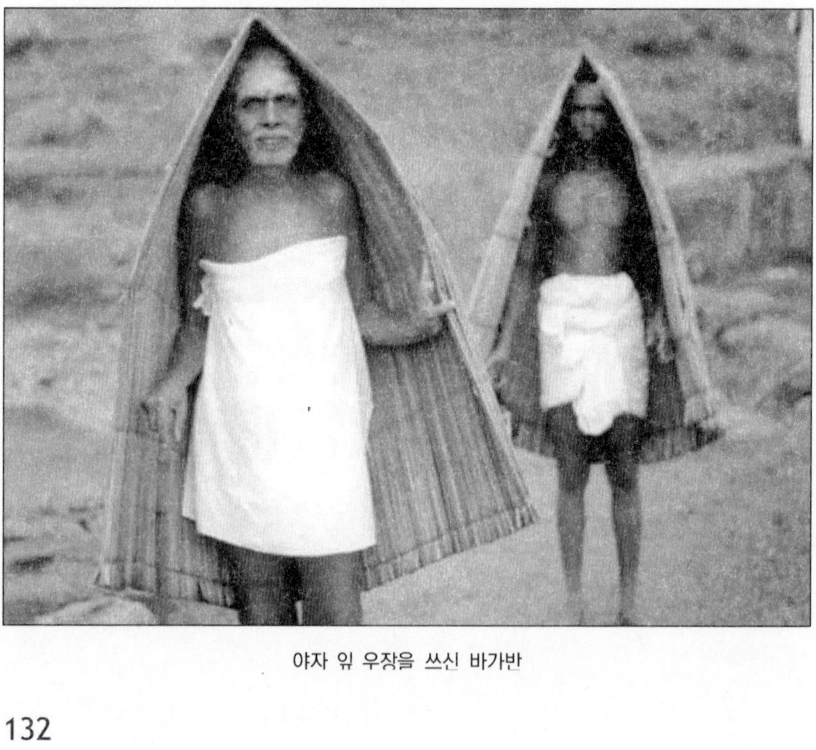

야자 잎 우장을 쓰신 바가반

제11장

어머니보다 더 친절하신 라마나

Kinder-far-than-one's-own-mother Ramana

아쉬람에서 사는 사람들과 아루나찰라에 자주 오는 사람들은 아루나찰라에 대한 바가반의 말씀들을 부단히 기억해야 한다. 언젠가 당신은 이 성산을 바라보며 말씀하셨다. "그것(아루나찰라)이 무엇이라고 생각합니까? 바위들로 이루어진 하나의 산일 뿐입니까? 어떻게 그럴 수 있습니까? 아루나찰라는 진아 그 자체입니다. 그것이 은총으로 충만한 이 형상으로 서 있습니다. 많은 찬가로 아루나찰라를 우러른 모든 성자들 중에서, 어린이 성자였던 냐나 삼반다르(Jnana Sambandar)의 노래들이 돋보입니다. 그 노래 중 하나에서 그는 아루나찰라의 스와루빠(*swarupa*)[형상]에 대한 실체를 훌륭하게 끌어냅니다. 그는 이 성산을 '지知의 덩어리 형상(*jnanatthiral uru*)['지知의 홍수의 현현'][1]으로 보았습니다. 그것이 이 지혜의 산에 대한 최상의 정확한 묘사입니다."

이 산에 대한 바가반의 우러름은 단지 언어적이고 시적인 것만은 아니었다. 당신은 수없이 이 산을 오른돌이 함으로써 행동으로도 그것을 표현하셨다. 자기탐구의 중요성을 강조하는 것이 당신의 첫 번째 성품이었다면, 의심할 바 없이 당신의 두 번째 성품은 이 산을 도는 것이었다. 당신

---

1) *T. Jnanatthiral uru*를 직역하면 '지知의 덩어리 형상'이다. 산의 형상으로 나타난 지知의 큰 덩어리라는 뜻이다. 저자는 이것을 다소 의역하여 '지知의 홍수의 현현'이라고 하였다.

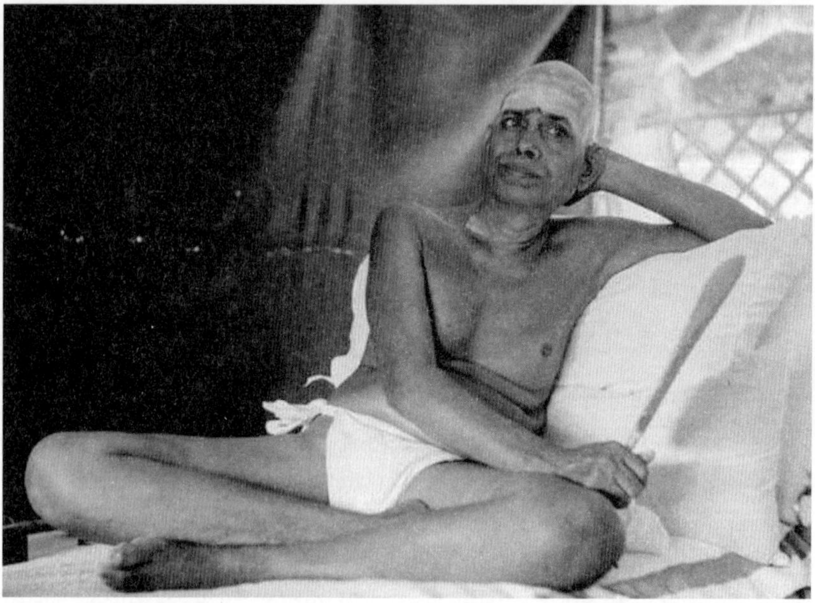

은 모범을 보이면서 산을 돌았을 뿐 아니라, 남들에게도 그렇게 하라고 구체적으로 권하셨다!

당신이 산 위에서 사시던 동안이나 현재의 스리 라마나스라맘에 머무르시던 초기에, 누군가가 어느 날이든 아쉬람에 대중공양(*bhiksha*)을 올렸을 때는, 그 사람이 스리 바가반과 함께 성산을 도는 특권을 부여받는 하나의 관행이 존재했다. 당시에 아쉬람에서 하는 대중공양은 곧 그날 바가반과 함께 산 오른돌이(*giripradakshina*)를 하는 것을 의미했던 것이다! 그래서 어떤 때는 바가반이 사나흘 연속으로 산 오른돌이를 하셔야 하기도 했다. 그 오른돌이는 주로 밤에, 밤을 새면서 했다. 바가반은 낮 동안 결코 주무시거나 휴식을 취하지 않으신 것으로 잘 알려져 있다. 그래서 사흘간 오른돌이를 했다는 것은 바가반이 밤낮 연속으로 꼬박 사흘 동안 전혀 휴식하지 않았다는 의미이다. 때로는 어떤 시주자가 바가반이 지난 2, 3일간 산을 도셨다는 것을 모른 채 대중공양을 내겠다고 하는 일도 있었다. 그러면 상주자들이 급히 그에게 바가반이 지난 두어 밤을 전혀 쉬지 못하셨다고 말하려고 했다. 그러나 바가반이 한 발 먼저, 그들에게 그러지 말라는 제스처를 엄히 취하시곤 했다. 나중에 당신은 이렇게 설명했다. "가여운 사람! 그는 저와 산 오른돌이를 하기 위해 그 먼 거리를 왔습니다. 그래서 대중공양을 낸다고 한 거지요. 만일 여러분이 그에게 제가 사흘 동안 산을 돌았다고 말하면, 그는 분명히 오늘밤은 제가 그러지 못하게 하겠지요. 하지만 마음 깊이 실망할 것입니다. 그래서 제가 여러분을 말린 것입니다!"

사흘간 잠을 주무시지 못하면 당신에게 영향이 없는지 여쭈면, 당신은 이렇게 말씀하시곤 했다. "잠이 무엇입니까? 그것은 마음이 휴식한다는 뜻입니다. 여러분이 마음을 가지고 있을 때만 그 마음을 쉬게 할 필요가 있습니다. 하지만 밤새 깨어 있으면 당연히 눈의 긴장과 눈의 통증을 가져오겠지요. 그러나 눈을 감고 한동안 가만히 있으면 눈의 긴장이 사라질 것입니다. 그뿐입니다! 그렇다면 문제가 어디 있습니까?" 여기서 우리는 바가반이 들어 계시는 상태를 얼핏 엿볼 수 있다.

짧은 거리도 걷지 못하는 사람들에게 산을 도는 8마일의 전 구간을 걷도록 바가반이 권하신 사례가 많다! D. S. 사스뜨리(Sastri)[수리 나감마의 오빠]의 부인은 남편이 바가반을 방문할 때마다 동행하곤 했다. 사스뜨리는 어김없이 남들과 함께 산을 돌면서 부인은 아쉬람에 남겨두었다. 그녀는 아주 땅딸막해서 몇 걸음만 걸어도 숨이 차는 사람이었다. 한번은 그녀가 서럽게 울면서 바가반께 이렇게 말했다. "바가반! 왜 당신께서는 저에게 이렇게 어설픈 몸을 주셨습니까? 이 때문에 저는 산 오른돌이를 할 수가 없습니다." 그녀는 엉엉 울었다. 다음날, D. S. 사스뜨리가 산을 돌고 싶어 했을 때, 바가반이 그에게 지시하셨다. "자네 처도 오른돌이에 데리고 가게." 그는 바가반이 농담을 하신다고 생각하고 웃었다. 그런데 바가반이 정색을 하고 계신 것을 보고 그가 말했다. "바가반, 농담이시지요. 그녀는 게스트하우스에서 아쉬람까지도 걸어오지 못합니다. 어떻게 8마일을 걸을 수 있겠습니까? 그녀를 데려간다는 것은 불가능합니다." 바가반은 그 정도에서 그만두지 않으셨다. 당신이 제안하셨다. "그녀를 데려가게. 달구지도 하나 대절하고. 달구지가 그녀를 일정한 거리에서 따라가도록 하게. 만일 그녀가 걷지 못하면 달구지를 타게 하게. 그녀가 산 오른돌이 하는 것을 방해하지 말게." 일행은 사스뜨리 여사와 함께 오른돌이를 떠났다. 물론 달구지가 따라갔다. 그들이 오른돌이를 마치는 데 여러 시간이 걸렸다. 그러나 사스뜨리 여사는 달구지를 쳐다보지도 않고, 전체 거리를 걸었고 그것을 즐겼다. 그녀가 비틀비틀 회당으로 들어오자 바가반은 자애로운 미소를 지으셨다. 라마나는 '우리 자신의 어머니보다 훨씬 더 친절'하시지 않은가?

* * *

연세가 많아서 등이 굽은 암마니 암말(Ammani Ammal)은 어여쁘신 분인데 라마나 나가르(Ramana Nagar)에 살고 있다.[2)] 그녀는 사원의 등불을 켜는 일 등을 하며 아쉬람에 봉사했지만, 노년에는 오로지 홀로 사는 것을 선호했다. 그녀는 무욕인이다. (그녀가 아쉬람으로부터 음식을 받기로 동의한 것은 불과 몇 년 전이다.) 나는 그녀가 바가반과 처음 대화한 것에 대해 그녀에게 이야기를 하도록 하는 데 성공했다. 이것이 그녀가 말한 내용이다.

"나는 30대에 어머니와 함께 바가반을 방문했을 때 당신을 친견했다네. 그 뒤로는 집에 더 이상 오래 붙어 있지 못했지. 부모님께 알리지 않

---

2) 그 이후 암마니 암말은 바가반께 흡수되었다.
T. 라마나 나가르는 라마나스라맘 맞은편의 지역 일대를 말한다.

고 집에서 도망쳐 아쉬람에 왔네. 그때는 아주 젊었어. 나는 바가반께 오체투지하고 말했네. '스와미! 가르침을 주십시오(*Swami, upadesam kudunga*).' 바가반은 아름다운 미소를 지으시고 말씀하셨지. '가르침을 담아갈 큰 그릇을 가져왔어?' 당신은 두 손을 넓게 펴서 큰 그릇을 표시하셨네. 나는 가만히 서 있었지. 그러자 바가반이 강렬한 자비와 은총으로 족히 15분은 나를 바라보셨네. 나는 지복의 물결이 계속 넘치는 것을 체험했다네. 전율했지! 이 체험은 그 이전에도 이후에도 내 평생 결코 가져보지 못했어. 나는 모든 용기를 끌어 모아 당신께 다시 여쭈었네. '스와미, 제가 여기에 아주 머물러도 되겠습니까?' 바가반이 답변하셨네. '나는 누구에게도 여기 오라고 하지 않고, 여기 머무르라거나 나가라고 하지 않아. 일은 그 사람의 운명(*praptam*)에 따라서 일어나.' 그때는 그 말씀의 의미를 이해하지 못했지. 이제 나는, 내가 당신을 고수하면서 오늘날까지 당신의 연꽃 발아래 머무르게 해준 것은 당신의 그 은총의 바라보심이었다는 것을 아네. 바가반은 신이셔. 당신은 지고의 자비시지. 당신의 답변은 마치 내가 여기 머무르는 데 대해 당신은 책임을 지지 않는 듯이 보일 거야. 그러나 보게, 당신의 은총이 아니었다면 내가 어떻게 오늘날까지 남은 평생을 홀몸으로 이곳에 머무를 수 있었겠나?"

내가 그녀에게 "만일 바가반께서 당신이 아쉬람에 머무르는 것을 추천하지 않으셨다면, 당신은 어떻게 하셨습니까?"라고 묻자 그녀는 이렇게 대답했다. "그게 무슨 말인가? 바가반의 단 한 번의 바라보심으로 충분했지. 은총이 작용하기 시작한 거야. 즉시 에짬말이 나를 자기 집으로 데려갔고, 나는 거기서 살기 시작했네. 그런 다음 아쉬람 앞의 한 움막으로 이사했지. 바가반 가까이 살면서 지복으로 충만한 당신의 얼굴을 바라보고, 기막히게 감미로운 당신의 음성을 듣는 것이 내가 원하는 전부였고, 나는 그것을 넘치도록 얻었다네!" 나는 그녀의 눈에서, 평생의 성취를 이룬 눈빛을 보았다.

*　*　*

따빠스 스와미(Tapas Swami)[3]—바가반의 오랜 헌신자 스리 또빠야 무달리아르(Sri Toppayya Mudaliar)—는 스리 마 아난다마이 마(Sri Ma Anandamayee Ma)에게 소개되었을 때 그 이름을 얻었다. 그는 이제 아주 연로해서 나두바깔랍빨(Naduvakkalappal) 마을에 있는 자기 집 밖을 나오지 못한다. 그는 1930년대에 바가반을 찾아온 뒤로 아주 확고한 헌신자이다. 1948년에 (마뜨루부떼스와라 사원의) 관수식(*Kumbhabhishekam*)을 감독할 사람으로 그가 선임되었을 때, 바가반은 분명한 승인의 표시를 보여주셨다. 내가 여러 번 요청했더니 그가 스승님에 대한 이런 회상을 보내왔다:

> 1930년 어느 날 오후, 내가 회당에 들어갔을 때 바가반 혼자 계셨다. 당시에 나는 너무 많은 가정문제에 직면하여 삶에 염증을 느끼고 있었다. 거기다가 한 사원의 개수 작업 감독을 맡고 있었는데, 그것은 아주 지겨운 일이었다. 나는 우울하고 비참했고, 세속을 버리고 은둔자의 삶을 영위하려는 열망을 가졌다. 그래서 용기를 내어 바가반께 다가가서 말씀드렸다. "바가반, 영적인 수행을 하려면 제가 세간적 연緣들을 포기해야 합니다. 그렇지 않습니까?" 바가반은 한 마디 말씀도 하지 않으셨다.
>
> 얼마 후 같은 주제를 꺼내어 이렇게 말씀드렸다. "저는 아직 바가반의 답변을 듣지 못했습니다!" 바가반은 엄한 표정을 지으시고 말씀하셨다. "자네가 (무엇을) '포기한다'느니 (다른 어떤 것을) '갖는다'느니 하는 것은 무슨 뜻으로 하는 말인가? 어디로 가며, 무엇을 갖는다는 것인

3) 이후 바가반께 흡수되었다.

가? 도처에서 일체가 '나'일 뿐이네. 누가 무엇을 포기하며, 누가 어디로 간단 말인가?"

당신이 이 말씀을 워낙 엄격하게 하셨기 때문에, 나는 그것을 하나의 질책으로 받아들이고 밖에 나가서 울기 시작했다. 15분쯤 뒤에 내가 진정되고 주변을 의식하게 되었을 때, 바가반이 내가 우는 것을 지켜보셨는지 궁금했다. 나는 당신의 엄한 표정에 조금도 변화가 없이 나를 바라보시는 것을 마주할 용기가 없었다. 내가 당신의 친존에 다시 들어갔을 때, 바가반은 무루가나르를 향해 이렇게 말씀하셨다. "그를 보게! 그는 일체를 포기하고 도망가고 싶다는군. 우리가 어디서 왔기에 다른 데로 가겠다는 생각을 하게 되나? 있는 것이 늘 존재하지(What *is* always exists). 어디로 가며, 누가 가나?" 그러더니 갑자기 바가반의 얼굴이 사랑과 자비의 얼굴로 바뀌었다. 당신은 부드러운 애정으로 나를 바라보며 친절한 음성으로 물으셨다. "자네는 누구인가? 말해보게." 나는 다시 용기를 내어 말했다. "압니다, 바가반. 제가 진아일 뿐이라는 것을요." 그러자 은총으로 충만하신 당신이 다음과 같은 말씀을 하셨다. "그것만 이해하면 돼. 지금 그런 지적인 확신은 견고하지 못한 지知(*athida jnanam*)야. 때가 되면 견고한 지知(*thida jnanam*)에 안주하게 될 것이네. 그것이 최종적 진리, 곧 자네의 실체가 되는 거라네!" 스승님의 이런 보증의 말씀을 얻었으니 나는 실로 복이 있었다. 내가 더 무엇을 원하겠는가?

* * *

1940년대에 아쉬람을 정기적으로 방문하던 모리스 프리드먼(Maurice Frydman)은 『마하르쉬의 복음』을 엮는 데 핵심적 역할을 했다. 그 책에서 제기되는 질문들 대부분은 그가 한 것이다. 한번은 그가 영어로 시를 몇 수 지어 바가반께 제출했다. 그 중에서 제8연과 9연만 인용하겠다.

당신을 기쁘게 하려고 무대 위에 너무 오래 있었는데,
당신 연극의 빛들(현상계의 온갖 것들)에 제 눈은 멀었고,
당신 웃음의 우렁찬 뇌성에 제 귀는 먹었으며,
제 심장은 처량한 슬픔의 불길에 타서 재가 됩니다. —제8연

저의 주님, 당신을 기쁘게 하려고 바보짓을 했는데,
이제는 연극(환적인 삶)의 고뇌를 제가 멈출 수 없으니,
저의 주님이시여, 저를 무대에서 끌어내려 주십시오.
들어오고 나가는 길을 제가 잊어 버렸습니다. —제9연

바가반은 즐겁게 이 시들을 훑어 보셨고, 이렇게 말씀하셨다. "몇 백 년 전에 살았던 진인 압빠이야 딕쉬따르(Appaiyya Dikshitar)[4]도 그의 산스크리트어 작품들 중 하나에서 거의 똑같이 그런 말을 했지요. 그 시들은 아직 야자수 잎에 기록되어 있고 아는 사람이 많지 않습니다. 그 시들의 취지는 이렇습니다. '왕 앞에서 춤추는 궁정 무희가 왕이 그만두라는 손짓을 할 때까지는 설사 다리가 아파도 춤을 멈출 수 없듯이, 오 하느님, 저는 수많은 탄생과 죽음을 겪느라고 기진맥진입니다. 당신께서 베푸시는 단 한 번의 눈길만으로도 저의 탄생과 죽음이라는 춤을 끝내기에 족하니, 부디 그것을 하사해 주십시오.'"

잠시 뜸을 들인 후 바가반은 말씀을 계속했다. "그[모리스 프리드먼]는 여기[인도] 사람일 뿐입니다. 어쩌다 외국에서 태어났지만, 다시 여기로 왔습니다. 그렇지 않고서야 어떻게 압빠이야 딕쉬따르의 작품과 그렇게 비슷

4) *T.* 타밀 지역 출신의 아드와이타 베단타 학자, 스승(1520-1593). 영적인 학에 두루 통달했고, 신통력으로 적을 교화했다. 그는 일반적으로 시바의 화현으로 간주되고 있다.

한 시를 지을 수 있었겠습니까!"

프리드먼은 그런 다음 다른 시 한 수를 지었는데, 거기서 다음과 같은 답변을 바가반의 입 속에 넣어 드렸다(즉, 마치 바가반의 말씀인 양 서술했다).

내 자식이여, 우리의 연극은 그 자체 하나의 목적이고
그것은 그대가 그것을 연극으로 볼 때 끝이 난다.
그대는 결코 무대 위에 있지 않고, 나도 결코 별개가 아니다.
슬픔은 그대의 것, 인내는 나의 것,
나는 그대의 기쁨 속 지복이고, 그대의 눈물 속 소금이며,
그대를 위해 내가 바보짓을 했으니
나는 해와 지구와 그 위에 있는 그대의 세계를 연기한다.
나는 그대의 몸이자 마음이고, 그것들의 희망과 욕망이다.
나는 그대가 자신이 아니라고 생각하는 모든 것이고,
그대가 자신을 '이것'이라고 생각할 때는 나 역시 그러하다.
그대가 연극을 연극으로 볼 때는 연극이 그치고,
그대가 세계를 나로 볼 때는 세계가 그친다.

이 서양인 헌신자에게 바가반은 얼마나 자애로우셨던가! 하지만 규율의 문제에서 바가반은 모리스 프리드먼에게 관대하지 않으셨는데, 다음 사건이 그것을 보여준다.

한번은 모리스 프리드먼이 과일 주스가 든 큰 잔을 가지고 회당에 나타나서 바가반께 그것을 드렸다. 바가반이 말씀하셨다. "그걸로는 충분치 않지요." 바가반이 당신이 드실 주스를 더 원하신다고 생각한 프리드먼이 말했다. "부디 이것을 드셔 주십시오. 그러면 제가 좀 더 가져오겠습니다." "좋습니다. 회당 안의 모두에게 이와 같은 큰 주스 잔을 돌리겠습니까?" 프리드먼이 대꾸했다. "그들은 그것이 필요하지 않습니다." "나도 필

요 없습니다.” 바가반이 맞대꾸하셨다. 프리드먼이 고집을 부렸다. “그러나 당신께서는 너무 창백하십니다!” 바가반이 대답하셨다. “그대가 나보다 훨씬 더 희지요. 그러니 그것은 그대 자신이 마셔야 합니다!” 모두가 웃었다. 얼굴이 창백해진 프리드먼은 스승님의 말씀을 문자 그대로 받아들여, 한쪽 구석으로 가서 한 잔 가득한 그 주스를 모두 혼자서 마셨다!

* * *

우리 독자들에게 G. L. N.으로 알려져 있는 스리 G. L. 나라싱하 라오(Narasimha Rao)는 바가반이 몸소 타밀어를 가르치고 「실재사십송」을 설명해 주신 특권적 헌신자들 중 한 사람이다.[5] 나는 책으로 내기 위해 그의 회상록을 수집하고 있다. 여기에 그가 들려준 일화 두 가지가 있다.

“어느 날 오후 4시경에, 나는 바가반의 친존에 앉아 있었네. 회당은 거의 비어 있었지. 그때 바가반께서 자진하여 나에게 「아루나찰라 11연시」 제11연의 의미를 말씀해 주기 시작하셨네. ‘크게 경이로운 일이네! 나는 아루나찰라를 하나의 큰 산으로 여겼는데, “나”[별개의 인격인 에고]가 절멸되었네. 이렇게 나처럼 그에 의해 잡아먹힌 사람들이 여럿이라네!’ 나는 그것을 바가반께서 직접 말씀하시는 것을 듣고 전율했지. 나는 자연발로적으로 당신께 말씀드렸네. ‘바가반, 아루나찰라라는 이름은 당신께서 어린 아이일 때에도 내면에서 번뜩였고, 당신을 이곳으로 끌고 왔습니다. 그러나 저와 제 가족을 보십시오. 저희는 멀리 떨어진 마을에 살았습니다. 당신을 한 번도 생각하지 않았습니다. 하지만 당신의 한량없는 은총으로, 당신께서 저희를 끌어당겨 당신의 연꽃 발에 영구히 매달리게 하셨습니다. 이것이 더 크게 경이로운 일 아닙니까?’ 바가반은 승인하면서 나에게 자비로운 미소를 지어 주셨다네!”

---

5) *T.* G. L. N.은 안드라(텔루구어를 쓰는 지역) 사람이다. 그래서 타밀어를 배워야 했다.

"어떤 책의 최종 교정쇄 묶음들이 교정을 위해 오면, 바가반은 한 부를 따로 보관하고, 그것을 장정하여 당신 가까이 회전서가 안에 두시곤 했다네. 당신은 그런 (최종 교정쇄의) 장정본들을 헌신자들에게 내주시면서, 그들이 그것을 당신에게 무사히 반납해야 한다는 엄격한 조건을 붙이셨지. 한번은 바가반이 갓 장정한 작은 텔루구어 책 몇 권을 내 처에게 내주셨네. 그녀는 그것을 읽는 데 며칠이 걸렸지. 그것을 읽고 난 뒤 그녀는 그것을 아쉬람 주방에 두곤 했네. 그날 그녀가 회당에 오자 바가반이 그 책들을 달라고 하셨네. 그녀는 당신께 실은 그 책들을 주방에 두고 있다고 말씀드렸네. 바가반은 이상하게도 화가 나신 듯 보였고, 목소리를 높이셨네. '오호, 너는 그 책들을 주방에 두었군! 왜? 여기 두었다가 읽고 싶을 때 가져가면 안 되나? 내가 그것을 참조하고 싶다면 나는 어떻게 해? 내가 그 책들을 살 여유가 있나? 내가 돈이 있어?'"

"당시 아주 어렸던 내 처는 주방으로 달려가서 그 책들을 가져와 바가반 앞의 등 없는 걸상 위에 놓았다네. 그녀는 눈물을 글썽였지만 바가반은 냉정하게 침묵을 지키셨네. 그녀는 정말 크게 충격 받았지. 그러나 오후에 사무실 소임자가 그녀에게 새로 인쇄된 그 책들을 건네주면서 이렇게 말했을 때, 그녀는 놀라면서 기분이 좋았다네. '바가반께서 나에게 이 책들을 자네에게 주라고 하시더군.' 이제 그녀는 황홀경의 눈물을 흘렸네. 바가반이 그토록 그녀에게 큰 자비심을 가지고 계셨으니 말이네! 규율과 질서를 강조하신 엄한 바가반은, 또한 당신의 자식들이 무엇을 필요로 하는지 아신 자비로운 바가반이기도 하셨다네!"

* * *

구 회당의 지붕 안에 다람쥐들이 둥지를 짓곤 했다. 한번은 갓 태어난 다람쥐 몇 마리가 바가반의 소파에 떨어졌다. 눈을 아직 뜨지 못한 상태였고, 새끼마다 1인치가 채 되지 않을 것 같은 크기였다. 새 살이 아주 붉은 색깔이었고, 만져 보면 굉장히 보드라웠다. 어미 다람쥐는 그 새끼들을 없는 셈 쳤다. 이제 어떻게 하나? 그렇게 여린 것들을 어떻게 먹이고 보살피나?

그 새끼 다람쥐들이 바가반의 손바닥 안에 있었다. 바가반의 얼굴은 그들에 대한 사랑과 애정으로 빛났다. 바가반을 에워싼 사람들의 얼굴에는 물음표가 있었지만, 당신 자신은 즐겁고 쾌활하셨다. 당신은 솜을 좀 가져오라고 하여, 그 어린 것들을 위한 부드러운 잠자리를 만드셨다. 또 솜을 조금 떼어내 그것을 압착하여 한쪽 끝을 작게 만드셨는데, 그 끝 부분이 날카로운 핀처럼 보였다. 당신은 그것을 우유에 담갔다가 그 우유를 작은 입들 속에 짜 넣어 주셨다. 일정한 시간 간격으로 바가반은 이 자비행을 반복하셨다. 당신은 그들을 대단한 조심성과 사랑으로 돌보셨고, 결국 그들은 자라서 주위를 쫓아다녔다. 그들은 도망가지 않고 '엄마' 주위를 쫓아다니기만 했다. 그들 자신의 어미보다 더 친절하신!

제12장
사랑스러우신 라마나

Lovely Ramana

'라마나'라는 단어는 '사랑스러운 사람'이라는 뜻이다. 스승 라마나는 사랑스러운 분일 뿐 아니라 '우리 모두의 심장 속에서 즐기시는' 분이기도 하다. 당신 자신이 암리따난다(Amritananda)의 "누가 라마나입니까?"라는 질문에 답하신 분 아닌가? 바가반의 답변은 분명하고 확실했다. "아루나찰라 라마나는 모든 존재들의 연꽃 심장 안에서 유희하는 자각, 곧 지고의 존재라네."[1)]

당신의 형상 자체가 워낙 어여쁘셔서 폴 브런튼(Paul Brunton)은 이렇게 썼다. "이분에게는 자석이 쇳가루를 끌어당기듯 내 주의를 사로잡는 어떤 것이 있다. 나는 그에게서 내 응시를 거둘 수가 없다." 당신의 친존, 곧 당신이 계신 주변은 고요하고도 신이 난다! 브런튼은 바가반의 직접적인 친존에서 그가 체험한 것을 이렇게 묘사한다. "나는 내 가까이에서 어떤 고요함의 강이 꾸준히 흘러가고 있는 것 같고, 내 존재의 내면 깊숙이 어떤 큰 평안이 뚫고 들어오고 있으며, 생각에 시달려 온 내 두뇌가 어떤 휴식에 도달하기 시작하고 있다는 것을 안다."(—『마하르쉬와 그의 메시지(*Maharshi and His Message*)』, 12쪽). 아서 오즈본(Arthur Osborne)도 바가반의 인격을 비슷한 방식으로 묘사한다. "당신의 얼굴은 수면과 같아서 늘 변

---

1) *T.* 이 문답에 대해서는『라마나 마하르쉬 저작 전집』, 208쪽 참조.

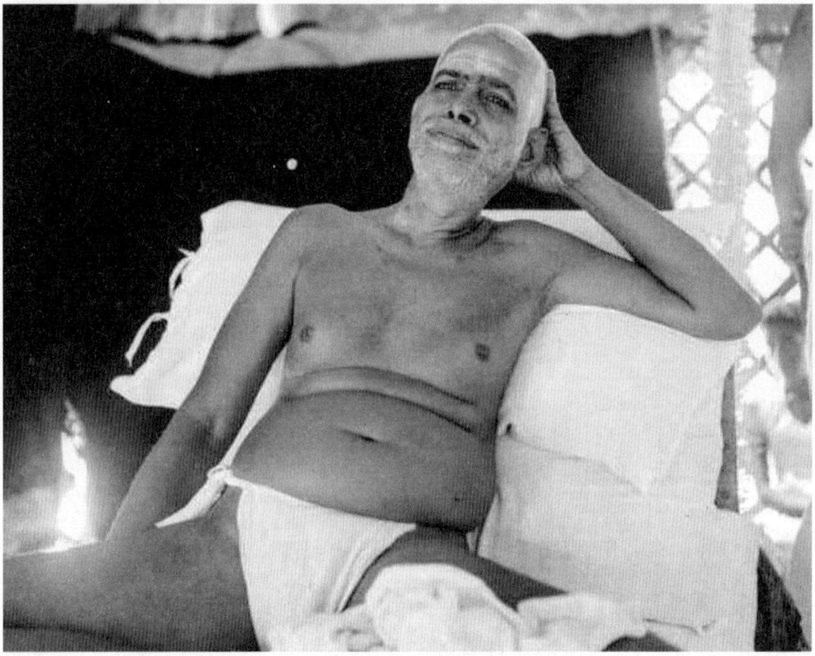

하지만 늘 똑같다. 당신은 웃으며 이야기하시다가, 작은 아이를 자애롭게 바라보거나, 창문에서 당신 침상으로 폴짝 뛰어내린 다람쥐에게 견과를 건네주시기도 하고, 당신의 찬연하고 크게 떠진 눈이 헌신자들에 대한 사랑으로 빛나기도 한다."(—『라마나 아루나찰라(*Ramana Arunachala*)』, 18쪽).

경찰관이자 신비가였던 프랭크 험프리스(Frank Humphreys)[2]는 **스승님**에 대해 이렇게 말한다. "위엄, 부드러움, 자기제어와 차분한 확신의 힘을 표현할 때의 당신은, 도저히 묘사할 수 없는 분입니다." A.W. 채드윅 소령은 이렇게 확인해 준다. "내가 처음 **바가반**의 친존에 들어갔을 때의 내 반응을 묘사해 보려 해도 그것이 어렵다. 나는 당신의 친존, 당신의 자애로움이 가진 엄청난 평안을 느꼈다."

---

2) *T.* 프랭크 험프리스(1890-1975)는 1911년 경찰관으로 인도에 부임하여 **바가반**을 찾아갔다. 이후 영국으로 돌아간 그는 1927년에 가톨릭에 입교하여 Nicholas Humphreys로 불렸고, 이듬해 사제가 되었다. 그의 이야기는 『라마나 마하르쉬와 진아지의 길』, 151쪽 이하 참조.

대단한 학자-헌신자였던 G. H. 메스(Mees) 박사[3]는 이렇게 선언한다. "어떤 사람이 세상에서 가장 위대한 행위를 하고서 바가반 스리 라마나 마하르쉬의 친존에 가서 앉는다면, 자신의 행위는 이 진인의 영구적인 진아 깨달음이라는 행위에 비해 아무것도 아니라는 것을 깨달을 것이다."

시인-현자인 까비야깐타 가나빠띠 무니는 이렇게 황홀하게 노래한다. "언어에서 당신은 굉장히 부드럽고, 표정에서는 서늘하고 자비로우시네. 당신의 얼굴은 활짝 핀 연꽃과 같고, 당신의 마음은 한낮의 달처럼 하나의 공백이며, 당신은 하늘의 태양처럼 심장 속에서 빛나신다네."(—『스리 라마나 기타』, 18.18). 시인-성자인 무루가나르는 이렇게 황홀경에 든다.

최고의 친존에서 지배하는 것은
자각의 고요함이니 . . . (중략)
침묵하는 스승의 어김없는 은총에 의해 불 켜진
그 뭔 안에 들어가는 사람들은,
에고가 미치는 범위를 멀리 멀리 넘어선
영원한 지복의 열매를 즐긴다네.

진리를 설교하는 것이 아니라 진리를 살아내는 것이 종교의 참된 핵심이다. S. 라다크리슈난 박사는 "인도의 전통은 그런 진인들, 곧 신 중심적 삶의 살아 있는 화신들이자, 인간의 삶이라는 거울 속에 비친 신적인 삶의 완전한 이미지들에 의해 생명력을 유지해 왔다"고 말한다. 라마나는 진리를 살아내셨으니, 당신은 시간 속의 무시간이었기 때문이다.

그렇다! 인간의 형상을 걸친 진리, 실재가 라마나로서 우리들 가운데서 사셨던 것이다. 이 '실재의 화현'을 본 헌신자들, 예컨대 라마나를 알았던

---

3) *T.* 네덜란드 출신의 법학자, 사회학자(1903-1955). 1936년 인도에 와서 바가반을 찾아갔다. 한동안 띠루반나말라이에 머물렀고, 사두 에까라사(Sadhu Ekarasa)로 알려졌다. 1938년부터 뜨라반꼬르에 거주하면서 1954년까지 띠루반나말라이를 자주 방문했다.

라마스와미 삘라이, N. R. 크리슈나무르티 아이어 교수, N. 발라라마 레디, 꾼주 스와미, 까나깜말, 나라싱하 아이어, K. 나떼산과 그 밖의 사람들이 다행히도 여전히 우리들 곁에 있다.[4)]

*　　*　　*

얼마 전에 내가 봄베이(뭄바이)에서 봄베이 헌신자들이 경축하는 **라마나 자얀띠**(탄신일)에 참석하고 있었다. 거기서 마나바시 V. 라마스와미 아이어의 따님인 스리마띠 랄리따 벤까따라만(Smt. Lalitha Venkataraman)을 반갑게 만났다. 나는 그녀에게 부친의 유명한 '사라나가띠(*saranagati*)' 노래를 좀 불러주지 않겠느냐고 했고, 그녀는 감미로운 음성으로 우리를 전율시켰다. 그 헌가 공양이 그날의 전체 프로그램 중 정점이었다!

스리마띠 랄리따 벤까따라만은 명망 있고 유명한 고전 카르나틱(classic Carnatic-남인도 고전음악) 가수인데, 일찍이 1940년대에 전인도 라디오(All India Radio)를 통해 **스리 바가반**에 대한 노래들을 불렀다. 나는 봄베이에 있는 그녀의 자택을 찾아가, 그녀가 들려주는 이야기를 들었다.

"내가 결혼한 뒤에는 띠루반나말라이에 좀처럼 갈 수 없었지. 남편이 북인도에서 직장을 다녔으니까. 아쉬람에 가 있을 때는 늘 혼자서 비나를 연주하며 노래를 부르곤 했는데, **바가반**께서 경청하며 미소를 지으시곤 하셨네. 띠루반나말라이를 오래 떠나 있다가 갔을 때 하루는 회당에 들어갔더니 **바가반**께서 말씀하셨지. '보세요. 오늘 아침에야 우리가 라디오에서 그녀의 음성을 들었지요. 지금 여기 그녀가 와 있군요!' 나는 **스리 바가반**에 대한 노래 두 곡을 취입했는데, 아마 그 중의 한 곡이 그날 라디오에 나온 모양이었네."

그녀가 이야기를 계속했다. "어릴 때 나는 비루팍샤 산굴에 계시던 바

---

4) 이 헌신자들은 이후에 모두 바가반께 흡수되었다.

가반과 놀기도 했다네. 그러나 어릴 때 더 복이 많았던 사람은 내 언니 라잠(Rajam)이었지. 바가반은 여러 번 그녀의 머리를 땋아 주시고, 그녀의 장난감으로 같이 놀아 주시기도 했거든. 언니는 바가반을 하도 좋아해서 맛있거나 관심을 끄는 음식물이 생기면 당신과 함께 먹으려고 비루팍샤 산굴로 달려가곤 했지. 한번은 우리 집에서 특별한 품종의 벼를 구해서 손으로 찧었다네. 그 겨가 아주 달고, 맛있고, 건강에 좋을 것처럼 보였지. 벼를 찧던 여성이 언니에게 그 이야기를 해 주자 언니는 그 겨를 한 줌 집어 바가반께 달려갔네. 바가반은 라잠이 뜻하지 않은 시간에 온 것을 보고 당신에게 주려고 뭘 가져왔느냐고 물으셨지. 라잠은 그 겨를 당신께 드렸고, 둘이서 함께 그것을 드셨다지. 그러나 바가반은 나중에 이 겨를 다른 어떤 재료와 함께 먹으면 더 맛있을 거라고 말씀해 주셨다네! 언니는 바가반과 함께하는 큰 특권을 누렸지. 그런데도 자기가 신과 함께 움직인다는 것을 알았고, 평생 매 순간 당신을 숭배했다네."

잠깐 뜸을 들인 뒤 그녀가 말했다. "라잠은 훌륭한 화가였네. 누구한테서나 미술학교에서 그림을 배우지도 않았지만, 그녀의 드로잉과 회화들은 정말 '생기'가 있었고 특별한 데가 있었지. 어른이 된 뒤에는 여신들을 그림으로 그렸네. 그 그림들을 바가반께 보여드리면 당신이 그것을 아주 좋게 평가해 주셨다네. 한번은 라잠이 바랄락슈미 여신(Varalakshmi Devi)의 아름다운 그림 하나를 그렸는데, 기혼녀들(*sumangalis*)이 숭배하는 여신이네. 그녀가 그것을 바가반께 보여드리자 당신이 말씀하셨네. '이것을 인쇄하여 여러 가정에 나눠 줘 보지?' 라잠은 남들에게 돈을 얻거나 빌려서 그것을 인쇄했네. 1940년대와 50년대에 전통 힌두 가정의 많은 예공실(*puja* room)에서 그 그림을 볼 수 있었다네."

그런 다음 스리마띠 랄리따 벤까따라만은 위층에 있는 자신의 예공실로 나를 데려가서 언니가 그린 아름다운 그림 두 점—마두라이 미나끄쉬

(Madurai Meenakshi)와 성자 띠야가라자(Saint Tyagaraja)의 그림—을 보여주였다. 그때 나는 바가반이 공작 위에 앉아 계시고 아래쪽 바닥에 '라잠말'이라는 서명이 있는, 스깐다쉬람에 있는 그림(132쪽 참조)이 기억났다!

* * *

우리가 산 위에서 스리 꾼주 스와미와 삿상을 갖던 도중, 스와미가 바가반이 비루팍샤 산굴에 살고 계실 때 일어났던 몇 가지 사건에 대해 이야기했다.

당시 남인도에는 푸른 고추를 찧어 하루에 몇 번이나 온 몸에 바르곤 하던 한 사두가 있었다. 그는 밀라까이 싯다르(Milakai Siddhar)[고추 스와미]로 알려져 있었다. 고추(chilli)는 워낙 매운 재료여서 손가락이 닿기만 해도 얼얼하다. 푸른 고추를 온 몸에 뒤바르는 그 스와미는 당연히 유명했다. 이 사두의 제자(*chela*)가 비루팍샤 산굴에 와 보니 빨라니 스와미와 뻬루말 스와미는 읍내에 내려갔고 바가반 혼자 계셨다. 그는 바가반에게 자신의 스승은 그런 고추 목욕을 아주 자주 한다면서, 바가반에게도 그런 목욕을 시켜 드려야겠다는 생각이 든다고 말했다. 바가반은 좋다고도 하지 않고 싫다고도 하지 않고, 침묵을 지키고 계셨다. 바가반의 침묵을 승낙으로 여긴 그가 고추 페이스트를 준비하여 재빨리 그것을 바가반의 몸에 구석구석 발랐다. 바가반은 그 경험을 이렇게 묘사하셨다. "어떻게 합니까? 그가 푸른 고추 페이스트를 제 온 몸에다 계속 발랐지요. 처음 몇 분간은 몸에서 심한 화끈거림을 느꼈습니다. 그런데 얼마 후 온 몸이 아주 서늘하게 느껴지더군요. 실제로 그것을 즐겼지요! 아주 기분이 좋았습니다. 그때나 그 이후에나 어떤 부작용도 없었습니다!"

또 한번은 다시 빨라니 스와미와 뻬루말 스와미가 읍내로 내려가고 바가반 혼자 계실 때, 험상궂게 생긴 몇 명의 유랑승(*bairagis*)[방랑하는 사두들]

이 비루팍샤 산굴에 왔다. 바가반이 혼자 앉아 있는 것을 본 그들이 열띠게 말했다. "우리는 빈디야 산(Vindhya Hills)에서 바로 오는 길이네. 우리는 거기서 위대한 싯다를 친견했지. 그분이 우리에게 명하기를, 자네를 거기로 데려오라고 했네. 그러니 그 위대한 싯다가 명하신 대로 자네를 우리와 함께 빈디야 산으로 데려가겠네." 바가반은 평소처럼 침묵을 지키며 동요하지 않고 계셨다. 그러나 유랑승들은 그들의 습관대로 크게 시끄럽게 굴었다. 이 장면을 목격했던 어떤 나무꾼들이 내려가서 뻬루말 스와미에게 험상궂게 생긴 유랑승들에 대해서 말해 주었다. 뻬루말 스와미가 와서 그들을 보았다. 그런 다음 그는 읍내로 돌아가서 큰 솥 하나와 기름 몇 깡통을 가져와서 불량배들의 앞에 놓고 화목을 모으기 시작했다. 유랑승들과 바가반은 뻬루말 스와미의 이상한 행동에 몹시 놀랐다. 유랑승들은 뻬루말 스와미가 누구인지 몰랐다. 그들은 누구냐고 하면서 지금 뭘 하느냐고 물었다. 뻬루말 스와미는 큰 솥을 화덕에 얹고 말했다. "이웃동네 사람이오. 간밤에 빈디야 산의 큰 싯다님 환영을 보았소. 그분이 나에게 명하셨소. '비루팍샤 산굴로 가거라. 거기에 몇 명의 유랑승이 있을 것이다. 그들도 대단한 능력을 가진 싯다들이다. 그들에게 끓는 기름을 들이부어라. 그래도 그들은 살아 있을 것이고, 기름이 닿지도 않을 것이다.' 놀랍게도 내가 이 산굴에 오니 싯다님이 말씀하신 대로 당신들이 모두 여기 있구려. 싯다님의 성스러운 말씀을 의심한 내가 얼마나 바보였겠소. 나는 즉시 읍내로 달려가서 이 솥과 기름 깡통들을 가져온 거요. 내가 싯다님의 말씀을 거역하면 저주를 받지 않겠소?" 뻬루말 스와미가 옷을 벗어 놓기 위해 산굴 안으로 들어가자 유랑승들은 줄행랑을 치고 말았다! 바가반은 가가대소하셨고, 뻬루말 스와미도 함께 웃었다.

바가바따르 스와미(Bhagavathar Swami)라는 사두가 있었는데, 그는 바가반이 비루팍샤 산굴에 계실 때 자다이 스와미(Jadai Swami) 곁에 살고 있었다. 그는 협잡에 능한 것으로 유명했고, 근사한 체격을 가지고 있었다. 그는 꽤 자주 북인도를 여행했는데, 거기서는 바가반 행세를 하여 자신이 '라마나 마하르쉬'라고 하면서 돈을 거두었다. 한번은 그가 오랫동안 아루나찰라를 떠나 있었다. 그러다가 어느 날 갑자기 그가 긴 수염에 아주 이상한 옷차림을 하고 바가반 앞에 나타났다. 그는 엄숙해 보였고, 바가반에게 이렇게 말했다. "나는 히말라야에서 바로 오는 길이네. 꿈을 하나 꾸었는데, 하느님(시바)이 나에게 나타나서 '즉시 아루나찰라로 돌아가라. 내 자식 라마나가 거기서 아무것도 하지 않고 있다. 자기 시간을 낭비하고 있어. 그에게 몇 가지 영적인 규율을 가르쳐야 한다. 우선 그를 이 만트라에 입문시켜라' 하면서 그 만트라를 아주 비밀스럽게 나에게 주셨네. 내일 내가 와서 자네를 입문시키겠네. 목욕을 하고 준비하고 있게." 다음 날 바가바따르 스와미가 입문 의식을 시작하기 위한 재료들을 가지고 화려한 차림새로 들어왔다. 바가반은 혼자 앉아 계셨다. 바가바따르 스와미가 의식을 시작했다. 그런 다음 바가반에게 와서 만트라 입문을 받으라고 했다. 바가반은 동요하기보다 재미있어 했다. 당신은 미소를 짓고 말씀하셨다. "당신은 꿈에서 하느님으로부터 저에게 만트라 입문을 시켜 주라는 말을 들었군요. 그 하느님이 제 꿈에도 나타나서 저에게 만트라 입문을 당신에게 받으라고 명하라 하십시오. 그런 다음 어떻게 되나 보지요!" 바가반의 그런 답변을 예상하지 못한 바가바따르 스와미는 자신이 이 젊은 진인을 얼마나 형편없이 과소평가했는지를 깨닫고 부끄러움을 느꼈다.

스리 꾼주 스와미는 또 이런 이야기를 들려주었다. "이 일은 스깐다쉬람에서 일어났지요. 한 나무꾼이 있었는데, 그는 매일 특정한 시간에 와서 스깐다쉬람 앞에 서 있곤 했습니다. 바가반은 그에게 사탕을 주시기도 했습니다. 그러나 우리는 그가 매일 오는 것이 귀찮다고 느꼈지요. 우리가 불평을 하자, 바가반이 우리를 다독였습니다. '가여운 친구! 그의 목이 갈증으로 바짝 말랐지요. 그는 아침 일찍 자신의 동물과 함께 산을 올라갑니다. 산 위에서는 그가 먹고 마실 것이 아무것도 없습니다. 심지어 물라이빨 띠르탐(Mulaippal Tirtham)에서도 그는 물을 마시는 것이 허락되지 않습니다. 이 사탕이 그의 마른 목을 진정시켜 줍니다. 우리는 사탕 재고가 있고, 우리 모두 여기서 배식되는 음식을 먹습니다. 가여운 사나이, 그의 갈증을 해소하도록 우리가 도와주어야 하지 않습니까?' 그 말씀을 하시는 **바가반**의 목이 메었지요! 그 나무꾼은 **바가반**이 현재의 아쉬람으로 내려오신 뒤에도 당신을 찾아오곤 했습니다. **바가반**은 늘 예전과 같은 친절함, 보살핌과 배려로 그를 맞이하셨지요."

* * *

스리 바얄라무르 스리니바사 아이어(Sri Vayalamur Srinivasa Iyer)는 말 없는 아쉬람 방문객이어서 많은 사람들은 그가 **바가반**과 얼마나 친밀하게 함께 다녔는지 알지 못한다. 다음은 그에게서 들은 이야기이다.

당시에 아쉬람 뒤쪽과 **아루나찰라 산** 주위로 짙은 숲이 있었다. 숲에서 돌아오는 나무꾼들은 가끔 돌봐지지 않고 있던 야생동물의 새끼나 새끼 새들을 데려와서 **바가반**의 발아래 두고 가기도 했다. 그러면 **바가반**은 그들을 적절히 돌봐 주셨다. 한번은 호랑이 새끼들도 **바가반**께 맡겨졌다!

누가 한 아기 사슴을 데려와서 **바가반**께 맡긴 때가 있었다. '발리'라는 이름이 붙여진 이 암사슴은 늘 **바가반** 곁에 머물렀다. 당신이 어디를 가든 따라다니곤 했다. 이 사슴이 자라났고, **바가반**이 숲속으로 들어가지 말라고 했음에도 어느 날 녀석이 사라졌다. 며칠 후 발리가 **바가반**께 돌아왔으나, 나리 하나를 심이 다쳐서 내내 절뚝거리며 왔다. **바가반**은 그 다친 다리를 보살폈고, 그때부터는 발리에게 특별히 더 신경을 쓰셨다. 하지만 사슴은 오래 살지 못했다. 발리가 병이 들었다. 지상에서의 마지막 날이었다. 그날 밤, 바가반은 당신의 소파에 기대어 계시지 않고, 바닥에 앉아 발리의 머리를 당신의 허벅지에 두고 계속 그를 토닥이셨다. 스리 스리니바사 아이어가 당신의 곁에 있었다. 바가반이 잠자리에 드시지 않았다는 것을 사무실에서 지켜보던 찐나스와미가 큰 소리로 말했다. "스리니바사 아이어! 당신이 발리를 맡고 바가반께서 잠자리에 드시게 하세요." 한 시간 뒤에 찐나스와미가 다시 같은 요청을 했다. 이것이 한 시간 뒤에 또다시 반복되었다. 바가반이 죽어가는 발리를 보살피며 바위같이 앉아 계신데, 가여운 스리니바사 아이어가 무엇을 할 수 있겠는가? 자정이 지나고 얼마 후 바가반은 일어나서 당신의 침상으로 가셨다. 발리는 자비의 주님 손 안에서 '해탈(*mukti*)'을 성취한 뒤였다!

스리 스리니바사 아이어는 우리 곁에 남아서[5] 바가반이 한 '동물'에게 해탈을 하사하신 이 아름다운 이야기를 들려주었다. 바가반이 암소 락슈미(Cow Lakshmi), 까마귀, 공작 그리고 개를 해탈시키신 이야기는 우리가 이미 알고 있다.

* * *

바가반은 한 어린아이가 식당에서 설탕을 많이 먹는 것을 관찰하셨다. 당신이 시자를 불러서 말씀하셨다. "저 아이에게 티스푼 두세 분량의 기(ghee)를 주게. 설탕을 과식했을 때는 기가 해독제야!"

5) 이 글이 집필된 뒤에, 스리 스리니바사 아이어는 바가반 안에 흡수되었다.

제13장
아낌없이 주시는 라마나

Munificent Ramana

내가 십대 때 대학에서 공부하고 있을 때, 마두라이(Madurai)에 꽤 자주 가야 했다. 거기서는 N. R. 크리슈나무르티 아이어 교수님 댁에 머무르곤 했다. 그분은 대학 일로 늘 바쁘셨지만, **스리 바가반**에 대한 생각에 늘 몰입해 있다는 것을 느낄 수 있었다. 사실 내가 예전에 그의 집을 방문하고 있을 때는, 역시 대단한 **라마나** 헌신자였던 그의 부친 N. S. 랑가나타 아이어님이 살아 계셨다. 나는 이 부자父子가 밤늦게까지 **바가반**과 당신의 찬연함에 대해 큰 소리로 이야기하는 것을 본 적이 있다.

이제 노년에 이른 스리 N. R. 크리슈나무르티 아이어는 공인회계사이자 **스리 바가반**의 확고한 헌신자인 둘째 아들 스리 K. V. 라마난과 함께 띠루반나말라이에 머무르고 있다. 그는 부인과 함께 와서 아쉬람 게스트하우스에 한 달간 머무름으로써 우리 모두에게 큰 기쁨을 선사했다. 그가 아쉬람에 머무르는 동안, 나는 그와 더 가깝게 접촉할 기회를 얻었다. 그의 책 『리부 기타의 핵심』은 1985년 **바가반**의 입적일(*Aradhana* day)에 배포되었다.

그와의 그런 즐거운 만남 중 한번은 내가 그에게 특별한 질문을 던졌다. "**바가반**께서 당신에게 무엇을 가르쳐 주셨습니까?" 아이어 교수님이 말했다.

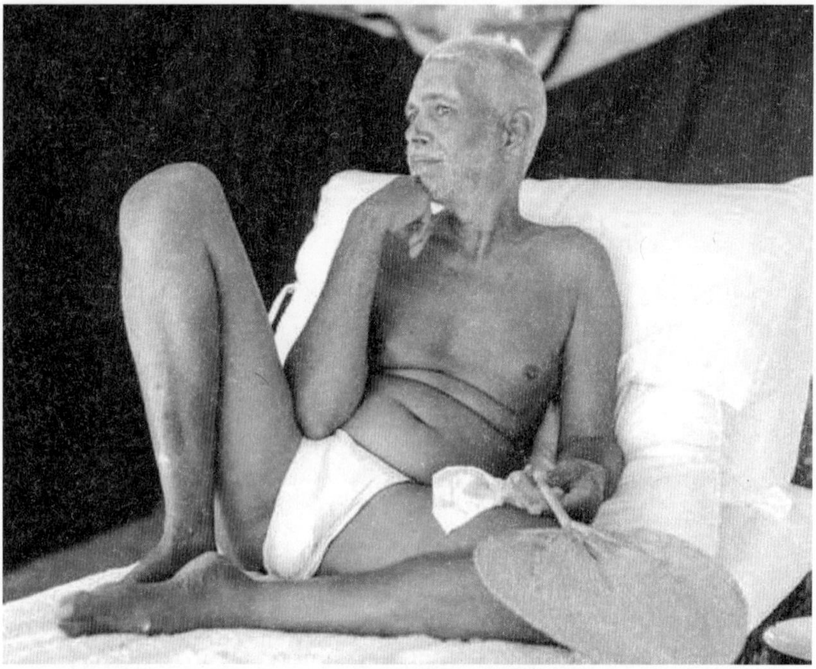

"나는 스리 바가반의 개인적 습관을 관찰하면서 당신의 모범을 따르려고 노력했지.

우리는 바가반의 일상생활에서 신체의 청결함, 옷의 단정함, 비부띠(*vibhuti*)와 꿈꿈(*kumkum*)[1)]을 이마에 습관적으로 바르시는 것, 즐길 만한 모든 것을 주변 사람들과 공유하시는 것, 시간표를 엄격히 준수하시는 것, 그것이 아무리 '천한' 일이라도 유용한 일을 하시는 것, 어떤 일을 끝내지 않은 채 결코 내버려두지 않으시는 것, 모든 행위에서 완벽을 추구하시는 것, 주무시거나 힘든 일을 하신 뒤 휴식하실 때를 제외하고는 끊임없이 활동하시는 것, 당신 자신이 남들보다 우월하다고 결코 여기지 않으시는 것, 늘 진실만 말씀하시는 것, 혹은 진실을 표현하는 것이 남들에

1) *T.* 비부띠는 말린 소똥을 태워 만든 회백색 가루이고, 꿈꿈은 터머릭(turmeric) 분말에 소석회를 섞은 붉은 가루이다. 힌두교도들이 주로 이마에 바르며, 특히 꿈꿈은 양미간에 바른다.

게 상처를 주거나 그들의 평판을 떨어뜨리게 될 경우 엄격히 침묵하시는 것, 스스로 하실 수 있는 어떤 일도 남에게 결코 부탁하지 않는 완벽한 자조성自助性, 혹시 실패할 경우에도 남들에게 책임을 전가하지 않고 전적인 책임을 지시는 것, 성공과 실패를 평정심으로 받아들이시는 것, 다른 사람의 평안을 결코 방해하지 않으시는 것, 식사 후에 엽반을 깨끗이 해 두시는 것, 남의 일에 일절 간섭하지 않으시는 것, 미래에 대해 결코 걱정하지 않으시는 것을 발견할 수 있었네.

이런 것들이 스리 라마나께서 당신의 헌신자들에게 솔선수범으로 가르치신 교훈이네. 우리는 몸과 마음과 정신의 모든 힘을 다해서 마하르쉬님의 본을 받으려고 노력해야 하네.

정신의 영역에서 마하르쉬님이 가르쳐 주신 것에 대해서는 말로 표현할 수가 없다네."

* * *

바가반은 「가르침의 핵심(*Upadesa Saram*)」을 네 가지 언어로 지으셨다. 텔루구어와 산스크리트어 버전은 2행시이고 타밀어 버전은 3행시지만, 말라얄람어 버전은 4행시이다. 무루가나르조차도 「가르침의 핵심」의 어느 연에 대해 의문이 있으면 더 세밀한 말라얄람어 버전을 참조하곤 했다. 말라얄람어 버전의 또 한 가지 특별한 면모를 꾼주 스와미는 이렇게 지적했다.

"영적인 논설들은 끝에 그들의 독자에게 생기게 될 이익을 묘사하는 팔라스루띠(*phalasruti*)가 있지. 그러나 바가반은 당신의 어느 저작에도 팔라스루띠를 두지 않으셨네. 나반 낭신은 「다끄쉬나무르띠 송찬」 같은 경우, 산스크리트 원문의 팔라스루띠를 타밀어로 옮기기는 하셨지. 그러나 말라얄람어 「가르침의 핵심」에서는 말라얄람 헌신자인 발라크리슈나 스와미의 요청으로 30개 연 뒤에 팔라스루띠로서 2개 연을 덧붙이셨네.

내가 회당에 들어가자 **바가반**께서 그것을 나에게 보여주셨지. 거기에 '꿈미(*kummi*)를 추면서 박수를 치자, 소녀들이여!'라는 후렴이 있었는데, 나는 꿈미가 여자들에게만 해당되는 거냐고 여쭈었네. **바가반**은 침묵을 지키셨지. 다음날 무루가나르가 회당에 들어가자 **바가반**이 그에게 말씀하시기를, '내가 "소녀들"이라는 단어를 "헌신자들"로 바꾸었어. 그가[꾼주 스와미가] 의문을 표했기 때문이지.'라고 하셨네. 그런 다음 당신은 나를 돌아보며 말씀하셨네. '이제 흡족한가?' 그래서 말라얄람어 「가르침의 핵심」에서는 각 연이 '꿈미를 추면서 박수를 치자, 헌신자들이여'라는 후렴으로 끝난다네. **바가반**은 은총의 바다이셨지!" 그 말라얄람어 팔라스루띠들은 다음과 같다.

Santōśamōdupadēśasāram kondu
sanniśthanāy kummi kottu kottu
santāpa śāntiyum santatānandavum
siddhikkumillitil śankayottum. 31

Ottumē kaśtangalottāte vittidān
upadēśasāratte kondu kūdi
kottuvinanbarkalellāvarum kummi
kottuvinānandam kittuvānāy. 32

이것을 K. K. 남비아르(Nambiar)가 영어로 옮긴 것이 여기 있다.

(진아안주에) 잘 자리잡고 이 「가르침의 핵심」을 즐겁게
노래하고, 꿈미 춤을 추면서 박수를 치세.
모든 불행을 벗어나 영원한 지복을 성취할 테니.
이 점은 의심할 바 없다네.

그 불행이 그대들을 범접 못하고 완전히 떠나서
지복이 얻어지도록, 이 「가르침의 핵심」을 가지고
그대들 모두 꿈미 춤을 추면서
박수를 치세, 헌신자들이여!

* * *

로다 맥키버 여사는 특이하면서 감동적인 사건 하나를 나에게 들려주었다. "바가반의 마지막 나날 때 당신의 건강을 걱정한 헌신자들이 바가반께 온갖 약들을 보내곤 했는데, 그 약들은 한 선반에 주의 깊게 정리되어 있었네. 하루는 당신이 큰 유리 항아리 하나를 달라고 하더니 그 작은 약병들을 그 단지에 모두 털어 넣어 잘 섞으라고 명하셨네. 그리고 매일 아침저녁으로 그 혼합물을 한 숟갈씩 복용하겠다고 선언하셨지. 그 약들 중 어떤 것은 상당한 독성이 있었기에, 우리는 두려웠다네. '사람들이 저에 대한 사랑에서 이 약들을 보냈습니다. 그들을 기쁘게 하기 위해 저는 그것을 다 먹어야 합니다.' 바가반은 그렇게 주장하셨네! 한 의사가 와서 자신도 겁난다고 말했다네. 그 혼합물은 환상적이었지. 대증요법, 아유르베다, 동종요법, 약초, 생화학물질, 재, 분말, 독—치명적인 조제물이었으니 말이네! 바가반은 완강하셨네. 그러나 우리가 당신 자신의 원칙을 원용하여, 우리 각자에게도 한 숟갈씩 그것을 주시라고 하자 당신은 누그러져서 그 약물을 드시겠다는 생각을 접으셨다네."

* * *

스리 꾼주 스와미가 다음과 같은 흥미로운 일화를 들려주었다.

"바가반의 생전에 진지한 구도자들은 인근의 빨라꼬뚜에 머물렀네. B. V. 나라싱하 스와미, 폴 브런튼, 요기 라마이아, 무루가나르, 무나갈라 벤까따라마이아, S. S. 코헨 등이 그들이지. 한번은 한 독일인이 힘든 수행을 하면서 그곳에 머무르고 있었다네. 그는 **바가반**이 한낮에 빨라꼬뚜를 산책하는 동안 당신을 만나 뵈려고 열심이었지. **바가반**이 구 회당 바깥에서도 어떤 구도자들에게 개인적 가르침을 베풀곤 하셨다는 것을 아는 사람은 많지 않다네. 이 진지한 독일인이 그런 구도자들 중 한 명이었네."

꾼주 스와미는 **바가반**이 그 사람을 어떻게 도와주셨는지를 이렇게 알게 되었다. "어느 날, 우편집배원이 이 독일인의 오두막의 철문을 쾅쾅 두드리고 있었는데, 한참을 두드렸기 때문에 인근 오두막들에 사는 우리 모두를 방해하기에 족한 소음을 일으켰지. 우리도 우편집배원과 함께 문을 두드렸는데, 그러다 보니 **바가반**이 빨라꼬뚜 주위로 낮 산책을 하실 시간이 되었네. **바가반**께서 우리가 왜 모두 독일인의 오두막 입구에 있는지 물으셨네. 우리는 당신께, 그 독일인에게 전보가 왔는데 우리가 이렇게 큰 소리를 내도 그가 듣지 못하고 있다고 말씀드렸지. **바가반**은 웃으면서 말씀하셨네. '내가 원인 제공자야! 그가 한번은 나에게 자기 오두막 주위의 소음 때문에 오래 깊은 명상을 못한다고 하소연했지. 나는 밀랍을 좀 구해서 그것을 솜과 섞어 그를 위한 귀마개를 만들었네. 그것은 완전 방음이 되지!' 이때 독일인이 **바가반**을 뵐 시간이 되었기에 귀마개를 뽑고 오두막 밖으로 나왔다네. 당연히 자기 오두막에 **바가반**과 함께 사람들이 모여 있는 것을 보고 놀랐지!"

그 이후로 우리도 밀랍으로 된 그런 귀마개를 만들었고, 진지한 헌신자들은 이 불청기不聽器(소리가 들리지 않게 하는 장치)가 방해 받지 않는 명상을 하는 데 도움이 된다는 것을 알았네!"

*　　*　　*

훌륭한 비나 연주가로 까메스와리 암말(Kameswari Ammal)이 있었는데,

음악계에서 인기 있는 여성이었다. 그녀는 수행으로 음악을 연습했고, 아쉬람에 올 때마다 바가반 앞에서 연주하곤 했다. 한번은 회당에서 모두를 감동시킨 아주 훌륭한 공연을 한 뒤에 그녀가 여쭈었다. "바가반! 저는 음악을 숭배하고 그것을 저의 수행(*sadhana*)으로 간주합니다. 이것도 진아 깨달음의 한 수단이 될 수 있습니까?" 바가반은 침묵을 지키셨다. 얼마 후 그녀가 말했다. "성자 띠야가라자(Tyagaraja)와 여타 사람들이 음악을 통해 신을 성취하지 않았습니까? 저도 그런 분들을 뒤따르면 안 됩니까? 저도 그분들 모두가 한 것처럼 궁극적 목표를 성취하지 않겠습니까?" 바가반은 잠시 뜸을 들였다가 텔루구어로 말씀하셨다. "그들은 깨달음을 얻고 나서 위대한 음악을 작곡했지요. 음악을 통해서 그것을 성취한 것이 아닙니다! 그래서 그 음악이 영원한 생명을 가진 것입니다."

*　　*　　*

은퇴한 등기분소장(Sub Registrar)인 스리 R. 나라야나 아이어는 언젠가 나에게 이렇게 말했다. "신체적 통증에 대한 스리 바가반의 반응이 나에게는 늘 불가사의였다네. 나는 당신께, 한때 당신께서 (내가 바가반의 한 원로 시자에게서 들은 바대로) 끓는 쌀죽(*Kanji*)을 당신의 엉덩이에 흘리신 적이 있는지, 그리고 당신이 그것을 시간이 좀 지나서야 아셨는지 여쭈었네. 스리 바가반께서는 그 사건을 이렇게 들려 주셨다네.

'나는 쌀이 끓고 있던 그릇에서 그 죽을 걸러내고 있었지. 바닥에 앉아서 말이네. 끓는 죽을 바닥의 작은 그릇에 모아야 했지만, 내가 어떤 사람에게 이야기를 하는 데 몰두해 있었기 때문에 죽이 그릇이 아니라 바닥으로 떨어졌지. 그 바닥은 내 쪽으로 경사져 있어서 죽이 엉덩이 밑으로 들어왔네. 나는 그 죽이 식은 뒤에야 그것을 알았네. 물론 물집이 생겼고, 나중에 잠박(Zam Buk-타박상, 근육통 등에 바르던 연고의 일종)을 발랐지. 그

것을 알아차린 뒤에는 분명히 통증이 있었지만, 누가 상관해?'

진아의 지복은 물집의 통증이 묻히게 한다네."

* * *

바가반의 생전에 아쉬람의 공식 사진사이기도 했던 T. N. 크리슈나스와미(Krishnaswamy) 박사는 탁월한 헌신자였다. 그가 한번은 나에게, 자신이 찍은 바가반 사진 수천 장 하나하나가 바가반의 허락을 받고 찍은 것뿐이라고 말했다. 그러나 단 한 장의 사진은 당신의 허락 없이—실은 몰래—찍은 것이었다. 그것은 당신의 연꽃 발 사진이다. 그는 시자에게 꽃 몇 송이를 당신의 발에 놓아 달라고 부탁한 뒤 당신 앞에서 오체투지를 하고, 카메라를 조정하여 멋진 사진을 찍을 수 있었다. T. N. 크리슈나스와미 박사는 우리 모두를 위해 얼마나 신적인 유산을 남겨준 것인가!

우리의 대화 도중 그가 이렇게 말했다.

"나는 마드라스(첸나이)에서 바쁘게 살고 있었기 때문에, 띠루반나말라이는 보통 하루 혹은 하루도 채 안 되는 시간 동안 방문할 수 있었네. 늘 카메라를 가져왔고, 마하르쉬님과 함께 있는 모든 시간 동안 가능한 한 많이 당신의 사진을 찍었다네. 내 끈질김에 당신이 짜증을 내시지 않을까 종종 두렵기도 했지만, 당신은 결코 그러시지 않았지. 나는 당신이 걷고, 앉고, 음식을 드시고, 당신의 발을 닦으시는 모습들을 찍었네. 당신이 미소를 짓고, 웃고, 말씀하시고, 침묵하시고, 심지어 삼매에 들어 계신 것도 찍었다네. 한번은 당신을 산을 올라가고 계실 때 비가 오기 시작했고, 누가 당신께 집에서 만든 야자수잎 우장雨裝을 드렸네. 나는 당신이 그것을 쓰고 걸으시는 스냅 사진을 찍었다네(132쪽 참조). 당신이 보통의 우산을 쓰고 얼굴에 환한 미소를 띠고 계신 사진도 하나 찍었지."

"어떤 때는, 당신의 가르침이 '나는 몸이 아니다'인데 내가 그토록 사진

찍는 데 주의를 기울인다는 것은 우습지 않은가? 하는 생각이 들기도 했다네. 나는 그림자를 뒤쫓고 있고, 심지어는 그것을 영구히 보존하려고 애쓰고 있지 않은가? 당시에 나는 당신의 가르침에 별로 주의를 기울이지 않았네. 당신이라는 분의 아름다움과 우아함에만 끌려 있었지. 당신의 사진을 찍는 것이 엄청난 즐거움이었으니 말일세. 내게는 당신의 가르침보다도 당신이 더 소중했던 거라네."

"나중에 당신이 더 이상 우리 곁에 계시지 않게 되자, 당신의 가르침으로 향했다네. 그때 나는 당신 친존의 은총이 나를 수행에 준비시켜 주었다는 것을 발견했네. 나는 왜인지도 모른 채 마치 아이가 엄마에게 끌리듯이 당신께 끌렸던 것이고, 아이가 엄마에게서 양육되듯 당신에게서 양육된 것이었지. 나중에 당신이 신체적으로 우리와 함께하지 않게 되었을 때는, 내가 당신의 친존을 그토록 한껏 누렸다는 것이 기뻤다네!"

* * *

'꿈바꼬남(Kumbakonam)의 아이엥가르 스와미(Iyengar Swami)'로 더 잘 알려진 스리 렝가스와미 아이엥가르(Sri Rengaswamy Iyengar)는 바가반의 아주 확고한 헌신자였다. 그의 헌신이 워낙 강렬해서 스승님의 이름 '라마나'를 입 밖에 내지 않았다. 「라마나 다섯 찬가(*Ramana Stuti Panchakam*)」 같은 찬가를 창송할 때도 '라마나'라는 단어가 나올 때마다 그 단어에서는 침묵을 지키고 나머지 시구로 능숙하게 해 나가곤 했다. 예컨대 「문자혼인화만」 제90연에서 "라마나넨드루 우라이뗀(*ramananendru uraitthen*)"에서 그는 "…엔드루 우라이뗀"으로만["당신께서 라마나이시므로 제가 이런 말씀을 드립니다"를 "당신께서 …이시므로 제가 이런 말씀을 드립니다"로만] 시작하는 것이었다. 참스승 라마나에 대한 그의 강렬한 헌신을 아는 사람들은 그의 근처에서 '라마나'라는 단어를 말하지 않았다! 한번은 구 회당에서 아주 인기 있는 한 남성이 무심코 바가반을 '라마나'로 불렀다. 아이엥가르 스와미는 자신도 모르게 그의 뺨을 찰싹 때렸다! 아이엥가르 스와미의 일념헌신(*eka bhakti*)을 깨달은 그 신사는 화를 내지 않고 아이엥가르 스와미에게 진심으로 고마워했다!

제14장

고상하신 라마나

Noble Ramana

스리 바가반의 초기 헌신자의 한 분인 돌아가신 스리 M. G. 샨무감(Shanmugam)은 워낙 겸손해서 늘 세인의 주목을 받는 것을 거부했다! 바가반에 대한 그의 타밀어판 전기는 현 아쉬람의 초기 시절, 즉 1930년대에서 끝난다. 그가 그 전기를 (더 보완하여) 완성하지 않은 것은 유감이다. 왜냐하면 스리 시바라마 렛디아르(Sri Sivarama Reddiar)는 바가반이 그 책을 좋아하셨다고 나에게 말했기 때문이다.

다행히도 M. G. 샨무감은 바가반과 당신의 가르침, 그리고 영적인 수행에 대한 그 자신의 소견에 대해 타밀어로 몇 가지 노트를 남겨두었다. 여기에 내가 몇 대목을 번역한다.

"바가반과 24년간 개인적 친교를 갖는 동안 나는 당신이 자세한 설법을 하시는 법이 좀처럼 없다는 것을 발견했다. 당신은 예리한 구도자들이 주의 깊게 흡수하고 자신들의 수행에서 충실하게 따라야 하는 힌트들을 주시곤 했다. 당신과 당신의 행行을 면밀히 관찰해 보면, 그리고 당신이 이따금 하시는 말씀과 간결한 표현들을 통해서, 우리는 당신의 가르침을 분명하게 배우고 적절히 따를 수 있었다."

"한번은 당신이 단정적으로 말씀하셨다. '자기탐구를 매일 닦는 것은 길상스럽고 매 순간이 좋으므로, 전혀 어떤 규율도 부과되지 않습니다.

여러분이 그것을 하고 있는지 남들이 알아차리지 못하는 가운데, 언제 어디서나 그것을 할 수 있습니다. 다른 모든 수행법들은 외적인 대상들과 유익한 환경을 요하지만, **자기탐구**에는 우리 자신에게 외적인 그 무엇도 필요하지 않습니다. 마음을 내면으로 돌리는 것이 필요한 전부입니다. 우리는 **자기탐구**를 하는 동안 다른 활동에도 쉽게 주의를 기울일 수 있습니다. 게다가 **자기탐구**는 순수하게 내적인 움직임이므로, 주변에 있는 남들의 주의를 끌지도 않습니다. 반면에 예공(*puja*)과 같은 행법에서는 남들이 여러분을 주목합니다. **자기탐구**에서 필수적인 것은 일념으로 밀고 나가는 것뿐이고, 그것은 늘 순전히 내면을 향해서 이루어집니다. 내면의 **진아**에 대한 여러분의 주시야말로 필수적입니다.'"

"**바가반**께서 나에게 주신 개인적 가르침 중 일부는 이러하다.

1. 일념으로 호흡을 관찰하면, 그런 주시가 그대를 자연히 지식止息으

로 이끌어 줄 것이다. 이것이 **지**知의 조식調息(*jnana pranayama*)이다.

2. 그대 자신을 낮추면 낮출수록 모든 면에서 그대에게 좋다.
3. 마음을 내면으로 물러나게 하면, 어디에서도 어떤 환경에서도 살 수 있다.
4. 세계를 하나의 꿈으로만 보아야 한다.
5. 마음이 대상적 사물과 생각들에 의해 분산되지 않게 하라. 삶 속에서 그대에게 할당된 임무로서의 일에 주의를 기울이는 것 외에는, 나머지 시간은 **진아안주**(*atma nishta*)에 써야 한다. 1초도 부주의, 곧 나태함에 허비하지 말라.
6. 남들에게 조금이라도 장애나 방해를 야기하지 말라. 또한 그대의 모든 일을 스스로 하라.
7. 좋아함과 싫어함 둘 다를 똑같이 내버리고 피해야 한다.
8. 1인칭('나')과 내면의 **심장**에 집중된 주의력으로, 가차 없이 '나는 누구인가?'를 닦아야 한다. 일념으로 이것을 하면 호흡이 저절로 가라앉을 것이다. 그런 제어된 수행 도중 마음이 갑자기 솟아오를 수도 있으니, 경각심을 가지고 '나는 누구인가?'의 탐구를 해야 한다.

생각 없이 고요히 머무르는 것이 **전체**[1]이다.

생각 없이 머무르는 것이 **안주**(*Nishta*)이다.

생각 없이 머무르는 것이 **지**知(*Jnana*)이다.

생각 없이 머무르는 것이 **해탈**(*Moksha*)이다.

생각 없이 머무르는 것이 **본연상태**(*Sahaja*)이다.

따라서 어떤 생각의 자취도 없는 상태가 실로 **최종적**인 **충만함**의 **상태**이다!"

M. G. 샤무감의 (타밀어로 쓴) 개인적 일기에서는 다음과 같은 흥미로

---

1) *T.* 여기서 '전체(*Purna*)'란, 이것과 저것으로 나뉘지 않는 비이원적 실재, 곧 존재-의식이다.

운 일화들이 수집된다.

"우리가 다라뿌람(Darapuram)에 살고 있을 때 나는 일곱 살이었고, 이 때 링가 뿌자(*linga puja*)에 입문했다. 그런 전통적 양육 속에서 점차 경전 공부, 예공禮供(*puja*), 바잔(*bhajan*), 형상 명상(*saguna dhyana*)과 비형상 명상(*nirguna dhyana*), 그리고 하루 세 번 정기적 예공을 하게 되었다. 이 기간에 세 분의 구루도 있었다. 나는 인간이 이룰 수 있는 최고의 성취는 **생전해탈**(*jivanmukti*)의 상태라는 확신을 갖기에 이르렀다. 1921-1925년에는 대학에서 공부하며 띠루첸고데(Tiruchengode)에 있었다. 18살 때는 내가 **생전해탈자**를 만나서 그의 축복을 얻게 해 달라고 열렬히 기도했다."

"그 기도는 곧 응답이 있었다! 경찰관이던 아버지가 띠루반나말라이로 전근을 가셨다. 나는 그곳에 사시는 **바가반 라마나**에 대해 알게 되었다. 그래서 공부를 포기하고 **아루나찰라**로 달려갔다. 기차를 타고 띠루반나말라이로 가던 도중 까뜨빠디(Katpadi)에서 **바가반**의 뚜렷한 환영을 보았다. 그래서 당신을 신체적으로 친견하기도 전에, 나의 **참스승**께서 내게 다가와 나를 흡수하신 것이었다."

"아쉬람에 도착했다. **바가반**은 자비로운 미소로 나를 따뜻하게 환영해 주셨다. 당신은 나를 처음 보시는 터였기에, 나는 당신이 자연발로적으로 하신 두 마디 말씀에 놀랐다. 당신은 애정 어린 어머니처럼 나에게 이렇게 물으셨다. 1) '언제 왔나?' 2) '오른손은 어떤가?' 나는 14살 때 오른손이 심하게 골절되었고, 낫기는 했으나 손이 굽어 있고 짤막했다. 그 손을 긴 소매로 덮고 다녀서 친구들조차 이 심각한 기형을 알지 못했다. **바가반**은 그것을 어떻게 아셨던가? 그리고 얼마나 애정 어린 관심을 보이셨던가! **바가반**께서 그것을 물으신 뒤에, 그 결함에 대한 나의 열등감이 완전히 사라졌다. 그 무엇보다도, 당신은 나에게 당신 앞에 앉으라고 하셨다. 나는 당신을 응시하며 자리에 앉았는데, 그때 나에게 어떤 일이 일어났는지는 모르겠다. 일어나 보니 두 시간이 지나 있었다. 이것은 일찍이 한 번도 해 보지 못한 체험이었고, 나는 늘 그것을 나의 **참스승**에게서 받은 최초이자 으뜸가는 쁘라사드(*prasad*)이고 축복으로 소중히 간직해 왔다. 그날 나는 '**참스승**은 달라고 하지 않아도 늘 베푼다'는 말의 취지를 이해했다. 그 순간 내가 당신의 식구로 받아들여졌다는 것을 알았다. 당신의 **대삼매**에 이르기까지, 그리고 그 이후에도 당신은 내가 이 강력한 유대를 즐기는 것을 허락해 주셨다."

"나는 매일 오후 2시까지 당신을 찾아가서, 오후 8시가 되어서야 집으로 돌아오곤 했다. 확고한 헌신자였던 내 아버지는 **바가반**이 20년 이상 머무르시게 되는 구 회당을 놀랍도록 빠른 시간 안에 건립하는 데 핵심적 역할을 했다. **바가반**은 『리부 기타(*Ribhu Gita*)』, 『해탈정수』, 『냐나 바시땀(*Jnana Vasittam*)』과 여타 비이원론 텍스트를 인용하시곤 했고, 그 저작들의 위대함을 나에게 설명해 주시기도 했다. 그러는 동안 내내 나는 우리의 모든 경전에서 찬양하는 **브라만 진인**(*Brahma Jnani*)의 지복스러운 친존에 내가 있다는 것을 자각했다."

"당신은 **일체지자**一切知者(*sarvajna*)[모든 것을 아시는 분]이셨다. 나는 그 증거를 결코 필요로 한 적이 없지만, 그에 대한 많은 증거를 가지고 있다. 아버지는 나에게 매일 3안나(annas)[2)]의 용돈을 주셨다. 나는 그 액수만큼 삼브라니(*sambrani*)[3)]를 샀고, 그것이 **바가반**이 친존에서 태워졌다. 하루는 내가 그 금액을 받지 못해서 삼브라니를 사지 못했고, 그래서 **바가반**께 가지 않았다. 다음날 내가 가자 **바가반**이 자애롭게 말씀하셨다. '어제 네가 오지 않은 것은 삼브라니를 사지 못해서였지. 가슴 속의 존경심으로 충분해.'"

---

2) *T.* 안나는 인도의 예전 화폐 단위로, 1안나는 1루피의 16분의 1이었다.

3) *T.* 특정한 나무에서 얻는 벤조인 수지(benzoin resin)의 분말로 만든 것으로, 향기로운 연기로 오염된 공간을 정화하는 데 주로 쓰인다.

"아버지가 갑자기 벨로르로 전근을 가시게 되었다. 우리들 중 누구도, 특히 나는 띠루반나말라이를 떠나고 싶지 않았다. 떠나면 바가반을 친견할 수 없을 테니 말이다. 우리는 바가반께 하소연했다. 당신은 나에게 자비로운 미소를 지어 보이셨다. 며칠 후 이상하게도 그 전근 발령이 취소되었다! 바가반의 친존의 위대함과 당신의 침묵이 가진 엄청난 힘과는 별개로, 나는 내 마음속의 의문들이 회당 안에 있는 다른 누군가를 통해 답변되는 신기한 방식을 알아차렸다. 내가 가진 의문을 회당 안의 누군가가 바가반께 표현하면, 바가반이 그 질문에 답할 뿐 아니라 미소를 지으며 나를 바라보시는 것이었다. 마치 '네 의문이 풀렸니?' 하고 말씀하시듯이 말이다. 바가반이 몇 시간이나 눈을 뜨신 채 바위같이 앉아 계시면 침묵이 회당에 두루 편재하곤 했다. 그리고 모두의 가슴이 평안과 고요함으로 충만해지는 것이었다. 이 침묵이 당신의 진정한 가르침이었다!"

"나는 1930년에 (고개 끄덕임의 형태로) 스리 바가반의 승인을 얻은 뒤 결혼했다. 결혼 후 아내와 함께 바가반께 곧장 왔고, 바가반은 신혼부부를 위해 잔치를 주선해 주셨다. 이것은 좀처럼 없는 은총의 행위였다! 우리는 2주간을 머물렀다. 바가반은 자애로우시게도 내 가족과 함께 단체사진도 찍어 주셨다(130쪽 참조). 내가 갓 결혼한 아내와 함께 당신과 사진을 찍으면 굉장히 기뻐할 것임을 아셨다! 그런 위대한 브라만 안주자(*Brahma Nishta*)께서 열망하는 내 수준까지 내려오셔서 사진을 함께 찍어주신 것이다. 얼마나 자애로우신가!"[4)]

* * *

K. 수브라마니안(Subramanian) 박사[5)]는 최근에 아쉬람을 방문했을 때,

---

4) *T.* 샨무감이 남긴 공식 기고문도 있다. 「마운틴 패스」, 2010, Oct/Dec, pp.31-35 참조.
5) *T.* 하이데라바드의 한 외국어대학에서 영어를 가르친 교수 헌신자(1928-1998). 『스리 바가반의 독특성(*Uniqueness of Sri Bhagavan*)』이라는 저서가 있다.

친절하게도 다음과 같은 견해를 공유해 주었다.

"내 아버지 스리 크리슈나스와미 아이어는 꼬다이까날(Kodaikanal)에 머무르고 있던 나바(Nabha)[6]의 라자(Raja) 자녀들 가정교사였네. 아버지는 바가반께 깊이 헌신하고 있어서, 다른 어떤 사원에도 가지 않았지. 아버지는 성스러운 모든 것이 자신의 스승님 처소인 스리 라마나스라맘에 다 들어 있고, 다른 무엇도 당신보다 더 신성하지 않다고 말씀하셨다네. 바가반을 처음 친견한 분은 내 어머니였네. 아버지는 나중에 친견했지. 아버지는 바가반을 바로 처음 방문했을 때 당신께 질문했네. '수많은 사두들이 있습니다. 누가 진정한 싯다(*siddha*)인지 어떻게 알 수 있습니까?' 바가반은 얼마 후 분명한 언어로 답변하셨다네. '단지 그의 친존에 있는 것만으로, 애쓸 것도 없이 자연발로적인 마음의 평안(*shanti*)을 얻을 때, 그 사람이 진정한 싯다입니다.'"

"나는 어릴 때부터 바가반에 젖어 살았네. 왜냐하면 아버지, 어머니와 삼촌 바얄라무르 스리니바사 아이어 님이 늘 바가반에 대해서만 이야기했기 때문이네. 이에 더해, 비스와나타 스와미 같은 헌신자들이 우리 집을 종종 방문하여 바가반의 친존에서 있었던 일에 대한 이야기로 우리를 전율시켰네. 그래서 나에게도 바가반 외에는 어떤 신도 존재하지 않았네."

"나는 8학년 때 한 기숙학교에 입학했네. 아버지가 수업료와 숙식비로 매달 돈을 보내주시곤 했지. 나는 왠지 바가반께 편지를 써야겠다는 충동을 느꼈다네. 무슨 말을 썼는지는 지금 기억나지 않네. 편지를 보내면 니란자나난다 스와미로부터, 내 편지를 바가반 앞에 놓았고, 바가반이 편지를 훑어 보셨으며, 쁘라사드를 보내겠다는 답장을 즉시 받곤 했네. 큰 열의로 그런 편지를 몇 번 썼지. 몇 년이 지나서—1940년이었을 것 같은데—숙부님을 따라 아쉬람에 갔고, 둘 다 바가반 앞에 앉았네. 그 전에도

6) *T.* 펀자브 지역에 존재했던 작은 토후국(1763-1947).

내가 바가반을 몇 번 방문했지만, 당신 앞에 갈 용기가 없었지. 회당 밖에서 당신께 오체투지하고 떠나곤 했다네. 그러나 이번 방문에서는 바로 회당 안에서 숙부 곁에 억지로 앉아야 했네. 바가반이 나를 발견하시고 나를 가리키면서 숙부님에게 물으셨네. '그는 누구요?' 숙부님이 말했네. '제 형의 아들입니다. 꼬다이까날에 사는 형 말입니다.' 바가반은 자애롭게 나를 바라보시며 말씀하셨지. '오! 네가 나에게 편지를 보내는 장본인이군.' 나는 기쁨으로 전율했지만, 경외감으로 인해 진땀을 많이 흘렸네. 그러나 다음에 당신께서 하신 말씀은 유머러스하게 들렸다네. '네 아버지가 나에게 편지만 쓰라고 너에게 돈을 보내니?' 그렇게 말씀하시고 바가반은 웃으셨네. 우리 모두가 따라 웃었지."

수브라마니안 박사가 이야기를 계속했다. "『대담』과 여러 책에 헌신자들이 한 질문과 스승님이 하신 답변들이 신중하게 기록되어 있네. 하지만 바가반이 그 질문들에 답하신 양태와 방식은 그런 책에서 표현될 수가 없다네. 예를 들어 한번은 한 헌신자가 멀리서 와서 바가반께 이렇게 질문했네. '저는 마음 제어의 방법들을 따르고 있지만, 어떤 뚜렷한 성공도 거두지 못했습니다. 제가 저의 마음을 조복 받을 수는 있겠습니까?' 바가반은 침묵을 지키셨네. 얼마 후 그가 질문을 계속했지. '경전에서는 마음 제어 없이는 어떤 영적인 진보도 이룰 수 없다'고 말합니다. 저는 아주 진지하게 노력하고 있습니다. 저에게 어떤 희망이 있습니까?' 또다시 바가반께는 침묵만이 존재했다네. 그 사람은 자신의 질문을 이어가면서, 자기는 진보하고 있지 않는 것이 정말 걱정되며, 바가반께서 분명한 답으로 자신을 축복해 주시기 바란다고 말했네. 바가반은 요지부동이셨지. 근 한 시간 반이 지난 뒤 바가반은 일어나셨네. 문지방을 넘으시면서 당신은 자비롭게도 그 질문자를 되돌아보며 말씀하셨다네. '차츰 차츰 알게 됩니다 (*Pogap pogat theriyum*).' 그 한 시간 반 동안 질문자의 마음 속에서 일어났을 일에 대해서는 어떤 사람도 책에서 결코 풀어낼 수 없을 것이네. 또한 그 사이에 성숙에 도달하려는 그 질문자의 노력에 대해 **바가반**이 어떻게 작업하셨을지는 그 헌신자와 **스승님**만 아는 비밀이라네! **바가반**이 마지막에 하신 그 멋진 말씀은 격려성 답변이었을 뿐만 아니라 그 질문자에 대한 진정한 축복이었네."

* * *

스리마띠 까나깜마(Smt. Kanakamma)는 친절하게도 다음과 같은 더없이 흥미로운 사건들을 들려주었다.

"**바가반**이 마뜨루부떼스와라 사원 앞의 신 회당으로 옮겨오셨을 때, 친견은 정해진 시간 동안에만 할 수 있고, 시자들 외에는 누구도 회당 안에서 잠을 잘 수 없으며, 그런 시자들조차도 밤에는 정해진 시간에 잠자리에 들어야 한다는 등의 몇 가지 경직된 규제가 가해졌다네. 그래서 꼬두르(Kodur)의 벤까뜨라뜨남(Venkatratnam), 등기분소장 나라야나 아이어, T. P. 라마짠드라 아이어는 **바가반**과 함께 있기 위해 밤에 시자가 되기를 자청하곤 했네. 당시에 **바가반**은 밤이건 낮이건 관계없이 말씀을 많이 하셨네. 특히 당신이 어떤 이야기를 들려주시기라도 할라치면, 생생한 몸동작으로 그 전체 드라마를 연기하곤 하셨지. (아쉬람의 도감인) 스리 니란자나난다 스와미는 시자들이 **바가반**을 대화에 끌어넣지 않게 하고, 그들이 조용히 누워 있게 하려고 유달리 신경을 썼다네. 그래서 그는 일정한 시간 간격으로 회당 주위를 돌면서 그 사이 창문 틈으로 엿보곤 했네. 벤까뜨라뜨남과 나라야나 아이어는 **바가반**이 어떤 이야기를 실감나게 연기하시는 동안 똑바로 앉아 입을 벌린 채 **바가반**에게 열중해 있기도 했지. 주변 환경을 까맣게 잊고 말이네. **바가반**은 다가오는 위험(!)을 곧잘 아셨지. 그래서 당신은 이야기를 들려주거나 대화를 하시다가 돌연 멈추고,

손으로 그들에게 드러누우라는 신호를 보내곤 하셨고, 그들은 그에 따랐다네. 얼마 후 도감이 떠나고 나면 바가반은 작은 속삭임 소리도 없이 다시 신호를 하셨고, 열중해서 듣던 시자들은 일어나곤 했지! 바가반이 얼마나 아이 같으셨는지!"

"그런 밤중의 동행 중 한번은 바가반이 한 성자의 이야기를 아주 생생하게 들려주고 계셨다네. 벤까뜨라뜨남은 바가반의 다리를 마사지하고 있었지. 바가반은 두 다리에 통증이 있어서 당신의 다리를 허벅지부터 발가락까지 마사지해 드리는 것이 관행이었네. 그날은 벤까뜨라뜨남이 그 마사지를 하는 복을 누렸다네. 그는 바가반의 이야기를 듣는 데 온통 몰두해 있었지만, 당신의 다리를 계속 마사지했지. 얼마 후 바가반은 이야기를 그치고 그를 바라보셨네. 바가반이 더 세게 해주기를 원하신다고 생각한 그는 힘을 더해서 마사지를 했지. 얼마 후 바가반이 다시 그를 바라보시자, 그는 그 다리를 아주 세게 눌렀네. 이런 일이 다시 반복되었지. 그러다 갑자기 바가반이 벤까뜨라뜨남에게 말씀하셨네. '뭘 하고 있나? 자네는 뭘 마사지하고 싶은 거 아닌가? 저 돌기둥에 가서 마사지하게.' 벤까뜨라뜨남은 기겁을 했지! 그제야 그는 자신의 실수를 깨달았네. 다리 전체를 마사지하지 않고 같은 곳만 계속 반복해 마사지하고 있었던 거지! 바가반이 그가 실수를 알아차리게 그를 바라보실 때마다 그는 더 세게 누르기만 했고, 워낙 그래서 그 자리가 부어올라 있었다네. 바가반이 그 통증을 얼마나 느끼셨을까! 다음날 아침에 그는 바가반을 뵐 면목이 없었지. 죄책감을 느꼈고 부끄러워서 바가반의 친존에 들어오지 않았다네. 그러자 바가반이 일부러 그를 불러들여서 말씀하셨네. '왜 나를 피해? 자네 입장에 있는 다른 누구도 똑같은 실수를 범했을 거야. 자네는 그 이야기에 너무 몰입해 있었지. 괜찮아.' 바가반의 이런 위안의 말씀에 벤까뜨라뜨남은 안도했다네. 여기서 우리는 바가반의 성품이 사람을 너그럽게 용서할 뿐 아니라 심적으로 괴로워하는 헌신자를 즉시 구해 주시기도 한다는 것을 알아차려야 하네.”

스리마띠 까나깜말이 이야기를 이어갔다.

“한번은 50주년 기념당(Jubilee Hall)에서 있었던 일이네. 구 회당 북쪽에 초가지붕으로 달아내어 만든 이 아름다운 공간은 사람들이 더 많이 들어갈 수 있게 하고, 특히 여름에 **바가반**이 신선한 공기를 호흡하실 수 있게 하려고 지은 것이었지.”7)

“그날은 **바가반**의 자얀띠 날(탄신일)이었네. **바가반**은 우사牛舍(*goshala*) 뒤에 가 계시다가 50주년 기념당으로 돌아오고 계셨네. (창고들 옆의) 남자 화장실 입구에 한 여성이 공작 모양의 꼴람(*kolam*)을 그려둔 게 있었다네. 그 공작 무늬가 워낙 잘 나왔고 실물 같아서, 우연히 거기 있던 흰 공작이 그 무늬를 보고는 다른 흰 공작인 줄 알고 깜짝 놀랐네. **바가반**이 그곳에 가셔서 이 특이한 장면을 관찰하며 서 계셨지. 누가 시리얼을 가져와서 흰 공작 옆의 뚜껑 없는 깡통에 놓아두었네. 평소 같았으면 얼른 그것을 먹었을 공작이 그것은 쳐다보지도 않고 계속 땅바닥에 그려진 자신의 ‘이미지’를 응시했다네!”

“**바가반**이 말씀하셨네. ‘뭐야(*Yennada*)! 경쟁자가 너와 맞서러 왔다고 느끼는 거야?’ **바가반**이 이렇게 말씀하시고 나자, 흰 공작은 당신의 말귀를 알아듣기라도 한 듯이 응시하던 것을 그만두고 시리얼을 먹기 시작했네. **바가반**은 친절하게도 이렇게 논평하셨지. ‘예술 작품의 위대함은 그것을 진심으로 평가해 주는 동급의 다른 예술가에게 달렸습니다. 만일 비전문가가 만든 신발을 어떤 신기료장수가 정말로 높이 평가한다면, 그 신발은 진정한 가치가 있습니다. 여러분이 옷 하나를 기웠는데 재봉사가 그것

---

7) *T.* 1946년에 지은 이 기념당은 벽과 지붕을 종려잎 엮은 것과 대나무 등 천연재료로 지은 것이어서 통풍이 잘 되는 임시건물이었고, 구 회당보다 훨씬 널찍했다.

을 높이 평가한다면, 그것은 정말 1급 옷일 것이 분명합니다. 마찬가지로 어떤 공작이 그림을 실제 공작으로 여기면서 우러르는 데 몰두해 있다면, 그것은 그 미술 작품의 뛰어남을 증명해 줍니다. 그 미술가는 대단히 높이 평가해 주어야 합니다!'"

"얼마 후 바가반이 말씀을 계속했다네. '그렇게 뛰어난 재능을 가진 예술가들에게는 브라만 지知(*Brahma Vidya*)[최고의 영적 성취]가 아주 쉽습니다. 그러나 그들은 영적인 완전성을 추구하지 않을 것입니다. 그들의 마음은 더 많은 명성만을 추구하겠지요!' 바가반의 이런 말씀은 재능 있는 모든 사람들에게 해당된다네."

제15장

모든 것을 아시는 라마나

Omniscient Ramana

대부분의 바가반 헌신자들은 재가자들이었다. 그들은 처자식들과 함께 살면서도 스리 바가반께 완전히 순복했고, 일과 지혜 추구 사이에서 어떤 모순도 보지 않았다. 그들은 자신의 세간적 의무를 수행하는 동안에도 꿋꿋이 스리 바가반의 가르침을 따랐고, 엄청난 이익을 얻었다.

스리 N. 나따라자 아이어('역장'으로도 알려진 N. N. 라잔)는 1935년, 그가 29세일 때 바가반께 왔다. 첫 방문에서 나따라자 아이어는 워낙 강한 인상을 받아, 띠루반나말라이 철도역으로 전근을 신청했다. 이 전근은 곧 이루어졌는데, 그 상황이 거의 기적적이었다! N. N. 라잔은 비번일 때마다 아쉬람에 가서 바가반의 친존에 앉았다. 그는 명상의 고요함을 즐겼고, 종종 황홀경의 눈물에 휩싸일 때도 있었다.

스리 바가반께 헌신하고 수행에 전념했음에도, 그가 공적인 임무를 수행하거나 가정사를 돌보는 데 방해되지는 않았다. 사실 그의 부인 스리마띠 까말라(Smt. Kamala)는 그보다 더 열렬한 헌신자가 되었다. 그의 어린 아이들도 친존을 누렸고, 바가반의 축복으로 많은 애정의 표시를 받았다. 근무일에 나따라자 아이어가 갈 시간을 넘겨 아쉬람에 머무르면 바가반이 그에게 역에 갈 시간임을 상기시켜 주기도 하셨다! 바가반은 헌신자들이 시간을 엄수하며 부지런히 자기 할 일을 할 것을 기대하셨다.

이제 83세인 나따라자 아이어는[1] 매우 민첩하고, 아쉬람을 빈번히 방문하여 머무르는 동안 가능한 한 자주 산을 걸어서 돈다.

한번은 나따라자 아이어가 아쉬람에 머무르는 동안 **스승님**에 대한 찬사를 쏟아냈다.

"우리가 당신을 **바가반**이라고 부를 때, 그것은 단순히 하나의 경칭이 아니네. 모든 것의 근원과 끝을 알고, 탄생과 죽음을 아는 분, 남들에게서 **진아**만을 보는 분, 항상 **순수한 존재**의 지복스러운 상태에 자리잡고 계신 분, 전지하고 전능한 분, **그런 분**만이 **바가반**이네. 우리가 **바가반**께 이야기를 하거나 **바가반**에 대해 이야기할 때, 우리는 당신을 중성인 '아두(*adu*)'['그것']로 지칭하지. 왜냐하면 **진인**은 남자도 여자도 아니고 **영원한**

---

1) *T.* 그는 1902년생이고, 이 책의 초판이 나온 뒤인 1994년에 **바가반**에게 흡수되었다.

그것이니까 말이네. 당신이 우리와 함께 앉아서 식사를 하셨고, 24시간 온통 우리와 함께 보내신 것은 맞지만, 우리는 당신이 인간 형상을 입고 지상을 걸어 다니신 신 자신이셨다는 것을 잊으면 안 되네. 당신은 전 생애를 완벽한 조화 속에서 사셨네. 당신의 모든 말씀은 지극히 순수하고 완전했지. 당신은 늘 진아에 안주해 계셨네. 그래서 언제나 당신에게서 평안과 지복이 방사되었다네. 당신은 농담조로 당신 자신을 '빠니-레니-바두(*Pani-leni-vadu*)'['일 없는 사람']라고 부르곤 하셨지. 당신이 어떤 것을 하실 때는—요리를 하고, 책을 제본하고, 지팡이를 만들고, 교정쇄의 교정을 보실 때는—그 일에 늘 완벽함과 최고의 정밀함이라는 도장이 찍혀 있었네. 비록 헌신자들이 당신을 '그것'으로 칭하기는 했으나, 당신 자신은 '내가 했다', '내가 앉았다'고 말씀하셨지. 바가반은 진인(*Jnana*), 곧 완전히 깨달은 존재이셨을 뿐만 아니라, 본연안주자本然安住者(*Sahaja Nishta*), 즉 외관상 우리들 중의 한 분이지만 자연스럽게 영원 속에 거주하시는 분이었다네!"

잠시 뜸을 들인 뒤 나따라자 아이어가 이야기를 계속했다.

"바가반은 밤에 결코 드러눕지 않으셨고, 당신이 주무시기는 하는지 아무도 알지 못했네. 새벽 3시에 소파에서 일어나 몸을 푸신 뒤 채소를 썰기 시작하시곤 했지. 그런 다음 주방에 들어가서 그날의 요리를 위한 재료들을 준비하셨네. 당신이 재료를 갈기 시작하면 한결같은 속도로 꾸준히 계속 가셨어. 가끔 당신이 웁뿌마를 만드시기도 했는데, 그게 아주 맛있었지!"

"여름에는 주방 안이 매우 무더워서, 만일 어떤 사람이 야자수잎 부채로 당신께 부채질을 해 드리면 당신은 이렇게 말씀하셨네. '자네도 땀을 흘리는군. 먼저 자네 자신부터 돕게!' 바가반이 채소를 써시면 모든 조각들의 크기가 균일했지. 당신은 각 채소에 대해 특정한 요리 방식을 알고 계셨네. 어느 하나도 허비되지 않았어. 채소의 조각 하나하나가 요리의 어느 부분에선가는 사용되어야 했지. (배식하고) 남은 음식들도 하인들에게 주거나 내다 버리지 않았네. 바가반은 모두가 평등하며 그 무엇도 낭비하면 안 된다고 강조하셨다네. 남은 음식들은 다시 데우고 한데 섞어서 이들리와 함께 아침식사 때 배식했네. 오렌지 껍질과 사과 껍질은 모아서 처트니로 만들었지. 바가반은 요리법의 모든 세부사항을 다 알고 계셨지만, 당신이 식사하실 때는 일체를 한데 섞어 드시곤 했고, 당신이 그 맛을 즐긴다는 어떤 표시도 보이지 않으셨네! 오전 6시까지는 당신이 구회당으로 돌아오셨지. 그러다가 목욕을 하시고 조반을 드셨어. 그런 다음 반시간 동안 산 위로 산책을 가셨네."

여기에 나따라자 아이어가 들려준 몇 가지 일화가 있다.

"재미있는 사건 하나가 기억나는군. 가끔씩 어떤 하제下劑[약초의 뿌리와 잎으로 만든 특별한 조제약]가 바가반을 포함하여 아쉬람에 와 있는 모든 사람에게 분배되었네. 바가반은 그것의 분배에 예리한 관심을 보이시곤 했지. TPR[T. P. 라마짠드라 아이어]이 언젠가 나에게 한 말이 생각나네. 그는 마드라스에서 변호사로 일하고 있었는데, 매주 금요일 기차로 마드라스를 출발하여(당시에는 마드라스와 띠루반나말라이 사이를 오가는 버스가 없었지) 여기 왔다가, 일요일 밤에 기차로 다시 돌아가곤 했네. 그런 어느 금요일에 그는 점심도 저녁도 거른 채 토요일 아침에 아쉬람에 도착했고, 걸신들린 듯이 배가 고팠어. 그가 구 회당에 들어서자 바가반이 환한 미소로 맞이하시고는 바로 주방으로 가라고 말씀하셨네. 그러나 주방에서 그를 기다리고 있던 것은 그 조제약뿐이었고, 그는 바가반이 시키신 대로 그것을 급히 삼켰지! 그는 바가반께 돌아와서 자신이 그것밖에 먹지 못했다고 말하고 껄껄 웃었네. 바가반도 함께 신나게 웃으셨지. 당시는 빛나던 시절이었고, 우리는 기쁨밖에 몰랐다네."

"바가반의 자상함은 도착하는 우편물에 금방 주목하고 당일로 답장을 내도록 고집하시는 데서도 드러났다네. 또 만일 어떤 헌신자가 편지에서 특정한 날짜에 도착하겠노라고 하면, 바가반은 그것을 기억하셨다가 그날 그 사람에게 그 말씀을 하시곤 했네. 한번은 실론[지금의 스리랑카]의 한 헌신자가 특정한 날 자신이 콜롬보에서 출발해서 아쉬람에 당도하겠노라고 편지를 보내왔는데, 깜빡 잊고 띠루반나말라이에 도착하는 시간을 말하지 않았지. 그래서 바가반은 나에게 기선이 실론에서 출발하는 시간표를 찾아서, 그 배가 언제 다누쉬꼬디(Dhanushkodi-스리랑카에 가장 가까운 타밀나두 동남쪽 해변 지역)에 도착하며, 언제 띠루반나말라이에 도착할 것으로 예상되는지 알아봐 달라고 하셨네. 내가 세부사항을 알아내어 정확한 날짜와 시간을 말씀드린 뒤에야 당신이 만족하셨네. 실론에서 오는 이 헌신자에 대한 바가반의 자비심에 감동해서 나는 눈물을 글썽였다네!"

"어떤 때는 바가반과 헌신자들에게 뷔배할 음식물을 주방에서 구 회당 안으로 가져갈 때 원숭이들이 그것을 낚아채곤 했지. 당신은 원숭이들을 변호하면서 이렇게 말씀하셨네. '자네가 부주의했어. 그러니 누구를 벌해야 하나?' 한번은 내가 뚜껑이 없는 큰 그릇에 담은 음식물을 가져가고 있었네. 암소 락슈미가 내 뒤를 따라오다가 내가 안 보는 사이에 슬쩍 훔쳐 먹었지. 바가반이 말씀하셨네. '그만, 락슈미, 그만! 우리에게도 좀 남겨 주어야지.' 그렇게 말하면서 당신은 락슈미에게 좀 더 주시고 소를 돌려 보내셨네. 시자가 나를 부주의했다고 놀리면서 책망했지. 그러나 바가반은 은총의 마음에서 이렇게 말씀하셨네. '왜 그를 탓하나? 가여운 사람, 너무 순진해서 그 상황을 알아차리지 못한 거지.' 나는 스승님에게서 이 '순진함' 증명서를 받았으니, 이번 생에 더 무엇이 필요하겠나?"

스리 N. 발라라마 레디아르는 바가반의 '죽음의 체험'에 관한 일화 하나를 들려주었다. 스리 레디아르가 말했다.

"어느 겨울날 저녁 6시 30분경에 베다 빠라야나(*Veda Parayana*)[2]가 끝난 뒤, 바가반이 평소처럼 소파 위에서 팔다리를 뻗고 계셨지. 그러고 계시면서, 그 말씀을 하실 전혀 어떤 계기도 없이, 당신이 갑자기 자연발로 적으로 이렇게 말씀하셨네. '내가 깨닫는 데 20분이 걸렸다고들 하지. 그것은 틀렸어(*Adu thappu*)!' 잠시 후 당신이 덧붙이셨네. '한 찰나였을 수 있지(*Oru kshanam irukkalam*).' 그러나 당신은 다시 그 말씀을 정정하셨네. '그것마저도 맞지 않아(*Aduvum chariyillai*).' '거기에 시간 요소가 어디 있어(*taim enge athile*)?'"

스리 발라라마 레디아르가 이야기를 계속했다.

"이 말씀을 듣고 나서 속으로 생각했네. '바가반이 왜 이 말씀을 하시지? 보통은 누가 여쭙지 않으면 아무 말씀도 안 하시는데. 그렇다면 내면의 어떤 불가사의한 힘에 의해 추동되어 이런 말씀을 하시게 된 것이 분명해. 당신의 진아 깨달음에는 시간 요소가 들어가지 않았어.'"

스리 따빠스 스와미는 다음과 같은 이야기를 들려주었다.

"내가 스리 바가반의 친존에서 명상을 하고 있을 때, 라디오에서 마하트마 간디가 총에 맞아 서거했다는 방송이 나왔네. 그날 밤 읍내에서는 얼마간 공동체적 소요[3]가 있었다네. 다음날은 방화와 약탈 사건들이 일어났지. 도감은 우리들 일부 사람들에게 밤에 야경을 서서 아무도 아쉬람에 침입하지 못하게 해달라고 부탁했네."

"다음날 우리가 스리 바가반 앞에 앉아 있을 때 갑자기 '저놈들 잡아라. 놓아주면 안 돼'라는 고함소리가 들렸네. 큰 군중이 아쉬람 방향으로 이동하고 있었네. 살렘(Salem)의 라자고빨라 아이어(Rajagopala Iyer)가 회당

2) *T.* 우파니샤드 같은 베다 경전에서 발췌한 내용들을 산스크리트어 원문으로 송경하는 것. 아쉬람의 브라민 사제와 베다학당 학생들이 주도한다.
3) *T.* 인도 사회는 힌두 공동체, 무슬림 공동체, 시크 공동체 등 종교에 따라 인구 집단을 분류하며, '공동체적 소요'란 그런 집단적 정체성과 관련되어 일어나는 소요를 말한다.

의 문과 창문들에 빗장을 질러서 아무도 들어오지 못하게 했지. 몇 명의 힌두들이 몇 명의 무슬림을 쫓아 아쉬람을 통과해서 난 길 쪽으로 달려갔네."

"바가반은 당신 주위의 모든 소음과 소동에 동요되지 않은 채, 말없이 어떤 교정쇄를 훑어보고 계셨다네! 나는 진인이 어떻게 당신의 주위에서 일어나는 일들에 영향을 받지 않을 수 있는지를 깨달았지."

그가 이야기를 계속했다.

"또 다른 사건이 기억나는군. 바가반에게 암이 있다는 것이 알려진 때였지. 하루는 당신께서 스리 비스와나타 스와미에게, 진인은 어떤 어려움에 직면해서도 영향 받지 않을 것이라고 말하는 『요가 바시슈타』의 구절을 기억하느냐고 물으셨네. 스리 비스와나나 스와미는 그것을 기억하지 못했고, 나도 기억하지 못했지. 스리 바가반은 그 책을 가져오라고 하여 그 구절을 당신께 낭독해 달라고 하셨네."

> 자신을 몸(이라는 관념)에서 벗어났다고 보는 사람은, 마치 사탕수수가 불에 건조되든 잘려지든 단맛이 유지되듯이, 몸이 베여 쪼개질 때라 해도 그것을 안다네. 집안의 허드렛일을 해나가는 아내가 항상 남편을 사랑하듯이, 진인도 활동을 하고 있다 해도 항상 지고자 안에 머무른다네.

"그리스도는 십자가에 못 박힐 때도 영향 받지 않았네. 그는 자신을 십자가에 매단 사람들에 대해 연민을 느껴, 그들은 '자신들이 무엇을 하고 있는지 모르므로' 그들을 용서해 달라고 신께 기도했을 뿐이네."

스리마띠 까나깜마는 스리 무루가나르가 말해 준 다음 내용을 들려주었다.

"남인도의 한 저명한 스와미의 제자 한 사람이 바가반을 찾아와서 당신을 친견했다. 그는 다소 주저하며 바가반께, 자기 스승은 그의 모든 헌신자들에게 매일 수많은 염송(*japa*)을 하고, 공양물로서 그 스승에게 (그 염송의) 열매(*phala*)를 바치라는 엄명을 내려두고 있으며, 그들은 어김없이 그것을 따르고 있다고 말하기 시작했네."

"바가반은 미소를 짓고 말씀하셨네. '그래요? 그것은 평가해 드려야겠군요. 그 스승에게는 아무 힘든 노력 없이 많은 소득이 가니 말입니다!' 바가반이 이 말씀을 하실 때 무루가나르가 구 회당에 들어갔다. 바가반이 그를 바라보며 말씀하셨다. '자네 아는가? 그의 스승은 모든 제자들에게 수많은 명호염송(*nama-japa*)을 하고 나서 그 열매를 자신에게 스승에 대한 공양물(*guru kanikkai*)로서 바치라고 명한다네. 그러고 나면 그 제자들에게 뭐 남는 게 있을까? 그것은 그 사람이 원금만 갖고 이자는 스승에게 공양물로 바치는 것처럼 보이는군. 자네는 이것을 어떻게 평가하나?'"

"무루가나르는 눈에 눈물을 담고 대답했네. '바가반! 그들의 스승이 훨씬 낫습니다. 그는 최소한 원금은 놔두고 이자만 요구합니다. 그러나 여기 계신 스승은[바가반을 가리키며] 더합니다. 이분은 원금 자체를 가져 가시니까요. 그렇다면 이자가 있을 여지가 어디 있습니까? 이분은 헌신자들의 원금(*moolam*)과 이자(*vaddi*)를 한 번에 다 요구합니다!' 바가반은 자비로운 미소를 지으며, 깊은 의미를 지닌 이 시인의 농담을 즐기셨네."

* * *

스리 안나말라이 스와미는 스리 바가반의 모든 말씀을 직접적인 가르침으로 여겼다.

어느 날 안나말라이 스와미와 바가반이 아쉬람 뒤쪽의 개천(*Odai*)을 끼고 빨라꼬뚜 쪽으로 걸어가고 있었다. 늘어진 나뭇가지 하나가 있었는데 안나말라이 스와미가 그것을 보지 못했고, 그것이 그의 이마를 쳤다. 그 자리를 부비며 그가 말했다. "돌아오면 즉시 저 장애물을 쳐내겠습니다."

바가반이 반농담조로 그에게 말씀하셨다. "그 생각은 자네 이마에 혹이 난 뒤에야 떠오른 거 아닌가?" 스리 안나말라이 스와미는 그 말씀을, 앞으로는 더 주의 깊어야 한다는 의미로 이해했다.

어느 디빠발리(Deepavali) 날, 아쉬람에서 성대한 잔치가 벌어졌고, 안나말라이 스와미는 몇몇 다른 사람처럼 과식을 했다. 나중에 휴식 시간에 그는 바가반께 가서 더부룩함을 하소연했다. 바가반은 눈에 웃음을 담고 말씀하셨다. "거기에는 하나의 약이 있지(*adukku oru marunthirukku*)." 그런 다음 당신은 직사각형의 반듯한 화강석 덩어리 네 개를 가져오라고 하여, 안나말라이 스와미에게 그것을 (구 회당 동쪽 창문의 동쪽) 우물 옆 땅 속에 박아 넣되, 한가운데 사각형 공간을 두어서 거기에 등주燈柱 하나를 굳건히 세울 수 있게 하라고 하셨다. 바가반은 내내 곁에 계시면서 틈새 하나도 없어야 하며, 네 돌덩이 바깥 측면을 모두 다듬어서 완벽하게 부드럽게 해야 한다고 하셨다! 그것은 뙤약볕 아래서 해낸 힘든 일이었다. 안나말라이 스와미는 즐거이 이렇게 회상했다. "그 일이 끝나기도 전에, 나는 저녁식사 종이 울리기를 고대하기 시작했지!"

바가반은 일 전체를 감탄할 만큼 감독하셨다.

다음 그림은 그 일이 어떻게 이루어졌는지 알 수 있게 해줄 것이다.

스리 꾼주 스와미는 흔히 악으로 생각되고 없애야 하는 것으로 여겨지는 띠로브하바(*Tirobhava*)[흐릿해지거나 망각하는 힘]를 바가반이 어떻게 설명하셨는지를 (당신의 말씀을 인용하여) 들려주었다. "신은 그의 자비로 사람들이 과거(전생)를 알지 못하게 해두었습니다. 만일 자신이 (전생에) 덕 있는 사람이었다는 것을 알면 그들은 자부심이 커질 것이고, 그 반대였다면 풀이 죽을 것입니다. 그대는 현생을 워낙 잘 알아서 과거를 알고 싶어 합니까? 왜 더 많은 앎으로 자신에게 짐을 지워 더 고통 받기를 원합니까? 잠을 자면 다시 기운이 나고 잠을 못 자면 삶이 이내 견딜 수 없게 되듯이, 이 띠로브하바도 하느님의 다른 기능들—즉, 창조(*Sristi*)·보호(*Sthiti*)·파괴(*Samhara*)·비춤(*Anugraha*)—과 함께 더없이 건전한 기능을 합니다."

제16장
으뜸이신 라마나
Paramount Ramana

바가반을 숭배하고 당신의 친존에 젖어 살던 스리마띠 까나깜마는 스리 무루가나르와 친근하게 교류하는 또 다른 행운을 누렸다. 이 친교는 특히 바가반이 몸을 벗으신 뒤에 그녀에게 큰 도움이 되었다. 무루가나르는 검박한 삶, 고매한 사고, 방대한 학식을 통해, (바가반이 입적하신) 1950년 이후 자신이 고아가 되었다고 느꼈던 사람들을 위해 (바가반의) 친존을 보존할 수 있었다. 그는 그들에게 바가반의 영적 친존이 당신의 참된 존재임을 납득시켰다. 스리마띠 까나깜마, 스리마띠 빠드마(Smt. Padma), 스리마띠 아난담말(Smt. Anandammal) 그 밖의 사람들이 무루가나르와 가까이 친교함으로써 그와 같이 이익을 얻었다. 무루가나르는 스리 바가반의 『저작 전집(*Nool Thirattu*)』을 여러 달에 걸쳐 매일 해설해 줌으로써 그들을 순수한 자각인 라마나 세계 속으로 빨려 들게 했다.

나는 스리마띠 까나깜마에게 스리 아난담말에 대해 이야기해 달라고 부탁했다. 그녀는 이렇게 이야기했다.

"스리 아난담말은 바가반의 비루팍샤 시절부터 당신을 찾아갔네. 그녀는 바로 띠루반나말라이 사람이었고, 부모님과 같이 살았지. 어릴 때부터 바가반에게 끌렸던 그녀는 비루팍샤 산굴의 당신 앞에서 명상을 하곤 했다네."

“그녀의 열망은 순수하게 영적인 것이었지만, 부모님이 강제로 결혼을 시켰지. 결혼을 하고 나서도 비루팍샤 산굴로 바가반을 정기적으로 방문하기를 그치지 않았네. 시간이 흘러서 아들을 하나 얻었지. 그녀의 모든 생각은 바가반에게 가 있었고, 그 아들과 다른 가족들은 등한시되었네. 자식을 집에 두고 산 위로 올라가 명상을 하곤 했으니까. 부모님과 친척들이 아무리 애원하며 설득해도 그녀에게 이 수행을 그만두게 할 수 없었다네. 몇 년 후 남편이 세상을 떠났네. 바가반도 산을 내려와 현재의 스리 라마나스라맘으로 와 계셨지.”

“아난담말은 아들을 자기 형제에게 맡겨두고 주거를 띠루반나말라이 읍내에서 아쉬람 맞은편의 라마나 나가르(Ramana Nagar)로 옮겼네. 진흙 벽의 초가 움막을 하나 지었지. 엄격하게 규율 있는 생활을 했고, 아주 적게 먹었으며, 영적인 문제에 관해서만 이야기했고, 매일 어김없이 바가반께 갔다네. 황색 옷, 목에 두른 루드락샤 염주(*rudraksha mala*), 매끈히 삭발한 머리 등 그녀의 용모의 순수함은 존경심을 불러일으키곤 했네. 그녀가 필요로 하는 것도 거의 없었다네. 아난담말을 매우 우러르던 다남마라는 사람이 그녀를 위해 요리를 하는 것으로 도움을 주었지. 만일 다남마가 읍내 밖으로 나가게 되면, 며칠분의 밥을 해서 그것을 솥에 넣고 그 안에 물을 부어 두었네. 그게 전부였고, 아난담말은 배가 고프면 그 찬밥을 소금 간을 해서 조금 먹었네."

"아난담말은 책을 읽거나 글을 쓸 줄 몰랐지만, 영적인 문헌의 어떤 구절도 설명할 수 있었지. 그녀는 찾아온 친구들이 자기 앞에서 **바가반**의 『저작 전집』과 『리부 기타』를 암송하면 아주 즐거워했네. 그러나 그녀가 가장 행복했던 순간들은 **바가반**의 **친존**에서 명상을 할 수 있을 때였네. **성산 아루나찰라**를 도는 것도 아주 좋아했다네."

"학교 선생님이고 **베단타**에 해박하던 마두람말(Madurammal)은 아쉬람을 자주 방문했네. 그녀는 마두라이 출신이지. 아난담말의 위대함을 본 그녀는 아난담말과 함께 한동안 시간을 보내면서 타밀어로 된 종교적 책들을 낭독하곤 했네. 어떻게 해석해야 할지 모를 어려운 구절들은 아난담말이 **바가반**의 가르침의 견지에서 설명해 주기도 했지. 이처럼 학식으로는 드러낼 수 없는 이치를 그녀의 직접적인 체험은 드러낼 수 있었다네."

"당시에 많은 사두들이 빨라꼬뚜에 살고 있었네. 무루가나르, 무나갈라 벤까따라마이아, 안나말라이 스와미, 꾼주 스와미 등등. 헌신자들은 자기 집에서 준비한 어떤 특별한 음식들을 이 사두들에게 공양하는 것이 관행이었네. 한번은 내가 파코다(*pakoda*-튀김음식의 일종)를 준비하여 빨라꼬뚜에 있는 사두들에게 나눠 드렸네. 그날 내가 파코다 한 묶음을 아난담말의 오두막에 가져갔지. 그녀는 명상에 들어 있었네. 그러나 예의 그 애정으로 나를 반겨주었네. 그 묶음을 드렸더니 그녀는 그것은 손도 대지 않고 그게 뭐냐고 물었네. 내가 말했지. '파코다입니다. 사두님들께 공양하려고 제가 특별히 준비했습니다. 저도 빨라꼬뚜에 계신 사두님들께 뭔가 드실 것을 공양해야겠다는 생각이 들었습니다. 다른 분들께는 다 드렸고, 이 마지막 묶음은 당신을 위한 겁니다.'"

"그녀는 그것을 먹고 나서 나에게 엄한 얼굴을 하고 이렇게 말했네. '사두들이 정말로 이런 별미들을 필요로 한다고 생각하나? 저 구석을 봐. 다남마가 나를 위해 저기 솥에 며칠분의 찬밥을 남겨두었네. 그거면 나에게 충분해. 구도자들에게 시간이란 아주 귀중한 거야. 우리는 있는 그대로(as we are) 안주해야 해. 있는 그대로 머무르는 것이 우리가 해야 할 전부야. 사두들을 위한 특별한 음식을 만든다고 시간을 낭비하지 말게. 그것은 모두 한눈을 팔고 동요하는 생각 때문이야. 생각이 일어나지 않는 곳에 머무르게.' 그렇게 말하고 그녀는 명상적 상태로 다시 돌아갔다네. 얼마 후 그녀가 눈을 뜨고 말했네. '왜 그렇게 시간을 낭비하지? 바가반이 뭐라고 말씀하시나? 눈을 감고 고요히 있게. 그냥 있어(Simply be)!' 그녀는 워낙 힘 있게 이 말을 했기 때문에, 세월이 많이 지났음에도 나는 그 말을 기억하고 소중히 여긴다네. 그렇지, 우리의 스승님은 우리가 모든 시간을 진아 안에서 안식하기를 바라시는데, 왜 우리가 소위 선행을 하느라고 그 많은 시간을 허비해야 한단 말인가? 오늘날에도 나는, 내가 불필요한 일들에 얽혀들지 않게 해 주고, 밖으로 나가는 마음을 거두어 들여 모든 시간을 내면으로 뛰어드는 데 쓰도록 나를 힘 있게 지도해 준 아난담말에게 크게 고마움을 느낀다네."

"아난담말은 과연 대부분의 시간을 스리 바가반의 친존에서 보냈다네. 자신의 오두막으로 돌아가면 명상에 들었고, 만약 사람들이 찾아오면 그들에게 책의 어떤 구절들을 낭독해 달라고 부탁하곤 했네. 그녀는 나를 상당히 좋아했네. 나에게 이렇게 말했지. '자네는 그 어린 나이에 바가반을 찾아왔군. 아주 좋아. 이것은 실로 아주 희유한 기회야! 매 순간을 수행에 이용하게. 진아의 충만함을 성취하는 것이 자네의 목표가 되어야지. 그 나머지 모든 것은 마음의 함정일 뿐이야. 항상 경각하고 있어야 해. 항상 자네의 것인 진아를 성취하게. 자네 자신에게 진실하게. 바가반의 축복이 늘 자네와 함께 할 거네!' 젊은 구도자들은 아난담말의 지혜와 순수한 삶에서 배울 것이 많다네."

"한번은 그녀의 오두막에 갔을 때, 한 젊은 여성이 사는 게 힘들다고 한탄하고 있었는데, 아난담말의 위로의 말씀이 지금도 귓가를 맴도네. '자네가 그런 고생에 대해 생각할수록 의지력만 점점 더 약해져. 그런 생각들의 흐름 전체를 끊어. 가서 스리 바가반의 친존에 앉게. 바가반이 자네 문제들을 해결해 주고, 자네에게 행복을 하사해 주실 거야.' 그녀는 이렇게 덧붙였네. '수행을 하고 싶은 여자들에게는 아루나찰라가 최상의 도량道場(*kshetra*)이야. 어머니 여신 빠르바띠(Parvati) 자신이 여기서 따빠스를 하여 주 시바의 몸 왼쪽 절반을 얻지 않으셨던가? 그것은 아루나찰라에서는 여자들이 확실하게 진아성취(*Atma Siddhi*)를 얻을 거라는 것을 의미하네. 바가반의 어머니를 보게. 라마나 크리슈나의 어머니 삼매지 위에 사원이 있던가? 알라감마(Alagamma)를 위해서는 바가반이 사원 하나가 건립되게 하셨네. 여성성의 위대함에 대해 이보다 더 좋은 증거가 있나?'"

"바가반이 대삼매에 드신 뒤에 헌신자들은 뿔뿔이 띠루반나말라이를 떠났지. 하지만 얼마 후 그들은 다른 어디서도 마음의 평안을 찾을 수 없다는 것을 발견했고, 그래서 서서히 스리 바가반의 삼매지 사당으로 돌아왔네. 그들은 무루가나르에게 바가반이 글로 쓰신 저작들(*Nool Thirattu*)을 해설해 달라고 요청했다네. 스승님에 대한 회상이 사이사이 곁들여진 무루가나르의 설명들은 마치 라마나 감로의 소나기처럼 우리를 기쁘게 했네. 무루가나르의 법담을 들은 사람들은 실로 복이 많았지. 아난담말과 나도 이 희유한 특권을 가졌던 사람들 가운데 있었다네."

"무루가나르는 바가반의 『저작 전집』을 끝낸 뒤에 『아뜨마 뿌라나(*Atma Purana*)』 같은 다른 영적인 논저들도 해설했다네. 하루는 아난담말이 무루가나르에게 『아뜨마 뿌라나』에서 성자 바마데바(Saint Vamadeva)에 대한 한 구절을 설명해 달라고 했네. 그녀가 물었지. '바마데바는 약간의 잔여 발현업(*prarabdha*)이 있었고, 가르바 바사(*garbha vasa*)[자궁 속에 머무르기, 곧 환생]를 경험해야 했습니다. 그는 자궁에서 나온 즉시 진아를 깨달았군요. 그렇지 않습니까?' 이 말을 한 뒤에 아난담말은 갑자기 앞으로 쓰러져 기절했네. 마치 엎드려 절을 하는 것 같이 보였지. 그러나 그녀가 '엎드려 절하기' 자세에서 일어나지 않기에, 몇 분 뒤 내가 그녀를 일으켜 앉혔는데 의식이 없었다네. 그래서 읍내에 있는 그녀의 가족 집으로 모셔갔네. 그러나 다시는 눈을 뜨지 않았지. 이 일은 저녁 6시에서 9시 사이에 일어났고, 그녀는 죽은 것으로 판정되었네. 그녀의 마지막 생각은 바마데바의 해탈이었지!"

"그녀의 시신은 그녀의 아들과 형제에 의해 아쉬람 근처에 안장되었네."

"아난담말은 본받을 만한 가치가 있는 이상적인 헌신자였지!"

* * *

스리마띠 까나깜말은 유머러스한 사건 하나를 들려주었다.

"나는 1946년에 아쉬람에 왔네. 당시에는 베다 빠라야나를 오전 5시에 스리 바가반의 친존에서 했네. 마르갈리(*margazhi*) 달[12월-1월]에는 타밀 빠라야나(Tamil *Parayana*)가 베다 빠라야나에 앞서 바로 오전 4시에 시작되곤 했지. 마르갈리는 가장 추운 달인데도 말이네. 타밀 빠라야나에는 「띠루빨리옐루찌(*Tiruppalliyezhuchi*)」, 「띠루벰바바이(*Tiruvembhavai*)」, 「띠루밤마나이(*Tiruvammanai*)」, 「띠루빨란두(*Tiruppallandu*)」와 같이 무루가나르의 『스리 라마나 친존 예경禮敬(*Sri Ramana Sannidhi Murai*)』[1]에서 가져온 부분들과 마니까바짜가르(Manickavachakar)의 『띠루바짜감』의 「띠루벰바바이(*Tiruvachakam-Tiruvembhavai*)」가 들어 있었네. 바가반은 평소처럼 3시 30분까지는 자리에 앉아 준비하고 계셨지."

"그 당시 바가반은 50주년 기념당에 앉아 계셨네. 이곳은 사방이 터진 곳이어서 추위가 정말 매서웠지. 하지만 바가반은 숄 하나만 두르고 계시곤 했고, 그 숄로 당신의 머리도 덮으셨네. 다상감 향(*dasangam*)[2]이 타고 있었고, 잉걸불(벌겋게 단 숯)에 물을 뿌리면 연기가 퍼지면서 전체 분위기를 신선하게 만들었네."

"잉걸불을 담은 단지가 스리 바가반 가까이 스툴(stool) 위에 놓여 있었네. 가끔 당신은 손바닥과 손가락을 이 불 위에 펴서 불을 쬐시곤 했지. 아름다운 정경이었네! 한번은 열의가 과했던 한 시자가 많은 향을 들이부어 짙고 매캐한 연기가 솟구쳐 나와 당신의 얼굴을 에워쌌고 당신은 거의 숨을 쉬실 수 없었지. 바가반이 웃으며 말씀하셨네.

'놓고 싶은 만큼 놓게! (이것도 다) 스와미 자신일 뿐이니까! 연기구름을 피워 올리게! 사원 안에 있는 스와미(신)에게도 향을 피워 올리지 않나? 그와 마찬가지로 이 스와미에게도 피워 올려야지! 그래야 자네가 만족하겠지!'

'아마 그래서 사원에서는 스와미가 늘 돌로 만들어져 있겠지! 그렇지 않으면 이런 모든 숭배가 그에게 얼마나 고생스럽겠나! 나는 어느 면에서 단 한 번 고생하는데 말이야. 사원의 신이 얼마나 힘들지 상상해 보게! 그에게는 하루에 여섯 번씩이고, 어떤 때는 그보다도 더 많지!'"

---

1) *T.* 무루가나르가 바가반을 찬양하여 지은 시들의 한 모음집. 1,851연으로 되어 있다.
2) *T.* 백단향, 삼브라니 등 10가지 재료의 분말을 혼합해 만든 향(*dasangam*: '10가지'라는 뜻).

*　　*　　*

스리 N. 발라라마 레디가 다음과 같은 흥미로운 일화를 들려주었다.

"나야나[까비야깐타 가나빠띠 무니]가 칼리다사(Kalidasa)의 위대함에 대해 바가반과 함께 토의하고 있었지. 대화 도중 **바가반**이 우연히 칼리다사의 『샤꾼딸람(*Sakuntalam*)』[3]에서 말하는 '잉구디(*Ingudi*)' 나무[4]가 아쉬람 근처의 우리 숲속에서 발견되었다는 것을 언급하셨네."

"하루는 **바가반**이 나야나에게 그 '잉구디' 나무를 보여주시기 위해 그와 함께 숲으로 가셨다네. 나중에 무루가나르는 **바가반**이 회당에 계시지 않은 것을 발견하고 **바가반**이 빨라꼬뚜에 가셨을지 모른다고 생각해 그곳으로 갔네. **바가반**과 나야나가 숲속으로 들어가셨다는 말을 들은 무루가나르는 그분들을 찾으러 갔지. 나중에 비스와나타 스와미는 세 분이 숲으로 가셨다는 이야기를 듣고, 그도 따라갔다네. 그리고 숲에서 그분들을 발견했네. 그러자 나야나와 무루가나르에게 이미 그 나무를 가리켜 보이셨던 **바가반**이 비스와나타 스와미에게도 그것을 가리켜 보이셨네. 세 사람의 학자 모두, **바가반**은 까비야(*kavyas*)[5]를 읽어 보시지도 않았고 식물학도 모르시는데 어떻게 그렇게 희귀한 나무를 '잉구디'로 판별하실 수 있는지 의아해 했네. 그러다가 그들은 **일체지자**一切知者(*sarvajna*)는 모르는 것이 없다는 것을 깨달았다네."

---

3) *T.* 정식 명칭은 『아비냐나샤꾼딸람(*Abhijñanaśākuntalam*)』. 두샨따 왕과 샤꾼딸라 간의 사랑 이야기를 그린 산스크리트어 희곡이며, 걸작으로 평가된다.

4) *T.* 껍질, 열매, 씨앗 오일 등을 약재로 쓰는 나무. 학명은 *Balanites aegyptiaca*이다.

5) *T.* 인도의 궁정시인과 작가들이 사용하던 고전 산스크리트 문체, 혹은 그런 문체로 쓰인 문학 작품들을 '까비야'라고 한다. 희곡 분야에서는 깔리다사의 『아비냐나샤꾼딸람』을 포함하여 5대 *kavya*가 유명하다.

제17장
모범 그 자체이신 라마나
Quintessential Ramana

만물을 평등하게 비추는 해처럼, **바가반**은 모든 헌신자를 평등하게 사랑하셨지만, 사람마다 당신의 은총을 각기 다른 방식과 정도로 흡수했다.

나는 여기서 라마나타 브라마짜리로도 알려진 두드러진 **라마나** 헌신자 라마나타 딕쉬따르(Ramanatha Dikshitar)를 묘사해 보고 싶다. 체구가 왜소해서 눈에 잘 띄지 않는 인물이었던 그는 **스리 바가반**에 대한 열정과 헌신으로 가득한 사람이었다.

라마나탄은 **스리 바가반**이 비루팍샤 산굴에 사시던 1912년에 당신을 찾아갔다. 그는 띠루반나말라이 읍내의 베다학당(*Veda Patasala*)에 있던 학생이었다. 십대였던 이 젊은이는 놀랍게도, **바가반**의 단 한 번의 바라보심, 한 번의 시선으로 내면에서 **바가반**에 대한—나중에 그가 묘사한 바로는—'**어머니 같은 사랑**'이 샘솟듯 차오르는 것을 느꼈다! 그는 굉장히 가난했고 베다학당에서 학생들을 위해 제공하는 건강한 음식을 먹는 혜택을 받을 수 있었지만, 소년 라마나탄은 거리에서 탁발하는 쪽을 선택했다. 그것은 매일 수업이 끝나자마자 학당을 벗어나 산 위로 올라가서 가능한 한 오래 **바가반**과 함께 있는 자유를 누리기 위해서였다!

라마나탄이 **바가반**께 강하게 끌리기도 했지만, 이 허약한 젊은이에 대한 **바가반**의 보살핌도 여간 아니어서 라마나탄이 중병이 들었을 때 그를

몸소 돌봐 주시기도 했다.

스리 꾼주 스와미는 아주 감동적인 이 사건을 들려주었다.

"내가 1920년에 처음 왔을 때, 띠루반나말라이는 전염병[1)]이 창궐할 때였지. 사실 (스깐다쉬람에서는) 안나말라이 스와미가 전염병으로 막 세상을 떠났을 때였네. 그래서 바가반, 뻬루말 스와미, 라마나탄, 그 밖의 몇 사람을 제외한 나머지 사람들은 읍내를 떠난 뒤였다네. 가여운 라마나탄 자신도 전염병에 걸려서 스깐다쉬람 한쪽 구석에 몸을 동그랗게 말아 누워 있었는데, 몸이 부었고 코를 줄줄 흘렸지. 다른 사람들은 바가반이 이 팬데믹에 걸리지 않아야 한다고 걱정하여, 라마나탄에게서 떨어진 다른 데로 당신을 모셔갈 계획을 세웠네. 그래서 하루는 그들이 산을 돌다가 빠

---

1) *T.* 1918년에 발생하여 1920년에 전 세계에서 수천 만 명의 사망자를 낸 독감 팬데믹. 이때 스깐다쉬람에서 죽은 안나말라이 스와미는 뒤에 온 안나말라이 스와미와 다른 사람이다.

짜이암만 사원(Pachaiamman Koil)에 가까이 갔을 때, 바가반께 모두 거기서 유숙하고 가도 된다고, 왜냐하면 필요한 모든 물자를 가져왔기 때문이라고 말씀드렸지. 그들은 거기서 라마나탄에게 음식을 보내줄 것이고, 그러면 그가 한동안 계속 스깐다쉬람에 있을 수 있을 거라고 말했다네. 스리 바가반이 차분하게 대답하셨네. '알았습니다. 라마나탄만 거기 두고 우리는 여기 있어야 한다는 거지요! 그리고 여기서 그에게 음식을 보낼 계획이군요. 여러분은 모두 여기 있어도 됩니다. 저는 가서 그와 함께 있으면서 그의 시중을 들겠습니다. 어쨌거나 여러분은 라마나탄에게 음식을 보낼 것이니, 저에게도 음식을 좀 보내줄 수 있겠군요.'"

"당연히 모두가 돌아갔고, 라마나탄은 급속히 회복되었네. 스리 바가반의 자비로운 관심이 이 복 많은 청년에게 집중되었는데, 그렇게 되지 않을 수 있겠는가?"

스리 꾼주 스와미가 스깐다쉬람에서 살고 있을 때 목격한 또 하나의 사건도 회상해 볼 가치가 있다. "바가반의 어머니도 라마나탄을 상당히 좋아하셨지. 그는 브라민 청년이었기 때문에, 전통주의(orthodox) 브라민들이 요리할 때 쓰는 까르짜띠(*karchatti*)[돌그릇]를 씻고 설거지하는 일이 맡겨졌네. 어쩌면 라마나탄은 그 일을 하는 데 좀 느렸을 수도 있고, 어머니에 대한 헌신이 워낙 지극해서 일을 철저히 하고 싶었을 수도 있겠지. 어쨌든 매일 그 그릇을 씻는 데 시간이 많이 걸렸네. 어머니가 '라마나타! 라마나타! 그 까르짜띠를 가져와!' 하고 소리치면, 라마나탄은 '갑니다, 갑니다' 하고는 계속 그 그릇을 씻곤 했다네. 그렇게 어머니가 여러 번 부르면 라마나탄은 매번 어김없이 그렇게 대답하곤 했지. 하루는 이 이중창이 시작되자 바가반이 말씀하셨네. '어머니는 이 후렴구 노래를 멈추지 않으실 테고, 이 친구도 포기하지 않겠지!'"

어머니가 삼매에 드신(세상을 떠난) 뒤 바가반은 지금의 아쉬람으로 이주하셨다. 라마나타 브라마짜리도 봉사를 계속했다. 그는 그 왜소한 몸집에서 나오는 지칠 줄 모르는 에너지로 모두를 놀라게 하곤 했다. 누가 시키지 않아도 그는 아쉬람 경내를 청소하고, 상주자들을 위해 온갖 잡일을 했다. 그가 스스로 맡은 소임은 오후 8시 반 기차가 도착하기를 기다려, 자신과 다른 사람들이 저녁식사를 한 뒤에 (여분의) 음식을 데워 두는 것이었다. 만일 (기차로 도착한) 어떤 방문객이 오면 그들에게 자애롭게 식사를 대접하고, 그런 다음 각자에게 베개로 삼을 작은 통나무와 누워 잠을 잘 수 있는 야자수 잎 돗자리를 내주는 것이었다. 봉사에 대한 그의 전념은 직접 봐야 믿을 수 있을 정도였다. 그는 밤중에 근처의 누가 뜨거운 물이 필요하다고 중얼거리기라도 하면, 곤히 자다가도 일어나곤 했다. 그는 "알겠습니다" 하고, 얼른 그것을 가져다 대령하는 것이었다. 참으로 '봉사'는 그의 중간 이름이었다(즉, 라마나타 '봉사' 브라마짜리였다)!

그는 이야기하면서 '안다바네(Andavane)'['하느님이시여']라는 단어를 많이 쓰는 습관이 있었다. 심지어 남들을 '안다바네'라고 부를 때도 있었다. 그래서 사람들도 그를 '안다바네'라고 부르기 시작했다!

그는 짜르카(*charkha*)[2]를 규칙적으로 돌리기 시작했다. 그렇다. 라마나타 브라마짜리는 확고한 간디주의자였다! 한번은 자신이 짠 도띠(*dhoti*)를 가져가서 마하트마 간디를 만나 그것을 증정했다. 그는 아쉬람으로 돌아와 환한 미소를 지으며 모두에게 그 이야기를 들려주었다. 그는 또한 마하트마 간디를 따라 21일간의 동조단식을 시작했지만, 꾼주 스와미와 다른 사람들의 만류로 사흘 뒤 그만두었다. 그는 남들이 놀리고 골리기 만만한 상대여서, 그들은 예를 들어 그에게 읍내의 벽에 붙은 모든 포스터를 읽고 와서 자신들에게 그 내용을 전해 달라고 명령하기도 했다. 그는

---

2) *T.* 면화에서 실을 잣는 물레. 간디는 영국의 인도 수탈에 저항하는 독립운동의 일환으로 의복의 자급자족을 위한 물레 돌리기 운동을 벌였고, 많은 인도인들이 따라했다.

그런 심부름도 기꺼이 했는데, 그것이 사람들을 얼마간 즐겁게 했기 때문이다.

안다바네가 매일 읍내에서 돌아오는 모습은 진기한 광경이었다! 오른손은 해진 양산을 꽉 붙들고, 왼손에는 무슨 음식이 담긴 그릇 하나를 꽉 붙들고 있었다. 어떤 때는 (당시에 부자들이 즐기던 호사인) 보온병에 바가반을 위한 뜨거운 커피를 담아 가져오기도 했는데, 그것은 읍내의 어떤 열렬한 헌신자가 그의 편에 보낸 것이었다. 그뿐이 아니었다! 그는 자루를 사용하는 습관을 들이지 않아서, 도띠를 무릎께에서 접어 올려 시장에서 가져온 채소를 뒤쪽과 옆쪽에 집어넣곤 했다. 도띠가 무릎께에서 불룩하게 밑으로 쳐졌기에, 발을 이리저리 치켜들면서 어기적어기적 걷곤 했다. 그러면서 여윈 발을 한 번 내디딜 때마다—몇 겹을 덧대어 엄청나게 두꺼운—고물 같은 샌들(*chappal*)을 치켜드는 것이었다. 안다바네는 그 낡은 샌들을 버리려 하지 않았기 때문에 종종 놀림감이 되었지만, 그래도 그 샌들을 애지중지했다.

1926년에 아루나짤람 삘라이가 송아지였던 락슈미를 어미 소와 함께 바가반께 데려왔다. 삘라이가 소들을 아쉬람에 두고 가려 하자, 스리 바가반은 그들을 돌볼 사람이 아무도 없다면서 그것을 만류하셨다. 그 중요한 순간에 오른손으로 자신의 가슴을 두드리며 "제가 돌보겠습니다" 하고 선언한 사람이 라마나타 브라마짜리였다. 그는 석 달 동안 그 소들을 돌봤고, 그 뒤에는 읍내의 어떤 사람이 나서서 자신이 아쉬람을 위해 그들을 돌보겠다고 했다. 따라서 라마나탄은 암소 락슈미가 바가반께 애착하게 된 데서 중요한 역할을 했다.

당시 아쉬람에 인접한 빨라꼬뚜에는 무루가나르, 무나갈라 벤까따라마이아, 요기 라마이아, 꾼주 스와미, 비스와나타 스와미가 머무르고 있었다. 라마나타 브라마짜리는 자발적으로 그 헌신자들의 경내를 청소하고,

날이 어두워지면 심지들을 준비하고 기름을 부어 등불을 켜 주었으며, 그 밖의 잡일을 해 주곤 했다. 스리 꾼주 스와미는 이렇게 회상했다. "당시에는 우리 모두 상당히 젊었고, 우리가 대단한 포기자(*bairagis*)라고 생각했지. 빨라꼬뚜의 우리 경내들을 구태여 쓸지도 않았고, 등불을 켜지도 않았네. 먹을 것이 없으면 그냥 끼니를 거르곤 했다네. 그러나 라마나타 브라마짜리는 이런 모든 잡무를 처리해 주곤 했지!"

스리 꾼주 스와미가 이야기를 계속했다. "한번은 우리가 모두 스리 바가반 앞에 앉아 있을 때, 에까나타 라오에게서 온 편지를 받았네. 그는 '빨라꼬뚜 도감'의 안부를 묻고 있었지. 스리 바가반이 그것을 읽고 물으셨네. '이건 누구지? 이런 것은 내가 몰랐는데.' 내가 일어나서 조심스럽게 라마나타 브라마짜리를 가리키며 말씀드렸네. '저희는 그를 빨라꼬뚜 도감이라고 부릅니다. 저희의 물건도 사다 주고, 등도 청소해 주고, 땅바닥도 쓸어줍니다. 그래서 저희가 그를 빨라꼬뚜 도감이라고 부릅니다.' 바가반이 말씀하셨네. '왜 그동안 나에게 그 이야기를 하지 않았나? 이런 도감이 있다면 누구나 행복하겠지!' 라마나타 브라마짜리가 상당히 수줍게 일어나서 말했지. '저는 모릅니다, 바가반. 그들이 재미로 저를 그렇게 부릅니다.' '거기에 재미있는 게 뭐가 있어? 좋은 일이지.' 스리 바가반이 그렇게 말씀하셨네!"

라마나타 브라마짜리가 마드라스에서 세상을 떠났다는 소식이 아쉬람에 전해졌다. 스리 바가반이 말씀하셨다. "보세요! 이「라마나 아누브후띠(*Ramana Anubhuti*)」시들은 라마나탄 자신이 지었지요. '띠루쭐리나타나이 깐데네(*Tiruchuzhinathanai kandene*)'라는 후렴이 있는 또 하나의 노래도 그가 지었습니다. 그것은 재미있는 이야기지요. 제가 비루팍샤 산굴에 머무르고 있을 때, 어느 보름날 밤 우리가 산 오른돌이를 나섰습니다. 당시 찌담바람 수브라마니야 아이어가 여기 있었습니다. 달빛은 밝았고, 모두가 신이 나 있었지요. 그들은 이동 중에 심포지엄을 열어서 각자가 서로 다른 주제에 대해 연설을 하기로 결정했습니다. 수브라마니야 아이어가 그 모임의 의장으로 선출되었지요. 첫 번째 강연을 라마나탄이 했습니다. 그가 고른 주제는 '인간 심장의 동혈 속에 거주하는 빠라마뜨만과, 찌담바람(Chidambaram)의 주 나따라자(Nataraja-시바)와, 비루팍샤 산굴의 스리 라마나 간의 유사점'이었습니다. 의장은 그에게 30분을 허가했지요. 그러나 그가 거론하는 유사점 항목들은 끝이 없었습니다. 의장은 시간이 다 되었다고 말했고, 라마나탄은 '제발, 30분만 더요'라고 했습니다. 그것은 계속해서 걸어가는 사람들의 모임이었습니다. 그런데 그는 '선생님, 조금만 더 시간을 주세요, 조금만 더요' 하면서 연설을 꼬박 세 시간 동안 계속했고, 결국 의장이 그의 이야기를 단호히 중단시켰습니다. 그날 그가 이야기할 때의 그 열의를 여러분이 보았어야 하는데 말입니다. 나중에 그는 그 강연의 요점을 「띠루쫄리나타나이 깐데네」라는 제목의 4연짜리 노래[3]로 요약한 것입니다."

내가 N. R. 크리슈나무르티 아이어 교수에게 라마나타 브라마짜리에 대해서 쓰고 있다고 하자, 그가 말했다. "라마나타 브라마짜리는 평범해 보이는 다른 바가반 헌신자들처럼 그 나름의 위대함을 가지고 있었지. 만일 스리 바가반이 에베레스트 산이라면, 이런 사람들은 칸첸중가 산들과 같네."

---

3) **후렴**: 나는 띠루쫄리나탄[띠루쫄리의 주님]을 뵈었고, 돌아갈 수 없어 그 자리에 못 박힌 듯 서 있었네.
소후렴: 그는 찌담바람에서 춤추는 주님이시니, 힘없는 자들을 가호하시고 그들에게 자비로우시다네.
1. 같은 띠루쫄리나탄께서, 신성한 띠루반나말라이의 산 위 비루팍샤 산굴에서 하느님으로 당신 자신을 현현하셨네.
2. 개아(*jiva*)는 까야뿌리(*kayapuri*-몸)라는 읍내에서 기관들(*karanas*-지식기관과 행위기관)을 백성으로 하고 에고(*ahankara*)를 대신大臣으로 삼아 그릇되게 통치하고 있었네.
3. 얼마 후 개아는 하느님의 은총이라는 검을 뽑아 그의 대신인 에고의 목을 베어 버렸다네.
4. 대신의 목을 그렇게 베어 버린 개아는 심장공간(*daharalaya*)이라는 동굴 안에서 오로지 홀로 춤추고 계시던 하느님과 함께 서 있었네.

* * *

스리 따빠스 스와미가 말했다.

"한번은 아침식사 때 스리 시바난담이 남들에게 '감귤(*naarthangai*)' 두 조각씩을 배식하다가 **스리 바가반**의 엽반에 네 조각을 놓았네. 그가 다음 날도 그렇게 하자 **바가반**이 말씀하셨네. '이보게! 이게 뭔가?(*Enna, oy?*) 왜 더 줘? 이제부터는 내 엽반에 어떤 감귤도 놓지 말게.' 시바난담은 자기가 그렇게 한 것은 의사의 조언에 따른 것이라고 **바가반**께 호소했다네. 다음날 **바가반**은 시바난담이 당신께 어떤 감귤도 배식하지 못하게 하셨네. 덧붙여 이렇게 말씀하셨지. '자네는 내가 모두의 앞에서 체면을 잃게 했어.' 내가 시바난담에게 물어 보니 그가 대답하기를, 자신이 (바가반의) 항문에서 피가 나는 것을 발견했고, 그 말을 들은 의사가 시바난담에게 여분의 감귤 조각들을 식사 때 배식해 보라고 했다는 거였네. **바가반**이 감귤을 받지 않으신 지 4, 5일이 지났을 때, 내가 **바가반**께 간청해 보았지만 당신은 답을 하지 않으셨네. 이틀 뒤에 내 제안으로 발라마라 레디아르 님이 **바가반**께 그 문제를 말씀드렸으나, 당신은 침묵을 지키셨다네. 열흘 뒤에 데바라자 무달리아르가 왔기에 우리는 그의 도움을 청했지. 그가 **바가반**께 호소하자 당신이 이렇게 대답하셨네. '그는 무슨 근거로 여분을 나에게 배식한 거요? 그게 아직도 소화가 되지 않았다오.'"

"그런 다음 잠시 후 이렇게 덧붙이셨네. '내가 이 입 하나로만 먹고 있나요?'"

"이렇게 한 달이 지났는데, 끝 무렵에 하루는 **바가반**이 감귤 한 조각은 배식해도 된다고 말씀하셨네. 나중에는 두 조각을 배식해도 된다고 하셨지. **스리 바가반**의 자비를 누가 가늠할 수 있겠나?"

* * *

스리 따빠스 스와미가 이야기를 계속했다.

"나는 다섯 껍질(*pancha kosas*)에 대한 **탐구**를 통한 단계적 명상을 하는 습관이 있었네. **바가반**의 친존에서 내가 지성껍질(*vijnanamaya kosa*)을 지나 지복껍질(*anandamaya kosa*)로 들어가면서 그렇게 하고 있을 때, 한 가지 의심이 이와 같이 일어났다네. 우리가 다양한 감각대상들을 보고, 획득하고, 즐김으로써 경험하는 지복이, 지복껍질 안에서 대상이 없을 때에도 동시에 즐겨지는데, 지복껍질 속에서 대상들이 없을 때 어떻게 이 지복상至福相(*ananda vritti*)이 일어나는지를 내가 이해하지 못했네. 나는 이 의심을 **바가반**께 제출했지."

"당신이 나에게 큰 소리로 물으셨네. '어느 책에 그렇게 쓰여 있나요? 가져와 보세요. 내가 한 번 볼 테니.' 나는 내가 그 책을 가지고 있지 않고, 그것은 내가 이 **탐구**를 하고 있다는 어떤 기억을 기초로 하고 있으며, 이 의심은 그날 일어난 것일 뿐이라고 말씀드렸네. 1, 2분 지난 뒤에 **바가반**이 답변하셨네. '욕망하고(*priya*) 추구하고(*moda*) 향유하는(*pramoda*) 상相(*vrittis*)들은 잠재적인 무지에서 일어난다고 이해해야 합니다.' 그때 이후로 나는 **바가반**의 조언을 따르고 있네. 즉, 경험자에 주의를 기울이고 그 효과들은 무시한다네."

* * *

유명한 석공인 바란단의 아버지인 뻬루말은 그 자신 일가를 이룬 석공이었다. 구하이 나마시바야 사원 위쪽의 '아루뜨빨 띠르탐(Arutpal Tirtham)'을 만든 사람이 그였다. 그는 당시에 '물라이빨 띠르탐(Mulaippal Tirtham)'을 축조하고 있었다.[4] 당시 산 위에서 살던 젊은 고행자였던 **바가반**은

4) *T.* '띠르탐'은 사원 안이나 근처에 흔히 축조하는 크고 작은 저수지이다. '아루뜨빨 띠르탐'은 비루팍샤 산굴 아래쪽의 아루뜨빨 산굴(Arutpal Cave) 뒤의 작은 저수지이다. '물라이빨 띠르탐'은 그 근처의 더 깊은 저수지인데, 샘이 있어서 건조한 여름에도 잘 마르지 않는다.

대중에 많이 알려져 있지 않았는데, 뻬루말의 건축 공사를 도와주곤 하셨다. 그 당시 **바가반**은 보통 말이 없이 지내셨다. 그래서 손짓을 통해 뻬루말에게 '물라이빨 띠르탐' 주위에 석재들을 고정하는 것에 대해 지시를 하시곤 했다. **바가반**의 말없는 제안에 뻬루말은 곧잘 놀랐다. 왜냐하면 석재들이 제자리에 딱딱 맞아 들어갔기 때문이다. 토목공사에서 **바가반**이 보이신 이 놀라운 명민함 때문에, 그는 당신을 존경했고 당신에게 정을 쏟았다. 나중에 **바가반**이 지금의 아쉬람으로 내려오신 뒤에, 그때는 아주 연로해진 뻬루말이 가끔 와서 **바가반**을 친견했다. **바가반**은 늘 큰 사랑과 개인적 정으로 그를 맞이하셨다.

* * *

"**바가반**이 계시던 시절에, 빨라꼬뚜에 자가디산(Jagadeesan)이라는 진지한 한 구도자가 있었네." 스리 꾼주 스와미가 말했다. "우리는 모두 그를 우러러 보았지. 왜냐하면 늘 명상 상태에 들어 있었으니까. 그가 식용 견과들을 햇볕에 말리려고 펴 두면 원숭이들이 그의 코밑에서 그것을 약탈해 갔는데, 그는 동요 없이 그대로 있었네. 나중에 왜 원숭이들을 쫓아내지 않았느냐고 물으면, 그는 원숭이들이 있는 줄 알았지만, 명상적 분위기에 들어 있다 보니 내면에 그들을 쫓아내야겠다는 마음이 없었다고 대답하곤 했다네!"

"그는 주 **크리슈나**의 확고한 헌신자였네. 그는 **크리슈나**가 자신의 심장 속에 거주한다는 마음자세(*bhava*)를 지니고 있었고, 그래서 만일 자신이 똑바로 걸으면 **스리 크리슈나**가 다칠 거라는 생각에서 옆으로 기운 자세로 걷곤 했다네. 평소처럼 그는 걸을 때도 명상적 분위기에 들어 있었지. 한번은 그것이 스리 바가반의 눈에 띄었다네. 당신이 말씀하셨네. '**스리 크리슈나**는 형상이 아니지. 만일 **스리 크리슈나**가 하나의 형상으로 그의 가슴 속에 들어앉아 있다면, 가여운 자가디산이 어떻게 숨을 쉴 수 있을까? 주님이 우리의 심장 속에 거주한다는 마음자세는 좋지만, 그 심장 안에 하나의 육신이 있다고 생각하는 것은 지나치지!' 말할 필요도 없이 자가디산은 그가 가졌던 그런 가식적 마음자세를 포기했다네."

* * *

신체적 삶과 영적인 삶이 균형 잡힌 바가반의 인생관은 항상 소박했고, (헌신자들이) 본받기가 쉬웠다.

스리 꾼주 스와미가 말했다. "가끔 먹을 것이 없을 때도 있었는데, 바로 다음날 많은 음식이 오곤 했지. 갖가지 음식에 아주 맛있는 것들로 말일세. 무슨 일이 일어나든, 바가반은 완벽한 평정심을 유지하셨네. 당신은 이런 말씀으로 헌신자들의 힘을 북돋우셨지. '우리가 먹을 것을 얻지 못할 때는 늘 그날을 에까다시(*Ekadasi*)[5]로 경축하고, 음식이 많을 때는 그날을 드와다시(*Dwadasi*)[6]로 경축해야 합니다!'"

한번은 어느 헌신자가 명상을 할 때 졸음이 왔고, 그에 대해 죄책감을 느꼈다. 쏟아지는 잠을 이기지 못했기 때문이다. 이 이야기를 들으시자 바가반이 미소를 짓고 자비심으로 이렇게 말씀하셨다. "졸릴 때는 가서 잠을 자십시오. 잠과 싸우지 마십시오. 깨어나서도 다시 졸리면 다시 잠을 자십시오. 영원히 계속 잘 수는 없지요! 정신이 말짱하다고 느끼면 그 상태를 꽉 붙들고 명상하십시오. 자연스럽게 하십시오. 그대가 졸음이 온 것이 죄라는 그 생각이 장애물입니다. 자연스럽게 잠을 자서 그것을 극복하십시오. 그러나 완전히 깨어 있을 때는 명상을 고수하십시오!"

---

5) 음력으로, 그믐이나 보름에서 열 하루째 되는 날. 모든 힌두들이 단식을 하는 아주 신성한 날이다.
6) 열 이틀째 되는 날. 잘 차려 먹으면서 단식을 튼다.

제18장
찬란히 빛나시는 라마나
Resplendent Ramana

반다바시(Vandavasi)[띠루반나말라이 북동쪽의 한 읍] 주변 지역은 아주 초기부터 스리 바가반의 헌신자들이 줄지어 배출된 곳이다. 그들 중 최초는 끼라이 빠띠(Keerai Patti-'푸성귀 할머니')였다. 그녀는 구디야땀(Gudiyatham) 출신인데, 벨로르 근처의 (같은 이름의) 유명한 읍이 아니라 반다바시 인근의 데수르(Desur)에 가까운 마을이었다. 그녀가 언제 띠루반나말라이에 왔는지는 알 수 없지만, 바가반이 아루나찰레스와라 사원(Arunachaleswara Temple)에 머무르시던 1896-7년에도 그녀는 산 위에 살면서 당신을 가끔 찾아가고 있었다. 당시 스리 바가반은 (큰 사원 안의) 수브라마니아 사원에 머무르고 있었다. 그녀는 그 사원 안의 사두들에게 음식을 공양하곤 했다. 한 깜말라(*kammala*)[대장장이] 여성이 한동안 끼라이 빠띠를 통해 바가반께 음식을 보내기 시작했다. 그 당시 끼라이 빠띠는 헝클어진 머리타래들로 된 큰 헝클머리(*jata*)를 하고 있곤 했다.

바가반이 비루팍샤 산굴로 옮겨갔을 무렵에는 끼라이 빠띠가 구하이 나마시바야 사원(Guhai Namasivaya Temple)의 만땁(*Mantap*)에 머무르기 시작했는데,[1] 머리를 삭발한 뒤였다. 그녀는 만땁의 벽과 기둥들에 조각된

1) *T.* 구하이 나마시바야 사원은 아루나찰라 산의 동남쪽 기슭에 있는 작은 사원이며, 만땁은 벽이 없거나 일부만 있고 지면보다 돋운 평평한 바닥에 기둥들이 늘어선 건물을 말한다.

신상을 숭배하면서, 일과日課 예공의 일환으로 그 신상들에 음식을 공양하곤 했다. 그녀의 처소에서 비루팍샤 산굴이 가까웠기에 그녀는 **바가반**을 빈번히 방문했는데, 최소한 매일 한 번은 갔다. 아침에 일어나면 비루팍샤 산굴 남쪽의 작은 산 위로 산책을 나가서 지금 아쉬람이 자리잡고 있는 곳 쪽으로 간 다음, 돌아서 스깐다쉬람이 있는 곳으로 가서 자기 처소로 돌아가곤 했다. 그때쯤이면 땔나무, 소똥 등을 모아 단으로 묶어서 등에 지는 것이었다. 무릎께에는 요리할 온갖 푸성귀(*Keerai*)를 그득 담아 두고 있었다. 그녀는 여든의 나이에도 온 산을 휘젓고 다녔다! 솥이 하나뿐이었는데, 거기다 먼저 물을 끓여서 목욕을 했다. 나중에 같은 솥에서 차례로 밥을 하고, 소스를 만들고, 푸성귀로 반찬을 만들어서 그 음식을 만땁 안의 신상들에게 공양했다. 그런 다음 그 음식을 조금 덜어내어 비루팍샤 산굴의 **바가반**께 가져가 드시라고 권하고는, 만땁으로 돌아가서 자신도 식사를 하곤 했다. 그녀는 이 일과를 한 번도 거르지 않았다!

저녁에는 읍내로 내려갔다. 읍내에는 그녀가 모르는 집이 한 집도 없었다. 이 집 저 집에서 여러 가지 것들을 탁발했고, 그렇게 얻은 쌀, 밀가루, 달(*dhal*)을 아가리가 열린 큰 오지항아리에 저장했다. 이따금 한 번씩 그 재료로 죽을 쑤어 초록색 커리(curry)와 함께 가져가서 "스와미, 스와미! 어제 착한 여자가 저에게 밀가루를 조금 주기에 죽을 좀 쑤었습니다, 스와미!" 하고 말하는 것이었다.

스리 바가반은 이런 이야기를 들려주셨다. "그녀는 제가 아무것도 모른다고 생각했습니다. 그녀가 없을 때 제가 그 만땁의 문을 열어 보면 큰 항아리 안에 다양한 음식 재료가 있었습니다. 그러나 당시에 그녀는 저에게 절대적 믿음을 가지고 있었지요. 그녀는 어떤 사람도 그 만땁에 들여놓지 않았습니다. 그런 성품의 여자였습니다. 아무 푸성귀도 찾지 못하면 침울하게 앉아 있곤 했는데, 그런 경우에는 제가 타마린드 나무에 올라가서 부드러운 잎을 좀 뜯거나, 그녀가 모링가(drumstick tree)에서 푸른 잎을 따는 것을 도와주기도 했습니다. 또 어떤 때는 그녀가 청소하는 것을 돕고 그 잎들을 요리하기 전에 그것을 뜯어서 준비해 주기도 했지요. 어떤 때는 거기 있으면서 그녀와 함께 밥을 먹기도 했습니다. 그녀는 어떤 식으로든 매일 저에게 음식을 대주었습니다. 대단한 헌신과 주의력을 가지고 있었지요."2)

그 당시 그 만땁은 아주 잘 유지되지는 못했다. 나무 빗장이 달린 나무 문 하나만 있었다. 그녀가 자기를 돌아보지 않고 사두들, 특히 스리 바가반에게 신경 써서 어김없이 봉사했다는 점을 고려하면, 물자들을 비밀로 보관하고 아무도 자신의 처소에 들어오지 못하게 했다는 것은 놀라운 일이 아니다!

---

2) 『나날』과 『편지』의 끼라이 빠띠 부분 참조.

스깐다쉬람이 완공된 뒤 몇 달간은 바가반이 어떤 날은 비루팍샤 산굴에서 밤을 보내고, 어떤 날은 스깐다쉬람에서 보냈다는 것은 잘 알려져 있다. 하루는 당신이 스깐다쉬람으로 가서 거기서 밤동안 머무르셨다. 빨라니 스와미가 비루팍샤 산굴에 있었다. 한밤중에 한 도둑이 구하이 나마시바야 만땁에 들어갔다. 그가 몇 가지 물건을 가지고 나갈 때 빠띠가 깨어나서 소리를 질렀다. 도둑은 그녀의 입을 틀어막으려 했으나 그녀는 어떻든 용케 목청껏 고함을 질렀다. "안나말라이! 도둑이야, 도둑이야!" 저 위쪽 스깐다쉬람의 바가반도 그녀가 외치는 소리를 들었다. 당신이 소리쳐 답했다. "여기 내가 있소! 갑니다. 그게 누구요?" 그러고는 급히 달려 내려가셨다. (「문자혼인화만」에서) 안나말라이(아루나찰라)를 '도둑'이라고 칭하시는 바가반이, 끼라이 빠띠가 "안나말라이!" 하고 외치자 "여기 내가 있소!" 하고 외치며 달려 내려간다는 것은 놀랍지 않은가!

바가반의 외침을 들은 도둑은 달아나 버렸다. 내려오던 길에 비루팍샤 산굴에서 빨라니 스와미도 바가반에게 합세했고, 만땁에 와 보니 빠띠 혼자 평소처럼 있었다. 바가반과 빨라니 스와미는 그게 모두 그녀의 상상이었다며 놀렸다. 왜냐하면 인근의 망고나무 산굴과 자따스와미 산굴에서는 이상한 소리를 하나도 듣지 못했기 때문이다! 그러나 그녀는 자신의 입장을 고수했고, 그들이 땔나무 하나에 불을 켜서 그곳을 다 살펴보자 큰 항아리와 그 주위에 몇 가지 잡동사니가 흩어져 있었고, 실제로 뻔뻔한 절도 시도가 있었다는 것을 알 수 있었다.

끼라이 빠띠는 바가반이 스깐다쉬람에서 (지금의 아쉬람으로) 내려오시기 전에[즉, 1922년 이전에] 죽었고, 지금의 아쉬람 남쪽에 있는 다끄쉬나무르띠 사원 앞의 한 타마린드 나무 아래 묻혔다.

많은 사람들은 끼라이 빠띠가 바가반의 손에서 해탈을 성취하기 위해 암소 락슈미로 환생했다고 믿었다. 이 문제가 거론될 때마다 스리 바가반은 당신 특유의 방식으로 침묵을 지키셨다. 그러나 어떤 사람이 "아루나짤람 삘라이는 암소 락슈미를, 전에 생각했듯이 깐나망갈람에서 데려온 게 아니고 구디야땀에서 데려온 것 같습니다."라고 말하자, 스리 바가반이 이렇게 덧붙였다는 것이 흥미롭다. "오! 그곳은 끼라이 빠띠가 아루나찰라로 온 바로 그곳이지요."

* * *

하이데라바드의 쉬브모한 랄(Shivmohan Lal) 교수[3]는 특히 방학 때 아쉬람을 종종 방문했다. 그는 스리 바가반에게 아주 전념했고 애착하고 있었다. 한번은 오전 11시경 그에게서 전보가 왔고, 그것을 바가반께 가져가서 낭독해 드렸다. 거기에 "제 처가 극심한 산통을 겪고 있습니다. 바가반의 축복을 구합니다."라고 쓰여 있었다. 얼마 후 바가반이 말씀하셨다. "그것을 나에게 보고하는 것만으로 될까?(*En kitte sonna mattum ayiduma?*)" 그때 무루가나르와 몇 사람이 당신의 친존에 있었다.

다시 오후 3시에 또 한 통의 전보가 쉬브모한 랄 박사에게서 왔는데, 거기서는 자기 아내가 출산을 했고, 아주 순산이었다고 했다. 바가반은 단순히 평소처럼 "음, 음" 하시는 것으로 그것을 긍정하셨다. 그 자리에 있던 무루가나르가 여쭈었다. "바가반, 오전에는 당신께서 '그것을 나에게 보고하는 것만으로 될까?' 하셨습니다. 그러나 당신께 알려드리고 당신의 축복을 구했기 때문에 쉬브모한 랄 부인이 순산한 것 아닙니까?" 바가반은 이해한다는 미소를 지으셨지만 대답은 하지 않으셨다. 평소의 고요한 응시와 침묵으로 돌아가셨다.

---

3) 하이데라바드의 마울라나아자드 동양학연구소(Maulana Azad Institute of Oriental Studies)에서 1986년에 출간한 바가반에 관한 우르두어 책(『스리 라마나 마하리쉬』)의 저자.

*   *   *

스리 라마스와미 삘라이가 이러한 감동적인 사건을 들려주었다.

"스리 바가반의 친존에서는 실제로 기적들이 일어났다네. 이상하게도 스리 바가반에 아주 가까이 있던 나 같은 사람들은 무슨 일이 일어나는지 결코 신경을 쓰지 않았는데, 그것은 우리가 모두 당신 안에, 당신의 친존 안에 철저히 흡수되어 있었기 때문이네!"

"그래도 한 가지 '기적'이 일어난 것은 내가 기억할 수 있지. 그러나 어떤 굉장한 싯디(*siddhi*)가 전개되는 것은 부디 기대하지 말게. 하지만 나에게는 이 일이, 바가반이 자연발로적으로 행하신 완벽한 싯디였지."

"띠루반나말라이 인근의 한 읍의 어떤 사람은 천연두 아니면 심한 열병으로 두 눈의 시력을 잃었다네. 누가 그에게 스리 라마나스라맘에 가면 라마나 마하르쉬님이 시력을 회복시켜 줄 거라고 조언했지. 그는 한 명의 조력자와 함께 아쉬람에 도착했고, 스리 바가반의 회당으로 가는 길을 묻고 있었네."

"며칠 전에 젊은 의사 두 명이 바가반을 친견하러 와 있었네. 그들은 당신에게 완전히 매료되었지. 그들은 자신들의 자동차로 마드라스로 떠나려던 참이었네. 바가반께 하직인사를 드렸고, 막 그들의 차로 다가갔을 때 스리 바가반을 한 번만 더 뵙고 가야겠다는 충동을 느껴 구 회당으로 돌아갔네. 그 사이 앞을 못 보는 그 남자가 회당에 들어와 있었고, 스리 바가반께 당신의 은총으로 자신의 시력을 어떻게든 회복시켜 달라고 간청하고 있었네. 바가반은 모든 이야기를 다 듣고 계셨지만 완전히 침묵을 지키셨지. 이것을 목격한 의사들이 자진해서 그 앞 못 보는 사람을 자기들 차로 마드라스로 네려가서 지료하겠다고 했네. 그래서 그 앞 못 보는 사람은 결국 그들과 함께 마드라스로 갔다네."

"몇 달 후 어느 날 내가 바가반의 회당에 있을 때, 한 남자가 와서 당신께 오체투지를 했네. 그는 한쪽 눈의 시력을 회복한 데 대해 바가반께 즐거이 큰 감사를 표했네. 그가 말하기를, 의사들이 자신을 특별히 보살펴 주고 최선을 다했지만, 한쪽 눈의 시력만 회복시켜 줄 수 있었다고 했지. 바가반은 역시나 그의 말을 경청했지만, 마치 당신은 그 일과 무관하다는 듯이 동요 없이 계셨다네!"

"이것이 바가반이 기적을 행하시는 자연스러운 방식이었네. 오히려 당신의 친존에서는 매일 수많은 기적이 일어났지만, 일과성 경험들일 뿐인 싯디에 누가 무슨 주의를 기울이기나 했던가?"

* * *

진보된 영혼인 탄조르(Tanjore)의 스리 자나끼 마따(Sri Janaki Mata)[4]는 스리 바가반의 큰 헌신자들 중 한 분이었다. 그녀의 딸인 빠드마 시따빠띠(Padma Sitapati)에게는 자나끼라마난(Janakiramanan)이라는 아들이 있었다. 그는 세 살 때 어떤 질병으로 인해 시력을 잃었다. 빠드마는 자기 어머니 자나끼 마따의 도움을 청했다. 마따는 딸에게, 모두의 참스승인 스리 바가반께 호소해 보라고 조언했다. 그러는 동안 빠드마의 아버지인 가나빠띠 아이어 박사가 세심한 주의로 아이를 치료하고 있었다. 빠드마는 편지로 스리 바가반께 당신의 은총을 간청했다. 이런 답장이 왔다.

"바가반의 은총으로, 아이 자나끼라마난은 온전한 시력을 회복할 것입니다." 바가반의 이 축복을 받고 모두가 안도했고 즐거워했다.

아이는 40일 동안 눈을 뜨지 못했다. 까르띠가이(Karthigai) 날, 자나끼라마난을 (탄조르의) 사원에 데려갔다. 아이가 갑자기 사원 안의 신상들을 보기 시작했다. 그를 집으로 데려왔다. 눈이 잘 보이기 시작했고, 아이가 외쳤다. "바가반이 보여요!" "마따지(자나끼 마따)가 보여요!"

---

4) *T.* 바가반에게 깊이 헌신하여 생전해탈을 성취한 헌신자(1906-1969).

빠드마는 너무 기뻤다. 자나끼 마따는 딸에게 아루나찰라에 가서 스리 바가반 앞에서 절을 하라고 했다.

빠드마가 자나끼라마난과 함께 아쉬람에 도착하여 회당에 들어서자, 눈물이 주체할 수 없이 쏟아졌다. 그녀는 바가반 앞에서 오체투지하고, 울먹이며 말했다. "바가반, 제 아들이 시력을 되찾은 것은 전적으로 당신의 은총 때문입니다." 바가반은 자애로운 미소를 지으며 말씀하셨다. "보세요, 그녀는 자기 아들이 바가반 때문에 시력을 되찾았다고 하는군요."

최근에 아쉬람에 와 있던 스리마띠 빠드마 시따빠띠가 나에게 이런 사건들을 들려주었다.

그들의 가족이 모시는 신은 띠루빠띠(Tirupati)의 주 벤까떼스와라(Lord Venkateswara)이다. 그때는 띠루빠띠에도 가겠다는 맹세를 했고, 빠드마는 그 맹세를 지켜야 했다. 자나끼 마따는 딸이 만삭임에도 불구하고 먼저 스리 바가반을 찾아뵌 다음 띠루빠띠로 가라고 권했다. 빠드마는 바가반께 자기가 띠루빠띠까지 갈 수 있을지 걱정이 된다고 말씀드렸다. 바가반이 말씀하셨다. "괜찮아. 띠루빠띠에 가." 그때는 띠루빠띠까지 가는 버스가 없었다. 바로 그때, 띠루빠띠로 돌아갈 몇 명의 가족 친구들이 우연히 회당에 들렀다. 그들이 빠드마를 보살펴 주겠다고 약속했다!

저녁에 아이 자나끼라마난과 빠드마는 바가반의 소파에 아주 가까이 앉아 있었는데, 아이가 엄마에게 큰 소리로 말했다. "머리가 안 보여요." 자나끼라마난은 시력을 되찾기는 했지만 여전히 야맹증이 있었다. 이때 바가반이 아이가 한 말이 무슨 뜻인지 알고 싶어 하셨다. 빠드마는 아이가 스리 바가반의 머리와 얼굴을 볼 수 없다는 것이라고 말했다. 그러자 바가반은 아이를 계속 바라보면서 말씀하셨다. "여기를 유심히 봐! 자, 바가반의 머리가 안 보여? 봐, 봐!" 아이는 당신을 볼 수 있었다. 아이의 야맹증도 영구히 사라져 버렸다!

* * *

스리마띠 까나깜마가 다음과 같은 감동적인 사건을 들려주었다.

스리 바가반이 중병이 드셔서 열반실에서 자리보전하고 계실 때의 일이다. 바가반의 누이동생인 알라멜루 암말(Alamelu Ammal)이 몹시 주저하면서 당신 곁으로 가서 당신에게 이렇게 간청했다. "바가반! 당신께서 비루팍샤 산굴에 계실 때 한번은 큰 바위를 한 곳에서 다른 곳으로 옮기려다가 갑자기 손이 바위 밑에 끼였는데, 손을 빼냈을 때 손가락 하나가 탈구되어 맥없이 늘어져 있었지요. 그것을 본 바수데바 사스뜨리가 놀라서 큰 소리로 울었습니다. 당신께서 그를 진정시키고 말씀하셨지요. '왜 울어요? 아무 일도 없었는데!' 그런 다음 당신의 다른 손으로 늘어진 손가락을 제자리에 맞춰 넣으시자 손가락이 제자리를 되찾았습니다. 아무 사고의 흔적을 발견할 수가 없었지요! 마찬가지로, 왜 당신의 왼쪽 팔과 어깨의 이 고통스러운 암에 당신의 '황금' 오른손을 대지 않으십니까, 바가반? 그렇게 하시면 치유될 것이고, 저희의 모든 근심도 끝날 것입니다. 당신께서 바수데바 사스뜨리의 고뇌를 덜어 주셨듯이, 부디 이제 당신의 마음을 그 팔로 돌려서 그것을 치유함으로써 저희를 축복해 주십시오."

바가반은 당신의 누이를 사랑과 자비로 유심히 바라보셨다. 얼마 후 당신이 대답하셨다. "암, 그렇지! 나에게 하나의 몸이 있을 수 있지. 그 몸에 손이 있을 수 있지. 그 손에 병이 있을 수 있지. 그것이 어떤 치료에도 굴하지 않고 있어. 거기에 내 마음을 두어 그것을 치료해야 해. 그런데 이것들과 나에게 '마음'이 어디 있어?"

* * *

띠루쭐리에서의 어린 시절 바가반의 놀이동무였던 락슈미 암말(Lakshmi Ammal)은 당신께 전적으로 헌신했다. 그녀의 아들인 라마크리슈나 아이어 박사, 나라야나 아이어 박사, 구루스와미 아이어, 그리고 마하데바 아이어 박사에게는 바가반 외에 다른 어떤 신도 없었다. 그녀는 아쉬람을 아주 자주 방문했다.

바가반은 당신의 소년 시절에 그랬듯이 그녀를 정감 있게 '락슈미'로 부르시곤 했다. 초기에 그녀가 방문했을 때 한번은 바가반과 다른 사람들이 산을 돌러 나섰다. 락슈미 암말도 그들과 함께 산 오른돌이를 했다. 도중에 소나 띠르탐(Sona Tirtham)[5] 근처에서 일행 전체가 휴식을 위해서 멈추었다. 근처에는 탐스러운 노란 황금색 꽃들이 가득 핀 금사슬나무(laburnum tree)가 한 그루 있었다. 락슈미 암말은 그 꽃들을 따서 땅바닥에 편 천에 모으기 시작했다. 얼마 후 일행은 다시 걸을 준비를 하고 있었다. 바가반도 일어나셨다. 락슈미 암말이 바삐 꽃을 따는 데 열중해 있는 것을 보신 당신이 그녀 가까이 가서 물으셨다. "락슈미! 무얼 하고 있는 거요?" 그녀가 대답했다. "꽃을 따고 있습니다." 바가반은 천 위에 이미 놓여 있는 꽃들의 무더기를 가리키며 말씀하셨다. "이미 충분히 가졌는데, 왜 더 따는 거요?" 그녀가 대담하게 대답했다. "이 모든 꽃을 따지 않고 두면 낭비되겠지요. 그래서 가능한 한 많이 따고 있습니다." 바가반은 눈에 띄게 화난 기색으로 퉁명스럽게 말씀하셨다.

"그래요, 그래. 그대 자신이 그것을 심었고, 물을 주었고, 키웠으니까! 그 모든 것이 낭비되지 않겠소? 그 꽃들의 아름다움을 그대가 보았고 즐겼으니 그걸로 족하고, 남들은 그것을 볼 필요도 없지. 저 나무의 꽃을 실컷 다 벗기시오!"

락슈미 암말은 바가반의 질책에 충격을 받았다. 그녀는 자신의 실수를 깨달았고, 깊이 후회했다. 이 문답의 결과, 그녀는 꽃이 가득 달린 식물

5) *T.* 아루나찰라 산 오른돌이 길 서쪽 구간의 초입에 있는 작은 저수지. 아루나찰라는 다른 이름으로 '소나기리(Sonagiri)로도 불린다.

이나 나무를 보면 그들에 대한 존경심으로 합장하고 이렇게 말하곤 했다. “오, 바가반! 이 꽃들을 당신의 연꽃 발에 모두 바칩니다!” 그녀는 여생 동안 결코 다시는 꽃을 따지 않았다.6)

*　　　*　　　*

등기분소장 나라야나 아이어는 나에게 매우 친절했다. 그는 늘 스리 바가반에 대한 자신의 회상을 기꺼이 공유해 주었다. 그와 스리 바가반 사이의 관계를 들려주는 많은 사례들이 과거에 「마운틴 패스」에 실렸다.

다음은 그가 스리 바가반의 범열반梵涅槃(*Brahma Nirvana*) 1주기가 지난 뒤에 쓴 감동적인 호소문이다.

“오늘이 당신께서 저희를 떠났다고 하는 날입니까? 1950년 4월 14일 저녁에 당신을 뵙던 그 줄에 스리 무루가나르와 제가 마지막으로 서 있던 날을 생생히 기억합니다. 제가 마니까바짜가르나 따유마나바르처럼 ‘머리털이 곤두선 채(*mei chilirtthen*)’ ‘엉엉 울고(*kathadrinen*)’ ‘슬픔에 자지러지며 통곡했네(*vithir vithirtthen*)’라고 외칠 수 있습니까? 눈을 감고 위를 향한 얼굴로 길게 누워 계신 당신의 몸을 보았을 때, 저의 벗 스리 무루가나르와 저만 거기에 있었습니다. 그런데 웬일입니까! 슬픔에 겨워 당신 앞에서 울고 있는 저희에게, 당신께서 고개를 돌려 시선을 던지신 다음 다시 고개를 돌려 눈을 감으셨지요. 얼마 후 저희가 여전히 그곳을 떠나지 못하고 있을 때, 웬일입니까! 당신께서 저희를 향해 얼굴을 돌리고 다시 저희를 바라보셨지요. 그것은 은총으로 베푸신 작별의 시선이었습니까? 마지막의? 마지막 시선이었지요!”

“그러나 당신께서 ‘내가 어디로 갈 수 있는가? 나는 여기 있다!’고 하신 위안의 말씀을 회상해 보면, 그것은 실제로 영원한 지혜의 말씀이었고,

---

6) 이 이야기는 『편지』, 제127장(1947년 6월 30일자)에도 나온다.

저희를 붙들어 주었습니다! 당신께서 사랑을 베푸신 그 무수한 경우를 제가 어떻게 잊을 수 있겠습니까? 저를 위해 손수 화덕에 불을 피워 구워 주신 아몬드와, 당신께서 벤까뜨라뜨남에게 저를 위해 남겨 두라고 하셨던 그 땅콩 꾸뚜(*koottu*)[7]가 아직도 제 혀 위에 단맛으로 있습니다!"

"저의 벗 G. V. 숩바라마이야 교수가 당신께, 저의 공무상의 어려움을 도와주시라고 간청하면서 '가여운 나라야나 아이어! 바가반께서는 그를 위해 아무것도 하실 수 없습니까?'라고 했을 때, 당신께서는 '그에게 무엇이 부족하지?(*Vadiki Yemi Thakkuva?*)'라고 하시지 않았습니까? 그리고 당신의 마지막 나날 중 그가 '아바얌(*Abhayam*)'[가호]을 간청했을 때, 바가반! 당신께서는 분명하게 한 단어로 (그것을) '주었지(*Ichchanu*)'라고 말씀하셨지요. 그때 당신께서는 제가 그와 팔짱을 끼어 그의 요청에 제가 동참함을 표시하는 것도 보셨지요!"

"당신께서 제게 은총을 베푸신 것이 수없이 많은데, 그것이 어찌 헛될 수 있겠습니까? 눈물로 얼룩진 글들을 저는 또 얼마나 많이 썼습니까? 당신께 경배를 올립니다! 사랑의 마음으로 항상 당신의 성스러운 두 발 아래 있습니다! 이곳에 모여서 그들의 영원한 사랑을 드리는 사람들의 심장 박동과 함께 저의 심장도 뜁니다."

---

7) *T.* 렌즈콩(*dhal*)과 채소 국을 주재료로 만드는 묽은 남인도 요리의 하나. 땅콩을 갈아서 넣으면 땅콩 꾸뚜가 된다.

제19장

지고의 라마나

Supreme Ramana

스리 바가반의 최초의 시자였던 웃단디 나이나르(Uddandi Nayinar)는 반다바시 인근의 띠루마니 마을 출신이었다. 키가 크고 체격 좋은 촌부였던 그는 황소 두 마리가 끄는 달구지로 읍과 읍 사이에 사람과 물자를 나르며 소박한 삶을 살았다. 매우 신심 있고 타밀어판 베단타 저작들을 창송하는 데 해박했으며, 영적인 성취를 열망했다. 그는 달구지 일을 하는 사이사이에 사원을 방문하여 그 성스러운 분위기에서 기쁨을 얻곤 했다.

1896년 11-12월의 까르띠가이 디빰(*Karthigai Deepam*)[1] 기간에 그는 띠루반나말라이 아루나찰레스와라 사원의 남쪽 고뿌람(*gopuram*)[2] 인근의 일루빠이(*Iluppai*) 나무[3] 밑에 앉아 있는 한 젊은 스와미를 우연히 보게 되었다. 그 빛나는 젊은이는 삼매의 황홀경에 들어 있었고, 분명히 자신의 몸을 잊어버리고 있었다. 웃단디 나이나르는 실로 여기에 깨달은 영혼이 있다고 느꼈고, 자신이 열망하던 평안을 그가 베풀어 줄 거라고 느꼈다. 그래서 기쁘게 이 젊은 스와미를 시봉했지만, 자신이 할 수 있는 일은 거의 없었다. 그는 약간 떨어진 곳에서 오랜 시간 자리잡고 앉아 시중을

---

1) *T.* 남인도의 축제 중 하나. 열흘 간 진행되며, 이때 아루나찰라 산 정상에 큰 횃불을 밝힌다.
2) *T.* 고뿌람은 남인도의 힌두 사원에서 볼 수 있는 사각뿔 모양의 큰 석탑이다. 아루나찰레스와라 사원의 동서남북 각 출입구에는 큰 고뿌람들이 있다.
3) *T.* 인도에서 흔히 볼 수 있는 큰키나무의 하나. 잎, 꽃, 열매 등이 여러 용도로 쓰인다. 학명은 *Madhuca longifolia*. 스리 라마나스라맘 마당에도 큰 일루빠이 나무가 있다.

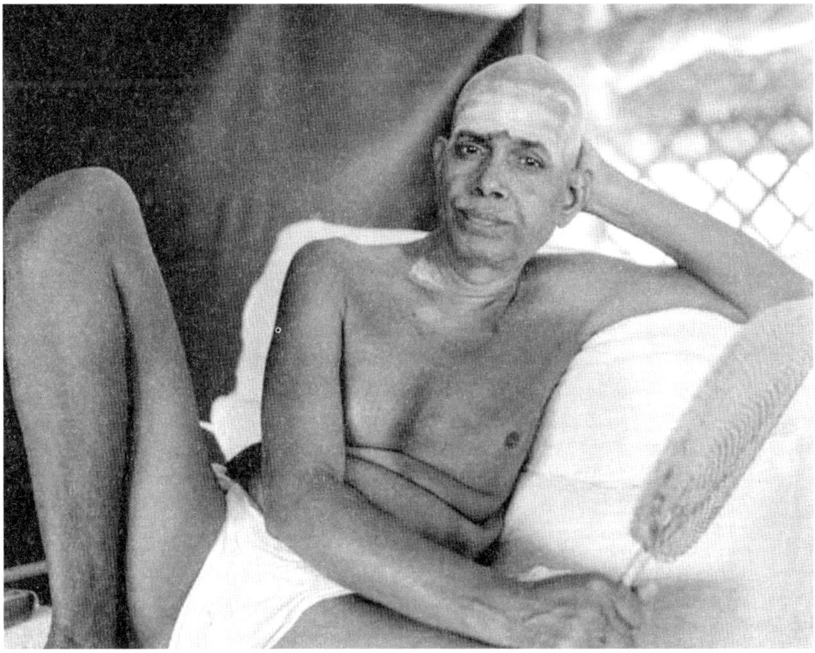

들면서, 관광객들의 군중을 지켜보고, 석상 같은 스와미에게 불편을 야기하고 심지어 상처까지 입히는 것을 재미로 삼던 못된 아이들을 쫓아냈다.

나이나르는 『냐나 바시땀』, 『해탈정수』 같은 타밀어 베단타 저작들을 창송하면서, 이 젊은 스승에게서 복된 가르침(*upadesa*)의 말씀을 좀 들어보려고 잔뜩 기대하며 여가 시간 대부분을 보냈다. 그러나 스와미는 전혀 말을 하지 않았고, 그도 스와미의 지복스러운 침묵을 주제넘게 방해하지 않았다. 이 기간 동안 나이나르는 매일 이른 아침에 산을 돌곤 했는데, 그릇 하나로 목욕도 하고 밥도 지어 먹었다. 그 취사는 바로 그 나무 근처에서 했는데, 쌀을 안친 그릇을 몇 개의 벽돌 위에 걸쳐 놓고 마른 나뭇가지로 밑에서 불을 땠다. 몇 파이사(paisa)면 살 수 있는 코코넛 과육 큰 덩어리 하나와 후추, 그리고 소금 약간을 한데 갈아서 만든 훌륭한 처트니를 그 밥 '점심'에 곁들였다.

1898년 12월경, 꾼나꾸디(Kunnakkudi)의 한 정사精舍(Mutt)에서 온 성자 같은 사람인 안나말라이 땀비란(Annamalai Tambiran)이 여기에 나타났다. 그는 원래 띠루반나말라이에 정사를 창건한 스승이었던 데이바시가마니 데시가르(Deivasigamani Desigar)의 삼매당에서 예공(*Puja*)을 하는 습관이 있었는데, 그 정사가 나중에 꾼나꾸디로 옮겨갔던 것이다. (아루나찰레스와라 사원의) 외곽인 낄나뚜르(Kilnathur)에 있는 그 사당 터에 시바 사원이 하나 지어졌는데, 구루무르땀(Gurumurtham)이라고 불렸다. 땀비란은 읍내에서 탁발로 모은 시주금으로 빈자들에게 급식을 하고, 나중에 구루무르땀에서 예공을 하곤 했다. 그가 아루나찰레스와라 사원을 찾았다가 성자 같은 젊은이와, 그의 충실한 시자인 덩치 좋은 나이나르를 발견했다.

땀비란은 이 젊은 스와미가 띠빰 군중이 가득한 큰 사원보다는 구루무르땀에 있으면 훨씬 더 평화로울 거라는 생각이 들었다. 그래서 나이나르에게 다가가 그리로 옮기는 것이 어떠냐고 말해 본 그는, 나이나르가 자신이 생각한 그런 제자나 시자가 아니며, 스와미와 어떤 말도 나눈 적이 없다는 것을 알고 놀랐다. 어느 날 저녁 그들은 함께 용기를 내어 스와미에게 아주 겸손하게 그 제안을 했다. 스리 바가반은 후년에 말씀하시기를, 그들이 마치 당신을 들어서 옮기려는 것처럼 팔을 벌리고 다가왔을 때 당신은 그에 대한 반응으로 당신의 팔을 들어서, 마치 일어서려는 듯 포개져 있던 당신의 다리를 움직이기 시작했다. 그것을 본 나이나르와 땀비란은 젊은 스와미를 도와서 일어서게 했고, 당신을 구루무르땀으로 모셔갔다.

바가반은 웃단디 나이나르가 『냐나 바시땀』과 『해탈정수』를 창송하는 과정에서 당신의 드높은 경지를 경전에 의해 확인받았을 것이 분명하다. 스리 바가반은 후년에 이 저작들에서 자유롭게 인용하셨고, 헌신자들에게 당신의 친존에서 그것을 창송하라고 권하기까지 하셨다. 바가반이 『해탈정수』의 원문 288연의 첫머리 단어들을 이용해 이 저작에 관한 71행의 글을 지었다는 것은 주목할 만하다. 기억을 돕기 위해 만든 **바가반**의 이 시행들은 그 원전을 참조할 필요 없이 그것을 창송하는 데 도움이 된다.

웃단디 나이나르는 구루무르땀으로 옮겨간 지 두 달 안에 다른 데로 떠났다. 우리는 그가 자기 소유물을 자선단체에 처분한 뒤 최소한 한 번 (1904년) 비루팍샤 산굴로 **바가반**을 방문했다는 것을 알고 있다. 그런 다음 그는 백 루피를 **스승**에 대한 선물(*guru dakshina*)로서 공양했지만, **바가반**은 당연히 그것을 받지 않으셨다. 그래서 그는 그 돈을 시자에게 맡겨 자비로운 목적에 사용될 수 있게 했다. 얼마 후 **바가반**이 『분별정보分別頂寶(*Vivekachudamani*)』의 타밀어 산문 번역을 마쳤을 때(1908년), 나이나르의 자금을 이용해서 그 책을 인쇄했다. 그는 **스와미**를 다시 한두 번 방문했던 것 같고, 1916년에 세상을 떠났다.

* * *

스리 세샤드리 사스뜨리갈(Sri Seshadri Sastrigal)은 아쉬람의 베다학당에서 공부했다. 장난기 심한 소년이었던 그를 **스리 바가반**을 포함한 모두가 '세샤드리'라고 불렀다. 그는 식당에서 **바가반**께 배식을 하곤 했다. 스리 사스뜨리갈은 다음 두 가지 이야기를 들려주었다.

"한번은 제가 점심 때 **스리 바가반**께 버터밀크를 배식하고 있을 때, 당신께 배식하고 나니 버터밀크가 더 남아 있지 않았지요. **스리 바가반**이 '버터밀크를 좀 더 갖다 주겠나?' 하셨습니다. **바가반**은 음식을 한 번 더 받으시는 일이 결코 없기 때문에, 그것은 이례적이었습니다. 저는 주방에 들어가서 더 가져와 당신께 배식했습니다. 그것을 맛보신 다음 당신이 말씀하셨지요. '아까 네가 나에게 배식한 버터밀크와 지금 나에게 배식한 버터밀크에 차이가 있는 것 같아. 이유가 뭐지?'"

"저는 그 이유를 몰랐지요. 그래서 주방에 들어가서 공양주들에게 물었습니다. 그들이 말하기를, 나중에 배식한 버터밀크는 하인들을 위해 만들어 둔 거라고 했습니다. 스리 바가반이 물으셨지요. '왜 모두에게 똑같이 하지 않지?' 다음날부터 모두가 똑같은 버터밀크를 배식 받았습니다."

그가 이어서 말했다.

"식량 배급을 하던 시기였지요. 저녁에 쌀밥 대신 밀밥을 아쉬람의 모든 헌신자들에게 배식하곤 했습니다. 어느 날 저녁은 밀밥을 스리 바가반께 드리지 않았는데, 누군가 그것은 당신에게 맞지 않을 거라고 생각했기 때문입니다. 대신 스리 바가반의 옆반에는 쌀밥을 배식했습니다. 당신은 식당에 있던 찐나스와미에게 왜 당신은 쌀밥을 받고 남들은 밀밥을 받느냐고 물으셨지요. 찐나스와미가 말했습니다. '그것은 스리 바가반의 건강에 좋지 않습니다.' 바가반이 응수했습니다. '오호! 자네가 의사인가? 나에게도 남들에게 배식하는 것과 같은 것을 배식해 주게. 차별하지 말게.'"

* * *

스리마띠 라마니 암말(Smt. Ramani Ammal)과 그녀의 형제자매들은 어릴 때부터 스리 바가반께 헌신했다. 그들은 (마나바시) V. 라마스와미 아이어의 자녀들인데, 라마스와미 아이어는 젊을 때 스리 바가반께 매료되었고, 노년이 되어서도 스리 바가반의 이름만 들어도 눈물을 흘리곤 했다. 자상한 아버지였던 그는 성질이 다소 불같기도 했다.

라마니 암말이 말했다.

"당시 우리는 어렸고, 당연히 이런저런 장난을 잘 쳤지요. 한번은 어머니가 우리를 꾸짖고 있을 때, 바가반께서 내 아버지가 오시는 것을 보고 부드럽게 경고의 말씀을 속삭였습니다. '쉬! 아버지가 오고 있어! 아버지가 오고 있어!(*Appa varar! Appa varar!*)' 안 그랬으면 우리가 아버지에게 맞았을 것이 분명합니다."

그녀가 계속해서 말했다.

"그 어린 시절에 한번은 제 언니가 꽃같이 생긴 머리 브로치 하나를 하고 아쉬람에 왔는데, 그것을 아주 뿌듯해하는 것이 분명했지요."

"언니가 바가반 가까이 갔을 때, 당신이 그 '꽃' 브로치를 만지며 말씀하셨습니다. '이 꽃에는 향기가 어디 있지? 그리고 이것들은 꽃잎인가? 꽃잎이 찌를 수도 있어?' 당신이 아이들과 노시는 모습을 보는 것은 아주 재미있었지요."

한번은 동네에서 누가 죽었다. 그런 사건들은 당시 그녀에게 뭐라고 말할 수 없는 두려움과 긴장을 잔뜩 안겨주었다. 그날 아이들은 모두 아쉬람으로 보내졌다. 아쉬람에 도착한 그녀는 정처 없이 돌아다니다가 바가반께 달려갔다. 당신이 그녀를 바라보며 말씀하셨다.

"죽은 송장을 왜 겁내? 산 송장을 겁낸다면 그건 그럴 수도 있겠지만 말이야![죽은 사람들은 아무 해도 끼치지 않는다는 뜻.]"

* * *

스리 꾼주 스와미가 다음 이야기를 들려주었다.

"스리 바가반은 오전 4시에 주방에 들어가서 채소를 썰기 시작하시곤 했지. 우리들 중 한두 명도 가세하여 도와 드렸네. 어떤 때는 채소의 양에 우리가 놀라곤 했지. 바가반은 우리 누구보다도 훨씬 더 많이 더 빨리 써셨다네."

"그럴 때 우리는 일을 끝내고 한 숨 더 자려는 조급함에 시계를 쳐다보곤 했네. 바가반은 우리의 조바심을 감지하고 이렇게 말씀하시기도 했지. '시계를 왜 쳐다봐?' 우리는 바가반께 허풍을 치려고 이렇게 말했네. '5시 전에 일을 끝낼 수만 있으면 한 시간은 명상을 할 수 있습니다.' 바가반은 부드럽게 질책하셨지. '할당된 일을 제 시간 안에 해야지. 일의 양이 아니라 다른 생각들이 장애물이야. 할당된 일을 제 시간에 하는 것 자체가 명상이야. 온전한 주의력으로 일이나 하게.' 이렇게 스리 바가반은 올바르고 정직한 일의 중요성을 가르치셨다네."

* * *

스리마띠 까나깜마는 친절하게도 다음과 같은 감동적 일화들을 들려주었다.

"스리 크리슈나쁘렘(Sri Krishnaprem)이 아쉬람에 와 있었네. 그는 늘 어깨가방을 메고 다녔는데, 그 안에 라다(Radha)와 크리슈나의 모습이 든 유리갑을 넣어 두고 있었지. 잠자리에 들 때만 그 가방을 어깨에서 벗었다네. 그는 스리 바가반을 처음 친견하고 나서 바가반이 머무르셨던 성스러운 곳들을 둘러보고 싶어 했네. 스리 비스와나타 스와미에게 가이드 역할이 맡겨졌지. 이른 아침, 두 사람은 스깐다쉬람으로 떠났네. 그들은 여러 곳을 둘러본 뒤 마지막으로 스깐다쉬람으로 돌아왔네. 그곳의 고요한 분위기에 압도된 스리 크리슈나쁘렘은 앉아서 명상을 하기 시작했지. 그가 명상에 몰입해 있자, 시간이 많이 지난 것을 안 스리 비스와나타 스와미가 기지를 발휘해 그의 귀에다 이렇게 속삭였네. '우리는 지금 고꿀람(Gokulam)[크리슈나의 출생지]에 있어요. 스리 크리슈나는 브린다반(Brindavan)에 가셨고요. 우리도 거기로 가야 하니, 부디 일어나세요!' 스리 크리슈나쁘렘은 유순하게 스와미를 따라서 라마나스라맘으로 돌아왔다네."

스리 비스와나타 스와미는 그들이 방문한 곳들과 자신이 방편을 써서 크리슈나쁘렘을 명상에서 깨어나게 한 것까지, 그 여정의 이야기를 스리 바가반께 자세히 들려드렸다. 바가반은 활짝 미소를 지으시고 말씀하셨다. "아주 좋아, 아주 좋아! 이곳을 브린다반으로 부른 것은 아주 적절해!"

스리 크리슈나쁘렘은 확고한 비슈누파(Vaishnavite)였고, 지각되는 모든 세계에서 바수데바(Vasudeva-크리슈나)만 보았다. '세상 만물이 바수데바로 가득 차 있다(*Sarvam Vasudevamayam jagat*).' 이 문구를 인용하면서 그가 바가반께 여쭈었다. "이것은 최고의 이상 아닙니까?"

스리 바가반은 동의의 표시로 고개를 끄덕이고 이렇게 말씀하셨다. "그렇지요, 그렇지요! 그것은 드높은 의식의 상태입니다. 비슈누파의 신앙은 여기에 기초해 있습니다. 하지만 '지각되는 모든 것은 바수데바다'라고 생각하는 것은 누구입니까? 그것은 그대, 그대 자신 아닙니까? 지각되는 사물들 중 어느 것이 나서서 자신들을 바수데바라고 선언합니까? 흙, 나무, 초목을 바수데바로 보면서, 그대는 자신을 그로 보기를 원치는 않습니까? 만약 일체를 바수데바로 보는 그대가 자신을 바수데바로 보는 법을 터득하면, 그대가 바수데바 그 자신이 될 것입니다. 그러고 나면 다른 모든 사물을 특별히 그의 형상으루 볼 필요가 없겠지요. 보는 자가 바수데바로 변모하면, 보이는 것들은 자동적으로 바수데바가 됩니다! 아짜리야 샹까라(Acharya Sankara)의 '지각을 지知로 충만하게 만들면(*Drishtim jnanamayeem kritva*)'이 그냥 이거지요."

그 비슈누파 체험은 신이 우리의 스승님이자 내면의 진아이기도 하다는 것이다(*yānum nī, athandri, empirānum nī, irāmanē*).[4] 이것을 스리 바가반이 얼마나 멋지게 설명하셨는가!

4) *T.* 괄호 안의 시구는 남인도 비슈누파 성자였던 띠루말리사이 알와르(Tirumazhisai Alwar, 3세기)가 크리슈나의 생애를 노래한 「띠루짠다 비루땀(*Tiruchanda Viruttam*)」이라는 120연의 찬가 중 제94연 마지막 행이다. 그 의미는 이렇다. "당신 외에는 아무것도 없으니, 당신은 우리의 주님이시고, 라마이십니다."

제20장

전율시키시는 라마나

Thrilling Ramana

데수람마(Desuramma)로 잘 알려진 아낄란담마(Akhilandamma)는 1871년 반다바시 인근의 데수르(Desur)에서 태어났다. 3남 6녀 중의 한 명이었다. 고작 7살에 결혼하고 2년 뒤 과부가 된 그녀는 어머니의 보살핌 아래 자라면서 현지 사원의 주님을 위해 꽃들을 엮고 순례자들에게 음식을 배식하는 일로 시간을 보냈다.

1903년에 그녀는 띠루반나말라이를 방문했다. 당시 라마나는 반얀나무 산굴(Banyan Tree Cave)[사뜨구루 스와미 산굴]에 거주하고 계셨다. 브라마나 스와미(Brahmana Swami)라는 순진무구한 젊은이가 먹을 것도 없이 살고 있다는 말을 들은 그녀는 공양물로 사탕을 좀 가지고 당신을 보러 그곳으로 올라갔다. 당신의 몸은 샅가리개 하나만 걸쳤고 목욕을 거의 하지 않았음에도, 그 야윈 체구에서 금빛 광채가 빛나고 있었다. 당신의 꿰뚫는 듯한 은총의 시선은 그녀를 사로잡아 버렸다. 그녀는 깊은 감동을 받고 데수르로 돌아갔다. 그녀가 다시 바가반을 뵈었을 때는 당신이 비루팍샤 산굴로 옮겨가신 뒤였다. 당신에 대한 큰 사랑이 그녀의 가슴을 채웠지만, 이번에는 당신의 친존에서 형언할 수 없는 존경과 전율이 그녀를 압도했다. 그녀는 회상록에서 이렇게 말한다. "고대의 관습은 우리가 진인에게 다가갈 때 침묵, 존경 그리고 겸허함을 요구한다. 마하르쉬님의

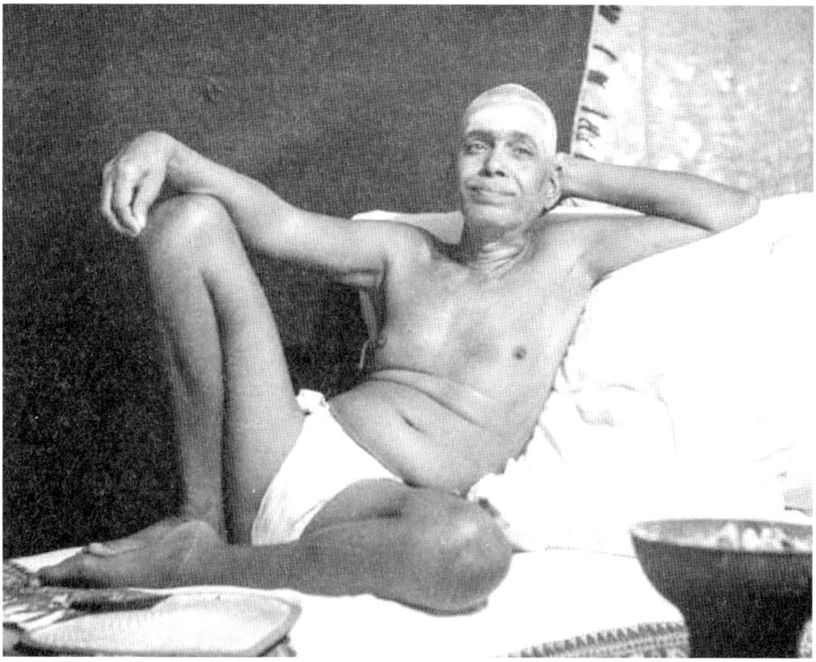

친존(*sannidhi*)에서는 어떤 인간적 노력 없이도 이런 요건들이 자동적으로 충족되는 것을 보면서 나는 전율했다.”

그녀는 빈번하게 찾아왔다. 데수르에서 대중공양(*bhiksha*)을 위한 물자를 모아 아루나찰라에 와서 몇 주일씩 머물렀다. 그녀는 바가반 라마나, 세샤드리 스와미(Seshadri Swami), 그리고 나중에는 뽈루르(Polur-띠루반나말라이의 북서쪽에 있는 읍)의 비토바 스와미(Vitobha Swami)[1]에게 매일 공양을 올리는 독특한 특권을 가졌다. 역시 데수르 출신인 마스딴 스와미(Masthan Swami)를 바가반께 데려온 사람이 그녀였다. 단순하고 고도로 진보한 영혼이었던 마스딴 스와미는 라마나 헌신자들이 자은 실을 받아[라마나타 브라마짜리에 관한 앞쪽의 이야기를 보라] 자신의 베틀로 스리 바가반을 위한 천을 짰다. 마스딴 스와미는 1920년대 초의 어느 날 밤 (아쉬람에) 도둑들이 들

1) *T.* 뽈루르 지역의 성자(19세기-20세기 초반?). 뽈루르에 그의 삼매지가 있다.

이닥쳤을 때, 바가반과 함께 초가 오두막에 있었던 사람들 중 하나였다. 마스딴 스와미는 이전 비루팍샤 산굴 시절부터 당신의 은총을 듬뿍 받았다. 스리 꾼주 스와미는 마스딴 스와미가 한 말을 다음과 같이 들려주었다. "내가 바가반을 찾아왔을 때 당신은 비루팍샤 산굴 바깥에 바위처럼 앉아 계셨는데, 은총과 자비 그리고 안정된 지혜로 가득 찬 당신의 표정에는 변화가 없었다. 그래서 나도 당신 곁에 섰다. 당신은 나를 한 번 바라보신 뒤 내 심장의 문을 열어 주셨고, 나도 당신의 상태에 자리잡았다. 나는 그와 같이 여덟 시간을 서 있었는데, 전혀 피로하지 않았고, 평안에 전적으로 흡수되고 평안으로 충만해 있었다. 당시에 바가반은 단지 자비로운 시선 하나로 우리의 심장을 열어 주고, 우리를 변모시키곤 하셨다. 어떤 질문도 할 필요가 없었다. 왜냐하면 당신의 시선으로 우리를 당신 자신과 같이 만들어 버리셨기 때문이다!" 바가반은 당신을 찾아온 사람들 중에서 그가 가장 성숙된 사람이었다고 말씀하셨다.

데수람마는 마스딴 스와미의 도움을 받아 데수르에 라마나난다 마딸라얌(Ramanananda Matalayam)을 건립했다.[2] 멀리서 오는 라마나 순례자들이 갈수록 늘어나고 있었고, 이것은 오로지 그들에게 음식과 쉼터를 제공할 목적 하나로 마련한 것이었다. 그 건물의 도면을 스리 바가반께 보여 드리자 당신이 말씀하셨다. "좋네요, 좋습니다! 이 정사는 아주 훌륭한 곳이 될 것 같군요!"

(아쉬람의 마뜨루부떼스와라 사원) 관수식(낙성식) 이후에 데수람마가 아쉬람에 오자, 스리 바가반은 그녀가 머무는 동안 "관수식은 끝났소?"라고 그녀에게 세 번 예리하게 물으셨다. 당신의 왼쪽 팔꿈치에 암 종양이 이미 자라기 시작했을 때였다. 그 이야기를 막 들었던 데수람마가 바가반께 다가

---

2) *T.* 이 정사는 아킬란담마와 마스딴 스와미가 1914년에 건립한 것으로, 띠루반나말라이 외의 지역에 건립된 최초의 라마나 아쉬람 지부에 해당한다.

가 떠듬떠듬 여쭈었다. "바가반! 부디, 당신의 팔에 뭐가 있는 거죠?" 바가반이 말을 끊으셨다. "누가 그대에게 그런 이야기를 다 했소? 아, 이 사람들이?" 그런 다음 당신의 왼손을 쓰다듬으며 "아무것도 아니라오, 아무것도"라고 말씀하셨고, 그렇게 그에 대해서는 더 이상 어떤 이야기도 하지 못하게 하셨다!

나중에 그녀는 병환의 말기 단계에 이르신 바가반을 뵙자 울음을 터뜨렸다. 데수람마가 당신의 방을 떠난 뒤에 스리 바가반은 시자를 통해서 그녀에게 위로의 말로 이런 말씀을 전하게 하셨다. "왜 이 거친 몸을 위해 슬퍼하오?" 그녀는 당신의 친존이 계속될 것임을 보증한 이 자애로운 말씀에 크게 힘을 얻었다.

데수람마는 1961년에 91세의 연만한 연세로 데수르에서 바가반에 합일되었다. 라마나 헌신자들 중 아주 중요한 두 분인 마스딴 스와미와 데수람마의 삼매지는 많은 순례자들을 데수르로 계속 끌어당긴다.

* * *

스리 발라라마 레디는 스리 바가반의 자비심, 특히 당신이 불건강하시던 마지막 나날에 보여주신 자비심에 대해 이야기할 기분이 되어 있었다. 그는 나에게 다음의 두 가지 사건을 들려주었다.

"헌신자들에 대한 스리 바가반의 자비심은 늘 놀라웠네. 지상에서 당신의 삶이 끝나갈 무렵 그 자비심이 더욱 분명하게 드러났는데, 당신 팔의 극심한 통증에도 불구하고 마지막 날까지 헌신자들에게 친견을 베푸는 것을 고집하셨지."

"군 의무감이던 의사 P. V. 까람짠다니(Karamchandani) 중령이 와 있었네. 그는 1950년 4월 14일, 바가반이 중태이신 것을 보고, 벨로르로 돌아가서 자기 부인을 데려왔네. 이 의사가 이런 이야기를 들려주었지. '저는 바가반께 오렌지 주스를 드리고 싶은 큰 욕망이 있었습니다. 여기서는 그 과일을 구할 수 없기 때문에 우리는 벨로르에서 오렌지 몇 개를 샀고, 아내가 큰 신심으로 주스를 만들어 그것을 가지고 아쉬람에 왔습니다. 이 때는 스리 바가반이 모든 액체를 거절하고 계셨지요. 화장실을 들고나는 것이 당신에게 너무 힘들었기 때문입니다. 저는 대담하게도 바가반께 오렌지 주스를 드셔 보시라고 했습니다. 당신은 두 번이나 그 청을 거절하시고 물을 달라고 하셨습니다. 저는 아내의 열망이 이루어지지 못하는 것이 서운했습니다. 그래서 이번에는 제 영혼의 모든 정성을 다해 마음 속으로 마하르쉬님께 제 아내가 상심하고 실망하지 않게 해 주십사고 기도를 드렸지요. 바가반이 즉시 "오렌지 주스를 주게"라고 하셨습니다. 제가 드리자 당신이 그것을 드셨지요!' 스리 레디가 덧붙였다. "바가반이 한 헌신자의 욕망을 충족시켜 주기 위해 그 주스를 달라고 하여 마신 것은 당신의 전적인 자비심었을 뿐이라네."

"또 한 가지 감동적인 사건은 내 누이가 자기 남편, 아기와 함께 스리 바가반을 친견하러 왔을 때 일어났네. 그 마지막 나날 때, 바가반의 방에 들어가는 것은 엄중히 제한되어 있었지. 나는 특별한 허락을 구했고, 니란자나난다 스와미는 친절하게도 허락해 주었네. 나는 누이와 아이를 데리고 지금의 열반실로 들어갔네(그녀의 남편은 입실이 허락되지 않았지). 누이가 절을 하기 위해 아기를 바닥에 놓았네. 아이가 울기 시작했지. 당시에 그토록 신체적 고통을 겪고 계시던 바가반께서 아이에게 얼굴을 돌리시더니 엄마가 아이를 달랠 때 하는 아이 어르는 소리를 거듭 내셨네. 당신의 몸이 그렇게 고통스러운 상태에서조차 보여주시는 당신의 사랑과 자비에 감동한 나는 눈물을 흘렸네!"

* * *

스리 안나말라이 스와미가 아쉬람에서 건축 활동이 정점에 이르렀던 1930년대 후반의 찬란했던 시절을 회상했다. 공사감독으로서 그는 엄격한 감독관이었고, (벽돌 · 회 등) 반입되는 자재의 질과 양이 규정된 대로인지 확인하기 위해 특별히 애를 많이 썼다. 그는 이렇게 회상했다. "나는 회가 달구지에서 큰 통에 부어지는 곳 근처에서 뙤약볕에 서 있곤 했지. 노무자 두 명이 회가 가득 든 통을 날라 와서 내용물이 밑으로 떨어지게 그것을 거꾸로 뒤집곤 했네. 나는 더위와 그 무더기에서 나오는 김 가까이 서서, 뒤집은 통마다 마지막 적은 양까지 다 떨어지게 했지."

"채드윅 소령이 수입된 검은 안경을 준 게 있어서 손에는 양산을 들고, 그 선글라스를 쓰고, 터번을 머리에 두르고, 발에는 샌들을 신었다네! 가끔 **바가반**이 오셔서 내 곁에 서서 몇 가지 기술적 문제를 논의하곤 하셨네. 처음 오셨을 때는 당연히 샌들과 내가 착용하고 있던 여러 가지 것들을 벗기 시작했지! **스승님**께서 곁에 계신데 샌들과 터번을 쓰고 있다면 큰 불경不敬 아니겠나? **바가반**은 부드럽게 위협하셨지. '이런 모든 것을 하지 않고, 있는 그대로 있어야만 내가 가까이 오겠네(*Ithellām cheyyām irukkadrapadiye irunthatthan kitta varuvēn*)!' 이 얼마나 큰 자비심이고 직접적인 가르침인가!" 안나말라이 스와미는 샌들 등을 착용하고 있던 자신의 '무례함'에 사람들이 실제로 입방아를 찧었다고 회상했다.

그는 자신이 경전 공부를 하거나 남들처럼 **바가반**의 회당에 있지 못하는 것에 종종 서운함을 느꼈다. 공사감독으로서의 소임 때문에 늘 바깥에 있어야 했기 때문이다. 그러나 건축공사의 세부사항을 논의하는 동안 **지**知를 전수해 주시는 **스리 바가반**의 특별한 은총에 경이로움과 고마움밖에 느낄 수 없었다!

* * *

나는 한 친구를 스리 발라라마 레디에게 데려갔다. 그녀는 자신의 G. V. 숩바라마이야 교수의 책 『스리 라마나 회상』에서 읽은 한 구절의 의미를 분명하게 이해하고 싶어 했다. 스리 레디아르는 그 구절을 낭독해 달라고 했다. 그것은 그 책 214쪽(한국어판 243-4쪽)에 다음과 같이 기록되어 있다.

"[1950년 4월 4일에] 스리 바가반의 약한 몸 상태를 고려하여, 친견은 오전과 오후에 줄을 서서 하는 것으로 제한되었고, 개인 시자와 의료 시자들 외의 모든 사람은 스리 바가반을 뵙는 것이 금지되었다. 그래서 그날 밤 나는 무거운 마음으로 귀갓길에 올랐다. 내가 (하직인사차) 스리 바가반이 계신 방의 격자문 근처에 갔을 때, 그 문을 지키던 스리 자야데블랄이 내게 속삭였다. "스리 바가반을 뵙고 싶습니까?" 내가 대답했다. "예, 그런데 허락이 없군요." 그가 말했다. "신경 쓰지 마십시오. 들어가세요." 그러면서 나를 밀어 넣었다. 스리 바가반 홀로 마치 누군가를 볼 것으로 예상하신 듯 입구 쪽을 바라보며 누워 계셨다. 내가 문간에서 절을 하고 일어나자마자 스리 바가반이 말씀하셨다. "들어와." 내가 들어가서 당신 앞에 서자 스리 바가반이 물으셨다. "자네는 뭘 원하지?"

나는 눈물을 흘리면서 말했다. "저는 아바얌(*Abhayam*)[두려움에서의 보호]을 원합니다."

스리 바가반이 넘치는 은총으로 말씀하셨다. "그래, 그걸 주었어(*Saree, Icchanu*)."

스리 바가반이 덧붙이셨다. "두려워하지 마. 그것은 왔을 때처럼 갈 테니까."

즉시 나는 마치 무거운 짐이 가슴에서 덜어지는 듯이 느껴졌다. 내가 두 손과 머리로 당신의 연꽃 발을 접촉할 때는 황홀경의 전율이 전신을 관통해 지나갔고, 나는 평안과 지복의 바다에 빠진 듯한 느낌이었다. 스리 바가반의 그 모습과 나에게 '아바얌'을 하사한다는 당신의 자애로운 말씀은 내 존재 안에 영구적 거처를 마련했고, 삶의 모든 우환에서 나를 지켜주고 있다."

내 친구는 바가반이 그 책의 217쪽(한국어판 246쪽)에서 말하듯이 날카롭게 반응하셨을지가 궁금했다.

"저녁에 바가반은 오전에 줄을 섰느냐고 물으셨네. 도감이 그것은 한동안 중지되었다고 대답했지. 바가반은 온 사람이 모두 친견을 할 때까지는 당신이 물 한 방울도 드시지 않겠다고 말씀하셨네. 그래서 어제 오후에는 줄이 있었네."

스리 레디아르는 황홀경의 분위기에 들었다가 근 한 시간 동안 스리 바가반의 위대함을 찬양하면서 말씀을 쏟아냈다. 그것은 실로 전율이 일어나는 모임이었다. 그는 이렇게 말했다.

"당신의 사랑은 신의 사랑처럼 비인격적이고 보편적이었지만, 상황에 따라서는 우리 자신의 어머니처럼 깊이 개인적이실 수도 있었지. 그 시점에서 도움이 필요한 어떤 헌신자에게 당신이 어떤 특별한 일을 과연 해주실지 의심할 것도 없다네. 당신이 특별한 행위를 하시는 것을 구속하는 어떤 규칙도 없었으니 말일세. 우파니샤드에서는 이렇게 말하지."

세 가지 구나(*gunas*)를 넘어선 길을 추구하는 이들에게
무슨 '하라', 무슨 '하지 말라'가 해당되겠는가?
Nishtraigunye pathi vicharato
Ko vidhih ko nishedhah?[3]

3) *T.* 이 문구는 『바가바땀』의 화자인 진인 수까(Suka)가 깨달은 자의 상태를 노래한 「8연시(*Shukashtakam*)」에서 매 연마다 반복되는 후렴 문구이다. 이것이 우파니샤드에 나온다고 한 것은 착오일 수 있다.

"스리 숩바라마이야는 다소 감성적인 사람이었고, 그에게는 자신의 깊고 투명한 사랑을 온전히 알고 계신 바가반 외에는 아무것도 존재하지 않았네. 바가반은 그것이 마지막 만남이라는 것을 분명히 아셨을 테니까, 그가 머리를 당신의 두 발에 얹고 그 발들을 붙잡는 것을 허용하셨을 가능성이 충분하지. 바가반의 방식은 늘 예측 불허였다네. 당신이 헌신자들을 대하시는 방식은 그 상황의 그 순간에 따라 헌신자마다 달랐네."

"그런 몇 가지 사건들을 말해 주겠네."

"스리 자가디사 사스뜨리는 스리 바가반의 궁정에서 산스크리트 계관시인이었지! 그는 회당에서 산스크리트 구절로 어떤 언급이 이루어질 때나 산스크리트와 연관된 모든 문제에 대해 스리 바가반이 쉽게 물어보실 수 있는 사람이었네. 바가반은 그를 친밀하게 '자가디사'라고 부르셨다네! 그와 그의 부인은 아쉬람 인근에 영구히 정착하고 싶어 했지. 아쉬람 앞에 큰 땅을 매입해 두고 있던 데이비드 맥키버 씨가 사스뜨리에게 자신의 땅에 오두막 하나를 짓는 것을 허락했다네. 오두막이 지어졌고, 그와 부인은 거기서 살았네."

"얼마 후 맥키버는 돈이 절실히 필요했고, 사스뜨리가 오두막을 지은 그 땅을 팔아야만 그 돈을 마련할 수 있었네. 맥키버는 사스뜨리에게 자신에게 그 땅이 필요하니 다른 데로 옮겨가 달라고 부탁했지. 그는 건축비로 쓴 돈을 마련해 주고 조금 더 주겠다고 했네. 그러나 사스뜨리는 속상해서 그 오두막을 선뜻 비워주지 않았네. 심지어 심한 말도 좀 했지. 우리들 중 몇 사람이 사스뜨리를 설득하여 그곳을 맥키버에게 넘겨주고 그 보상금을 받게 했네. 그는 울적했지만 우리는 어찌어찌 그가 그 합의에 동의하게 하는 데 성공했다네. 그러나 그는 심히 우울해서 띠루반나말라이를 떠나기로 했네. 그는 바가반께 가서 그 돈을 바가반의 손에 놓아 드렸네. 당신은 그것을 잠시 쥐고 있다가 사스뜨리에게 돌려주셨지.

사스뜨리는 한동안 바가반의 소파 근처에 앉아 있다가 우울함이 완전히 가신 채 일어섰네. 바가반의 마법의 손길이 작용한 거지! 결코 돈에 손을 대시는 적이 없는 것으로 알려진 바가반이 당신의 헌신자를 위해 일부러 그렇게 하셨다는 것이 나에게는 놀라운 일이었네. 그렇지! 당신은 당신의 한량없는 자비에 방해가 되는 어떤 규칙도 무시하실 수 있었네. 사람들은 바가반이 그런 일을 하셨을 거라고는 믿지 않겠지만, 내 눈으로 분명히 보았다네!"

"또 하나의 사건은 바로 나 자신과 연관되어 1937년에 일어났지. 어느 이른 오후 2시 30분경 나 혼자 회당에서 바가반과 함께 있었네. 바가반은 한 텍스트의 구절 하나를 나에게 설명해 주고 계셨는데, 회당 서쪽 끝에 있던 서가(*amirah*)에서 그 책을 갖다달라고 하셨네. 나는 그 책을 찾았으나 발견하지 못했고, 소파 가까이 내가 앉아 있던 곳으로 돌아왔지. 일순간 바가반이 일어나서 회당을 가로질러 그 서가가 있는 곳으로 가셨네. 그것은 신들이 볼 만한 광경이었지! 키가 크고 거의 나체이신 몸매로 장엄하게 서가로 걸어가서, 얼른 그 책을 찾아내셨네. 나는 당신이 소파로 돌아가서 나를 불러 그 구절을 보여주실 거라고 예상했지. 아니었네. 그렇게 하지 않으셨지. 내가 사태를 파악하기도 전에, 당신이 내가 앉아 있던 곳으로 바로 오셔서 내 옆의 바닥에, 거의 나와 접촉하며 앉으셨다네! 당신은 그 책을 내 눈 밑에 들어서 그 구절을 보여주셨네. 내가 그것을 읽고 나자 만족하신 당신은 일어나 소파로' 돌아가셨다네. 바가반이 그렇게 하실 필요가 있었을까? 당신의 방식은 불가사의하다네! 그날 당신이 하신 이런 행동은 비슈누파 사람들(Sri Vaishnavas)이 '사우실리야(*sausilya*)[영어에는 대응어가 없고, '신이 인간 수준으로 내려옴'이라는 뜻]라고 하는 것인데, 나에게 엄청난 영향을 미쳤다네. 그 임팩트는 오늘날에도 50년 전에 그랬던 것만큼이나 신선하지. 내 곁에 앉으신 분은 한 인간이 아니라, 야윈 인간의 껍질에 싸여 있으되 거의 거기서 터져 나올 듯한 어떤 비非지상적인 기운(vibrations) 덩어리였다네!"

그가 덧붙였다. "이것이 인도적 전통의 구루꿀라바사(*gurukulavasa*)—곧, 스승과 함께 산다는 것의 의미일세. 스승은 모든 기회를 이용하여 해탈력 있는 은총(깨달음의 에너지)을 제자에게 주입한다네."

"일류 변호사이자 다년간 확고한 헌신자인 스리 S. 도라이스와미 아이어(Sri S. Doraiswami Iyer)는 **바가반**이 자신을 스깐다쉬람에서 산 정상까지 어떻게 데려가셨는지를 나에게 들려주었네. 그는 그 이야기를 누구에게도 한 적이 없다고 했네. 그것은 스깐다쉬람 시절이었지. 하루는 도라이스와미 아이어 혼자 **바가반**과 함께 있을 때, 당신에게 스깐다쉬람에서 산꼭대기까지 올라갈 수 있는지를 여쭈었네. **바가반**은 한 마디 말도 없이 일어나서 도라이스와미아이어의 손을 잡고 앞장서서 산꼭대기까지 30분 안에 올라가셨네. 움직이는 **아루나찰라**의 형상으로 간주되는 분에게 그렇게 이끌려 산을 오르다니 얼마나 대단한 특권인가! 그 경험은 70년이 지난 뒤에도 도라이스와미 아이어의 마음 속에 생생하게 남았는데, 외관상 사소해 보여도 참으로 의미심장한 이 행위로 **바가반**이 그의 내면에 어떤 영구적인 영적 전율을 일으켰을지 누가 알겠는가?"

잠시 침묵한 뒤에 스리 레디아르가 이야기를 이렇게 마무리했다.

"여기서는 우리가 **바가반**을 기억하려고 애쓸 필요가 없네. 그것은 마치 당신이 우리 마음의 눈앞에 부단히 존재하심으로써, 우리를 기억해 주고 계신 것과 같네. 매 순간 당신은 우리에게, 당신이 도라이스와미 아이어에게 하셨듯이 우리의 손을 잡고 정상까지 이끌어 주실 거라는 희망과 믿음을 심어주고 계시다네. 우리가 해야 할 일은 당신의 가르침을 따르고, 당신이 우리의 손을 잡고 꼭대기로 이끌어 주시도록 맡기는 것뿐이지. 당신은 늘 그럴 준비가 되어 있고 그러고 싶어 하신다네."

A. W. 채드윅 소령

아서 오즈본과 루시아 오즈본

자가디스와라 사스뜨리와 그의 부인과 함께

아이들과 함께

S. S. 코헨

로다 맥키버 여사

모리스 프리드먼

스와미 쁘라나나난다, 폴 브런튼과 함께

라젠드라 쁘라사드 박사(바가반 왼쪽), 잠날랄 바자지(바가반 오른쪽) 등과 함께

산 위에서

암소 락슈미와 함께

아루나찰레스와라 사원의 코끼리가 와서 경례하다

원숭이에게 먹이 주기

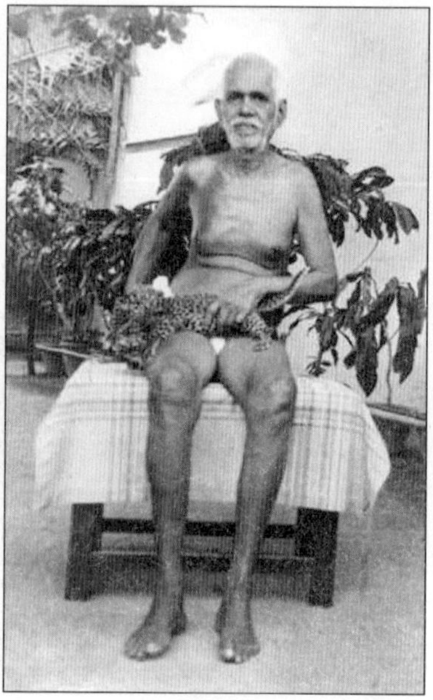

치타 새끼와 함께

50주년 기념당에서 흰 공작과 함께

제21장

이해심 깊으신 라마나

Understanding Ramana

끼라이 빠띠와 웃단디 나이나르에서 시작되어 데수람마와 마스딴 스와미로 이어진 남인도 반다바시 주변 지역 출신 **바가반** 헌신자들의 흐름은 오늘날까지 계속되고 있다! 역시 반다바시 인근인 뗄라르(Thellar) 출신인 스리 자야라마 무달리아르, 그의 형제인 스리 벤까떼사 무달리아르와 그 밖의 몇 명으로 이루어진 아주 신심 깊은 한 그룹은 **바가반** 시절부터 정기적으로 아쉬람을 방문하고 있다. 스리 꾼주 스와미는 1946년에 여기서 거행된 50주년 기념 경축(*Golden Jubilee Celebrations*) 때 일어난 유머러스한 한 사건을 회상했다. "구 회당 북쪽 공간에 큰 차일(*pandal*)이 세워졌고, 구 회당 입구의 베란다 구역은 행사를 위해 시멘트가 발라져 있었지. 많은 저명인사들이 발언을 하고, 법문(영적인 대중담화)을 하고, 노래하고, 심지어 경축 기간 동안 연주회를 열기도 했다네. 뗄라르 그룹은 **라마나**를 찬양하는 노래를 불렀는데, 주로 시바쁘라까삼 삘라이(Sivaprakasam Pillai)가 지은 노래들이었어. 노래가 「라마나 빠다 말라이(*Ramana Pada Malai*)」에 이르렀을 때, 그들은 각 연의 끝에서 '라마난 빠담(*Ramanan Paadam*)' 대신 '라마나르 빠담 발가베이(*Ramanar Paadam Vaazhgavey*)'라고 노래했네. 타밀식 이름에서 마지막 '*n*'은 친근함의 표시이고, '*r*'은 존경의 표시지."

"**바가반**은 어떤 반응도 없이 그것을 다 들으신 다음, 그 그룹이 떠나고

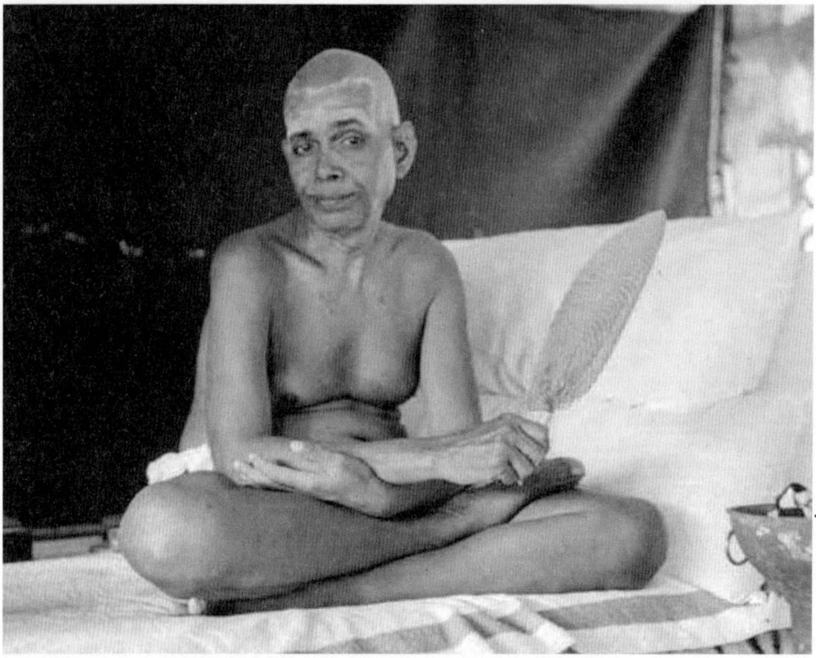

있을 때 놀리듯이 말씀하셨네.

"'라마난'은 불경스럽게 들린다고 느낀 모양이군요. 그래서 '라마나르'라고 노래한 것입니다. 시바도 '시바르'라고 할 수 있으니, 우리는 (시바를) 시바르라고 불러야 할 것 같군요!"

뗄라르 그룹은 오늘날까지도 매일 타밀어로 된 바가반의 시들을 창송하고 라마나 노래들을 부른다. 물론 이제는 '라마난'이라고 하지 '라마나르'라고 하지 않는다.

*　　*　　*

하루는 스리 꾼주 스와미를 만났더니 그가 황홀한 분위기에 들어 있었다. 그가 눈에 눈물을 담고 말했다. "우리 바가반은 실로 독특하시지!" 그러고 나서 다음의 사건들을 들려주기 시작했다.

"스리 단다빠니 스와미[스리 무루가나르의 장인]는 아쉬람에 충실히 봉사했네. 한동안 아쉬람 도감이기도 했지. 하지만 그의 마지막 시기에는 언짢은 상황에서 아쉬람을 떠나야 했네. 그러면서 그가 바가반께 말했네. '바가반! 저는 갑니다.' 바가반은 치묵을 지키셨고, 단다빠니 스와미는 떠났네. 그는 고향으로 돌아갔지만 편안히 머무를 수 없었네. 연세가 많은 탓에 몸도 안 좋아졌지. 하루는 아쉬람에서 편지 한 통을 받았는데, 거기서 그는 자신의 모든 우환과 근심을 하소연했고, 끝에 가서는 스리 바가반께 '자신을 구해 달라'고 기원했네. 회당 안의 어떤 사람들은 이 노인의 절절한 호소에 호응하여 반응하지 않았지만, 바가반은 단다빠니 스와미의 편지에 감동을 받으셨지. 얼마 후 당신이 비스와나탄[비스와나타 스와미]을 돌아보며 말씀하셨네. '자네가 그에게 위안이 되는 답장을 쓰게. 거기서 구하이 나마시바야(Guhai Namasivaya)[1]의 이 시를 인용하게.'

> '훌륭하신 아루나찰라의 주님께서 나를 고생하게 하시는 것은
> 나를 죽이려는 것이 아니라 나의 결함을 제거하기 위함일 뿐이네.
> 세탁부가 사리(*saree*)를 돌에 내려치는 것은 그것이 미워서가 아니라
> 때를 빼기 위해서라네.' — 스리 구하이 나마시바야

그 답장은 즉시 발송되었다네."

* * *

또 한번은 스리 꾼주 스와미가 이렇게 말했다. "바가반이 주방에서 시금치를 사용하신 방식은 인내, 절약, 그리고 요리법에서의 한 교훈이었네. 주방 안에는 시금치 더미들이 모여 있곤 했지. 이른 아침 바가반이

---

1) *T.* 아루나찰라 동쪽 기슭의 구하이 나마시바야 산굴에 살았던 진인(1520?-1620?).

주방에 가시면 우리도 따라갔네. 그것을 써는 법에 대한 당신의 지시는 특별했네. 당신의 방법은?"

"'시금치는 세 부분으로 썰어야 한다. 먼저 윗부분인 잎을, 두 번째로 줄기를, 그 다음에 뿌리이다. 잎들은 커리를 만드는 데 쓴다. 줄기는 한 데 모아 묶어서 끓는 삼바르(*sambar*)에 넣는다. 뿌리는 물에 몇 번이고 철저히 씻은 다음 돌에 서너 차례 짓이기는데, 그때마다 즙을 빼내면 순수한 섬유질만 남는다. 이 즙을 라삼(*rasam*)과 혼합한다.' 이것이 (바가반이 말씀하신) 시금치를 요리하는 법식이지! 이렇게 하려면 일이 아주 많았는데, 바가반은 그것을 대부분 몸소 하셨다네."

"한번은 우리가 뿌리를 모두 떼어내고, 그것을 단으로 묶어 바가반이 산책을 다니실 때 자주 가지 않으시는 곳의 땅 밑에 묻었지. 이상하게도 그날은 바가반이 평소에 가시던 길을 벗어나서 바로 그 자리를 지나가시는 거야! 흙이 새롭게 건드려져 있으니까, 바가반이 그냥 당신의 지팡이로 거기에 찔러 보셨고 시금치 뿌리가 좀 드러났네. 우리의 게임이 탄로 난 거지! 당신은 앉아서 손수 그 뿌리들을 다 파내어 그것을 철저히 씻으셨네. 그 뿌리들은 이때 모두 흙에 덮여 있어서 당신이 그것을 다 씻으시는 데 한참 걸렸지. 그런 다음 당신은 주방으로 가서 그것을 반복해서 짓이겨 즙이 다 나오게 하시고, 그 즙을 라삼에 넣으신 다음, 다시 산책을 계속하셨네. 바가반은 짜증의 기색이 전혀 없이 얼굴에 미소를 띠신 채 이 모든 것을 하셨지! 말할 수 없는 죄책감으로 말없이 지켜보던 우리 모두에게 그것은 하나의 실물 교육이었네. 그날 우리의 가슴에 그 교훈이 워낙 깊이 새겨져서 우리는 결코 다시는 무엇을 놀려 두거나 낭비할 생각을 하지 못했다네."

* * *

그가 이야기를 계속했다. "전통주의(orthodoxy)[2]에 대한 **바가반**의 견해는 늘 불가사의로 남게 될 것이네. 당신이 그것을 권장하고 지지하셨는지, 아니면 조롱하고 배척하셨는지 우리는 말할 수가 없다네. 여기 몇 가지 사례가 있네."

"**바가반**이 스깐다쉬람에 계실 때, 에짬마(Echamma)는 **바가반**께 매일 공양을 올리는 것뿐만 아니라 야띠들(*yatis*)[브라민 산야시들]을 자기 집으로 모셔다가 전통적 방식으로 대중공양을 베푸는 데 열심이었네. 한번은 스리나라야나 구루의 제자인 고빈다난다 기리(Govindananda Giri)와 아쭈따난다 기리(Achyutananda Giri)가 깐찌뿌람에서 왔네. 두 사람은 읍내에서 며칠 머문 뒤에 **바가반**과 함께 살러 왔다네. 둘 다 체격이 좋고 잘생긴 얼굴에 학식을 갖추었지. 그들을 브라민으로 여긴 에짬마가 그들을 자기 집으로 초청했네. 어느 쪽도 **바가반**께 그런 사실을 말씀드리지 않았지."

"그들이 공양을 받으러 내려가야 하는 날, 고빈다난다와 아쭈따난다가 **바가반**께 그 말씀을 드렸다네. **바가반**은 즉시 그들의 곤경을 이해하셨지. 만일 그들이 브라민이 아니었다는 것을 에짬마가 알았다면 그들에 대한 환대(즉, 집으로 초청하여 식사 공양을 올리는 것)를 거둬들였겠지! **바가반**은 미소를 지으며 두 사람에게 물으셨네. '그대들은 빠리셰짜남(*parishechanam*)[음식에 손을 대기 전에 물로 옆반 주위에 세 개의 원을 그리는 브라민의 의식] 하는 법을 모릅니까?' 고빈다난다와 아쭈따난다는 그 암시를 얼른 알아차리고 대답했다. '예, **바가반**! 저희는 산야신들이 식사 전에 빠리셰짜남을 하는 북인도에서 그것을 했습니다!' **바가반**은 에짬마가 한껏 공양을 올렸던 그 산야신들의 '비밀'을 그녀의 여생 동안 말하지 않으셨다네."

2) *T.* 보수적이고 인습적인 힌두들이 베다 등에 기반한 힌두적 전통의 관념과 관행들을 준수하는 태도. 특히 카스트 제도의 규범을 중시하는 브라만 계급에서 흔히 관찰된다.

* * *

"또 한번은 주방에서 사람들이 많은 양파를 가지고 몇 가지 찬을 요리해 두었네. 버린 양파껍질들이 흩어져 사방에 날리기 시작했지. 산책 도중 우연히 이것을 보신 **바가반**이 말씀하셨네. '저것을 다 주워서 땅 밑에 묻는 것이 나을 걸. 전통주의자들은 스와미의 아쉬람에서 양파를 먹는다는 것을 알면 견디지 못할 테니까!'"

* * *

스리 꾼주 스와미가 말씀을 계속했다. "1938년에 아쉬람의 베다학당이 출범했을 때, 스리 크리슈나 가나빠띠갈(Sri Krishna Ghanapatigal)이 선생님으로 임명되었네. 그는 아주 전통주의자였지. 식당에서는 브라민들에게 배식한 뒤에야 비非브라민들과 **바가반**께 배식하는 것이 관행이었네. 가반加飯(한 번 배식한 뒤 남은 음식을 원하는 사람들에게 더 배식하는 것) 때는 그 음식이 이미 비非브라민들에게 한 번 배식된 것이므로 오염된 것으로 간주되었네. 스리 크리슈나 가나빠띠갈은 (이런 가반을) 언짢아했고, 부드럽게 이것을 **바가반**이 아시게 했지. **바가반**은 즉시, 식당에서 음식을 배식하기 전에 가나빠띠갈에게는 주방 안에서 음식을 따로 배식하라고 지시하셨네. 거기서 그치지 않으셨지. 그 뒤에도 며칠 동안 당신은 점심을 들러 식당에 들어가시기 전에, 베다 선생님에게 음식이 배식되었는지 물으시곤 하셨다네."

* * *

"스리 비스와나타 스와미의 아우가 독립운동을 하다 체포되어 벨로르의 감옥에 있다가 막 풀려나서 아쉬람에 왔네. 그의 부모님은 매우 전통주의적이었지. (식당에 들어온) 그는 비非브라민들과 함께 앉았다네. 몇 사람이 그에게 브라민들과 함께 앉아야 할 거라고 말해 주었지만, 그는 큰 소리로 그들에게 말했네. '바가반의 친존에서는 카스트나 종교의 어떤 차이도 없습니다.' 그의 음성에는 바가반의 승인을 기대하는 느낌이 배어 있었지."

"그의 기대와는 사뭇 딴판으로, 바가반은 달리 반응하셨네! 당신은 노기를 띤 음성으로 말씀하셨네. '오호! 그는 모든 한계를 넘어섰기에 자기 하고 싶은 대로 한다는 건가? 집에서도 비非브라민들과 함께 앉아서 밥을 먹을 텐가? 왜 여기서만 평등을 선언하나? 평상하게 집에서 하듯이 행동해야지. 자연스러운 것이 최상의 규율 형태야.'"

"누가 바가반을 전통주의를 고수하는 분으로나 개혁을 권장하는 분으로 분류할 수 있을까?"

* * *

라자빨라얌(Rajapalayam)의 스리마띠 라마니 암말(Smt. Ramani Ammal)은 라마나 나가르의 영구 거주자인데,[3] 다음과 같은 일화들을 나에게 말해주었다.

"한번은 내가 구 회당에서 스리 바가반 앞에 앉아 있을 때, 한 헌신자가 어떤 과일 조각들을 가져와서 바가반 앞에 놓았네. 원숭이 한 마리가 들어왔지. 시자는 원숭이의 바람을 별로 들어주고 싶지 않았으나, 바가반의 명에 따라 원숭이에게 한 조각을 주셨다네. 그것을 받은 원숭이가 펄쩍펄쩍 뛰면서 나갔지만 이내 다른 원숭이가 들어왔네. 분명히 먼저 원숭이가 알려준 거지. 그 녀석도 한 조각을 받고 곧 나갔네. 그러자 세 번째 원숭이가 와서 자기도 달라고 했지! 바가반은 한 조각을 주면서 말씀하셨네. '좋아! 이제 가서 다른 누구에게도 얘기하지 마. 안 그러면 여기 이

---

3) *T.* 라자빨라얌 라마니 암말은 진보된 헌신자였고, 20세이던 1946년에 바가반을 찾아갔다. *The Maharshi*, 1993년 7/8월호와 *Saranagathi*, April 2012에서 그녀의 이야기를 찾아볼 수 있다. 앞에 나온 같은 이름의 라마니 암말과 혼동하면 안 된다.

사람들이 나에게 화를 낼 테니까!' 이 녀석은 자기 몫을 가지고 떠났는데, 분명히 **바가반**의 명령을 말 그대로 따랐다네. 더 이상 그 무리의 어느 녀석도 달라고 오지 않았으니까!"

*　　*　　*

"어느 날 75세 가량의 몹시 가난한 한 노파가 자기가 모은 꿀을 가지고 왔는데, 누더기 하나를 겨우 걸치고 손에 작은 그릇 하나를 들고 있었지. 그녀는 더 잘 보기 위해 손으로 눈에 그늘을 지우고 **바가반**께 다가가면서 갑자기 아주 애정 어린 호칭을 썼고, 계속 절을 하면서 주체할 수 없는 기쁨을 표현했네. 그녀는 지난 26년간이나 자신의 '소중한 사람'을 방문하려고 노력했지만, 이제야 실현할 수 있었던 모양이네. **바가반**은 큰 애정으로 그녀에게 물으셨네. '빠띠(*Patti*)[할머니], 저를 위해 무엇을 가져왔나요? 주세요, 좀 먹어 보게!' 그녀가 당신께 자기가 가져온 꿀을 드렸네. 그러자 당신이 말씀하셨네. '그녀에게 식사를 제공하면 좋겠군요.' 이 바람은 충성스러운 찐나스와미에 대한 하나의 명령이었지. 나중에 **바가반**이 말씀하셨네. '어쩌면 누군가 그녀에게 사리를 주고 싶겠지.' 근처에 있던 시자가 급히 움직이려고 하자 **바가반**이 그에게 속삭이셨네. '이 사람들은 비싼 것에 익숙지 않아. 그러니 단순한 것을 구해.' 나중에 당신은 이 노파에게 말씀하셨네. '빠띠, 어떤 부자들이 당신에게 이 선물을 드리고 싶어 하네요. 부디 받으세요.'"

라마니 암말은 그 빠띠가 그 선물을 좀 주저하면서 받았다고 회상한다. 라마니 암말은 **바가반**이 그 제안을 하고 시자에게 속삭이시는 것과, 나중에 그 꿀 할머니를 설득해서 선물을 받게 하시는 방식을 보고 전율을 느꼈다.

* * *

그녀가 이야기를 계속했다. "바가반이 산 위에서 사시던 초기에 당신을 방문하여 죽(*koozhu*)을 드리면서 '하루 종일 앉아만 계시니까 이거라도 좀 드십시오' 하던 나이 든 목녀牧女가 있었지. 1948년경 그녀가 한번은 시바라뜨리(Sivaratri-축제일의 하나) 날에 죽이 가득 든 큰 솥과, 반찬으로 드시라고 썬 양파를 좀 가져왔네. 그 축제일에는 모두에게 풍성하고 다양한 음식을 배식하게 되어 있었지만, 바가반은 당신이 그 죽을 더 좋아한다고 하면서 남들에게는 풍성한 잔치 음식을 먹으라고 하셨다네. 그 자리에 있던 모든 사람이 (양파는 돌아보지 않고) 그 죽을 함께 먹고 싶다면서 당신께 나머지 음식들도 맛을 보아 달라고 간청했고, 바가반은 동의하셨지."

스리마띠 라마니가 말했다. "나는 거기서 바가반을 유심히 관찰했네. 당신은 식당에 앉아서 모든 품목이 배식될 때까지 기다린 다음, 그 모두를 (죽에 넣고) 한데 섞어 그 죽을 드셨지!"

* * *

"하루는 내가 큰 사원에서 빠딸라 링가(Patala Linga)를 방문하고 스리 아루나찰레스와라(큰 사원에서 모시는 주신인 시바)를 친견하고 아쉬람에 돌아왔네. 오늘날에도 나는 바가반 앞에 서서 당신의 부추김에 빠딸라 링가 사당의 낙후된 상태를 당신께 말씀드리던 내 용기에 놀란다네. 바가반은 인근에 매여 있는 코끼리에 대해 물어 보신 다음, 내가 큰 사당에서 쁘라사드를 받았는지 물으셨지. 나는 (쁘라사드로 받은) 그 비부띠를 당신께 내놓지도 않고 내내 손 안에 가지고 있었다는 것을 깨달았고, 이에 그것을 공손하게 당신께 내밀었네. 그러자 당신은 아이처럼 한 꼬집 집어서 당신의 이마에 바르셨다네."

내가 라마니 암말에게 그녀가 바가반께 어떤 질문을 직접 드린 적이 있느냐고 묻자, 그녀가 말했다. "바가반의 친존에서는 의문들이 사라졌지. 의문이 마음에 다가와도, 질문을 구성해 보기도 전에 해소되어 버렸다네. 어떤 때는 (내가 의문을 가졌던) 바로 그 주제에 대해 헌신자들 사이에서 토론이 시작되기도 했는데, 바가반의 말씀으로 의문이 해소되기도 했지! 그래서 바가반께 구두로 질문을 할 기회는 전혀 일어나지 않았다네."

* * *

가끔 아쉬람을 방문하는 연로한 한 빤디뜨(pundit)는 먼 남쪽 어딘가 출신인데, 나에게 다음과 같은 매혹적인 사건을 들려주었다.

"팔가트(Palghat)의 빠드마나반 박사는 스리 바가반에 관한 많은 노래를 지은 바 있습니다. 그는 남들처럼 그것을 바가반께 보여드려서 당신의 교정을 받곤 했지요. 바가반이 내용을 수정하시는 일은 드물었지만, 문법적 오류나 철자 오류는 바로잡아 주셨습니다. 그날은 빠드마나반 박사가 시 한 수를 바가반께 보여드리자 당신이 그 시에서 조금 수정을 하셨는데, 그것이 얼마나 큰 차이를 가져왔는지 모릅니다!"

"한 행에서 빠드마나반 박사는 '저와 그분은 하나일 뿐입니다(*Nānum avarum ondrē*)'라고 썼는데, 바가반은 그것을 '저는 그분 안에서 하나일 뿐입니다(*Nānum avaril ondrē*)'로 바꾸셨지요."

제22장
승리하신 라마나

Victorioust Ramana

"동양은 동양이고 서양은 서양이어서, 그 둘은 결코 만나지 못할 것이다"라고 키플링(Kipling-인도 태생의 영국 작가)은 썼다. 그러나 스리 바가반의 친존에서는 그것이 틀렸음이 드러났다. 지적이든 직관적이든, 현대적이든 전통주의적이든, 백인이든 유색인이든, 부자든 빈자든, 당신을 찾아온 사람들은 모두 아루나찰라의 진인이라는 형상으로 현존하는 저 단 하나의 존재(Being)라는 진리 안에 합일되었다. 서양에서 온 초기 헌신자들은 만만히 볼 사람들이 아니었고, 일반 구도자들보다 더 성숙한 영혼들이었다. 험프리스, 폴 브런튼, 그란트 더프(Grant Duff), 채드윅 소령, 모리스 프리드먼, 아서 오즈본, S. S. 코헨, 던컨 그린레이스(Duncan Greenlees)와 그 밖의 사람들은 스리 라마나에게서 그들의 필요에 따라 가르침과 힘을 받았고, 당신에게서 그들이 소중하게 여기던 것들을 발견하고 당신을 우러러 보았다. 영국인은 어쩌면 이 진인의 정중함과 질서 감각을, 독일인은 당신의 시간 엄수와 철저함을, 프랑스인은 마치 꽃이 향기를 발산하듯 당신이 발산하는 쾌활함과 우아함, 그리고 당신의 평등한 시각을, 미국인은 당신의 독창성과 자유로움을 높이 평가했을 것이고, 보는 사람이 당신에게서 방사되는, 모든 이해理解를 넘어서 있는 평안에 확실히 경탄했을 것이다.

이 성숙한 영혼들을 **바가반**의 발아래로 이끈 어떤 불가사의한 힘이 분명히 있었다. 누가 이 '비밀'을 **바가반**보다 더 잘 드러낼 수 있겠는가?

한번은 **바가반**이 채드윅 소령에 대해 이야기하다가 이렇게 말씀하셨다. "채드윅은 우리 식구가 되기 이전에도 (인도에서) 우리와 함께했습니다. 그는 서양에서 태어나고 싶다는 욕망을 가졌고, 그것은 성취되었지요."

앞에서 이야기했듯이 모리스 프리드먼은 시를 한 수 지었는데, 그 내용과 문체는 압빠야 딕쉬따르(Appayya Dikshitar)의 시들을 연상시켰다(140쪽 참조). **바가반** 가까이 있던 어떤 사람이, 시대적으로나 문화적으로 멀리 떨어져 있는 서양인이 어떻게 그의 시들과 비슷한 시를 지을 수 있느냐고 놀라워했다. **바가반**이 말씀하셨다. "왜 못하겠습니까? 여기(인도)에 있었던 사람들이 거기서 태어나 돌아온 것뿐입니다."

*　　*　　*

나는 바가반에게서 자신들의 탐색이 성취되었음을 발견한 일부 서양 헌신자들의 삶에서 몇 가지 사례를 즐거이 들려드리겠다.

내가 우리의 (「마운틴 패스」) 창간 편집인 아서 오즈본과 가졌던 삿상은 멋진 추억담으로 가득했고, 그것은 나의 영적인 탐구를 크게 고양시켰다. 그는 말을 통해서보다 침묵의 현존을 통해서 나를 더 인도해 주었다.

하루는 내가 개인적인 문제로 그를 찾아갔다. 나는 하나의 꿈일 수도 있고, 환영일 수도 있고, 실제일 수도 있는 어떤 체험을 했다. 그는 나에게 그 전체 체험을 자세히 묘사해 보라고 했다. 주의 깊게 듣고 나서 그는 미소를 지으며 말했다. "가네산! 그것은 진정한 영적 체험이야. 자네 복이 있군. 자네는 옴 나모 바가바떼 스리 라마나야(*Om Namo Sri Ramanaya*) 만트라를 받은 것이고, 이것이 소위 말하는 무염송의 염송(*ajapa-japa*)이야. 나 자신의 체험을 들려주겠네. 잘 들어 보게."

"바가반이 육신으로 계실 때, 프랑스 철학자 르네 게농(René Guénon)의 문파에 속했던 우리는 쇳가루가 강력한 자석에 끌리듯 그렇게 스리 바가반께 끌렸지. 이 그룹 가운데 데이비드 맥키버 씨는 복이 있게도 바가반 곁에 머무를 수 있었고, 당신의 지도하에 스리 바가반의 거의 모든 저작을 영어로 옮겼고, 스리 바가반이 권장하신 『뜨리뿌라 라하시야(*Tripura Rahasya*)』와 『불이각등(*Advaita Bodha Deepika*)』 같은 저작들도 영역할 수 있었네. 그런 다음 그는 뜨리반드룸(Trivandrum-띠루바난타뿌람) 인근의 한 요기에게 끌렸고, 그를 자신의 스승으로 받아들이고 그곳에 정착했다네."

"데이비드는 나와 내 처를 아주 좋아했고, 우리도 거기 가서 자기 스승의 제자가 되어야 한다고 아주 강하게 생각했네. 그의 주장인즉, 영적인 성취를 위해서는 '신체적' 스승이 절대적으로 필요하며, 바가반은 당시 당신 자신을 한 스승으로 결코 주장하지 않으시기 때문에, 우리는 당신을 떠나서 우리를 제자로 받아들일 준비가 되어 있는 어떤 분을 스승으로 받아들여야 한다는 것이었지. 이 문제로 우리는 많은 편지를 주고받았네. 데이비드에게서 받은 편지와 데이비드에게 보낸 모든 편지를 어김없이 바가반께 보여드렸지. 바가반만이 나의 유일한 스승이라는 내 답변을 당신은 늘 고개를 끄덕여서 승인하셨다네."

"하루는 내가 즉시 라마나를 떠나서 자신의 스승에게로 넘어오지 않으면 심각한 결과가 초래될 거라고 경고하는 불쾌한 편지를 받았네. 그 편지는 바가반께 보여드리지 않았네. 나는 그 편지에 굉장히 기분이 상했지. 그래서 그날 저녁에 그것을 당신께 보여드려야 하나 생각했네. 오후에 나는 고개를 숙이고 무릎을 굽힌 채 정원에서 잡초 뽑는 일을 좀 하고 있었네. 갑자기 내 뒤에서 '털썩'나는 소리가 들렸네. 어떤 동물이 한 나무에서 뛰어내려 뒤쪽에서 나에게 다가오고 있었지. 순식간에 그것이 내 등에 올라타서 깔고 앉았네. 그것은 한 마리 곰처럼 느껴졌네. 털이 많았고, 뒷다리로 뒤에서 내 가슴 주위를 조이면서 나를 꽉 붙들고 있었네. 가네산! 그때 내 느낌은 그것이 뭔지 알고 싶은 호기심도 아니었고, 두려움도 아니었고, 불쾌함조차도 아니었네. 그것은 차분한 무집착이었지. 나는 동요하지 않았고, 계속 잡초 뽑는 일을 했네. 나의 무관심을 알아차린 그 동물은 자신의 크기와 무게를 늘려가기 시작했네. 이내 나는 등에 가해지는 하중 때문에 앞으로 더 숙여야 했는데, 그 무게가 견딜 수 없을 정도였지. 그래도 동요하지 않았고 어떤 두려움도 없었다네. 갑자기 그것이 털북숭이 두 손으로 내 목을 꽉 잡아 나를 질식시키기 시작했네. 나는 숨을 쉴 수 없게 되어가고 있었고, 꽉 쥔 손이 점점 더 죄어 들어왔네. 이런 모든 것에도 내 안에서는 일말의 두려움도 없었지. 나는 정신적으로 온전히 경각하면서 동요하지 않고 있었네. 더 이상 숨을 쉴 수 없다고 느꼈다네. 그 옥죔이 계속 죄어들고 있었네. 어떤 두려움의 자취도 없이, 내가 죽을 것 같다고 느꼈지. 그러다가 그 기적이 일어났네! 죽음을 생각하자 내면에서 아루나찰라 시바'! 아루나찰라 시바'!' 하는 소리가 들렸네. 내가 그 소리를 내는 것은 아니었고 내면의 다른 뭔가가 그렇게 하고 있었네. 그 염송의 강도, 크기, 속도가 커져갔네. 내면에서 어떤 염송이 스스로를 드러내는 것을 들음과 동시에 죽음이 나를 움켜쥐고 있다는 것을 자각하는 것은 즐거운 경험이었지! 그 염송이 계속되자 내 몸을 죄던 힘이 느슨해지기 시작했네. 그 동물의 크기와 무게도 점점 작아졌네. 그러는 동안 내 안의 그 무염송의 염송은 독자적으로 계속되고 있었다네. 갑자기 그 동물이 내 등에서 뛰어내리더니 그 나무 쪽으로 달려가기 시작했네—발자국 소리가 급히 뒤로 물러가는 것을 들을 수 있었으니까. 그놈은 나무를 타고 올라갔고 사라져 버렸네. 나는 즉시 평소의 감각으로 돌아갔네. 무염송의 염송은 중단 없이 계속되었지. 일어나서 그 짐승을 찾아보았지만 발견할 수 없었네. 나는 내면의 '아루나찰라 시바' 염송을 들으면서 매우 행복했다네."

"다음날 바가반이 산에서 산책하시고 돌아오고 계실 때, 당신을 만나서 그 편지를 보여드리고 전날 오후에 일어난 일을 들려드렸네. 바가반은 내 이야기를 경청하셨고, 내가 이야기를 그치자 자비로운 미소를 지으며 말씀하셨네. '그게 그들이 할 수 있는 전부지. 다 문제없어!' 당신이 '그들'이라고 하신 것은, 흑마술의 달인이자 데이비드에게 그런 협박성 편지를 내게 보내게 한 그 구루를 의미하신 것이 분명했지. 바가반은 완전한 진인(*Purna Jnani*)이셨네. 우리가 완전한 참스승(*Satguru*)의 가호 아래 들어가면, 흑마술에 의해 야기된 나쁜 경험조차도 알고 보면 축복이었던 것이 드러난다네. 이렇게 해서 나는 '아루나찰라 시바'라는 무염송의 염송에 입문하는 행운을 가졌던 것이네."

*　*　*

스리 S. S. 코헨은 예리한 지성을 가진 사람이자 뛰어난 수행자였다. 그는 종종 나에게 이렇게 말했다. "가네산! 자네가 아쉬람을 위한 봉사에 시간을 쓰는 것을 무방하네. 그러나 기억하게! 수행이 없으면 영적인 진보는 없다네. 바가반은 꾸준한 수행이 필요함을 되풀이해서 강조하셨네. 그러니 수행이 중심이 되고 봉사는 주변이 되게 하게."

스리 코헨은 아쉬람 안에서 마지막 나날들을 보냈다. 매일 저녁 나는 그를 만나 그가 우리의 스승님과 당신의 가르침에 대해 이야기하는 것을 경청하곤 했다. 그는 신체적으로나 정신적으로 아주 약해지고 있었는데, 특히 넘어진 뒤에는 자신이 불구자가 되었다고 상상했다. 하지만 그를 검진한 의사들은 그의 다리에 골절이나 다른 결함이 없다고 말했다.

나는 근 두 달간 아쉬람을 떠나 있어야 했는데, 돌아와서 보니 스리 코헨의 상태가 훨씬 더 나빴고, 휠체어를 떠나지 못하는 신세가 되어 있었다. 그의 이야기도 더 이상 일관성이 없었다. "보게, 가네산, 나는 불구가 되었어. 하지만 집행부에서 갑자기 나를 7층에 있는 한 방으로 옮겨 버렸는데, 거기는 물이 없어. 내가 어떻게 하나?" "그들은 나에게 나만을 위한 독실을 주었다고 하지만, 보게, 밤에는 여기에 근 12명이 내 주위에 웅크린 채 잠을 자." "깐난[하인의 이름]이 한 명뿐이라고 생각하지 말게. 모두 비슷하게 생긴 아홉 명의 깐난이 있어!"—이런 식이었다.

나는 그의 딱한 상태를 보면서 울었고, 그에게 이렇게 말했다. "코헨 선생님! 당신은 제가 만나 본 가장 지성적인 수행자이십니다. 왜 이렇게 횡설수설하십니까?" 그러자 그가 자세를 고쳐 잡더니 내 얼굴을 똑바로 쳐다보며 말했다. "몸이 늙게 되면 몸에 대한 제어력을 잃어. 또 그래서 마음에 대한 제어력도 잃지. 그러나 우리는 몸이 아니고, 우리는 마음이 아니야! 그러니 몸이나 마음이 어떻게 행동하든 거기에 어떤 중요성도 부여하지 말게. 그것들은 '나'가 아니네." 불과 몇 분 전에는 말도 안 되는 이야기를 하던 그가 이런 말을 하자 나는 깜짝 놀랐다! 그때 내가 그에게 물었다. "만약 당신이 몸도 마음도 아니시라면, 누가 저에게 이야기하고 있습니까? 당신은 누구십니까? 지금 어떤 상태에 계십니까?"

"나는 몸과 마음을 통해서 일어나는 일들을 주시하는 순수한 영靈이네. 나는 몸이나 마음과는 무관하네. 나는 내 **스승님**이신 **구루 라마나**의 친존에 있으면서, 당신의 자비롭고 지복스러운 친존을 즐기고 있다네! 나는 순수한 **지복**(*ananda*)이네!" 그가 이런 말을 하자, 나는 달라진 코헨, 내가 오랫동안 알고 지냈던 아주 명석하고 고요한 그 코헨을 보았다.

얼마 후 그는 다시 횡설수설하기 시작했다. 그것은 하나의 큰 계시, 곧 '나는 몸과 마음이 아니다'라는 사실에 대한 하나의 임상적이고 실험적인 실증이었다!

* * *

모리스 프리드먼이 봄베이에서 마지막 병을 앓고 있었다. 그의 가까운 친구인 연로한 여성 한 분 말고는—그녀 자신도 병약했고, 그보다 연배가 위였다—그를 돌봐줄 사람이 아무도 없었다. **바가반**이 당신의 헌신자가 아무도 돌보는 사람 없이 고통 받는 것을 어찌 보실 수 있겠는가!

한 직업 간호사가 꿈을 꾸었는데, 그 꿈에서 샅가리개를 한 한 노인이 그녀에게 말하기를, 가서 마지막 나날 동안 모리스 프리드먼을 돌봐 주라고 했다. 다음날, 호기심이 발동한 그녀는 모리스를 찾아가서 자신이 전문적인 간호 봉사를 해주겠다고 했다. 그 제안은 거절되었다. 실망한 그녀가 그 집을 나서기 시작했는데, 이게 웬일인가! 고개를 들어 보니 출입문 벽에 걸린 사진에 자신이 꿈에서 본 그 '노인'의 얼굴이 있었다! **바가반 라마나**였다. 그녀는 다시 방 안으로 들어가서, 그의 **스승님**이 자신에게 그를 돌봐줄 것을 명했다는 감동적인 이야기를 해 주었다. 모리스는 기쁘게 수락했다. 모리스는 지상적 삶의 마지막 순간까지, 몸과 마음이 더없이 평화롭고 고요했다.

* * *

코헨이 그처럼 어둠 속에서 빛을 보았다면, 채드윅 소령은 죽음에 직면하여 삶을 보았다. 채드윅은 벨로르의 C. M. C. 병원에 입원했다. 그는 혀가 워낙 부어올라서 입 전체를 가득 채운 바람에 소음조차 내지 못했다. 의사들이 그에게 질문을 했지만 그는 답을 할 수 없었다. 임종이 다가오고 있었다. 아쉬람에서 헌신자 몇 사람이 벨로르로 그를 문안하러 갔다. 놀랍게도 채드윅은 그들에게 이야기를 시작했다. "오늘이 부활절입니다!" 그가 말했다. 부활절은 며칠 남았다고 말해 주자, 그는 평소의 우렁차고 또렷한 음성으로 그들에게 분명하게 대답했다. "예! 알지요. 그러나 저에게는 오늘이 부활절입니다!"

그렇다! 그날이 이 **라마나** 헌신자에게 부활의 날이었던 것이다. 내면의 **영**靈이 아니고서 누가 그런 말을 했겠는가?

* * *

아서 오즈본은 임종이 가까워 방갈로르에 있을 때, 전혀 말을 할 수 없었다. 예를 갖춘 작별로서 루시아 오즈본 여사가 길게 누워 있는 사랑하는 남편 주위를 (시계 방향으로) 돌았다. 갑자기 남편의 음성이 분명하게 들렸다. "고마워!" 그의 **진아**가 아니고서 누가 그런 말을 했겠는가?

이름과 형상, 마음과 몸을 넘어서 있는 영적인 존재가 우리의 진정한 성품이라고, **승리하신 라마나**, 곧 **죽음의 정복자**께서 확인해 주신다.

합본별책 1

진아가 되라

Be the Self

By V. Ganesan

(First edition, 1987; Third edition, 2019)

머리말

스리 라마나 마하르쉬는 한 유명한 시인에 의해 실로 '가장 위대한 비인격성'으로 불렸다. 물론 당신의 헌신자라면 누구나 펜과 잉크 혹은 타자기로 당신의 외적인 모습을 그려 볼 수 있다. 누구에게도 무엇도 결코 달라고 한 적이 없고, 달라고 하지 않아도 당신께 온 것이면 뭐든 받아들이고 다른 일체를 놓아 버리며, 사랑 받는 스승으로 추앙받으면서도 그 어떤 명예도 주장하지 않고, 그저 당신의 매혹적인 미소로써 전 세계의 무수한 헌신자들의 마음을 얻으신 분인, 단순하고 티 내지 않으시는 한 인간으로 말이다. 그럼에도 당신은 여전히, 독특하게 침묵하는 하나의 수수께끼로 남아 있다!

당신은 단 한 번도 스와미 비베카난다처럼 해외로 나가서 당신 종족의 고대적 지혜를 세상 사람들에게 설하지 않았고, 간디지(Gandhiji)처럼 정치적 독립을 위해 싸우지도 않았으며, 스리 오로빈도(Sri Aurobindo)처럼 지상에서 미래의 신적인 삶을 꿈꾸지도 않았다.

위 세 위인은 수백만의 동포들을 향상시키기 위해 그들의 빛을 전파한 영원한 세 별을 이룬다. 스리 라마나는 이 시대의 고뇌를 느끼는 개인이 자신의 정체성을 잊어버린 것처럼 보일 때, 현대인을 인간의 참된 성품으로 이끈 단 하나의 별로 남았다. 당신은 어떤 말이나 행동으로써보다 침묵의 현존으로써 더 많이 사람들을 이끌면서, 마치 북극성처럼 꾸준히 빛나는 아루나찰라라는 단 하나의 별이셨고, 지금도 그러하시다.

이 소책자의 저자이자 「마운틴 패스(*The Mountain Path*)」의 편집 주간이신 스리 V. 가네산 님은 '날 때부터' **스승님**의 헌신자였다. 왜냐하면 친가 쪽으로나 외가 쪽으로나 공히 집안 계보상 당신과 혈연관계이기 때문이다. 그 뿐만이 아니다. 그는 개인으로서의 전 생애를 **스승님**에 대한 봉사에 바쳐 왔다. 봄베이의 한 일간지 편집부에서 잠시 일한 뒤 스리 라마나스라맘으로 돌아온 그는, 지금도 (원로 헌신자들의 회상을 수집하여 「마운틴 패스」에 연재함으로써) 이 **진인**의 **친존**이 가진 향기를 보존하고 있다.

V. 가네산 님은 헌신자들을 돕는 일에 늘 적극적이며, 아쉬람의 계간지 「마운틴 패스」를 1964년에 창간한 아서 오즈본이 서거한 뒤에는 바로 그 자신의 자리도 발견했다. 그가 오즈본의 뒤를 이었고, 날로 성장하는 아쉬람의 출판 업무와 함께 성장해 왔기 때문이다. 그리고 그는 인도 각지의 그 많은 라마나 껜드라(Ramana Kendras-라마나스라맘의 지역 지부들)를 방문하여 법문을 하고, 설명을 요하는 까다로운 논점들을 격식 없이 토론한다.

이 책 『진아가 되라(Be the Self)』는 그의 법문들 중에서 몇 가지를 뽑은 것이다. 그는 조용하고 나서지 않는 방식으로 말하며, 자신의 학식을 과시하지 않고 건조한 이론들을 피한다. 그러면서도 영적인 길로 나선 순례자들(구도자들)에게 주는 **스승님**의 실제적인 지침을 명료하게 설명한다. 그는 자신의 두 발을 견고한 대지에 두고 가슴은 **스승님**의 **두 발**에 두면서, 헌신자들이 이 **진인**의 **가르침**을 올바르게 이해하도록 돕는다.

1986년 12월 18일, 스리 바가반의 탄신일에
스리 라마나스라맘에서
루시 코르넬슨(Lucy Cornelssen)

1. 자기탐구의 수행

'그것이 그대'라고 저 경전들이 선언하고 있는데, 자기가
무엇인지를 스스로 알아내어 머무르지 않고, '그것이 나이고
이것은 나가 아니다'라고 생각하는 것은 약함의 표시라네.
왜냐하면 우리가 늘 그것이기 때문이네.

—「실재사십송」, 제32연

저는 제 강연을 편의상 세 부분으로 나누었습니다. (1) 전반적인 관점, (2) 자기탐구의 '방법', (3) 라마나의 길의 독특성이 그것입니다.

(1) 전반적인 관점

구약성경에서는 "하느님이 그 자신의 이미지대로 인간을 만들었다"고 합니다. 그래서 인간은 신의 의지의 산물일 뿐입니다. 인간은 신의 성스러움에 참여하고, 창조주, 곧 완전한 자와 소통할 수 있습니다. 인간이 자신의 완전한 성품을 깨달을 때, 그는 온전히 신적입니다. 인간이 지금 자기 안의 이 신적 본질을 망각한 채 무지에 빠져 있습니다. 인간 안의 신적 성품(divine nature)은 근절 불가능합니다. 그것은 한동안 은폐되어 있을지 모르나, 다시 빛을 발할 수밖에 없습니다.

우파니샤드에서 지적하듯이, 인간의 움직임은 일반적으로 바깥으로 향할 뿐, 신적인 자신의 진아를 향하지 않습니다. 왜냐하면 인간의 몸 안에 있는 모든 감각기관이 바깥을 향해 있고, 오직 바깥의 사물들을 흡수하

는 데 맞춰져 있기 때문입니다. 인간의 주의가 일념으로 내면을 향하게 되면, 그 자신의 전적으로 다른 성품을 자각하게 됩니다. 그리고 자기 내면의 신적 성품이 아주 찬란하게 드러나는 것을 인식합니다. 이와 같이 내면을 향하는 사람은 누구나 자기 내면의 이 영원한 진리를 깨닫게 되어 있습니다. 주의가 바깥으로 향하는 사람은 바로 그 행위에 의해, 그것을 의식적으로 경험하는 일에서 그 자신을 배제합니다. 모든 사람은 무지한 가운데서도 자신의 내면에 이 신적 의식이 없지 않은데 말입니다. 바가반은 당신의 노래 「진아지」(제1연)에서 이렇게 말합니다. "참된 진아가 강력하고 신선하게, 영원히 존재하네. 그것으로부터 유령 같은 몸과 유령 같은 세계가 실재하듯 솟아난다네. 이 망상이 털끝만큼도 남김없이 소멸하면, 광대한 심장공간에서 진아의 태양이 빛난다네." 인간이 그것을 알든 모르든, 그는 순수한 의식, 순수한 자각, 곧 진아일 뿐입니다.

그런 자각을 의식적으로 경험하지 못하게 가리는 것은 외적인 것들(감각대상들)에 집착하는 그의 습習인데, 그것은 그의 불만과 약한 면들, 어둠과 공포로 표현됩니다. 그가 더 깊이 더 오래 내면을 바라본다면, 그의 중심이자 그의 존재의 근원에 거주하는 이 소위 '숨겨져 있고 불가사의한' 진아를 어김없이 발견하게 될 것입니다. 외적인 것들로부터 내면으로 돌아서서 이 근원에 온전한 주의를 기울이면, 한 인간의 삶에서 엄청난 변화가 일어날 것입니다. 왜냐하면 처음으로, 자신이 내면에 이 신적 본질을 소유하고 있다는 것을 인식하기 때문입니다. 그리고 "그대가 그것이다"라는 선언이 "그대가 브라만이고, 지고의 실재이며, 진리이고, 진아다"라는 의미임을 이해합니다.

「실재사십송」 제34연에서는 바가반이 "자연스럽고 참된 실재가 심장 속에 영구히 거주한다네"라고 하였고, 그 다음 연에서는 "항상 존재하는 실재를 분별하고 그것과 함께 안주하는 것이 참된 성취라네"라고 하였습니다. 실재의 특징은 그것이 항상 존재하며 그 자신의 빛으로 빛난다는 것입니다. 인간 내면의 자각은 항상, 저절로 그 자체로 존재합니다. 따라서 인간은 각자 내면의 이 영원한 빛을 향한 이 통로를 자신의 수중에 가지고 있습니다.

그가 이것을 언뜻 보는 체험을 가질 때, 그의 내면에 있는 참된 존재가 전적으로 독립하여 빛나는데, 그것이 존재하는 데 그의 노력이나 지지는 필요하지 않습니다. 그것은 초월적이면서도 내재적인 어떤 상태에 대한 신성한 체험입니다. 이것은 감각기관, 마음, 그리고 진아를 덮고 있는 다섯 껍질을 넘어서 있는 체험입니다. 그것은 자기 자신인 상태, 일체이면서 영원과 하나인 상태입니다. 그런 내적인 탐험을 하는 사람은 누구든지 깨달은 자, 곧 붓다(Buddha)가 됩니다. '그는 대다수 인간들이 내일 억지로 해야 할 일을 앞서서 오늘 한 것일 뿐'입니다. 따라서 인간은 무시간적 지혜가 될 이 능력을 가진 영적인 존재이고, 매 순간 이 진리를 호흡합니다. 그래서 자신의 내면에 신적 무한성을 가지고 있습니다. 이 무한한 자각은 절대적 행복—사뜨(*Sat*)[존재]이자 찌뜨(*Chit*)[자각]이기도 한 아난다(*Ananda*-지복)—이라는 영구적 느낌으로서 체험됩니다.

혹자는 이렇게 말할지 모릅니다. "좋다, 경이롭고 무한하고 지복스럽고 신성한 어떤 것이 우리 모두의 내면에 있는데, 그것은 바가반 라마나와 같은 깨달은 존재들이 말하듯이, 우리 자신의 참된 정체성이다." 우리가 그 안에서 살아가고, 일하고, 상호 관계를 갖는 이 겉모습들의 세계는 어떻습니까? 그것을 무시해도 됩니까? 여하튼 세계는 우리를 무시하지 않고, 오히려 우리를 장악하고 있습니다. 시간도 노호하는 물길처럼 인류를 데리고 앞으로 내달리면서, 자신의 흐름 속에 인류를 익사시킵니다. 신체적으로나 정신적으로, 바깥으로 그리고 앞으로 달려 나가도록 내내 강요받는 그런 분투 속에서, 만일 인간에게 뒤로 도약하고 내면으로 뛰어들어, 어쩌면 다시는 표면으로 나오지 말라고 하면, 그것은 너무 과한 요구 아닙니까? 그것은 가장 용맹한 사람들의 기도 꺾지 않겠습니까? 그 사람은 뭐가 뭔지도 모른 채 알 수 없는 것 속으로 뛰어드는 것이 두렵지 않겠습니까? 그리고 설사 내면으로 들어갈 준비가 되었다 해도, 그것을 어떻게 합니까?

참스승이 "그대의 주의를 내면으로 돌려서 그대 자신을 보라"고 말할 때, 그는 우리에게 우리 자신의 **진아**가 되라고 하는 것일 뿐, 이것이나 저것이 되라는 것이 아닙니다. 이것이나 저것은 하나의 상상일 뿐인 반면, 우리 자신이 되는 것은 **실재**입니다. 겉모습들의 세계에서 우리에게 제시되는 모든 것을 붙들면서, **깨어난 자**인 **참스승**이 우리에게 꿈을 꾸지 말고 깨어나라고 할 때는 의심쩍은 눈으로 본다는 것은 아이러니컬하지 않습니까?

(2) 자기탐구의 '방법'

자기탐구는 자기 자신의 참된 **자아**를 탐구하고 그 참된 **자아**가 됨으로써 그것을 아는 기술이자 학學입니다. 그 자신을 아는 인간이 한 사람의 **붓다**입니다. **바가반 라마나**는 무한한 자비심으로, 모든 사람이 그의 지적 수준이나 기타 지위에 관계없이 자신이 누구인지를 아는 하나의 단순하고 직접적인 방법을 마음대로 사용할 수 있게 해 주셨습니다. 당신 자신의 말씀에 따르면 **진아지**(*Atma Vidya*)는 쉽고, 실로 가장 쉬운 것입니다. 워낙 그래서, 당신의 길을 설명하거나 해설하려다 보면 부지불식간에 그것을 복잡하게 만들어 버릴 수 있습니다. 네덜란드 철학자-헌신자인 메스 박사(Dr. Mees)[사두 에까라사]가 말했듯이, **바가반**의 말씀으로 족하고 어떤 주석도 필요 없습니다.

이것을 염두에 두고 우리는 이 삿상(*satsang*)을 해 나갈 수 있겠습니다.

말로 하든 글로 하든, 언어적 소통은 실로 화자와 청자, 혹은 저자와 독자가 동등하게 관여하는 하나의 삿상입니다.

누구나 '나', '나'라고 말만 하지, 이상하게도 이 '나'가 정확히 무엇인지, 혹은 그것이 무엇을 의미하는지 알려고 노력하는 사람은 많지 않습니다. '나'라고 할 때 그것은 통상 1차적으로 몸만을 의미하지만, 더 깊이 분석하면 그것은 생각하고, 느끼고, 의지하는 기능들을 의미합니다. 우리는 몸이 '나'가 아니라는 결론에는 쉽게 도달할 수 있습니다. 몸은 지각력이 없기(insentient) 때문입니다. 지각력이 없다는 것은 몸이 늘 '알려지는 것'이지 결코 '아는 원리'가 아니라는 뜻입니다. 위대한 힌두 진인 알라마 쁘라부(Allama Prabhu)[1]는 이렇게 말했습니다. "자각을 잃지 않으면서 그대 자신을 알라. 만일 몸이 그대 자신이라면, 왜 그대는 '나의 몸'이라고 말하는가? 모두가 자신의 소유물을 '나의 옷, 나의 금'이라는 식으로 말할 뿐이다. 누가 한 번이라도 '나는 옷이다', '나는 금이다'라면서 자신을 옷이나 금으로 인식하는지 말해 보라. 그대가 몸을 자기 자신이라고 여길 때는, 하나의 덧씌움(superimposition)[2]을 사실로 착각하는 것이다."

그러면 이 '나'는 무엇입니까?

지각력 없는 몸 안에서 어떤 경각(alertness)의 느낌, 어떤 '나'의 감각이 일어납니다. 그것을 '마음'이라고 합니다. 바가반 라마나는 우리가 그 마음을 탐구해 보면 그것은 생각들의 한 다발임을 알게 된다고 말씀하십니다. '나'가 모든 생각의 토대로 기능합니다. 모든 생각은 여러분과 관계됩니다. 생각 하나하나가 여러분에 대한 것이거나 개인으로서의 여러분, 대상들, 사물들 혹은 의견들과 연관되어 있습니다. 이 모든 것들은 여러분의 '나'에 뿌리를 두고 있습니다. 그래서 여러분 안의 '나'는 '나'라는 생각

1) *T.* 까르나따까 지역 출신의 진인(12세기). 신비한 의미를 지닌 시들을 많이 남겼다.
2) *T.* 진아에 덧씌워져 진아를 가리는 것들. 몸, 마음, 이름 등 자기와 동일시되는 것들이다.

('I'-thought)일 뿐이고, 이것이 전 범위에 걸친 무수한 생각들의 토대입니다. 이것을 좀 더 자세히 살펴봅시다. 매일 우리가 잠에서 깨어나면 다가오는 첫 번째 생각이 이 '나'라는 생각입니다. 잠 속에서는 여러분 자신을 칭하는 '나'를 포함해 아무것도 알지 못합니다. 깊은 잠 속에서는 이 '나' 혹은 '나'라는 생각이 그것이 줄줄이 끌고 나오는 다른 생각들과 함께 완전히 가라앉습니다. 우리가 더 면밀히 살펴보면, 잠이 들기 전에 마지막으로 저무는 생각도 이 '나'라는 생각이며, 그것은 다음날 여러분이 깨어날 때 맨 먼저 일어나는 생각이기도 하다는 것을 알게 될 것입니다. 이 '나'는 어디로 저물고 어디서 일어납니까? 우리는 매일 밤 우리의 잠 속에서 '죽고' 다음날 아침에 다시 태어나는 이 '나'의 근원을 추구해야 합니다. 이 탐색에서 우리는 스리 바가반의 확실한 도움을 받는데, 당신은 이런 말씀으로 우리를 더 인도해 주십니다. 즉, 알려진 '나' 이면에 영원한 '나'가 있는데, 이 '나' 혹은 '나'라는 생각은 그 속으로 매일 합일되었다가 다시 나온다는 것입니다. 그것이 근원이기 때문입니다. 경전에서는 하느님의 첫 번째 이름이 '나'라고 선언합니다. 그것은 우리가 일상적으로 아는 '나'가 아니라, 분명히 그 영원한 '나', 곧 존재의 근원을 가리킵니다. 모세는 하느님에게 당신의 이름이 무엇인지를 물었고, "나는 내가 있다는 것이다"라는 언어적 답변을 받았습니다. 바가반은 이것이 하느님에 대한 최상의 정의라고 말씀하십니다.

히브리어로 하느님에 대한 단어는 '야훼'[여호와]인데, 그것은 "내가 있다"는 뜻입니다. 그래서 진인들의 말씀으로나, 경전의 선언으로나, 그리고 우리 자신의 일상적 경험으로나, 우리는 일상생활 속에서 우리 자신을 가리키는 '나' 이면에 어떤 영원한 '나'가 있다는 결론에 쉽게 이를 수 있습니다. 우리는 우리의 참된 정체성인 그 무한한 '나'를 잊어버린 채, 유한하고 유령 같은 '나'로 있는 데 만족하고 있습니다.

지각력 없는 몸과 영원한 '나'—곧 경전에서 우리 안에 숨겨져 있고 덮여 있다고 말하는 순수한 의식—사이의 연결고리인 '나'라는 생각을 면밀히 살펴봅시다. 그 '나'라는 생각을 그 근원에까지 추적해 봅시다.

다른 생각들이 일어날 때, 우리는 주의를 '나'라는 생각에 집중해야 합니다. 언제나 우리의 주의는 흔들림 없이 '나'라는 느낌 혹은 '나'라는 생각에 집중되어 있어야 합니다. 우리가 생각들로 가득 차 있을 때는 어떻게 우리의 주의를 '나'라는 생각으로 도로 가져갈 수 있습니까? 바가반이 말씀하시기를, 우리에게 다른 생각들이 있을 때는 "이 생각이 누구에게 일어나는가?"라고 자문하라고 합니다. 당신이 덧붙이시기를, 그 답은 "나에게"일 것이고, 그러면 "나는 누구인가?"라고 물으라고 했습니다. 그렇게 하면 우리의 주의가 다시 '나' 곧 '나'라는 생각으로 돌아갈 것이고, 이 주의는 우리를 근원으로 이끌어줍니다. 그래서 우리의 주의를 자기 자신에게 집중하는 것이, 우리가 자신의 참된 정체성을 발견하기 위해 쏟아야 하는 단 하나의 노력입니다.

우리가 끈질기게 "나는 누구인가?"라고 물으면서 우리 자신 속으로 탐색해 들어가고 있을 때, 우리는 내적인 실재, 곧 영원한 '나'와 직접 접촉하게 됩니다. 우리 자신 안으로 파고드는 열의와 일념집중이 강하면 강할수록 성공이 더 빠를 것입니다. 자기탐구는 곧은길일 뿐 아니라 가장 쉬운 길이기도 합니다. 어떤 외부의 도움도 필요하지 않고, 여러분이 자기 자신 아닌 그 무엇도 추구하지 않기 때문입니다. 바가반이 가르치셨듯이, 밖으로 나가는 마음을 안으로 향하게 하여 그 근원인 영원한 '나'에 이르게 하는 모든 행위는 영적인 것이고, 마음을 밖으로 끌어내어 어떤 활동 속에서 마음을 속이는 모든 것은 비非영적입니다.

바가반 라마나는 우리 모두를 온 세상 사람들이 다 가질 수 있는 내적 지복의 이 진리로 깨어나게 하는 직접적인 길을 제공해 주셨습니다. 누구든, 그들이 어디에 있든, 어떤 직업 분야에 있든, 난감한 환경의 어려움에 관계없이, 이 묵연한 내적인 길을 따를 수 있습니다. 그래서 이 내면 성찰적인 **자기탐구**의 길은 늘 열려 있는 길이고, 따라서 누구나 그 길을 갈 수 있습니다. 이 길은 학식이 있는 사람과 없는 사람, 부자와 빈자, 은둔자와 재가자, 출가하기를 원하는 모든 사람에게 다 해당됩니다.

바가반의 방법을 독특하게 만드는 점은, 그것이 이성에 의해 제어되는 직관에 기초해 있다는 것, 또한 이 순수한 추론(reasoning)은 비추어진 직관(illuminated intuition)에 의해서만 **진아탐구**에서 사용된다는 것입니다.[3] 그래서 **스리 바가반** 자신의 말씀을 인용하여 요약하자면, "'나'가 일어나지 않는 상태가 **순수한 존재**, 곧 **순수한 자각**의 상태"입니다. (우리 안의 이 **순수한 실재**에 대해 **바가반**이 사용하신 단어는 **'심장'**입니다.) 이것은 "나는 누구인가?"라고 탐구하는 것을 통해서만 성취될 수 있을 것입니다. 물속에 빠진 어떤 것을 회수하기 위해 사람이 잠수하듯이, 우리는 예리한 일념집중을 가지고 자기 자신 속으로 뛰어들어 '나'가 일어나는 곳을 발견하게 될 것입니다. **진아지**로 이끄는 유일한 탐구는 '나'라는 느낌의 근원을 추구하는 것입니다. 우리가 "나는 누구인가?"라고 내면에서 탐구하면, 개인적인 '나', 유한한 '나'는 우리가 **심장**에 도달하자마자 부끄러워서 와해됩니다. 그리고 즉시 **실재**가 '나'로서 자연발로적으로 드러납니다.

---

3) *T.* 이 문장은 **자기탐구(진아탐구)**가 이성과 직관의 상호작용을 통해 작동함을 묘사한다. 그 '이성'은 맹목적 믿음이나 주관적 개념에 지배되지 않는 합리적 분별이며, '이성에 의해 제어되는 직관'이란, 신에 대한 숭배와 같이 감성적 몰입이나 개인적 선호가 개입할 수 없는 순수하게 이성적인 직관이다. "나는 누구인가?"의 **자기탐구**에서는 이 물음을 던지는 주체인 '나' 외에는 어떤 대상도 없다. 그것은 '나'라는 느낌을 통해 '나'의 내면을 향한다. 외적인 개념이나 논리가 개입할 수 없는 이 순수한 내적 성찰이 '순수한 추론'이다. 그것이 '직관'인 것은 내면을 곧장 바라보기 때문이고, '추론'인 것은 "지금 여기 내가 있다", "이 나는 누구인가?"라는 논리적 물음의 형태를 취하기 때문이다. 그리고 '비추어진 직관'이란, 그것이 **자각**에 의해 비추어지는 내적 **탐구**임을 뜻한다. **자각**은 본질상 자신의 내면을 비추는 빛이며, 그 빛에 의해 비추어지는 직관은 **자각**을 따라서 줄기차게 내면을 향하는 탐색이다. 실은 그 직관 자체가 **자각**의 한 작용이다. 그래서 **자기탐구**는 자신의 내면을 곧게 비추는 **자각**이자 그 **자각**을 따라 들어가는 **탐구**이다. 이것이 **자기탐구**의 독특한 점이다.

그것이 '나'로서 그 자체를 드러내기는 하지만, 그것은 우리가 아는 유한한 '나'가 아니라 완전한 존재, 영원한 '나', 우리 안의 신적 본질입니다. 진아, 곧 여러분이 알고자 하는 진리는 그래서 진실로 여러분 자신입니다.[4] 언젠가 스리 무루가나르가 스리 바가반께, 자신이 궁극적 진리를 성취하려면 무엇을 해야 하는지 여쭈자 스리 바가반이 대답했습니다. "그대가 있는 그대로 있게!(Be as you ARE!)"

나중에 띤나이 스와미(Thinnai Swami)[5]가 된 라마스와미(Ramaswamy)에게는 더 간결하게 "있으라(*Iru*)"고 말씀하셨지요. 그 한 단어가 라마스와미에게 얼마나 즉각적이고 완전한 변모를 가져왔습니까!

(3) 라마나의 길의 독특성

자기탐구(*Atma-Vichara*)라는 용어는 인도의 많은 고대 경전에서 발견됩니다. 스리 아디 샹까라(Sri Adi Sankara)는 그의 위대한 저작 『분별정보分別頂寶』에서, 자기탐구에 의하지 않고는 아무리 많은 행위로도 해탈을 성취할 수 없다고 말합니다.

『냐나 바시슈타』(『냐나 바시땀』)에서는 진인 바시슈타가 이렇게 선언합니다. "모두의 안에서 '나-나'로서 빛나는 것은 진아일 뿐이니, 그것에 대해 명상해야 한다. …탐구의 막대기로 사납게 생긴 마음과 뱀 같은 감각기관들을 때려서 그것들이 심장 안에 안주하게 하라."

『해탈정수』에서는 선언합니다. "탐구만이 (그대를) 베다에서 드러낸 지知로 이끌어 준다. 공부로는 진아지를 얻을 수 없다."

『바가바드 기타』에서는 말합니다. "마음을 진아에 확고히 고정하라."

이렇게 물을지 모릅니다. "경전에서 이미 자기탐구를 언급하고 있다면,

---

4) *T.* 이 문단의 여기까지와 아래 (3)부터 본 장 끝까지는 414-424쪽에서 다시 한 번 나온다.
5) *T.* 바가반을 만나서 깨닫고, 띠루반나말라이의 어느 집 베란다에서 살았던 진인(1912-2003).

왜 바가반은 새로운 가르침을 내셨는가?" 바가반의 가르침의 독특성은 그것이 마음이라는 틀 안에 들어가지 않는다는 것입니다. 사실 바가반은 심적인 방법들을 통해 마음의 족쇄들을 제거하려는 노력의 영역과 범위, 그리고 그것이 궁극적으로 부질없음을 전적으로 다루신 큰 스승이십니다. 마음을 탐색해 보면, 그것이 자신의 근원에 합일될 것이고, 새로운 차원의 기능들이 생겨날 것입니다.

「실재사십송」의 기원시 제1연에서 스리 바가반은 생각의 부질없음을 지적합니다. 당신이 묻습니다. "실재는 생각이 없이 심장의 바닥에 존재하는데, 심장이라고 불리는 그 실재를 우리는 어떻게 아는가?" 다시 말해서, 만약 명상을 보통의 의미로 즉, 생각하기의 한 과정으로 이해한다면, 우리가 아무리 명상을 많이 해도 생각을 넘어서 있는 실재를 알거나 깨달을 수 없다는 것입니다. 생각을 아무리 많이 한들, 생각의 범위를 넘어서 있는 것을 우리가 어떻게 깨달을 수 있겠습니까? 그렇다면 실재를 어떻게 깨닫겠습니까? 그 답을 바가반 자신이 같은 연의 나머지 부분에서 제시합니다. "심장 안에서 있는 그대로 안주하는 것이 참으로 그것에 대해 명상하는 것이라네." 달리 말해서, 실재는 생각을 넘어서 있으니 생각이 없이 그 실재로서 안주하는 것이 그것에 대해 명상하고, 있는 그대로의 그것을 깨닫는 유일한 방식이라는 것입니다. 그런데 어떻게 생각 없이 그렇게 안주할 수 있습니까?

지금 우리가 그 실재로서 생각 없이 안주하지 못하게 하는 것은 무엇입니까? 실재 혹은 진아는 생각을 넘어서 부가물(adjuncts)[6] 없는 순수한 "내가 있다"로서, 심장 속에서 항상 빛납니다. 그러나 그 "내가 있다"로서 안주하는 대신 에고가, 즉 "나는 이 몸이다", "나는 아무개다"라고 느끼는 별개의 개인이 일어납니다. 이 에고가 뿌리 생각, 곧 '나'라는 생각이

6) *T.* 진아 위에 덧붙은 것들. 몸, 마음, 감각기관 등이다.

며, 우리가 이미 보았듯이 그것 없이는 다른 어떤 생각도 존재할 수 없습니다. 따라서 우리가 "내가 있다"로서 자연스럽게 안주하는 것을 방해하는 것은 '몸', '세계' 등과 같은 상념 형상(thought-forms-의식에서 나온 형상들)을 취하는 이 개인적 '나'입니다. 그래서 우리가 진아로서 생각이 없이 머무르고, 그럼으로써 있는 그대로의 실재를 깨닫고 싶다면, 이 방해물인 첫 번째 생각, 곧 에고를 없애기만 하면 됩니다. 그래서 「실재사십송」의 많은 연들이 에고와 그것의 부산물—몸과 세계—의 성품을 분석하고 묘사합니다. 왜냐하면 우리가 그것들의 성품을 이해할 때에만 그것들에서 벗어나는 법을 알 것이기 때문입니다.

이 에고의 성품은 무엇이며, 어떻게 하면 그것이 일어나는 것을 막을 수 있습니까? 이 질문에 대한 답이 바가반의 가르침의 독특한 점입니다. 「실재사십송」 제24연에서 당신이 우리에게 말하기를, 지각력 없는 몸은 스스로 '나'라고 말하지 못하고, 실재하는 영원한 '나'는 일어나거나 저물지 않으며, 그 둘 사이에서 몸에 국한되는 거짓 '나'가 일어나는데, 이것이 에고, 다른 말로는 지각력 있는 진아와 지각력 없는 몸 사이의 매듭인 의식-몸 매듭(*chit-jada-granthi*)이고, 속박이며, 개인적 영혼이고, 마음 등으로 알려진 것입니다. 그 다음 연에서 스리 바가반은 이렇게 말합니다. "이 형상 없는 유령 같은 에고는 한 형상[몸]을 붙듦으로써 생겨나고, 한 형상을 붙듦으로써 존속하며, 그것이 붙드는 형상을 먹고 살면서 더 커진다네. 그것은 한 형상을 떠나 다른 형상을 붙들지만…" 그렇다면 우리가 진아로서 평화롭고 행복하게 안주하지 못하게 가로막는 이 단 하나의 방해물을 우리는 어떻게 없앨 수 있습니까? 그 답을 바가반은 같은 연[제25연]에서 이렇게 제시합니다. "찾아보면 그것은 달아나 버리네!" 당신은 한 이야기로 그것을 잘 보여줍니다. 어떤 사내가 신부와 신랑 양쪽의 친구인 척 행세했습니다. 모두가 그를 믿는 동안 그는 양가 사람들을 이래라저래라 하면서 맛있는 음식들을 거하게 먹고 아주 즐겁게 지냈습니다. 그러나 사람들이 수상쩍어하면서 그에 대해 묻기 시작하자, 그는 자취를 감춰 버렸습니다. 에고도 그와 마찬가지여서, **진아**로도 행세하고 몸으로도 행세합니다. 그것은 **의식**을 부여 받고 있어 '나'로서 빛나는데, 그것은 **진아**의 속성입니다. 동시에 그것은 한 형상에 국한되어 일어나고 저무는데, 이것은 몸의 속성입니다. 그것이 무엇인지 우리가 묻지 않는 한, 이 에고는 우리를 이래라저래라 하면서 오관을 통해 얻은 대상들에 대한 지知를 맛나게 먹을 것입니다. 그러나 우리가 **자기탐구**를 시작하자마자, 이 에고가 무엇인지 알려고 들자마자, 그것은 달아나 사라져 버릴 것입니다.

혹자는 에고를 자세히 살피거나 에고에 관심을 둘 때 왜 에고가 그렇게 사라지는지 의아해할지 모릅니다. **스리 바가반**이 설명하시듯이, 에고는 한 형상을 붙듦으로써만 생겨나고, 형상들을 붙듦으로써 존속하며, 형상들을 붙듦으로써 음식을 먹고 커집니다. 붙들 형상이 없으면 에고가 존립할 수 없습니다. 모든 생각, 대상, 2인칭과 3인칭에 대한 앎은 형상들일 뿐입니다. 따라서 에고가 대상들, 곧 2인칭과 3인칭에 주의를 기울이는 한, 그것은 커지고 강해집니다. 그러나 에고 자체는 형상이 없습니다. 그래서 그것이 그 자신, 곧 1인칭 혹은 주체에게 주의를 기울이려고 하면 그것이 힘을 잃고, 가라앉고, 사라질 것입니다. 왜냐하면 거기서는 에고가 자신의 근원 속으로, **심장** 안으로 도로 떨어지기 때문입니다. 그것이 2인칭과 3인칭에 주의를 기울이는 동안은 에고가 존재하는 듯이 보이지만, 그것이 그 자신에게 주의를 기울이려 할 때, 곧 "나는 누구인가?"를 탐구할 때는 에고가 존재하지 않습니다. 이 진리를 **바가반**은 「가르침의 핵심」, 제17연에서 분명하게 설합니다. "부주의함 없이 마음[에고]의 형상을 탐구하면 마음 같은 것은 전혀 없다는 것을 알게 될 것이네! 이것이 누구에게나 직접적인 길이라네!" 이렇게 에고가 존재하지 않음이 발견되어 사라지면 무엇이 남습니까? 진아, 곧 실재뿐입니다! 따라서 이것이, 우리에게—바가반이 「실재사십송」의 첫 번째 기원시에서 말하듯이—"심장 안에서 있는 그대로 안주"할 수 있게 해 주는 직접적인 길입니다.

스리 바가반은 두 개의 '나', 곧 에고인 '나'와 진아인 '나'라는 것은—'수행(*sadhana*)'을 할 때는 이원성이고 '성취(*sadhyam*)'를 하면 비이원성이라는 것은—없으며, 진아가 단 하나 실재하는 '나'라고 분명하게 가르칩니다. 오직 "내가 있다"의 이 바다 위에서만 모든 감정·느낌·생각, 그 개인의 부가물들, 우리가 그것을 진정한 '나'로 느끼게 만드는 에고가 일어납니다. 따라서 우리가 이 '나'에 면밀하게 주의를 기울이면, 그것은 에고가 아니라 진정한 자아일 뿐이라는 것을 발견할 것입니다. 그래서 스리 바가반은 자기탐구의 행법을 가르칠 때, 에고와 진아라는 두 개의 '나'를 구분하지 않습니다. 당신은 그저 "'나는 누구인가?'를 탐구하십시오"라고만 하는데, 달리 말해서 여러분이 '나'라고 느끼는 그것에 주의를 기울이라는 것입니다. 만약 우리가 '나'라고 느끼는 그것이 진아라면, 우리가 그것에 주의를 기울이면 그것을 있는 그대로 알게 되겠지요. 만약 우리가 '나'라고 느끼는 그것이 에고라면, 우리가 그것에 주의를 기울이면 그것은 사라질 것이고 진아만이 있음을 알게 될 것입니다. 그래서 우리가 주의를 기울이려고 하는 그것이 에고든 진아든, 결과는 동일합니다. 진아, 영원한 '나', 곧 거짓 '나'의 바탕이자 토대인 것이 남아서 빛날 것입니다.

바가반의 가르침에서 또 하나 독특한 점은, 당신이 주의를 기울이는 것의 중요성을 말씀하셨다는 것입니다. 그래서 우리는, 바가반이 가르치신 자기탐구의 올바른 기법은 그저 '나'라는 느낌에 온전한 주의를 기울이는 것이라고 과감히 말할 수 있습니다. 우리가 '나'라는 느낌에 주의를 기울이려고 하자마자 온갖 생각이 일어나서 우리의 주의를 분산시킵니다. 그러나 생각들은 제 스스로 일어나는 것이 아니라, 우리가 그것을 생각하기 때문에 일어난다는 것을 관찰하는 것은 흥미롭습니다. 더욱이 생각들은 그들 나름의 어떤 힘도 가지고 있지 않고, 우리가 그 생각에 주의를 기울이는 것에 의해서만 힘을 얻습니다. 만일 우리가 일어나는 생각에 주의를 기울이지 않으면, 생각들은 제 스스로 가라앉을 것입니다. **바가반**은 이렇게 말씀하십니다. "만일 에고를 부인하고 그것을 무시하여 고사시키면, 그대가 자유롭게 될 것입니다. 만일 에고를 받아들이면, 그것이 그대에게 한계를 부과하고 그대로 하여금 그것을 초월하려고 헛되이 분투하게 만들 것입니다." 그래서 우리는 생각에 대한 주의를 젖혀두고 **자기주시**(Self-attention)를 되찾아야 합니다. **스리 바가반**은 『나는 누구인가?』에서 이 주의의 방법을 분명하게 가르치시는데, 거기서 당신은 이렇게 말합니다. "다른 생각이 일어나면 그것을 완성하려 하지 말고 "이 생각이 누구에게 일어났나?" 하고 물어야 합니다. 아무리 많은 생각이 일어난들 무슨 상관 있습니까? 생각이 하나 일어나는 바로 그 순간, 경각하면서 "나는 누구인가?" 하고 물으면, 마음[우리의 주의력]은 (생각으로부터) 그것의 근원인 **진아**로 돌아갈 것이고, (그런 다음, 생각에 주의를 기울일 자가 없으므로) 일어났던 생각들도 가라앉을 것입니다. 이런 식으로 거듭거듭 수행하면 마음이 그것의 근원에 머무르는 힘이 증가합니다." 이것은 구도자들에게 큰 단서이다. 우리의 주의가 이 '나'라는 느낌을 고수하는 한, 우리는 다른 어떤 것을 알거나 거기에 주의를 기울일 수 없습니다.

탐구의 유일한 목적은 우리의 주의를 이 '나'에로 되돌리는 것입니다. 따라서 **자기탐구**에 의해서만 **진아**를 알 수 있는데, **자기탐구**는 마음의 한 활동이 아니라 마음이 고요한 상태입니다. **스리 바가반**은 「가르침의 핵심」 제26연에서 이렇게 말합니다. "**진아**가 되는 것 자체가 **진아**를 아는 것이니, **진아**는 둘이 아니기 때문이네. 이것이 **진아안주**라네." 「실재사십송」 제27연에서는 **바가반**이 선언하기를, 우리가 **진아**에 주의를 기울이지 않으면 '나'가 일어나지 않는 에고 없음(egolessness)의 상태를 성취할 수 없고, 저 에고 없음을 성취하지 못하면 **실재**와 하나가 된 우리의 참된 상태에 안주할 수 없다고 합니다. 이것이 왜 그래야 합니까? 왜 다른 수행법들도 우리가 **진아**를 깨달을 수 있게 해줄 수 없습니까? 그 이유를 **바가반**은 『마하르쉬의 복음』[제2권, 제1장]에서 이렇게 명료하게 설명합니다. "**자기탐구**만이 **진아**에 이르는 직접적 수단입니다. 왜냐하면 다른 모든 수행은 그 수행을 해나가기 위한 도구로서의 마음이 유지되는 것을 전제하며, 마음이 없이는 그것을 닦을 수 없기 때문입니다. **자기탐구** 아닌 수행법으로 에고나 마음을 소멸하려고 하는 것은 마치 어떤 도둑이 경찰관으로 가장하여 그 도둑을 잡으려고 하는 것과 같습니다. **자기탐구**만이 에고도 마음도 실제로는 존재하지 않는다는 진리를 드러낼 수 있고, 그래서 그것만이 우리가 **진아**를 깨닫게 해줄 수 있습니다." **바가반**은 다른 비유도 사용하셨지요. 당신은 다른 수행으로 마음을 죽이려고 하는 것은 자신의 그림자를 땅에 묻으려고 하는 것과 같다고 설명합니다. 만약 마음이 실재한다면, 그것이 어쩌면 자신을 죽일 수도 있겠지요. 그러나 진실은, 마음은 실재하지 않고, 따라서 그것이 자신을 죽일 수 없는 것은 사람이 자신의 그림자를 땅에 묻을 수 없는 것과 같습니다.

스리 바가반은 「진아지」에서, **자기탐구**가 모든 길 중에서 가장 쉬운 길이라고 분명하게 강조했습니다. **바가반**이 왜 '가장 쉽다'고 말씀하셨는지 살펴봅시다. '쉽다'와 '어렵다'는 말들은 무엇을 의미합니까? 스리 사두 옴(Sri Sadhu Om)의 말씀은 이렇습니다. "우리가 좋아하지 않는 것, 우리가 할 수 없는 것, 우리가 알지 못하는 것은 우리가 '어렵다'고 말한다. 반면에 우리가 좋아하는 것, 우리가 이미 한 것, 우리가 이미 알고 있는 것은 '쉽다'고 말한다." 즉, 어떤 것이 우리의 사랑(loving)의 힘, 함(doing)의 힘, 앎(knowing)의 힘의 범위 내에 있으면 우리는 그것을 쉽다고 느끼지만, 그것이 우리의 사랑의 힘, 함이나 앎의 힘 안에 있지 않으면 그것을 '어렵다'고 느낍니다. 이 단순한 정의를 가지고 **자기탐구**가 쉬운지 어려운지를 살펴봅시다. 누가 자기 자신을 사랑하지 않는다고 말할 수 있는 사람이 있습니까? 없습니다. 우리가 소중히 여기는 모든 것 중에서, 우리가 가장 사랑하는 것은 우리 자신입니다. 누가 자기 자신을 모른다고 말할 수 있는 사람이 있습니까? 없습니다. 왜냐하면 우리가 다른 어떤 것을 알기 이전에 먼저 우리 자신을 알아야 하기 때문입니다. 우리가 "나는 아무개를 안다"고 말할 때, 그것이 우리가 '나'라는 느낌을 안다는 것을 증명해 주지 않습니까? 그리고 누가 자신은 몸과 마음 같은 모든 부가물을 제거하고 그 자신으로 안주하지 못한다고 말할 수 있는 사람이 있습니까? 없습니다. 왜냐하면 우리는 매일 깊은 잠 속에서 애씀 없이 그리고 자연스럽게, 이런 부가물들을 제거하고 우리의 참된 성품 안에 머무르기 때문입니다. 그래서 우리 모두가 우리의 **진아**를 사랑하고, 우리 모두가 우리의 **진아**를 알고 있고, 우리 모두가 우리의 **진아**로서 안주할 수 있다는 것이 분명합니다. 바꾸어 말해서, **자기탐구**에 필요한 사랑의 힘(*iccha-sakti*), 함의 힘(*kriya-sakti*), 앎의 힘(*jnana-sakti*)은 이미 우리 안에 내재해 있습니다! 따라서 **자기탐구**가 가장 쉬운 것입니다. **스리 바가반**이 우리에게 하라고 하는 것은 "그대 자신을 사랑하고, 그대 자신을 알고, 그대 자신이 되라."가 전부입니다. 어떻게 이것을 어렵다고 말할 수 있습니까?

바가반이 **자기탐구**가 가장 쉽다고 보증하실 때, 당신은 거기서 우리에게 하나의 단서를 미묘하게 남겨 주셨습니다. 당신이 재확인해 준 것은 이 노력을 우리만 하는 것이 아니고, 당신의 **은총**이 늘 있어서 우리를 돕는다는 것입니다. 당신의 **은총**이 우리 모두를 당신의 **연꽃 발**에 이르게 했는데, 우리가 고귀하고 가장 가치 있는 노력, 즉 당신 자신이 가르치신 **자기탐구**에서 성공을 이루도록 당신이 어찌 도우시지 않겠습니까?

2. 낮, 밤, 침묵의 태양

'나' 없이 시간이 어디 있고, 공간이 어디 있는가?
내가 몸일 때에만 시간과 공간이 나를 속박한다네.
나는 무시간이고, 나는 무공간이며,
나는 항상 도처에서 존재한다네.

—「실재사십송」, 제16연

스리 바가반의 가르침의 묘미는 그것이 이성이라는 견고한 토대 위에 건립되어 있을 뿐 아니라, 워낙 명료한 언어와 단순한 비유를 통해 전달되기에 보통 사람들도 잘 이해할 수 있다는 것입니다. 당신이 말씀하신 단어 하나하나가 우리 자신의 경험, 심지어 일상생활 속의 경험의 진리성만을 반영하고 있습니다. "진리는 언제 어느 때나 모든 상황에서 모두에게 접근 가능해야 한다"는 것입니다. 허기, 갈증, 꿈, 잠 같은 어떤 진리도 모두에게 공통되고 모두에게 접근 가능합니다. 존재라는 궁극적 진리도 모두에게 공통되고 모두에게 늘, 쉽게, 자연스럽게 그리고 무조건적으로 접근 가능해야 한다고 주장하는 것은 매우 논리적입니다. 진리는 하나의 항존하는 실재이지 어떤 먼 목표가 아닙니다.

이성과 경험을 기초로 수용하고, 경험에 의해 뒷받침되지 않는 개념들을 배제하는 것이, 철학적 명제들을 통과시키기 위해 바가반이 제시한 잣대입니다. 사실 바가반은 철학자들이 흔히 그러기 쉽듯이 이론들을 주장하거나 부인하는 데는 관심이 없었습니다. 바가반은 질문에 어떤 언어적 답변을 주기보다, 질문자를 그 자신의 질문이나 의심 속으로 깊이 들어가게 합니다. "환생이 있습니까?"라는 질문이 제기되자, 당신의 답변은 이러했습니다. "누가 이 질문을 하고 있습니까? 누가 환생의 존재에 대해 알고 싶어 합니까?" 누가 "세상에는 왜 괴로움이 있습니까?"라고 여쭈면, 당신은 이렇게 답변하시곤 했지요. "그대의 잠 속에서 이 질문을 해보십시오." 바가반은 그런 질문에 답변을 회피하지는 않았고, 단지 질문자의 주의를 단순히 그 질문의 내용에서 '진정한 답변'인 질문자 그 자신에게로 이끄실 뿐이었습니다. 일련의 의문이 제기될 때 당신의 명석하되 고전적인 답변은 이런 것이었습니다. "의심하는 자를 의심하십시오. 그 의심하는 자가 모든 의심의 근원이며, 그 근원을 추구하여 그것을 발견하면 모든 의심이 그칠 것입니다." "누구에게 그 의심이 있습니까? 누가 그 질문을 합니까?"라는 것이—스리 까빨리 사스뜨리의 표현을 빌리자면—스리 바가반의 브라마스뜨라(*Brahmastra*)[1)]였다.

우리 자신에게 외적인 것들을 아는 데 많은 인간적 노력이 소모됩니다. 창조·진화·자연·세계·해·달·별들에 대한 정교한 세부사항들을 다룬 논고들이 산더미같이 쌓였습니다. 많은 위대한 문명과 문화들이 왔다가 갔습니다. 그런 다양한 분야에서 인간들이 성취한 것은 참으로 놀라울 정도입니다. 하지만 인간은 그 자신에게 영원한 수수께끼로 남아 있습니다. 왜입니까? 인간은 외부 세계를 알기 위한 노력에서는 탁월하게 성공해 왔지만, 그 자신을 모릅니다. 스리 라마나는 하나의 궁극적 질문—질문들 중의 질문—즉, "나는 누구인가?"로써 이 문제와 맞섭니다.

경전에서 선언하기를, 진정한 인간은 '사뜨-찌뜨-아난다-스와루빠', 곧 자각-지知-지복의 형상이라고 합니다. 그는 궁극적 브라만과 하나이며, 그

1) *T.* 아스뜨라(*astra*)는 고대인도의 전쟁 때 화살에 실어서 쏜 일종의 미사일이다. 그 중에서도 브라마의 힘이 실린 아스뜨라가 가장 강력한 것이었다. 즉, 무적의 무기라는 뜻이다.

의 참된 본질은 순수한 아난다입니다. 그것은 탁월한 선언이지만, 우리가 그것을 이해합니까? 바가반은 주의를 모든 경험의 근원인 '그 경험자'에 집중함으로써 그 문제의 뿌리로 나아갑니다.

당신은 말합니다. "인간의 진정한 성품은 행복입니다. 모든 인간은 예외 없이 의식적으로든 무의식적으로든 그것을 추구하고 있습니다. 그들은 슬픔에 물들지 않은 행복, 끝이 없을 행복을 늘 원합니다. 이 본능은 참된 본능입니다. 실은 행복에 대한 그의 추구는 자신의 참된 자아에 대한 무의식적 추구입니다."(—『마하르쉬와 그의 메시지(*Maharshi and His Message*)』, 38-39쪽.)

"행복에 대한 욕망(*sukha-prema*)은 진아의 항상 존재하는 행복에 대한 하나의 증거입니다. 그렇지 않다면 어떻게 그에 대한 욕망이 그대 안에서 일어날 수 있습니까? 만약 두통이 인간들에게 본래적인 것이라면 아무도 그것을 없애려고 하지 않겠지요. 그러나 두통이 있는 사람은 누구나 그것을 없애려고 합니다. 왜냐하면 두통이 없던 때를 알고 있기 때문입니다. 그는 자신에게 본래적인 것만 욕망합니다. 마찬가지로, 그가 행복을 욕망하는 것도 행복이 자신에게 본래적이기 때문입니다. 본래적이기 때문에, 그것은 얻어지지 않습니다."(—『대담』, 619.)

"바람직한 대상과의 접촉이나 그에 대한 기억이 있을 때, 그리고 바람직하지 않은 접촉이나 그에 대한 기억에서 벗어났을 때, 행복이 있습니다. 그것은 진아에 내재한 행복입니다. 그 행복은 낯선 것이 아닙니다. 그대가 즐겁다고 여기는 경우들에서도 그대는 순수한 진아 속으로 뛰어들고 있습니다. 그렇게 뛰어들면 스스로 존재하는 지복이 드러납니다. (그대가 말한) 그런 경우들에서도 그대는—비록 무의식적이기는 하나—진아 속으로 뛰어들고 있습니다. 만일 의식적으로 그렇게 하면, 그것을 깨달음이라고 합니다. 저는 그대가 의식적으로 진아 속으로, 즉 심장 속으로 뛰어들기를 바랍니다."(—『대담』, 254.)

진리를 그 원초적 순수함의 상태로, 그러면서도 이해 가능한 용어들로 소통하시는 **바가반**은, 행복이 우리의 진정한 성품이라고 분명하게 말씀하신 다음, 인간의 진정한 성품은 행복이라는 것을 재차 강조하기 위해 잠과 생시 상태의 비유를 들려주십니다. 잠과 생시의 상태는 전 인류가 경험하는 것이고, 동물과 식물들도 그것을 즐깁니다.

잠이 무엇입니까? 잠은 우리가 매일 자진해서 아무 생각도, 대상도, 세계도, 차별상도 없는 것을 겪는 상태입니다. 그것은 자연스러운 행복의 상태입니다. 모든 사람은 즐거이 잠자리에 들며, 매일 그 행복을 성취하기 위해 준비를 잘 합니다. 잠 속에서는 희석되지 않은 행복을 경험하기 때문입니다.

꿈이 없는 잠—깊은 잠—은 "**브라만**의 **지복**이라고 말해집니다."(—『대담』 617.) "깊은 잠은 순수한 **존재**의 체험일 뿐입니다."(—『대담』 617.) 그런 잠은 두 가지 의미를 내포합니다. 1) 대상적 존재에 대한 무자각, 2) 푹 자는 잠의 행복. 무자각은 대상들에 대한 상대적인 앎이 없기 때문이고, 행복은 들끓는 생각들이 없는 데 기인합니다.

"깊은 잠 속에서 인간은 자신의 몸을 포함한 소유물이 없습니다. 그런데도 불행하기는커녕 아주 행복합니다. (그래서) 누구나 푹 자고 싶어 합니다. 결론은, 행복은 인간에 내재해 있다는 것입니다."(—『대담』, 3.)

"깊은 잠은 비이원성의 상태입니다. 잠은 모든 차별상의 망각을 뜻합니다. 이것이야말로 (잠 속의) 행복을 이룹니다. 그 행복을 얻기 위해 사람들이 얼마나 세심하게 잠자리를 준비하는지 보십시오. 부드러운 쿠션, 베개, 기타 모든 것이 잠을 푹 자기 위한, 다시 말해서 생시를 끝내기 위한 것입니다. 그럼에도 그 부드러운 침상 등이 깊은 잠의 상태 그 자체에서는 아무 쓸모가 없습니다. 여기에 함축된 의미는, 모든 노력들(수행)은 무지를 끝내기 위한 것일 뿐이라는 것입니다."(—『대담』, 207.) 바가반은 우리의 참된 상태가, 우리가 깊은 잠 속에서 즐기는 것과 같은 아난다[지복]라는 사실을 이와 같이 분명하게 주지시킵니다.

보통 사람에게 삶이란 생시 상태만을 의미합니다. 그의 모든 활동이 그 안에만 있습니다. 그는 잠이 생시에서의 오랜 긴장의 자연스러운 결과라고 생각합니다. 또한 잠을 둔한 상태라고 여깁니다. 생시 상태에서는 몸을 의식하게 되고, 몸을 통해 생각·대상·성취들에 탐닉합니다. 그런 탐닉으로 인해 활동을 하게 되는데, 왜냐하면 오관이 바깥으로 향해 있기 때문입니다. 이처럼 인간은 생시 상태에서 행위를 하도록 추동됩니다. 생시 상태에서의 그 활동적 원리 혹은 상대적 자각은 우리의 참된 존재의 한 기능입니다. 생시 동안의 상대적 자각과 참된 존재의 순수한 자각 사이의 연관이 인간을 생시 상태에 집착하게 만듭니다.

보통 사람은 자기가 생시 상태에 그 자신을 온전히 알고 있고 잠 속에서는 (그 앎이) 전혀 없다고 생각합니다. 꿈의 상태를 가져올 필요는 없습니다. 왜냐하면 바가반은 그것을 생시 상태와 완전히 동등하게 보시기 때문입니다. 당신은 이렇게 말합니다. "꿈은 생시(*Jagrat*)와 깊은 잠(*Sushupti*)의 결합입니다. 그것은 생시 상태의 상습常習(*samskaras*)[인상들]에 기인합니다."(—『대담』, 399.) 꿈 속에서 여러분은 자신을 지금 깨어 있는 그 사람과 동일시합니다. 바가반은, 생시는 거친 상태이고 꿈은 미세한 상태라는 것 외에는 그것들 사이에 별 차이가 없다고 확언합니다. 그래서 사실상 우리는 꿈의 상태를 생시 상태 그 자체 안에 포함시킬 수 있습니다.

생시 상태에서는 이런 생각이 있습니다. "나는 아무개이다." 그리고 자신을 한 몸과 그렇게 동일시하는 것이 잠 속에는 없습니다. 즉, 우리가 잠들어 있을 때는 '나'가 없고, 망각 상태만 있습니다. 깨어나기 직전에 '나'라는 생각이 싹틉니다. 몸조차도 '나'라는 생각이 일어난 뒤에 옵니다.

두 상태의 핵심적 차이는, 생시에는 '나'가 있고 잠 속에는 그것이 없다는 것입니다. 이 '나'는 모든 대상지對象知를 포함합니다. 그래서 생시에는 '나'에 기초한 온전한 대상지라는 그 경험이 있고, 잠 속에는 그것이 없습니다. 그런데 잠 속에는 우리가 전혀 없습니까? 잠들어 있을 때는 우리가 죽어 있습니까? 아니지요. 왜냐하면 푹 자고 일어날 때 우리는 "간밤의 잠을 즐겼다"고 말하기 때문입니다. 그래서 누군가가 그 푹 잔 잠을 즐긴 것입니다! 이처럼 그것은, 생시 상태의 뛰어난 기록자인 '나'가 없어도 잠의 상태에서는 그 잠의 행복을 기록하는 누군가가 있다는 것을 말해줄 뿐입니다. 이것은 생시 상태의 '나'가 부분적인 지知만 가지고 있다는 또 다른 사실을 드러내 줍니다. 잠의 상태에서는 그것이 전혀 있을 수 없었기 때문입니다. 생시의 '나'는 거칠거나 미세한 대상들만 지각할 수 있습니다. 생시 상태에서 '나'를 통해서 하는 대상들의 경험과, '나'가 일체 없는 잠 속에서의 행복의 경험은, 이런 상태들의 진정한 경험자는 그 둘을 넘어서 있다는 것과, 그것이 이 두 가지 상태가 나타나고 사라지는 토대이자 바탕일 수밖에 없다는 것을 분명하게 증명합니다. 생시와 잠은 모든 사람의 핵심적 경험이고, 매일 번갈아듭니다. 생시 상태에서는 대상들만을 볼 수 있는 육안이 작용합니다. 내면의 영원한 진리는 지知의 눈으로만 볼 수 있습니다. 잠 속에서는 대상견對象見(objective vision)의 부담이 없는 예비적 단계가 성취됩니다. 대상견이 없는 것에 대한 참된 인식이 내적인 지견知見을 갖는 선결요건입니다. 생시와 잠의 상호작용을 예리하게 관찰하면, 우리는 진리에, 곧 자각의 측면에 더 가까워집니다. 만일 우리가 생시 상태의 '자각'의 측면만, 그리고 잠의 '행복'의 측면만 꽉 붙들 수 있으면, 우리 존재의 참된 성품을 장악하게 될 것입니다. 이 상태를 '깨어 있는 잠(*jagrat-sushupti*)'[생시-잠]이라고 하며, 그것은 전적인 지복인 우리의 참된 성품과 동의어입니다. 그것을 스리 바가반 자신의 말씀으로 표현하면 이렇습니다.

"생시 상태(*jagrat*)에서는 거친 몸(조대신)이 거친 이름과 형상들을 지각하고, 꿈의 상태(*swapna*)에서는 심적인 몸(미세신)이 다양한 이름과 형상으로 나타나는 마음의 창조물들을 지각합니다. 깊은 잠(*sushupti*) 속에서는 몸과의 동일시가 사라져서 어떤 지각도 없습니다. 마찬가지로, **초월적 상태**(뚜리야)에서는 사람이 궁극의 **진리**(브라만)와 하나가 되어 만물과 조화를 이루며, 그의 **진아**와 별개인 것이 아무것도 없습니다."(—『대담』, 2.)

"보통의 잠에서는 생각이 없을 뿐만 아니라 자각도 없습니다. 생시-잠에서는 순수한 **자각**만 있습니다. 그래서 그것을 '자면서 깨어 있다'고 합니다."(—「영적인 가르침」, 제4장 7번째 답변.)

'깨어 있는 잠'의 상태에 어떻게 들어갑니까? 주요한 모든 경전적 텍스트에 생시-잠의 상태에 대한 묘사가 나와 있지만, 그것을 성취하는 수단은 **바가반**이 더없이 분명하게 제시하셨지요. 생시와 잠의 상태 간의 유일한 차이는 하나의 몸과 결부된 '나'의 출현입니다. 몸-의식이 모든 차이를 가져옵니다. 이 몸-자각은 어떻게 일어납니까?

바가반은 「실재사십송」 제24연에서 이렇게 말합니다. "몸은 지각력이 없어 '나'라고 말하지 않고, 순수한 **존재**는 뜨지도 않고 지지도 않네. 하지만 몸의 한계 내에서, 몸과 **진아**, 곧 **순수한 존재** 사이에서 어떤 '나'가 일어난다네. 그것을 **의식-몸 매듭**(*Chit-jada-granthi*), 곧 마음이라고 하네."

바가반은 마음이 일어나는 과정을 다음과 같이 설명합니다. "잠과 완전히 깨어 있는 상태 사이에, **심장**에서 '나'라는 생각이 솟아오르는 어떤 과도적 상태가 있습니다." **바가반**은 이렇게 말씀하십니다. "이 '나'라는 생각은 하나의 불가사의한 힘입니다. 왜냐하면 그것은 몸에도 속하지 않고 **진아**에도 속하지 않기 때문입니다." 생시의 상태는 '나'라는 생각과 몸의 결합, 곧 개인적 에고입니다. 마음은 생각들의 한 다발에 지나지 않습니다.

생시를 잠에서 구분하는 것은 이 불가사의한 힘인 '마음'입니다. 우리는 잠 속에서는 진아와 하나이고, 대상지를 가진 하나의 '나'로서 깨어나 마음의 영역에 도달합니다. 그래서 마음이 생시 상태를 지배합니다. 잠의 상태의 순전한 행복이 생시 상태에서는 상실되는데, 이는 '나'라는 생각으로 시작되는 마음의 출현 때문입니다. 생시 상태에서 마음, 곧 별개의 에고를 제거하면 인간이 잠의 행복을 연장할 수 있습니다. 바가반은 우리가 이러한 제약들을 뚫고 나아갈 빛과 힘을 주십니다. '나'라는 생각은 우리를 근원으로 도로 이끌어 줄 단서입니다. 그것만이 우리의 참된 존재인 진아를 알기 때문입니다. 바가반은 이렇게 말합니다. "자기 주인의 냄새로 주인을 추적하는 개처럼, '나'라는 생각은 우리를 근원인 진아로 도로 데려다 줄 것입니다." 그런 자기분석, 곧 '나'라는 생각의 뿌리를 탐색하면 생시와 잠의 상태들 간의 장벽을 허물고, 우리가 깨어 있는 잠의 상태, 곧 우리의 참된 존재라는 본래적 상태에 도달할 수 있게 됩니다. 이 상태에서는 생시 상태의 대상지와 잠의 상태의 망각 혹은 무지라는 이원론이 초월됩니다. 바가반은 이 독특한 생시-잠의 상태를, 한 시에서 다음과 같이 요약합니다.

> 생시와 잠의 상태에서 진아를 탐구함으로써
> 깨어 있는 동안의 깊은 잠(생시-잠)을 늘 얻을 수 있다네.
> 잠의 무지가 생시와 꿈에 편재하는 동안은
> 쉼 없이 진아 탐구를 하라.
>
> —『라마나 마하르쉬 저작 전집』, 「생시의 잠」(한국어판, 225쪽 참조)

나아가 당신은 이렇게 말합니다. "보통의 잠 속에서는 생각이 없을 뿐만 아니라 자각도 없습니다. 생시-잠 속에는 생각이 없는 순수한 자각이 있습니다. 그래서 그것을 '자면서 깨어 있기', 즉 온전한 자각이 있는 잠이라고 합니다."(—「영적인 가르침」, 제4장 7번째 답변).

이 생시-잠은 온전한 지知의 상태입니다. 그 상태에서는 활동이 자동적으로, 완벽한 순서로 일어납니다. 왜냐하면 그 상태에서는 몸이 아니라 우주가 '나'이기 때문입니다. 그때는 생각을 마음이라는 달이 하는 것이 아니라, 심장이라는 해가 합니다.

> 내면의 순수한 자각이라는 찬연한 빛이 한 중심을
> 붙든 채, 마치 해가 세계를 밝히듯이 온 몸을 밝힙니다.
> 몸 안에 그 빛이 확산되기 때문에 우리가 몸 안에서
> 경험들을 갖습니다. 그 빛이 퍼져나가는 중심이 심장입니다.
>
> —『스리 라마나 기타』, 제9장, 제7-8연

즉, 순수한 자각인 생시-잠의 상태가 우리 내면의 빛인 심장으로서 항상 빛납니다. 바가반은 심장을 이 빛남의 중심으로 지목합니다. 생시·꿈·잠의 세 가지 상태 내내 심장만이 빛납니다. 잠 속에서는 그것이 잠재해 있지만, 생시 상태에서는 그것이 미치 (물 위에 비친) 달빛이나 스크린 위에 영사되는 영화처럼 '반사'되거나 '제한'됩니다. 「아루나찰라 8연시」의 제6연과 7연에는 자기탐구의 필요성과 효과에 대한 몇 가지 설명이 나옵니다. 당신은 또 이렇게 말합니다. "이 탐구는 마음을 넘어서 있는 그대 내면의 어떤 것[심장]을 발견하도록 이끌어줄 것입니다. 그 문제를 푸십시오. 그러면 그로써 다른 모든 문제를 풀게 될 것입니다."(—『마하르쉬와 그의 메시지』, 38쪽.)

"모든 수행법은 그대가 몸이고, 그대가 마음이라는 망상을 없애기 위한 것입니다. '내가 있다'는 앎은 늘 있습니다. '나는 몸이다'라는 관념만 없애면 됩니다."(—『라마나스라맘에서 보낸 편지』, 1946년 8월 28일자.) 이 순수한 '내가 있다'가 심장이고, 우리의 참된 존재이며, 세 가지 상태가—마치 영화에서 화면들이 흰 스크린 위에 영사되듯이—그 위에서 존재하는 토대이자 바탕입니다. 영화의 비유에서 스크린만이 실재하고 화면들은 실재하

지 않듯이, 이 지고한 존재의 상태를 '생시-잠'의 상태라 하든, '내가 있다'의 상태라 하든, 진아라 하든, 그것만이 실재하며, 잠과 생시, 무위와 행위, 무지와 지知의 상태들은 모두 지나가는 장면들일 뿐입니다. 금 장신구에서는 금만이 실재하고 그 형상들은 겉모습일 뿐입니다. 마찬가지로, 참된 존재인 '내가 있다'만이 실재하고, 몸·시간·공간과 경험의 세 가지 상태는 모두 존재하는 것처럼 보일 뿐입니다. 왜냐하면 그것들은 '내가 있다', 곧 참된 존재와 별개의 존재성을 가지고 있지 않기 때문입니다. 만일 이 자각과의 동일성 상태를 확고히 붙들면, 인간은 궁극의 목표를 이룬 것입니다. 이 완전함의 상태가 실재하고 성취 가능하다는 사실은 바가반 라마나께서 영위하신 54년간의 전적으로 에고 없는 삶 속에서 분명하게 증명되었습니다. 바가반은 이 순수한 존재, 순수한 자각, 순수한 지복의 상태에서 빛을 비춰주는 묵연한 태양으로서 사셨습니다. 당신은 늘 빛나셨고, 늘 행위하셨지만 행위에 구속되지 않으셨지요.

낮에는 눈이 해를 보고, 밤에는 마음이 해를 생각합니다. 마찬가지로, 생시 상태의 자각과 잠의 상태의 지복스러움은 둘 다 영원한 존재, 곧 항상 빛나는 묵연한 태양이신 바가반 라마나의 현현입니다. 우리의 눈, 우리의 마음, 우리의 심장은 모두 '라마나의 빛남(*Ramana Bhaskara*)', 곧 묵연한 태양에서—우리의 잠의 상태에서는 고요한 지복이고, 깨어 있는 동안은 세상 사람들에 대한 사랑과 봉사인 내면의 진아에서—나온 햇살들일 뿐입니다.

우리의 심장을 이 라마나라는 해 앞에 연꽃들처럼 열고, 우리의 동료인 존재들이 벌처럼 와서 그 지복을 맛보고 그 빛을 확산시키게 합시다!

3. 과녁과 화살

'과거'와 '미래'는 '현재'에 의존해 있다네.
일어날 때는 둘 다 '현재'이니, '현재'만 있다네.

—「실재사십송」, 제15연

'있는 것'이 알려지는 모든 것이라면, 이 **'있다**(IS)' 원리만이 **진리**임이 아주 명백합니다. 이 **'있다'** 원리가 **지금**(NOW)입니다. 이 **'지금'**이 인간이 늘 하는 유일한 경험입니다. 따라서 '과거'와 '미래'라는 가정은 이 핵심적인 경험의 상태인 **'지금'** 위에 덧씌워진 것입니다. '현재'가 우리가 항시 대면하는 전부입니다. 그것을 '과거'와 '미래'로 번역하는 행위는 **진리**에서 누추하게 벗어나는 것입니다.

'과거'와 '미래'에 대한 생각이야말로 시간 요소를 생겨나게 합니다. 원인과 결과가 일어나는 것은 과거와 미래의 영역 속에서일 뿐입니다. 영원한 '지금' 속에서는 생각이 설 자리가 없습니다. 또한 거기에는 인과가 존재하지 않습니다. '공간' 자체가 하나의 투사물일 뿐이고 '시간'은 마음에 의존하여 인식되기 때문에, 시간과 공간은 공히 그 자체의 참된 존재성이 없습니다. 현재의 순간, 곧 지금만이 참됩니다. 지금은 "있는 그대로이기 때문에, 규정할 수 없고 묘사할 수 없습니다."

「실재사십송」 제16연에서 **바가반**은 그것을 더 구체적으로 더 힘 있게 묘사합니다. "'나' 없이 시간이 어디 있고, 공간이 어디 있는가?"

바가반이라는 이 작열하는 **침묵의 태양**은 우리들 가운데서 우리들 중의 한 분으로 사셨고, 당신의 삶은 펼쳐진 책과 같았습니다. 당신은 조금의 프라이버시도 가질 필요가 없었습니다. 왜냐하면 당신은 일체에 편재한 전체로서, 그 안에는 어떤 타자도 없었기 때문입니다. 누구든지 언제 어느 때나, 당신에게 접근할 수 있었습니다. 당신은 차림새만 단순한 것이 아니라 그 말의 가장 참된 의미에서 단순함 그 자체였습니다. 당신은 심오하고 독특하신 만큼이나 격의 없고 평상적이었습니다.

당신이 깨달으신 방식과 돌연함도 전적으로 독특한 것이었습니다. 영적인 것에 이렇다 할 관심이 없었고, 요가적인 명상 기법도 전혀 알지 못했으며, 어떤 수행도 해본 적 없이 학교만 다니던 소년이 일순간에 안정된 지혜를 가진 **진인**으로 변모했습니다. 그 비상한 사건을 위한 어떤 준비도 없었고, 그 변모가 일어난 뒤에도 (당신의 생활방식에) 아무런 변화가 없었습니다. 그럼에도 당신은 부단히 **진아**에 안주한 상태로 있습니다.

그것은 노력과 무無노력, 언어와 침묵, 행위와 무위, 속박과 자유, 지知와 무지, 탄생과 죽음 같은 이원성을 넘어서 있는 상태였습니다. 당신 자신이 말씀하셨듯이, 거기에는 시간이 들어설 자리가 없었습니다. 당신의 깨달음은 순간적이었지만, 그것은 영구적으로 유지되었습니다. 그것이 시간 속의 한 사건으로 일어났고 지나갈 것이라는 말조차 할 수 없습니다. 당신이 「아루나찰라 5보송」의 제3연에서 사용하신 비유를 사용한다면, 그것은 차라리 강이 바다에 합일된 것과 같았습니다. **바가반**이 나중에 확인해 주시기를, 당신의 그 상태에는 어떤 변화도, 어떤 미세한 단계도 없었고, 그 상태는 항상적이라고 했습니다. 당신은 영원한 지금 안에 계셨고, 지금도 그러합니다.

바가반 자신이 자연발로적으로 말씀하신 놀라운 진술이 있습니다. 당신 자신의 깨달음의 진상을 드러내시며 그것을 스리 N. 발라라마 레디아르와 공유하셨지요. **바가반**의 가까운 헌신자 레디아르가 이렇게 말했습니다.

"어느 겨울날 저녁 6시 30분경, 베다 빠라야나가 끝난 뒤에 바가반은 평소처럼 소파 위에서 몸을 뻗고 계셨지. 그러면서 그 말씀을 하실 아무런 계기도 없이, 당신은 갑자기 자연발로적으로 이렇게 말씀하셨네. '사람들은 내가 깨닫는 데 20분이 걸렸다고 말하지. 그건 틀렸어.' 몇 초 후에 당신이 덧붙였네. '한 찰나였을 수는 있지.' 그러나 다시 당신 자신의 말씀을 수정하셨다네. '그것조차도 맞지 않지. 시간 요소가 어디 있나?'"

스리 레디아르는 계속 이렇게 말했습니다. "그 말씀을 듣고 나서 속으로 생각했다네. '바가반이 이 말씀을 왜 하시지? 보통 당신은 누가 묻지 않으면 아무 말씀도 하지 않으시는데. 그렇다면 내면에서 일어난 어떤 불가사의한 힘이 당신께 그렇게 말씀하시도록 한 것이 분명하군. 어쩌면 시간 요소가 전혀 존재하지 않는 깨달음의 실제 과정에 대해 헌신자들을 깨우치기 위해 당신이 그런 말씀을 하셨겠지.'"

「실재사십송」 제16연에서 바가반은 "우리는 무시간, 무공간으로 존재하네"라고 말합니다. (당신이 깨달음을 얻으신) 1896년 7월의 그날, 라마나는 단번에 시간을 끝내 버렸습니다. 당신은 항상 (무엇이) '됨'을 벗어나 있는 존재였습니다. 진아, 곧 의식이 일순간에 그 자신을 라마나에게 드러냈고, 당신은 영원히 진아로서 남았습니다. 시간의 움직임을 끝내고 과거와 미래를 끝내는 것은 영원한 현재입니다.

전적으로 단순하고 있는 그대로의 자신으로, 오직 그것만이 있는 진아로 남아 있는 사람에게는, 심원한 형이상학적 분석이 아무 소용없습니다. 그런 사람은 시간·공간·마음·세계와 신을 넘어섭니다. 바가반은 그 무엇에도 얼마나 접촉되지 않으셨는지요!

어쨌든 과거·현재·미래라는 세 팔을 가진 시간이라는 게 무엇입니까? 그것들은 하나의 지속, 즉 '시간'이라는 것이 있음을 말해줍니다. 현재의 순간은 과거와 미래라는 양극단 사이의 중심입니다. 우리의 온전한 주의가 시간과 우리의 관계에 집중되는 순간, 우리는 자신이 영원히 현재 속에서만 살고 있다는 것을 깨닫습니다. 과거의 기억과 미래의 예상들은, 그것조차도 현재에서 떠올려질 뿐이기에 실재하지 않습니다. 현재는 회피할래야 회피할 수 없는 실재이기 때문에, 현재만이 있습니다.

모든 과거의 사건은 그것이 실제로 일어날 때 현재였습니다. 마찬가지로, 모든 미래의 사건은 그때가 되면 현재의 사건으로만 경험될 것입니다. 이처럼 면밀히 살펴보면 과거와 미래는 현재 시간의 현현일 뿐임을 알게 됩니다. 과거와 미래는 전적으로 현재에 의존하며, 그 나름의 어떤 독자적 존재성도 가지고 있지 않습니다. 바꾸어 말해서 시간은 현재의 사건들의 연속적 연결에 의해 형성되는 하나의 끊임없는 연쇄입니다. 만일 여러분이 무시간적 '지금'과 함께한다면, 여러분은 자유롭습니다.

그런 만큼 현재만이 실재하는 시간입니다. 하지만 현재의 순간이 어디서 시작되고 어디서 끝나는지 어떻게 판정합니까? 현재는 지속시간이 없습니다. 그것은 시작이 없고, 따라서 끝이 없습니다. 우리의 완전한 주의를 지금에로 돌리면, 어떤 비상하면서도 단순한 진리가 눈에 띄지 않고 주목받지도 않은 채 내내 남아 있었다는 것을 발견합니다. 우리는 이제까지 '지금'의 경이로움을 거의 의식하지 못했지만, 이 시간 자각에 온전한 주의를 기울이면 내면에서 어떤 급진적 변모가 일어나는 것을 보게 됩니다.

이 점을 더 예리하게 살펴봅시다.

우리는 늘 현재—이것이야말로 우리의 존재-연속체이지만—속에서 살기 때문에, 시간을 자아의식의 한 형태로만 알 수도 있다는 것을 경험적으로 알게 됩니다. 그 자각은 늘 '지금'입니다. 만일 우리가 과거나 미래를—공히 마음의 바탕인데—고려하지 않는다면, 고요함으로서 남는 것은 현재의 순간, 곧 '지금'입니다. 스스로를 인식하는 자각이 지금이고, 다른 것들을 인식하는 자각은 과거이거나 미래입니다. 요컨대 과거와 미래는 마음을 의미하고, '지금'은 곧 의식입니다.

우리의 주의가 지금, 곧 존재하는 원리인 진아에 집중되면 시간의 움직임이 무화無化됩니다. '지금'을 유일한 시간으로 깨달으면 우리를 현혹시키는 시간 요소라는 부젓가락이 무화됩니다. 그저 한 점—원주가 없는 중심—일 뿐인 내적 공간이 깨달아질 때, 당혹스러운 외부 공간의 광대함이라는 조건화가 초월됩니다. 그래서 우리가 내면을 향하면—이것은 항존하는 지금만 인식하는 것이고, 일체에 편재하는 자신 안의 중심을 인식하는 것일 뿐이지만—그것들, 즉 시간과 공간이라는 수단들 그 자체가 끝이라는 것을 동시에 깨닫게 됩니다. 과녁이 화살에 명중하는 거지요.[1)]

고요함의 상태에서는 시간이 정지되는데, 그런 무無운동성이 영원성입니다. 이 영원성은 여기에 늘 있고, 바로 이 현재의 순간에도 그것은 우리와 함께합니다. 그것을 주의 깊게 바라보기만 하면 됩니다. 이 상태가 우리의 존재(Being), 우리의 실존(Existence)입니다. 진아 안에서 안식하는 것이 시간을 정지시키는 효과를 가져옵니다. 시간이 없는 곳에서 진아가 온전히 드러납니다. 그러나 자각으로서의 진아는 우리가 그것을 인식하든 못하든 늘 있습니다.

그래서 이 묵연함, 곧 진아가 마음의 움직임을 통해 활동으로 확장되고, 그래서 무지를 통해 불가사의하게 잊히듯이, 시간도 마음의 움직임을 통해 과거와 미래로 확장되고, 그럼으로써 오직 그것만이 있는 영원성을 '은폐'합니다. 내면의 이 영원성을 느끼고 깨달으려면, 항상 흐르는 생각의 흐름들을 내면에서 정지시켜야 합니다. 생각들이 제어되면 고요함이

---

1) *T.* 이 문단에서 '우리를 현혹시키는 시간 요소라는 부젓가락'은 우리가 늘 과거와 미래라는 양 갈래 시간에 의해 마음이 동요하는 것을 가리키고, '당혹스러운 외부 공간의 광대함이라는 조건화'는 우리가 태어나면서부터 이 광대무변한 우주가 주어진(조건화된) 것을 말한다. 우리는 '시간과 공간이라는 수단'을 가지고 사물을 인식하고 진리를 탐구하지만, 내면의 진아를 깨달으면 진아가 그 수단들을 흡수 또는 '무화'해 버리는데, 이것을 저자는 '과녁이 화살에 명중한다'고 표현했다(294쪽 마지막 문단 참조).

성취됩니다. 고요함 속에서 항존하는 지금이 활기차게 체험됩니다. 이것을 더 낫게 표현하면, 체험하는 이 원리가 진아인데, 그것이 '지금'으로서 맥동합니다.

여기서 우리는 하나의 단서를 얻습니다.

생각들 혹은 시간의 움직임을 정지시키려는 노력 자체가 그것들을 조복調伏시키는 어떤 사람이 있다는 의미를 함축합니다. 생각과 시간은 마음 속에서만 일어납니다. 마음은 자각을 일련의 끝없는 생각의 과정으로 부단히 분쇄하고, 그럼으로써 우리의 존재를 잘게 나누어 연·월·일·시·분·초로 구획하며, 그리하여 우리를 '시간'의 영원한 죄수로 만듭니다. 다행히도 그 감옥의 열쇠가 우리에게 있습니다. 이 열쇠는 그 감옥의 벽들을 만드는 그 마음 자체 안에 숨겨져 있습니다. 그러니 마음이 스스로 거기서 탈출해야 합니다!

그건 그렇고, 그 다음은 무엇입니까?

우리는 이렇게 물어야 합니다. "마음은 누구에게 있는가? 누구의 마음인가?" 이 물음이 아주 강렬해지고 부단해지면 마음이 상념 형상(몸과 세계)에 대한 장악력을 잃습니다. 그런 자유를 얻기 위해 우리가 지불해야 할 대가는 미미한 정도입니다. 이 대가란, 우리 자신을 몸-마음 복합체와 동일시하는 오래되고 뿌리 깊은 개념을 즉각 놓아 버리는 것입니다. 마음이라는 족쇄가 끊어지는 것과, 순수한 의식, 곧 진아라는 자유가 출현하는 것은 순간적이고 동시적입니다.

『문다까 우파니샤드(*Mundaka Upanishad*)』에서는 화살이 개아(*jiva*)이고 과녁이 브라만이며, 그 화살을 쏘는 데 사용되는 활은 옴(OM)이라고 합니다. 그 화살을 과녁에 명중시키려 해도 빗나갈 가능성이 있습니다. 그러나 과녁 자체가 움직여서 화살에 명중한다고 가정하면, 빗나갈 여지가 어디 있습니까? 존재하는 것은 진아뿐입니다. 마음과 시간은 물결처럼 나타나고, 오고갑니다. 그것들은 그 자체 존재하는 실재성이 없습니다. 그래서 마음의 도움을 받아서 하는 모든 수행은 과녁을 맞추려는 화살과 같습니다. 그러나 **바가반**의 길에서는 마음 자체를 그 근원까지 추적하여 **진아** 안에서 해소합니다. 이것은 과녁이 화살에 명중하는 것과 같습니다. 그런 경우에, 잘못 맞추는 일이 있을 수 있습니까? 그 과녁은 원주가 없는 중심이므로, 그것은 일체를 소진시키는 **영원성**입니다. 고요함이 이 **영원성**입니다. 이 영원한 고요함이 일체를 집어 삼킵니다. **바가반**은 이 과정을 "밥이 되는 것이 보는 것(*unādal kān*)"[2]이라고 했습니다. 마음이 해소되면 과거와 미래라는 두 이빨을 가진 시간도 자동적으로 소진됩니다. 그러면 **자각**만이 영원한 '**지금**'으로서 존재합니다.

소진되는—밥이 되는(*unadal*)—이 과정이, 과녁이 화살을 잡아먹는 신적 유희입니다.

라마나가 그 **과녁**입니다!

라마나가 그 **중심**입니다!

라마나가 그 **지금**입니다!

우리는 당신을 우러를 뿐만 아니라 당신의 **지혜** 말씀을 고수합시다. 스리 **바가반**이 그토록 자애롭게 말씀하신 이 **지혜**의 정수에 귀를 기울이십시오. "그대가 해야 할 일은 '있는 것', 이것이나 저것이 되는 것이 아니라 그저 '있는 것'입니다. '**나는 내가 있다는 것이다**(I AM THAT I AM)'가 전체 **진리**를 요약해 줍니다. 거기에 도달하는 방법이 '**고요히 있으라**(BE STILL)'입니다. 단순한 '있음'이 **진아**입니다."

이 지혜를 얻는 때는 지금이고, 그 장소는 **여기**입니다!

---

2) *T.*「실재사십송」, 제21연에서, "신을 어떻게 보는가? (그에게) 밥이 되는 것이 보는 것이네"라고 하였다.

4. 지복이 되라

역겨운 몸뚱이가 자기라는 관념을 포기하고
영원히 지복스러운 진아를 깨달으라. 없어질 몸을
소중히 여기면서 진아를 알려고 하는 것은
악어를 뗏목으로 착각하고 강을 건너려는 것과 같네.

—「실재사십송 보유」, 제12연

폴 브런튼, 아서 오즈본 기타 스리 라마나 마하르쉬에 대해 글을 쓴 이들은 당신이 16세의 어린 나이에 죽음을 대면하고 극복하는 방식에 깜짝 놀랐습니다. 그 놀라움은 「나는 누구인가?」에 나오는 당신의 가르침을 공부하면서 더 깊어졌고, 그들을 아루나찰라의 당신의 친존으로 데려갔습니다. 당신의 삶에서 그 큰 변화는 '죽음의 체험'에 의해서 일어났습니다.[1] 그 결과로 나온 것이 당신의 가르침에서 핵심이 되었습니다. 이 진인의 삶과 당신의 가르침은 그래서 불가분입니다.

「실재사십송 보유」 제12연의 첫 2행에 당신 가르침의 핵심이 들어 있습니다.

혐오스러운 몸뚱이가 자기라는 관념을 포기하고
영원히 지복스러운 진아를 알라.

---

1) *T.* 16세의 학생이던 바가반이 1896년 7월 어느 날, 마두라이의 숙부 댁에서 죽음의 체험을 통해 진아를 깨달은 사건을 말한다.

원인

몸에 대한 집착이 다른 모든 집착의 근원이자 토대입니다. 몸을 자기로 여기는 것이 속박의 유일한 원인이라고 경전에서는 말합니다. 바가반은 여러 곳에서, 몸을 자기로 여기는 사람이 직면하는 많은 어려움을 말씀하셨습니다. 구도자는 이 '몸이 나라는 관념(*dehatma-buddhi*)'에 잡아먹히는 것을 경계해야 합니다.

우리가 '몸이 나라는 관념'에 사로잡힐 때 어떤 일이 일어납니까? 바가반은 다음 구절들에서 이것을 다루고 있습니다.

> "자기를 잊은 채 육신을 자기로 착각하면서, 사람은 무수한 탄생을 겪는다네…." —「진아 5연시」, 제1연

> "세간-환幻(*jaganmaya*)이라고 하는 깊은 바다에 빠져, 우주적 환幻 속에서 익사합니다…." —「아흡 보주화만」, 제9연

> "제가 다시 전락하지 않도록 구해 주소서.…안 그러면 제가 생사윤회라는 이 혹독한 환幻을 건너지 못할 것입니다…." —「아흡 보주화만」, 제5연

> "…제가 허공에 빠져 익사하지 않도록 구해 주소서…." —「아루나찰라 11연시」, 제4연

> "그것은 많은 길로 정처 없이 헤맵니다…." —「아루나찰라 8연시」, 제8연

그래서 우리는 자신을 몸과 동일시하지 않도록 충분히 경고를 받습니다. 그렇다면 몸은 정확히 무엇입니까?

> "몸은 항아리 같이 지각력이 없다네." —「실재사십송 보유」, 제10연

> "…흙 같은 몸을 자기로 착각하면서…." —「아흡 보주화만」, 제4연

"몸은 다섯 겹질의 형상이고…." —「실재사십송」, 제5연

"…죽어 없어질, 돌같이 지각력 없는 몸이…."
—「실재사십송 보유」, 제23연

"우리 자신을 몸이라고 여기면, 우리는 시간과 공간의 그물에 걸린다네." —「실재사십송」, 제16연

따라서 '몸이 나라는 관념'을 포기해야 함이 분명합니다. 그것을 포기하면 어떤 결과가 나옵니까?

결과

우리에게는 "우리는 영원히 지복스러운 진아일 뿐, 달리 그 무엇도 아니다"라는 것이 떠오릅니다. 이 지복스러운 존재의 상태가 어떤 것입니까? 바가반은 많은 곳에서 그것을 분명하게 묘사합니다.

"…그것은 전체성, 온전함(*poondram*)이라네. …." —「실재사십송」, 제7연

"…그것은 모두가 경험적으로 아는 것이라네. …."
—「실재사십송」, 제33연

"…모두에게 항상 있는 단 하나의 상태…." —「실재사십송」, 제34연

"…그것은 늘 존재하니, 있는 그대로 머무르는 것이 진정한 성취라네…." —「실재사십송」, 제35연

"…이 상태는 본질적이니…." —「실재사십송」, 제38연

"단 하나인 진아, 곧 유일한 실재만이 영원히 존재한다네…."
—「진아 5연시」, 제5연

우리 각자의 안에서 항상 빛나고 있는 그 영원한 **지복**의 상태는 우리의 영적인 성숙도와 무관하게 모두에게 공통된다고 **스리 바가반**은 강조합니다. 이 궁극적인 **완전함**의 상태는 모두에게 공통되므로, 우리는 이 항존하는 진리에 자신을 열기만 하면 된다고 거듭해서 이야기됩니다. **바가반**은 이렇게 말합니다.

"모두가 해탈을 얻을 수 있다." —「데비깔롯따라」, 제1연

"…모두가 이 **완전함**의 상태에 있으니…." —「데비깔롯따라」, 제12연

바가반의 반복된 말씀은 큰 의미가 있습니다. 진리는 몇 번이고 되풀이해서 설해야 합니다. 그래야 걱정하는 마음이 그것을 새롭게 붙잡아 자신의 것으로 만들 수 있습니다.

'몸이 나라는 관념'과 '**완전한 지복**의 상태'는 판이한 것이지만, 동전의 양면처럼 우리 자신 안에 존재할 뿐입니다. '몸이 나라는 관념'에 젖어 있어도 열망하는 구도자는 **지복스러운 상태**도 성취하고 싶어 하는데, **바가반**은 그 **상태**가 "늘 존재한다"고 말합니다. 어떻게 하면 우리가 몸과의 동일성 느낌을 초월하여 **진아**에 안주할 수 있습니까?

연관

처음부터 다시 시작해 봅시다. 문제가 정말 몸에 있습니까? 그렇지 않다고, 몸은 활력이 없고 지각력이 없다고 **바가반**은 말합니다.

바가반은 이렇게 말합니다. "물질인 몸은 '나'라고 말하지 않고, 영원한 **자각**은 일어나지(도 않고 사라지지도) 않네. 그 둘 사이에서 몸에 속박된 채, '나'라는 생각이 일어난다네. 이것은 물질과 **자각** 사이의 한 매듭이니, 이것이 속박이고, 개아이며, 미세신이고, 에고라네. 이것이 윤회(*samsara*)

이고, 이것이 마음이라네."(—「실재사십송」, 제24연.)

바가반은 제23연에서 이렇게 말합니다. "몸은 지각력이 없으므로 '나'라고 말하지 않고, 잠 속에서는 누구도 '나는 없다'고 말하지 않네. '나'가 일어나면 일체가 일어나니, 이 '나'가 어디서 일어나는지 예리한 마음으로 탐구하라."

생시의 상태에서는 우리가 몸을 잘 자각하지만, 몸은 '나'라고 말하지 않습니다. 잠 속에서 몸-의식이 없을 때는 누구도 '나는 존재하지 않는다'고 말하지 않습니다. 그렇다면 몸과 독립한 어떤 '나'가 있다는 결론이 나옵니다. 이 앎은 진아에 대한 우리의 탐구에서 아주 중요한 단서입니다. 일단 우리가 몸은 '나'가 아니라는 것을 지적으로 알고 나면, 더 나아가서 이 '나'가 무엇이며, 어디서 일어나는지를 발견해야 합니다. 그것이 최고의 탐구이며, 더없이 모험적인 사냥, 곧 '나'를 사냥하는 것입니다.

바가반은 "'나'의 근원에 대한 탐구가 직접적인 길"이라고 선언합니다. 가차 없이 탐구하면 '나'의 출생지, 곧 잠 속에서 '나'가 해소되고 잠에서 깨어나면 '나'가 일어나는 곳이 드러납니다. 따라서 에고 없는 상태가 곧 실재의 상태라는 것이 분명해집니다. 이 상태에 머무르는 것이 자기탐구의 목표입니다. 그것은 생시-잠(*jagrat-sushupti*), 곧 깨어 있는 자각의 극히 지복스러운 상태입니다.

바가반이 이렇게 말합니다.

"'나'가 일어나지 않는 상태가 진아인 '그것'의 상태라네. 예리한 탐구를 통해 이것을 그대의 체험으로 깨달으라."(—「실재사십송」, 제27연.)

자기탐구가 에고, 즉 '몸이 나라는 관념'을 제거하고 진아가 되는 확실한 방법입니다. 이것이 왕도입니다. 사냥감을 조용히 추적하는 사냥꾼처럼 내면으로 깊이 잠수하면, 근원에 도달합니다. 생각을 넘어선 이 상태가 궁극의 실재입니다. 그 예리하게 깨어 있는 고요함과 완전한 평형의 상태에 머무르는 것이 모든 수행의 목표입니다. 바가반은 탐구라는 왕도를 통해서, 구도자들이 진아로서 안주하는 것을 굉장히 쉽게 만들어 주었습니다.

「실재사십송 보유」 제20연에서는 당신이 이렇게 말합니다. "(자기탐구의) 지속적인 노력을 통해 '그것'으로서 머무르면, '나는 불멸의 몸이다'라는 형태의 무지가, 마치 해가 떴을 때의 어둠처럼 사라질 것이네." 「실재사십송」 제30연에서는 바가반이 이렇게 선언합니다. "마음이 내면을 향해서 '나는 누구인가?'를 탐구하여 자신의 근원에 도달하면, '나'였던 것[에고]은 풀이 죽어 가라앉고 하나[진아]가 '나-나'로서 저절로 나타난다네. 그것이 전체이고, 그것이 진정한 자아라네."

바가반은 모든 문제의 뿌리를 보여주면서 이렇게 말합니다. "에고[마음]가 일어나면 모든 것이 일어나고, 에고가 없으면 다른 아무것도 없다네." (—「실재사십송」, 제26연.) "에고의 소멸이 해탈이라네."(—「실재사십송」, 제40연.)

그래서 구도자는 에고를 죽게 하고, 그렇게 해서 근원 안에서 '다시 태어나', 그것 안에서 그것으로서 빛나야 합니다.

"…행위자(*karta*)가 누구인지를 탐구하여 자기 자신을 알게 되면, 행위자 느낌(*kartrtvam*)이 사라지고, 우리는 세 가지 업業[누적업(*sanchita*)·미래업(*agamya*)·발현업(*prarabdha*)]에서 벗어난다네. 그 해탈의 상태는 영원하다네." (—「실재사십송」, 제38연.) 그런 사람은 필멸의 인간들 중에서도 두드러집니다. (왜냐하면 바가반이 이렇게 말하기 때문입니다.) "'나는 누구인가?'를 탐구하여 자신의 근원 안에서 '그것'으로서 태어나는 사람이야말로 실로 태어난다네. 그는 늘 태어나고, 늘 싱그러우니, 그가 곧 지고의 현자라는 것을 알라."(—「실재사십송 보유」, 제11연.)

진아 안에서 태어난다는 것, 즉 진아를 깨닫고 '있는 그대로' 머무르는 것이 스리 바가반이 가르치신 지고의 진리입니다.

바가반은 우리에게 실재에, 진아에, 우리 자신에게 이르는 길을 보여주셨습니다. 그 길을 걷는 것은 우리가 해야 합니다. 그것은 내면으로 난 길입니다. 「아루나찰라 문자혼인화만」 제44연에서 바가반은 이렇게 말합니다. "'내면을 바라보고, 내적인 눈으로 항상 진아를 추구하라, 그럴 때에만 (그것을) 발견할 것이다.'라고 당신께서 저를 지도하지 않으셨나요, 오 아루나찰라!" '항상'이라는 단어가 중요합니다. 마찬가지로, 「가르침의 핵심(*Upadesa Undiyar*)」 제17연에서는 바가반이 이렇게 말합니다. "마음이 자신의 형상을 끊임없이 면밀히 살펴보면, 마음 같은 것은 없다(는 것을 알 것이)네. 이것이 모두에게 직접적인 길이라네."

진지한 진리 추구자에게는 문제와 그 해법에의 접근방법 양자의 저변에 있는 이론을 확고히 파악하는 것이 필수적입니다. 그러나 그럴 때에도 작업은 시작되지 않은 것과 같습니다. 그 목표에 이르는 길이라고 우리가 이해한 것을 정직하게, 겁 없이, 쉼 없이 실천에 옮기는 것이 핵심입니다. 진인의 삶을 겸허하게 공부하면 우리 내면의 깊은 곳에서 해탈에 대한 열망(*mumukshutva*)의 흐름을 휘젓게 됩니다. 진인의 삶의 다양한 측면에 대한 성찰에 의해 점화되는 경이로움과 열망은 우리의 순수한 성품을 강화해 주고, 우리가 부주의함 없이 자기탐구를 해나갈 수 있게 해줄 것입니다.

> "지혜(*Jnana*)의 눈으로 그 자신에게 몸이 없음을
> 보는 사람은 바로 그 순간 모든 욕망을 포기하고,
> 그럼으로써 지복의 평안을 얻는다오."
>
> —「데비깔롯따라」, 제51연

5. 스리 바가반과 은총

미혹[무지]의 독이 저를 사로잡고 머리로 올라와서 저를 죽이기 전에 당신의 은총을 하사하셔요, 오 아루나찰라!

—「문자혼인화만」, 제64연

지知(*jnana*)에 의해 생각을 넘어서고, 헌신(*bhakti*)에 의해 감정을 넘어서며, 행위의 길(*karma marga*)에 의해 자신이 뜻한 행위를 넘어선다는 것은, 처음부터 자신이 생각을 하고, 감정을 가지고, 행위를 한다고 사칭하는 것, 요컨대 행위자 의식—'거짓된 나'—을 넘어서는 것을 의미합니다. 그것은 순수한 의식이라는 근원으로 돌아가는 것 이상이지 그 이하는 아닙니다.

그 후로는, "그대의 노력은 거기까지만 미칠 수 있습니다. 그 다음은 그 너머가 알아서 할 것입니다. 거기서는 그대가 아무것도 할 수 없습니다. 어떤 노력으로도 그것에 도달할 수 없습니다!"(—『대담』, 197).

여기서 우리는 라마나 마하르쉬님의 위대한 체험의 두 번째 측면을 저 너머의 순수한 힘, 곧 샥띠(Shakti)로서 만납니다. "어떤 힘이—그것을 진아의 힘이라 하든 뭐라 하든—제 내면에서 일어나 저를 사로잡았지요. 저는 새로운 사람이 되었습니다."(—『바가반과 함께한 나날』, 1945년 11월 22일).

바가반은 이 '저 너머의 힘'을 다른 데서는—수백 가지 다른 이름들 중에서도—'은총'이라고 부릅니다. "은총은 항상 존재하고 항상 흐른다"고 스리 바가반은 말합니다. 당신은 아루나찰라를 우러르며 이렇게 말합니다.

"은총으로 충만하신 감로의 바다시여."(―「아루나찰라 5보송」, 제1연). "은총은 진아입니다. 그대는 결코 그 작용에서 벗어나 있지 않습니다. 은총은 늘 있습니다."(―『대담』, 251). "그대는 목까지 그것에 잠겨 있으면서 은총을 달라고 소리칩니다. 그것은 마치 물속에 목까지 잠겨 있으면서 목말라 하는 것과 같습니다!"(―『대담』, 217). 존재하는 것은 은총인데, 그것은 늘 있고 모두가 얻을 수 있으며, 그것이 전 우주를 채우고 있습니다. 왜냐하면 그것은 존재 그 자체이기 때문입니다. 영원히 있는 것은 '내가 있다'인데, 그것은 모두의 가장 깊은 성품이고, 그래서 모두가 언제 어느 때나 얻을 수 있습니다. 우리 모두의 안에 있는 이 순수한 '내가 있다'가 은총입니다. 바가반은 은총을 스승과 동일시합니다. 내면의 스승으로서의 은총은 여러분을 끌어당기고, 외부의 스승으로서의 은총은 여러분을 진아 속으로 밀어 넣습니다. 구도자가 달인으로 변모하는 것은 은총의 이 작용에 의해 이루어지며, 그것은 안에서도 작용하고 밖에서도 작용합니다.

그 합류는 인간의 심장 속에서 일어나는데, 그 심장을 스리 바가반은 '울라두(*ulladu*)'['존재하는 것'] 혹은 '울람(*ullam*)'['내면에 있는 것']이라고 부릅니다. 이 존재가 늘 있는 자각이고, 그것이 여러분을 모든 이원성을 초월하는 어떤 침묵과 고요함 속으로 품어 줍니다. "은총의 최고 형태는 침묵입니다. 그것은 또한 최고의 가르침입니다"(―『대담』, 518)라고 스리 바가반은 말합니다.

스리 바가반의 이런 단언은, 은총은 힘든 노력을 한 뒤에 얻을 수 있고, 그것은 위의 저 너머 어딘가에서 와야 하며, 우리가 그것을 얻을 만한 자격이 있어야 하고, 그것이 우리를 "선택"해야 한다는 등의 오래된 통상적 믿음에서 크게 변화된 것입니다.

스리 바가반은 이렇게 단언합니다. "은총은 모든 인간의 내면에 있다. 그것은 타자성이 없는 참된 존재, 참된 자각의 상태이다. 그것은 진아다."

바가반은 우리가 자신의 진정한 존재를 알기 위해 노력하는 것은 은총에 기인할 뿐이라고 말씀하십니다. "은총을 얻으려는 여러분의 욕망 자체가, 이미 여러분 안에 있는 은총 때문입니다." "은총은 늘 존재하는 것입니다." 참된 '나-나'가 순수한 존재이고, 순수한 자각이며, 순수한 지복입니다. 우리 안의 사뜨-찌뜨-아난다(*sat-chit-ananda*)는 은총 그 자체일 뿐입니다. 아한 스푸라나(*Aham sphurana*)가 은총입니다. 아한 스푸라나가 은총이고, 흐리다얌(*Hridayam*) 자체가 은총입니다!

스리 바가반이 당신이 글로 쓰신 저작에서 이 은총을 어떻게 다루는지 살펴봅시다.

「아루나찰라 다섯 찬가」에서는 스리 바가반이 '은총(*Arul*)'이라는 단어를 아주 많이 쓰고, 그것을 20가지는 족히 될 방식으로 묘사합니다. "한량없는 친절, 사랑, 구원, 은총의 달, 자비의 보물, 장식, 자비로움, 축복, 신적인 삶, 은총의 전투, 은총이라는 사랑의 화살, 은총의 반려자, 은총의 그물, 은총의 끈, 은총의 빛, 은총의 바다, 은총의 광휘"가 그것입니다. 특히 「문자혼인화만」에서는 '은총'이라는 단어를 59번이나 사용했습니다! 「아홉보주화만」에서 세 번, 「10연시」에서 다섯 번, 「8연시」에서 두 번, 그리고 「아루나찰라 5보송」과 「아루나찰라 마하뜨미야」(「다섯 찬가」의 서두 부분)에서 각기 한 번씩입니다. 당신이 아루나찰라 산 위에 사실 때 자연발로적으로 쓰신 헌신적 찬가들에서는 명백히 '은총'이 당신에게 모든 것이었습니다.

이상하게도 우리가 「가르침의 핵심」, 「실재사십송」 같은 당신의 철학적 저술에 이르면, 당신은 '은총(*Arul*)'이라는 단어를 단 한 번도 사용하지 않고 있습니다! 바가반의 가르침에 관한 한 대표작은 「가르침의 핵심」과 「실재사십송」인데, 당신의 헌신적 감정을 쏟아낸 「아루나찰라 다섯 찬가」에서는 아주 폭넓게 썼던 이 은총(*Arul*)이란 단어를 여기서는 일절 사용하지 않고 당신의 핵심 가르침을 전달하고 있다고 생각해 보십시오!

그것이 「아루나찰라 다섯 찬가」의 **헌신**과 「가르침의 핵심」과 「실재사십송」의 **지知** 사이에 어떤 갈등이 있다는 의미입니까?

외관상 서로 다른 이 두 부류 텍스트들의 핵심 단어들이 무엇입니까? **헌신** 텍스트(*Bhakti granta*)에서는 '**사랑**(*anbu*)'과 '**은총**(*arul*)'이고, **지知** 텍스트(*Jnana granta*)에서는 '**존재**(*ulladu*)'와 '**자각**(*unarvu*)'입니다. 이 네 가지 단어는 무엇을 의미합니까? **사랑**과 **은총**은 감정과 이원성의 따뜻한 영역에 속하는 것처럼 보이는 반면, **존재**와 **자각**은 비이원성의 밝은 영역에 속합니다. 피상적 수준에서는 두 세계가 다른 것으로 보입니다.

헌신가는 푸른 연꽃처럼 **은총**의 서늘한 달빛 속에서 즐기는 반면, 지知 수행자(*jnani*)는 붉은 연꽃처럼 비이원성의 강렬한 불꽃 속에서 즐거워합니다. **은총**은 순복에서 오고, 지知는 **자기탐구**의 노력을 요합니다. **은총**조차도 보통 사람에게는 감춰져 있는 것처럼 보입니다. 왜입니까? **스리 바가반**은 이렇게 말합니다. "**은총**이 드러나지 않는 것은 무지가 지배하기 때문입니다. 믿음(*sraddha*)이 있으면 그것이 드러날 것입니다. 믿음·**은총**·**빛**·**영靈**은 모두 **진아**와 동의어입니다."(—『대담』, 381).

은총 혹은 **진아**가 **스승**이라는 외적인 형상으로 나타납니다. 우리에게는 **스리 바가반**이, 우리를 위해서—즉, 우리를 인도하고, 강하게 만들고, 우리 안에 **진아**로서 영원히 살고 있는 **존재**로 깨어나게 하기 위해서—인간의 몸으로 현현한 **참스승**입니다. **스승**은 어머니와 같습니다. "스승의 **은총**은 그대를 물 밖으로 꺼내주려고 뻗어온 손길과 같습니다. 혹은 그대가 무지를 없애도록 그대의 길을 더 쉽게 만들어 줍니다."(—『대담』, 398).

스리 바가반은 분명하게 설명합니다. "무지를 없애기 위해서는 **은총**이 필요합니다. 그러나 **은총**은 늘 있습니다. **은총**은 곧 **진아**입니다. 그것은 얻어야 할 어떤 것이 아닙니다. 그것이 존재한다는 것을 아는 것이 필요한 전부입니다. 예를 들어, 해는 밝음일 뿐입니다. 그것은 어둠을 보지 않습니다. 반면에 다른 사람들은 해가 다가오면 어둠이 달아난다고 이야기합니다. 마찬가지로, 무지도 허깨비이며 실재하지 않습니다. 그것이 실재하지 않기 때문에, 그 실재하지 않는 성품이 발견되면 무지가 제거된다고 말하는 것입니다. 또 해가 있는데 밝기도 합니다. 그대는 햇빛에 둘러싸여 있습니다. 하지만 해를 알려고 하면 눈을 해 쪽으로 돌려서 해를 바라보아야 합니다. 그와 마찬가지로, 은총은 지금 여기 있지만 수행에 의해서만 발견됩니다."(—『대담』, 354.)

바가반은 은총을 얻는 마스터키를 주십니다. "순복", "자기순복"이 그 키입니다. 의심하고 증거를 요구하는 이원성의 느낌이 가라앉습니다. 의심하는 자, 장난질하는 자가 서서히 사라집니다. 순복 속에서는, 마치 엄마의 무릎에서 그런 것처럼, 의심하는 마음이 해소됩니다. 두려워하는 마음이 순복 속에서 상실됩니다!

헌신자: 진리를 아는 데 은총이 필요합니까?

바가반: 예.

헌: 신의 은총은 어떻게 얻습니까?

바: 순복하면 됩니다.

헌: 그래도 저는 은총을 느끼지 못합니다.

바: 진지함이 부족합니다. 순복은 말로 하는 것이어서는 안 되고, 조건을 달아서도 안 됩니다. 기도는 말로 하는 것이 아닙니다. 그것은 심장에서 나옵니다. 심장 안에 합일하는 것이 기도입니다. 그것이 은총이기도 합니다.(—『대담』, 319).

다른 데서는 스리 바가반이 이렇게 강조합니다. "순복하면 은총을 이해하게 될 것입니다."(—『대담』, 317). "있는 것은 은총뿐입니다. 달리 아무것도 없습니다."(—『대담』, 287). "은총은 시작이자 끝입니다. 내면으로 향하는 것은 은총 때문입니다. 감내가 은총이고, 깨달음이 은총입니다."(—『대담』,

319). 스리 바가반은 『바가바드 기타』를 인용하여 말합니다. “(『기타』에서는) ‘나에게만 순복하라(*mamekam saranam vraja*)’고 했습니다. 만일 어떤 사람이 자신을 전적으로 내맡긴다면, 은총을 구할 어떤 부분이 남아 있겠습니까? 그는 은총에 의해 삼켜지고 맙니다!”(—『대담』, 319).

한 헌신자가 스리 바가반께 호소하기를, 자신이 당신의 형상을 기억할 때 자기 마음이 강해져야 하고, 당신 쪽에서 반응이 와야 하며, 그가 아주 약하다고 느끼는 자신의 개인적 노력에만 맡겨져 있어서는 안 된다고 했습니다. 스리 바가반이 자애롭게 답변했습니다. “은총은 곧 진아입니다. 제가 이미 말했지요. ‘만일 그대가 바가반을 기억한다면, 그것은 진아가 그렇게 하도록 그대를 자극하기 때문’이라고 말입니다. 이미 은총이 있지 않습니까? 은총이 그대 안에서 작용하지 않는 순간이 있습니까? 그대가 기억한다는 것이 은총의 징표입니다. 그것이 반응이고, 그것이 자극이며, 그것이 진아이고, 그것이 은총입니다.”(—『대담』, 251). ‘내가 은총을 얻게 될까?’ 하는 의심을 피해야 합니다. (같은 헌신자에 대한 다른 답변에서) 바가반은 ‘내가 그것을 가질 수 있을까?’ 하는 의심 혹은 ‘나는 그것을 얻지 못했다’라는 느낌 자체가 장애물이라고 말합니다. “그런 것들에서도 벗어나십시오.”라고 스리 바가반은 격려하지요!

혹자는 최종적 순복이라는 뛰어들기를 하려면 보증 말씀이 더 필요할지 모릅니다. 그런데 그것이 여기 있습니다. “스승은 안에도 있고 밖에도 있습니다. 그래서 그는 그대를 내면으로 몰아넣기 위한 조건들을 창출하고, 그대를 중심으로 끌어당기기 위해 내면을 준비시킵니다. 이처럼 그는 밖에서 밀고 안에서 끌어당겨 그대가 중심에 고정될 수 있게 합니다. 이것이 스승의 은총입니다.”(—『대담』, 398). 나아가 당신은 이렇게 단언합니다. “신, 스승과 은총은 실제로 하나이고 동일합니다. 스승의 은총을 얻은 사람은 분명히 구원될 것이고, 결코 버림받지 않을 것입니다. 마치 호랑이의 입 안에 떨어진 먹이가 결코 도망칠 수 없듯이 말입니다. 그렇기는 하나, 제자도 스스로 스승이 보여준 길을 흔들림 없이 따라야 합니다."(—『나는 누구인가?』)

순복과 자기탐구는 서로 불일치합니까? 바가반은 "그렇지 않다"고 말합니다. "헌신가가 순복이라고 하는 것을, 탐구(*vichara*)를 하는 사람은 지知라고 합니다. 둘 다 에고를 그것이 솟아난 근원으로 도로 데려가서 거기서 그것을 합일시키려고 합니다." 순복 혹은 헌신과, 열심히 하는 자기탐구 둘 다 우리의 에고를 해소하는 데 도움이 됩니다. 그래서 헌신과 지知 둘 다로써 말썽꾼인 마음, 곧 에고를 소멸하는 최종 결과를 실현하게 됩니다.

한 헌신자는 많은 토론을 하고 바가반의 충분한 설명을 들은 뒤에도 당신의 은총이 하사되는 데 대해 의심을 가졌습니다. 바가반은 인내심 있게 그러나 힘주어서 답변하셨지요. "그대는 은총 없이 이 질문을 하고 있습니까? 은총은 처음이고, 중간이며, 끝입니다. 은총은 진아입니다. 자기를 몸과 거짓되게 동일시하기 때문에, 스승이 몸을 가지고 있다고 보게 됩니다. 그러나 스승의 견지에서는, 스승은 진아일 뿐입니다. 진아는 단 하나입니다. 스승은 진아만이 있다고 말합니다. 그렇다면 진아가 그대의 스승 아닙니까? 달리 어디서 은총이 오겠습니까? 그것은 진아에서만 옵니다. 진아의 나툼(manifestation-현현)이 은총의 나툼입니다. 모든 의심이 일어나는 것은 그릇된 소견과, 그에 따른 기대, 즉 그대 자신의 바깥에 있는 사물들에 대한 기대가 있기 때문입니다. 진아에 외적인 것은 아무것도 없습니다."(—『대담』, 157).

그렇다면, 스리 바가반의 은총이라는 것은 무엇을 의미합니까? 그 답은, "스리 바가반이 곧 은총 그 자체 아니신가? 당신이 말씀하신 모든 단어, 당신이 써 두신 모든 단어가 은총이었다"는 반문입니다. 당신 자신이

"은총의 바다, 지고의 감로"이셨지요! 당신의 영원한 빛은 당신의 헌신자들을 그들의 내면에서, 곧 당신이 주재하는 자리인 심장에서부터 인도합니다. "아루나찰라 라마나는 모든 존재들의 심장에 있는 연꽃 안에서 유희하는 지고의 존재"입니다.

한 연로한 헌신자는 참스승 라마나께서 자신에게 진아의 영역을 드러내 보이신 데 대해, 『해탈정수』에 있는 한 연을 인용하여 감사를 표현하고 싶었습니다. "'스승님, 당신께서는 저의 가장 내밀한 진아로 머무르는 실재이시면서, 무수한 저의 모든 생 동안 저를 지배하셨습니다! 당신의 가르침을 통해서 저를 구원하시기 위해 이 인간 형상을 걸치신 당신께 영광이 있으시기를! 저를 해탈시켜 주신 당신의 은총에 어떻게 보답할 수 있을지 모르겠습니다. 영광! 당신의 성스러운 두 발에 영광이 있으시기를!' (—『해탈정수』, I.86). 스리 바가반은 당신 자신이 같은 저작의 그 다음 연을 인용하심으로써 그 보답을 받았다고 주장하셨지요. "그대의 체험을 가로막는 세 가지 장애[무지·불확신·그릇된 지知] 없이 그와 같이 진아에 고정되어 있는 것이, 그대가 나에게 할 수 있는 최상의 보답이다!"

오, 바가반! 당신의 이름은 은총이시니,
당신의 은총을 우리 모두에게 쏟아주소서!

옴 따뜨 사뜨(Om Tat Sat)
스리 라마나께 절합니다(Sri Ramanarpanamastu)

합본별책 2

바가반 라마나의 직접 가르침

Direct Teaching of Bhagavan Ramana

Self-attention Expounded in His Own Words of Wisdom

By V. Ganesan

(First edition, 2003; Second edition, 2011)

간행사

스리 바가반의 가르침은 이런 것을 바탕으로 한다. 즉, 진아만이 있다는 것, 우리는 진아일 뿐이라는 것, 세계·인격신·개인적 자아는 단 하나인 진아의 현현들일 뿐이라는 것, 이런 것들은 어떤 내재적 실재성도 없고, 우리가 꿈에서 보는 사물이나 사람들과 같다는 것이다.

스리 바가반은 말한다. "'타자성의 느낌'이라는 환幻을 버리십시오. 그러면 진아가 순수하고 원초적인 모습으로 빛날 것입니다. 진아 깨달음은 우리가 자신의 몸과 마음의 비실재성을 깨닫는 것일 뿐입니다."

두말할 것 없이, 스리 바가반은 자기탐구가 직접적인 길이고, 당신의 가르침과 인도가 모든 방법을 포용한다고 거듭해서 강조했다. 스리 바가반은 자비심에서, 각 구도자의 성숙도에 따라 적합한 모든 영적인 길에 중요성을 부여했다.

저자인 V. 가네산은 그의 집안과 학력, 그리고 무루가나르, 아서 오즈본, 채드윅 소령, 비스와나타 스와미, 꾼주 스와미 그 밖의 원로 헌신자들과 다년간 접촉해 온 덕분에 이 책을 쓸 자격을 온전히 갖추었다.

스리 라마나스라맘

발행인

머리말

큰 스승 바가반 라마나는, 우리가 참된 영성의 길을 밟기 위해서는 외부로 향한 선행에 몰두하는 것보다 내면을 향한 수행에 크나큰 중요성을 부여했다. 출판된 다양한 책들에 담겨 있는 마하르쉬님의 '대담' 기록에는 "수행은 아주 중요하다", "수행하고, 수행하고, 더 수행하라"처럼 이 점을 확인해 주는 말씀들이 많다. 이에 대해서는 두 견해가 있을 수 없다.

스승님이 "수행"이라고 지칭하신 것의 진정한 의미는 열렬한 수행자이자 헌신자였던 S. S. 코헨의 다음 이야기에서 잘 드러난다. "한번은 아쉬람 사무실에서 영문 편지를 담당하던 헌신자가 자리를 비우게 되었고, 도감都監[아쉬람 운영책임자]은 아쉬람 안에 살고 있던 채드윅 소령에게 그의 직을 대신 맡아 달라고 했다. 채드윅은 거절했지만, 그렇게 한 것에 양심의 가책을 느꼈다. 그날 밤 저녁식사가 끝난 뒤 우리 둘만 혹은 거의 우리만 바가반과 함께 있을 때, 채드윅이 그 일을 당신께 말씀드리면서 자신이 잘한 것인지를 여쭈었다. 바가반은 채드윅이 명상을 하는 것이 당신께 더 큰 봉사를 하는 것이며, 그럼으로써 당신의 마음을 크게 덜어준다고 대답하셨다."(—『향기로운 꽃잎(*Fragrant Petals*)』(영어판), 31쪽.)

『라마나에 대한 기억(*Ramana Smrti*)』에 나오는 또 하나의 사건이 있는데, 아쉬람의 공양주이던 샨땀마(산땀마)의 경우가 그것이다. 샨땀마는 자신이 내내 주방에서 일을 하느라고 바가반의 친존에서 명상할 시간이 없다고 하소연했다. 스리 바가반의 이 답변도 똑같이 중요하다. "손과 다리는 그 일을 하라 하고, 마음은 명상에 합일시키시오."

외관상 모순이 분명히 드러나는 이 두 사례에서 우리가 마주하는 사실은, 어쩌면 (외적인) 신체적 환경에서는 우리에게 선택의 여지가 없겠지만, 내적으로는 모든 상황에서 내내 명상을 할 수 있는 내재적 자유를 우리가 가지고 있다는 것을 어김없이 발견한다는 것이다.

당신의 성스러운 친존에서는 전적인 자유가 지배했는데, 거기에는 예정된 사건들의 흐름과 자신을 동일시하거나 동일시하지 않을 자유도 포함되었다. 그러나 B. V. 나라싱하 스와미, 폴 브런튼, 무루가나르, S. S. 코헨, 무나갈라 벤까따라마이아, 나야나, 안나말라이 스와미, 비스와나타 스와미, 꾼주 스와미 같은 진지한 구도자들은 (아쉬람의) 화원에 인접한 '빨라꼬뚜'라는 곳에 지은 독립 오두막에 각자 기거하면서, 명상 수행에 전념하여 내면을 향해 **자기탐구**, 즉 "나는 누구인가?"의 탐구만 하기도 했다. 이것은 **스리 바가반**도 승인하셨다. 그들은 자신의 수행과 무관한 활동에 관여하지 않았다는 점에 주목해야 한다. 참된 구도자가 어떤 불필요한 외적 활동에 몰두하는 것을 보면, **스리 바가반**은 그를 질책하기도 했다! 이들 참된 구도자들은 이처럼 당신에 의해 부단히 인도 받아 내면을 파고들며 명상했다. 그리고 이는 초심 구도자들에게 그들의 참된 선택이 무엇이어야 하는지에 대한 하나의 지침이 된다.

이 책은 구도자가 우리의 **스승님**이 계속 강조하신 단 하나의 '수행'—**자기탐구**—으로 다시 진정으로 끌어당기기 위한 하나의 노력이다. 본문에서는 구도자들이 '**바가반 라마나**의 길'을 밟아가는 일의 참된 중요성, 참된 의미를 발견하게 될 것이다.

제1편은 우리의 **스승님**의 **아루나찰라** 도래(advent)가 갖는 아름다운 점을 제시한다. 제2편은 구도자가 자신이 파악해야 하는 것의 깊이에 친숙해질 수 있게 하는 몇 편의 매혹적인 글들을 제공한다. 더 중요한 제3편은 그 '과정'의 '이유'와 '방법'을 다룬다. 본서의 가장 중요한 부분인 마지

막 편은 스승님의 지혜의 말씀들을 인용한다. 구도자들은 부단한 자기탐구 수행을 근면히 고수함으로써, 스승님이 주신 이 위대한 메시지의 핵심을 내면으로 흡수해야 할 것이다.

적극적으로 보면, 스승님은 곧 진리이시다! 저 스승님—바가반 라마나—은 우리들 각자도 그 진리일 뿐이라고 단언하신다. 이 진리를 우리에게 드러내 주신 데 대해 우리 모두 얼마나 고마움을 느껴야 할까! 보답으로 우리는 당신께 무엇을 내놓을 수 있겠는가?

스승님 자신이 우리가 어떻게 스승(Guru)께 순복된 고마움을 표해야 하는지를 보여준다. 당신은, 내면으로 뛰어들어 움직임 없는 존재로서 머무르는 것이 스승에 대한 참된 보답이고, 참된 존경이라고 말한다. 당신은 또한 우리 자신의 심장이 스승님의 성스러운 두 발의 거주처임을 밝힌다. 구도자의 머리를 참스승의 성스러운 두 발에 내맡기는 것—"마음이 심장에 합일되는 것"—이 바가반 라마나의 이 왕도의 지고한 정점이다!

참된 구도자들은 어떤 형태의 외향적 움직임에도 한눈팔지 않고 내면으로 뛰어들고, 그리하여 이 지고한 명상 속에서 해소되시라. 외적인 모든 것이 전적으로 해소되는 것과, 내면의 지복스러운 침묵의 태양—참스승 바가반 라마나—이 개화하는 것은 동시적이고, 서로 동의어이이다.

바가반 라마나가 곧 진아이시다! 따라서 진아가 되는 것이 그 구도자의 유일한 전체적 활동이고, 가장 위대한 의식儀式이며, 가장 고상한 봉사이고, 최고의 공양이다!

이 책을 간행하여 모든 구도자들을 도와주시는 데 대해 스리 라마나스라맘 총재님께 감사드린다.

V. 가네산

제1편

불길이 날아감

"진아를 깨닫는 것이 인류에게 해줄 수 있는 가장 큰 도움입니다."

—스리 라마나 마하르쉬

"단 하나의 진아라는 진리와 진아 깨달음이 가능하다는 것을 배우는 것은 굉장히 신나는 일이다. 마침내 삶이 어떤 의미와 목적을 갖는다."

—아서 오즈본

"자기탐구는 모든 과업 중에서 가장 쉬운 것일 수밖에 없다. 그러나 그것은 가장 어려워 보이는데, 왜냐하면 우리가 우리의 진아에 대해 이방인이 되어 있기 때문이다. 우리가 해야 할 일은 단순하다—진아로서 안주하는 것이다."

—T. M. P. 마하데반

"그것은 온통 순금이다. 그리고 여기서 우리는 우리 앞에 육신으로 늘 살아 계신 스리 라마나 마하르쉬께서 우리의 이익을 위해 당신 자신의 모방 불가능한 말씀으로 우리를 가르치고 계신 것을 발견한다."

—채드윅 소령

1. 불길이 날아감

여정은 공간 속의 한 움직임이고, 경험은 시간 속의 한 도약이다. 신비체험 속에서는 시간과 공간 둘 다 초월되지만, 그것이 시간과 공간의 틀 속에서 일어나는 것처럼 보인다. 모든 종교의 역사에서 그런 사례들을 풍부하게 들 수 있다. 이런 '정점'의 체험들 대부분은 그것을 체험한 사람들에게 지워질 수 없는 자국을 남긴다. 그 체험들은 순간적으로 찾아오지만, 올 때처럼 그렇게 사라진다. 그런 재능 있는 사람들은 후세의 이익을 위해 언어로 자신들의 체험담을 남긴다. '됨(becoming)'이 '있음(Being)'으로 들어가는 이런 여정들이 신비 문헌을 구성한다. 많은 성자와 탁발승들(fakirs)이 이렇게 해서 오늘날에도 감사한 존경심으로 기억된다.

이와 나란히 가지만 반대 방향으로 나아가는 것이 스리 라마나 마하르쉬의 최종적 체험이다. 그는 16세의 학생에서 순식간에 확고한 지혜를 가진 진인으로 변모했다. 이것은 '됨'이 '있음'에 합일된 것이 아니라, '있음'이 '됨'을 흡수해 버린 경우였다. 스리 라마나의 죽음의 체험은 있음이 됨을 삼켜 버린 단 한 번의 최종적 행위였다.

아루나찰라의 빛(Arunachala *Jyoti*)의 한 섬광이 유명한 시바의 도량(Siva Kshetra)—띠루쭐리(Tiruchuzhi)—에 도달하여, 더없이 덕 있고 관대한 한 여성에게 내려와 있었으니, 이는 오로지 한 인간의 형상을 취하기 위해서였다. (바가반의 어머니) 알라감말(Alagammal)은 실로 축복 받은 사람이었다. 불의 하느님(아루나찰라의 시바)이 그녀를 선택했기 때문이다! 알라감말은 자신의 둘째 아들로 자궁 속에 들어와 있는 그 '열기' 곧 '찬연함'을 감당하기가 무척 힘들었다. 그 아이가 태어났을 때, 어떤 큰 빛이 분만실을 환히 밝혔고, 날 때부터 앞을 못 보는 산파가 그 빛을 '보고' 알라감말에게 외쳤다. "이 얘는 정말 신성한 아기야! 내가 찬란한 빛을 보았어, 알라구(Alagu)!" 그 아이 벤까따라만은 내면에서 "아루나찰라, 아루나찰라" 하는 소리를 듣기 시작했다. 왜냐하면 진아인 주 아루나찰라께서 이 아이를 자신의 지상적 여정을 위한 탈것으로 '선택'했기 때문이다.

16년 동안 "아루나찰라"는 이 소년의 심장 속에서 하나의 진동으로 남는다. 그러던 어느 날 갑자기, 이 이름이 나이 든 한 친척의 입에서 하나의 외적인 소리로 현실화되었다. "아루나찰라", "아루나찰라"가 도처에서 반향된다! 더 이상 한 육신이라는 좁은 범위 안에서의 지루한 기다림은 없다. 아루나찰라가 이 소년을 어떤 죽음의 체험 속에서 영원한 포옹으로 감싼다. 마두라이(Madurai)에서의 이 위대한 체험 속에서 바가반은 죽음을 대면하여 그것을 극복했고, 소년 벤까따라만은 위없는 지혜를 가진 한 사람의 진인이 되었다. '됨'에서 '있음'으로, 죽음에서 불멸로의 이 변모는 (인류의) 영적인 역사에서 독특한 것이었다. 왜냐하면 그것은 영구적이면서 전체적이었기 때문이다. "이 죽음을 보는 가운데, 감각기관들은 모두 마비되었지만 아한 스푸라나(*aham sphurana*)[자기자각]는 또렷하게 분명했고, 그래서 저는 우리가 '나'라고 하는 것은 저 자각이지 몸이 아니라는 것을 알았습니다. 이 자기자각(Self-awareness)은 결코 쇠퇴하지 않습니다. 그것은 어떤 것과도 무관합니다. 그것은 스스로 빛납니다. 설사 이 몸이 불태워진다 해도 그것은 영향을 받지 않을 것입니다. 그래서 바로 그날, 저는 그것이 '나'라는 것을 아주 분명하게 안 것입니다."[1] 이 소년은 불타 버린 밧줄 같은 자신의 육신이 자신의 어버이인 지고한 불과 별개로 '살아 있음'이 더 이상 만족스러울 수가 없었다.

---

1) 『라마나스라맘에서 보낸 편지』, 제2장(1945년 11월 22일).

또 그것은 얼마나 멋진 여정이었던가!

마두라이에서 띠루반나말라이까지의 정확한 철도 여비를 모르던 소년은 자기가 받은 5루피 중에서 (정확한 요금인) 3루피만 갖는다! 그가 여행 도중 받는 길 안내와 도움을 보라. 한 무슬림 탁발승은 (내릴 역을) 올바르게 안내해 주고, 빌루뿌람에서는 식당 주인이 무료로 밥을 먹게 해 주며, 맘발라빠뚜에서 낄루르까지는 힘들 것 없이 걸어가고, 사원의 한 북치기는 (자신의) 음식을 준다. 신심 있는 한 부부는 사랑과 애정을 쏟아주며, (띠루반나말라이의) 한 이발사는 머리를 삭발해 주고, 아버지의 두 팔은 소나기 목욕으로 아들을 맞아 준다! 모든 속박을 벗어나 그는 황홀경 속에서, 자신의 마지막 세간적 임무를 했다. 즉, 가서 아버지(아루나찰레스와르, 곧 시바)에게, 아들이 그에게 완전히 순복함을 고한 것이다.

유랑승(*parivrajaka*)은 사원, 산, 동굴, 나무 밑 혹은 성스러운 강의 둑을 주거지로 삼아야 한다고 경전에서 말한다. 1896년 9월 1일 아루나찰라에 도착한 소년 진인은 사원을 선택했고, (그 내전에) 들어가서 링감(*Lingam*), 곧 아루나찰라를 끌어안았다. 어쩌면 아루나찰라 자신이 당신의 아들을 끌어당겨, 순수함과 평안의 힘으로 충전된 지성소(*sanctum sanctorum*) 안에서 그 영원한 포옹을 하게 했다고 말하는 것이 더 옳을 것이다.

청년 라마나는 이제 자기 집이라고 부를 곳이 필요 없었다. "모든 장소가 그의 것이다. 땅바닥은 어디나 그의 침상이고, 나무들은 그의 우산이며, 달은 그의 등불이고, 만나는 모든 사람이 그의 형제자매들이다."

"만일 그가 일을 했다면 그것은 남들의 의지에 의한 것이었다. 그는 무엇을 먹어도, 어떤 음식을 얻든, 많든 적든, 좋든 나쁘든, 탁발로 얻었든 우연히 얻었든, 그에 대해 한 생각도 일으키지 않았다. 그는 즐거움을 위해 먹지 않았다. 왜냐하면 그는 자기를 몸과 동일시하면서 상대물의 쌍들에 노출된 채 몸이 겪어야 할 기쁨과 슬픔을 그 몸에 귀속시키는 오류에서 벗어나 있었기 때문이다. 더우나 추우나, 바람이 불거나 비가 오거나, 그는 튼튼하고 건장하며 황소처럼 아무것도 걸치지 않은 몸으로 돌아다녔다. 그의 브라만적 광채는, 그가 맨땅에서 잠을 자고, 문지르거나 씻지 않은 채 무엇을 하며, 사타구니에 두른 헝겊 이상은 아무것도 입지 않은 탓에 먼지에 덮여서, 마치 (먼지에 덮인) 다이아몬드의 광채처럼 숨겨져 있었다."[2)]

본연안주자(*sahaja nishta*) 자다바라따(Jadabharata)에 대한 이 묘사는 아루나찰라에서의 바가반의 초기 시절 이야기와 거의 단어 하나하나까지 부합한다. 몸이 필요로 하는 것들을 전적으로 무시한 채 확고한 지혜의 내적 균형 상태에 확고히 자리잡은 이 16세 소년은, 바깥세상을 망각한 채 아루나찰레스와라 사원 안과 주변을 돌아다녔다. 『바가바따(*Bhagavata*)』에서 자다바라따의 모습으로 아주 생생하게 묘사된 이 '살아 있되 죽은' 존재 상태는 바가반 라마나가 "우주의 주권적 하느님"[3)]의 상태라고 느끼고 찬양한 지고의 상태였다. 이러한 초월단계인(*ati asrami*-'인생단계'를 초월한 사람)의 지고한 상태에서 살았던 어떤 사람이 있었는지 여쭈자 바가반은 금방 대답했다. "수까(Suka), 리샤바(Rishabha), 자다바라따지요."[4)]

아들의 전적인 순복 못지않게 아버지의 자애로운 보살핌이 있었다. 세샤드리 스와미가 빠딸라 링가의 지하 공간에서 이 소년을 구출한 것과, 웃단디 나이나르가 일루빠이 나무 아래 있던 그를 두루 보호해 준 것과, 라뜨남말(Ratnammal)이 이 청년 고행자의 입에 음식을 밀어 넣은 것과, 여러 해에 걸친 빨라니 스와미의 아버지 같은 보살핌을 달리 어떻게 설명할 수 있겠는가? 당시는 철저히 임의자재任意自在 할 수 있던 시절이었다. 당신의 팔이 베개였고, 당신의 손바닥은 엽반葉盤이었으며, 버려진 누

---

2) 『스리마드 바가바땀(*Srimad Bhagavatam*)』(N. Raghunathan 역), 제1권 제5편 제9장.
3) 「아루나찰라 8연시」, 제7연.
4) 『대담』, 281.

더기가 당신의 옷이었고, 목욕도 하지 않았고, 밤인지 낮인지도 몰랐다! "당신이 사원 경내의 한 나무 밑에 앉아 계실 때는 몸이 때로 덮여 있었다. 목욕을 전혀 하지 않았기 때문이다. 12월의 추운 밤에는 두 다리를 오그려 그 사이에 머리를 박고 꼼짝 않고 그렇게 계시곤 했다. 이른 아침에는 몸의 때가 이슬과 안개에 젖어 하얗게 보였다. 햇볕에 마르고 나면 검게 보였다."[5] 배고픔도 갈증도 없었고, 깨어남도 잠듦도 없었다.

이것은 당신이 **아루나찰라**에 도착한 1896년 9월 1일부터, 당시 모두에게 브라마나 스와미(Brahmana Swami)로 알려진 이 소년 **진인**이 "수행자들의 질문에 처음에는 글로 쓴 답변으로 반응하기 시작"한 뒤 순수한 **지혜**의 말씀이 시와 산문으로 홍수처럼 쏟아지기 전까지의 기간이었다. 그 엄숙했던 기간에 이 고행자는 **진아몰입**과 **침묵**에서 점차 외적인 정상 상태로 옮겨가서, 자신의 내적인 체험을 단순하고 명확한 말을 통해 소통하는 모습을 보였다. 당신이 음식을 얻으러 가지 않고 있으면 사람들은 당신이 단식을 하고 있다고 말했다. 당신은 말을 할 일이 없었다. 그러자 그들은 '스와미는 묵언(*mounam*)을 하고 있다'고 추측했다! 당신은 당신 자신 안에 늘 자리잡은 채, 바탕 스루띠(*adhara sruti*)[음악에서 바탕에 깔리는 음]처럼 **진아**의 단일성 안에서 전적으로 안식하고 있었다. 그러나 주변 환경에서 들어오는 새로운 음들이 그 바탕 스루띠와 섞이기 시작했다. 당신은 "어떤 행위를 해도, 자신을 그 행위와 결코 동일시하지 않으면서, 곧 자신이 그 행위자라고 생각하지 않으면서 그 행위를 할 수 있고, 상당히 잘 할 수 있는" 상태에 있었다. 당신은 우리들 가운데 **자각**으로서, 모든 사람들 안의 **사람**으로서 사시기 시작했다. 즉, 당신은 모두의 안에서, 모든 삶으로서 사셨다! 그리고 54년 동안이나 그렇게 하셨다!

"하나의 고정된 상태가 있는데, 잠·꿈·생시의 상태들은 그 안에서의

---

5) 『대담』, 357.

움직임들에 불과합니다. 그것은 영화에서 스크린 위를 움직이는 화면들과 같습니다. 누구나 화면과 함께 스크린을 보지만, 스크린은 무시하고 화면만 받아들입니다. 그러나 진인(*Jnani*)은 스크린만 고려할 뿐 화면들을 고려하지 않습니다. 화면들은 확실히 스크린 위를 움직이지만 스크린에 영향을 주지 않습니다. 스크린 자체는 움직이지 않고 정지해 있습니다. 진인의 상태는 참된 상태이며, 또한 원초적이고 본래적인 존재의 상태입니다. 사람이 일단 거기에 도달하면 그곳에 고정됩니다. 일단 고정되면 늘 고정되어 있게 됩니다."[6)]

무집착 혹은 포기는 사물들을 포기하는 것이 아니라, 사물들과의 전적인 비동일시이다. 초기 시절의 당신이 몸이나 몸의 필요물들을 아예 돌아보지 않는 모습을 보여주었다면, 수많은 사람들이 당신을 인정하고 우러르던 후기 시절의 스리 라마나는 무집착의 또 다른 측면, 곧 당신에게 쏟아지는 것들을 배척하지 않는 모습을 보여주었다. "받아들이지 않는 것은 소유에 대한 갈망만큼이나 에고적이다"라는 법칙을 몸소 보여준 것이다.

스리 바가반이 남들에게 당신 가까이 있을(*saameepya*) 자유와 당신에게 쉽게 접근할(*soulabhya*) 자유를 누릴 수 있게 한 것이 무집착의 이 새로운 측면을 설명해 준다. 이 무집착은 매 순간 당신 주위에서 일어나는 모든 행위에서 빛났다. 생명을 주는 해의 열기와 서늘한 달의 밝음이 스리 라마나의 친존에서 한데 어우러졌다.

바가반의 삶에서 아름다운 점은, 빠딸라 링가, 일루빠이 나무, 구루무르땀(Gurumurtham) 시절에 일어난 모든 사건들을 당신이 나중에 격식 없이 다시 들려주었다는 것이다. 즉, 당신이 내면으로 완전히 몰입하여 무상삼매無相三昧(*nirvikalpa samadhi*)에 들어 있을 때조차도, 바깥에서 일어난 일들을 자각하고 계셨던 것이다. 이런 상태는—영적인 전승지傳承知에서

6) 『대담』, 607.

전해지기는 하지만—희유하며, 본연삼매本然三昧(*sahaja samadhi*)로 찬양 받는다. 몸 안에 있으되 몸의 한계들을 초월한 것이다.

바가반은 생애 마지막 몇 달간 몸에 거듭된 수술을 받으면서도 극심한 고통에 무관심한 상태로 계시면서, 말하자면 예전 빠딸라 링가 시절을 재현하셨다. '몸이 나다'라는 관념을 포기하고 영원한 진아로서 안주하라는 것이 스승님의 메시지이다.

수까, 자다바라따, 라마나 같은 위대한 진인들은 이처럼 자신들이 몸이 아니라 빛과 평안을 발하면서 하나의 몸 안에 거주하는 순수한 자각임을 보여주었다.

이런 견지에서, 당신의 마지막 말씀들은 당신이 아루나찰라-시바로서 사신 54년간의 삶을 통해 가르친 교훈을 요약해 준다. "저는 어디로 가지 않습니다. 저는 여기 있습니다. 제가 어디로 갈 수 있겠습니까?"

아버지 아루나찰라의 친존에서 지고한 지혜가 지배한 것이다! 영원한 진리가 이때 드러나서 모두가 접근할 수 있었는데, 사람인 구도자들뿐만 아니라 동물과 식물들에게도 그러했다! 띠루쭐리에서 시작된 여정이 아루나찰라까지 이어졌고, 빛의 형상(*Jyoti-rupa*), 곧 모두의 근원이요 과정이자 종착점으로서 끝났다!

아루나찰라가 라마나라는 형상으로 움직이는 이 여정을 떠맡은 것은, 오직 모든 사람을—심지어 우리들 중 가장 미친한 사람까지도—라마나의 품 안으로 끌어당겨서, 순수한 존재-자각-지복 속에서 우리의 근원으로 돌아가는 비슷한 여정을 시작하도록 하기 위함이었다.

> "몸을 받은 존재가 당신에게서 일어나면, 자신이 고른 다양한 길로 한동안 정처 없이 헤매지만, 근원인 당신과 재결합할 때까지는 쉴 수 없습니다. …그 개인적 영혼은 당신께 돌아가서 다시 당신 안에 합일되어야 합니다, 오 아루나찰라, 지복의 바다시여."
>
> —「아루나찰라 8연시」, 제8연

2. 축복의 개화 (1)[1]

"진아는 늘 있습니다. 그것이 그대입니다. 그대 외에는 아무것도 없습니다. 그 어떤 것도 그대와 별개일 수 없지요."

"그대가 진아입니다. 그대가 이미 그것입니다. 실은 그대는 자신의 지복스러운 상태를 모르고 있습니다. 무지가 잇따라 일어나서 그 순수한 지복 위에 하나의 베일을 드리웁니다. 노력은 이 무지를 제거하는 데로 향해질 뿐입니다. 이 무지는 그릇된 앎에 있고, 그릇된 앎은 자기를 몸·마음 등과 거짓되게 동일시하는 데 있습니다. 이 거짓된 동일성(정체성)이 사라져야 하며, 그러면 진아가 남습니다."

"그대가 이미 진아입니다. 따라서 깨달음은 누구나 공히 가지고 있습니다. 깨달음은 구도자들 간에 차별을 두지 않습니다. "내가 깨달을 수 있을까?" 하는 바로 그 의심이나 "나는 깨닫지 못했다"는 느낌이 장애물입니다. 그런 것들로부터도 벗어나십시오." —『대담』, 251

마: 절대적인 진아가 있는데, 마치 불에서 불꽃이 일어나듯 여기서 하나의 불꽃이 일어납니다. 그 불꽃을 에고라고 합니다. 무지한 사람의 경우에는 그것이 일어남과 동시에 자신을 하나의 대상과 동일시합니다. 그것은 대상들과의 그런 연관에서 독립하여 남아 있지 못합니다. 이 연관이 무지(*ajnana*)이고, 그것을 소멸하는 것이 우리가 노력하는 목표입니다. 에고의 대상화하는 습習을 죽이면 그것이 순수한 상태로 남고, 또한 그 근

1) 축복의 개화 (1)~(3)은『라마나 마하르쉬와의 대담』에서 가져온 것이다.

원에 합일됩니다. 몸과의 그릇된 동일시가 육체아 관념(*dehatmabuddhi*)['나는 몸이다'라는 관념]입니다. 이것이 사라져야 합니다. —『대담』, 286

"그 자각이 '나'입니다. 그것을 깨달으십시오. 그러면 그것이 진리입니다." —『대담』, 196

"존재는 그대의 성품입니다." —『대담』, 380

"진아만이 있고 달리 아무것도 없습니다." —『대담』, 264

"침묵이 '나'입니다." —『대담』, 248

"단순한 있음이 진아입니다." —『대담』, 433

"'나'의 의미 혹은 의의는 신입니다." —『대담』, 226

"'내가 있다'—그것이 전부입니다." —『대담』, 273

헌: 그 실재하는 것이 무엇입니까?

마: 그것은 '있는 것'입니다. 다른 것들은 겉모습일 뿐입니다. 다양성은 그것의 본성이 아닙니다. 우리는 지금 겉모습을 실재와 혼동하고 있습니다. —『대담』, 238

"실재는 있었고, 있고, 있을 것입니다." —『대담』, 264

"'나'라는 생각의 탄생이 어떤 사람 자신의 탄생이고, 그것의 죽음이 그 사람의 죽음입니다." —『대담』, 276

"에고는 '나'라는 생각입니다. 미세한 형태로는 그것이 하나의 생각으로 머무르지만, 거친 측면에서는 그것이 마음·감각기관·몸을 아우릅니다. 깊은 잠 속에서는 그것들이 에고와 함께 사라집니다. 그래도 진아는 있습니다. 마찬가지로, 죽음 속에서도 그것이 있을 것입니다." —『대담』, 285

"아함(*Aham*)—'나'는 단 하나입니다. 에고들은 서로 다릅니다. 그것들은 단 하나인 진아 안에 있습니다. 진아는 에고에 영향 받지 않습니다. '나'는 단 하나입니다. '나'가 진리입니다." —『대담』, 284

"진아에 대한 진정한 지知는 체험이지, 마음에 의한 이해가 아닙니다."

—『대담』, 285

"각자가 스스로 노력해야 합니다." —『대담』, 257

"그런 열망이 있다면, 설사 그대가 원치 않아도 깨달음이 그대에게 강제될 것입니다. 열망(*subhechcha*)은 깨달음으로 나아가는 문입니다."

—『대담』, 265

"'그'와 '나'라는 구별이 진지眞知(*Jnana*)에 장애물입니다." —『대담』, 266

"'나, 나, 나'를 생각하면서, 다른 모든 생각을 배제하고 그 한 생각을 붙드십시오." —『대담』, 268

"평화로운 마음이 있는데 그것이 지고자입니다. 그 마음이 동요하게 되면 생각들에 시달립니다. 마음은 진아의 동적인 힘(*sakti*)일 뿐입니다."

—『대담』, 286

"지고의 존재는 거기서 몸이 태어나고, 그 안에서 몸이 살아가고, 그 속으로 몸이 해소되는 그것입니다." —『대담』, 269

헌: 어떻게 하면 마음이 사라지게 할 수 있습니까?

마: 그것을 소멸하려는 어떤 시도도 하지 않는 거지요. 그것을 생각하거나 바라는 것 자체가 하나의 생각입니다. 그 생각하는 자를 찾아보면

그 생각들은 사라질 것입니다.

헌: 생각들이 저절로 사라질까요? 그것이 너무 어려워 보입니다.

마: 사라질 것입니다. 왜냐하면 그것들이 실재하지 않기 때문입니다. 어렵다는 관념 자체가 깨달음에 하나의 장애물입니다. 그것을 극복해야 합니다. 자기로서 머무르는 것은 어렵지 않습니다. —『대담』, 244

"그릇된 동일시가 지속되는 한 의심들이 지속될 것이고 질문들이 일어날 것이며, 그런 것이 끝이 없을 것입니다. 비아非我가 종식될 때만 의심이 사라질 것입니다." —『대담』, 245

"(헌신자가 받을 수 있는) 영적인 음식(은총)은 모두에게 공통되며, 남녀노소를 막론하고 누구도 배제되지 않습니다." —『대담』, 251

마: 노력하십시오. 우물을 파서 물을 얻듯이, 탐구에 의해 진아를 깨닫습니다.

헌: 예. 그러나 어떤 사람들은 물을 쉽게 발견하고 어떤 사람들은 어렵게 발견합니다.

마: 그러나 그대는 이미 표면의 습기를 봅니다. 어렴풋이 진아를 자각하고 있습니다. 그것을 따라가십시오. 그 노력이 그칠 때 진아가 빛을 발합니다.

헌: 마음이 내면을 보도록 어떻게 훈련시킵니까?

마: 수행에 의해서입니다. 마음은 (수행의) 지성적 국면이며, 그 자신의 소멸로 이어져 진아가 드러나게 합니다.

헌: 마음을 어떻게 소멸합니까?

마: 물을 물기 없는 물로 만들 수는 없습니다. 진아를 추구하십시오. 그러면 마음이 소멸될 것입니다. —『대담』, 240

"이번 생의 단 하나 유용한 목적은 내면으로 돌아서서 그것을 깨닫는 것입니다. 달리 할 일은 아무것도 없습니다." —『대담』, 219

"'나는 보지 못했다'는 생각, 보려는 기대, 그리고 무엇을 얻겠다는 욕망은 모두 에고의 작용입니다. 그대는 에고의 덫에 걸렸습니다. 에고가 이런 모든 이야기를 하지, 그대가 하는 것은 아닙니다. 더도 말고 그대 자신이 되십시오!" —『대담』, 183

"존재하는 것은 영원히 존재하며, 새로 나타나는 것은 나중에 상실됩니다." —『대담』, 186

마: 자기탐구를 하지 않으면 세간탐구(*loka vichara*)가 슬며시 기어듭니다. 존재하지 않는 것(세간적 대상들)을 추구하고, 명백한 것은 추구하지 않게 됩니다. 그대가 찾는 것을 일단 발견하면 탐구도 그치고, 그대는 그 안에서 휴식합니다. 우리가 몸을 아뜨만(자기)과 혼동하고 있는 한 아뜨만을 잃어버렸다고 하고, 우리가 그것을 추구한다고 말하지만, 아뜨만 자체는 결코 상실되지 않습니다. —『대담』, 186

"해 보면 자연히 목표에 이르게 됩니다." —『대담』, 195

"잠에서 막 깨어나서 세계를 자각하기 전에 그 순수한 '나-나'가 있습니다. 잠들거나 생각들이 그대를 점거하게 함이 없이 그것을 붙드십시오. 그것을 꽉 붙들면 설사 세계가 보인다 해도 상관없습니다. '보는 자'는 현상들에 영향 받지 않고 남습니다." —『대담』, 196

헌: 우리는 세계와 개인과 신의 궁극적 실재성을 알아내야 하지 않습니까?

마: 그런 것들은 모두 그 '나'의 개념입니다. 그것들은 '나'라는 생각에 의존해 있을 뿐입니다. 그대가 누구인지를 알아내십시오. 그러면 그대의 모든 의문이 끝날 것입니다. —『대담』, 197

마: …모든 세계(*lokas*), 심지어 **브라마** 세계(*Brahma loka*)조차도 우리를 환생에서 해방시키지 못합니다…. 『바가바드 기타』(VIII.16)를 보면, "나에게 도달하면 어떤 환생도 없다… 다른 모든 이들은 속박되어 있다"고 했습니다. 탄생이 무엇입니까? 그것은 에고의 탄생입니다. 일단 태어나면 그대는 무엇엔가 도달하는데, 거기에 도달하면 또 돌아 나옵니다.

따라서 이런 모든 요설饒舌을 떨쳐 버리십시오! **있는 그대로 존재하십시오**(*Be as you are*). 그대가 누구인지를 보아서, 태어나고, 가고, 오고, 돌아감에서 벗어나 **진아**로 머무르십시오.

헌: 맞습니다. 이 진리를 아무리 들어도 그것이 잘 파악되지 않고, 우리는 그것을 잊어버립니다.

마: 정말 그렇지요. 기억을 환기시켜 주는 것들이 종종 필요합니다.

—『대담』, 181

"'나'가 늘 체험되기는 하지만, 우리의 주의가 거기에 쏠려야 합니다. 그럴 때에만 **지**知가 밝아옵니다. 그래서 **우파니샤드**와 지혜로운 **진인**들의 가르침이 필요한 것입니다." —『대담』, 92

"그런 모든 의심은 그릇된 소견과, 그에 따라 자기 자신에게 외적인 것들에 대해서 갖는 기대 때문에 일어납니다." —『대담』, 157

"'몸이 나다'라는 느낌이 오류입니다. 이 '나'라는 거짓된 느낌이 사라져야 합니다. 진정한 '나'는 늘 있습니다. 그것은 **지금 여기** 있습니다. 깨달음은 새로운 어떤 것을 얻는 것도 아니고 어떤 새로운 기능도 아닙니다.

그것은 모든 위장물僞裝物을 제거하는 것일 뿐입니다. —『대담』, 96

"그대의 모든 탐구를 **진아**에 대한 탐색으로 돌리십시오. 그대 안에서 정립된 힘이 남들에게도 작용할 것입니다." —『대담』, 109

다른 질문에 대해 **스리 바가반**이 말씀하셨다: 그대는 "내가 있다"고 어떻게 말합니까? 그대 자신을 찾으려고 등불을 듭니까? 아니면 책을 읽고 그것을 알게 되었습니까? 어떻게 압니까?

질문자가 말했다: 경험에 의해서입니다.

마: 그렇지요. 바로 경험입니다. 앎은 주체와 대상이 있다는 것을 의미합니다. 그러나 ("내가 있다"는) 경험은 끝이 없고, 영원합니다. —『대담』, 128

"어떤 종류의 논쟁에도 개입하지 마십시오. 내면으로 돌아서서 이 모든 것을 끝내 버리십시오. 논쟁에는 어떤 결말도 없을 것입니다."

"에고는 그대[진아]를 붙들고 올라올 뿐입니다. 그대 자신을 붙드십시오. 그러면 에고는 사라질 것입니다. 그럴 때까지는 **진인**이 (에고는) "있다"고 말할 것입니다. 무지한 사람들은 "어디에요?"라고 묻겠지요.

—『대담』, 132

"깨달음의 상태에 이르기까지는 노력이 필요합니다." —『대담』, 78

"그대는 명상 도중에 모종의 평안을 발견하지 않습니까? 그것이 진보의 표지입니다. 계속 명상을 해나가면 그 평안이 더 깊어지고 더 오래갈 것입니다." —『대담』, 73

"지적으로 알지 못하면 그것을 어떻게 실천합니까? 먼저 그것을 지적으로 배우되, 거기서 멈추지 말고 그것을 실천하십시오." —『대담』, 40

"멀리 있는 미지의 것을 알아내려 하지 말고, 직접적이고 친밀한 것을 알아내십시오." —『대담』, 17

마: 마음은 성품상 들떠서 요동합니다. 마음을 그 들뜸에서 해방하는 것부터 시작하십시오. 마음을 평안하게 하고, 산란심(distraction)에서 벗어나게 하여, 그것이 내면을 바라보게 훈련하십시오. 이것이 습관이 되게 하십시오. 외부 세계를 무시하고, 마음의 평안을 방해하는 것들을 제거하면 그렇게 됩니다. —『대담』, 26

헌: 산란심은 타고난 습習에서 나옵니다. 그것도 떨쳐버릴 수 있습니까?

마: 예. 많은 사람들이 그렇게 했지요. 그것을 믿으십시오! 그들이 그렇게 한 것은 자신이 그렇게 할 수 있다고 믿었기 때문입니다. 성공이 성공을 낳습니다. 한 가지 산란심을 정복하면 그 다음 것도 정복되고, 그렇게 하다 보면 결국 모두 정복됩니다. —『대담』, 28

마: 그대는 에고가 아니라는 말을 들을 때, **실재**를 깨달으십시오. 왜 여전히 자신을 에고와 동일시합니까? 그것은 "약을 먹을 때는 원숭이를 생각하지 말라"고 하는 것과 같습니다—불가능하지요.

그 의미를 추적하여 이해해야 합니다. 단순히 말만 암송하거나 그것을 생각하는 것으로는 충분치 않습니다.

실재는 단지 에고의 상실일 뿐입니다. 에고의 정체를 추적하여 그것을 소멸하십시오. 에고는 어떤 실체물이 아니기 때문에 자동적으로 사라지고, **실재**가 스스로 빛을 발할 것입니다. 이것이 직접적인 방법입니다. 반면에 다른 모든 방법은 에고를 유지하면서 행해질 뿐입니다. 그런 노선에서는 수많은 의문이 일어나고, 마지막으로 그 영원한 의문("나는 누구인가?")

과 씨름해야 합니다.

그러나 이 방법에서는 그 마지막 의문이 유일한 의문이며, 바로 처음부터 그것을 제기합니다.

우리 자신이 **실재**이면서 **실재**를 얻으려고 하는 이것보다 더 큰 신비는 없습니다. 우리는 우리의 **실재**를 숨기는 뭔가가 있고, 그것을 소멸해야 **실재**를 얻는다고 생각합니다. 우스운 일입니다. 그대의 과거 노력에 대해 웃을 날이 올 것입니다. 그대가 웃는 그날에 있게 될 것이 지금 여기에도 있습니다.

헌: 그러니까 그것은 큰 '척하기' 게임이군요?

마: 그렇지요.

『요가 바시슈타』에서는 "**실재하는** 것은 우리에게 숨겨져 있고, 거짓인 것이 참인 양 드러나 있다"고 했습니다. 실은 우리는 **실재**만을 경험하고 있습니다. 하지만 우리가 그것을 모릅니다. 정말 경이로운 일 아닙니까?

"나는 누구인가?" 하는 탐구는 에고를 잘라내는 도끼입니다."

—『대담』, 146

"아는 자가 되기를 그만두십시오. 그러면 완전함이 있습니다."

—『대담』, 147

마: 은총은 곧 **진아**입니다. 제가 이미 말했지요. "만일 그대가 **바가반**을 기억한다면, 그것은 **진아**가 그렇게 하도록 그대를 부추기기 때문"이라고. 이미 은총이 있지 않습니까? 은총이 그대 안에서 작용하지 않는 순간이 있습니까? 그대가 기억한다는 것이 은총의 징표입니다. 그것이 반응이고, 그것이 자극이며, 그것이 **진아**이고, 그것이 은총입니다.

걱정할 필요가 없습니다.

—『대담』, 251

"그 '나'가 '나'라는 환幻을 버리면서도 '나'로서 남습니다. 진아 깨달음의 역설逆說이 그와 같습니다."

"'나'와 '내 것'을 포기하면 모든 것이 일거에 포기됩니다. 소유의 씨앗 자체가 사라집니다. 이리하여 악惡은 그 싹이 잘리거나 배아胚芽 자체가 뭉개집니다." —『대담』, 28

"모든 생각은 깨달음에 부합되지 않습니다. 생각과 깨달음은 사뭇 별개입니다." —『대담』, 30

"만약 (마음이) 둘이라면, 왜 사람들은 '우리'라고 하지 않고 '나'라고 말합니까? 따라서 단 하나만 있습니다." —『대담』, 34

"심리학이 끝나는 곳에서 철학이 시작됩니다. 이것은 (우리의) 경험입니다. 마음이 태어나고, 우리가 그것을 봅니다. 심지어 마음 없이도 우리는 존재합니다. 그것을 증명하는 모두의 경험이 있습니다." —『대담』, 126

헌: 과학 · 심리학 · 생리학 · 철학 등의 연구는 … 도움이 됩니까?

마: 아주 적게입니다. 요가를 하려면 지식이 좀 필요하고, 그것은 책에서 찾아볼 수 있겠지요. 그러나 정작 필요한 것은 실제로 적용하는 것인데, (스승의) 개인적 모범, (스승과의) 개인적 접촉, 그리고 (스승의) 개인적 가르침이 가장 도움이 되는 보조수단입니다." —『대담』, 28

"우리는 에고를 가지고 목표에 도달하려고 하지만, 그 목표는 에고 이전에 존재하고 있습니다." —『대담』, 146

"진지가 일단 드러났다 해도 그것이 안정되려면 시간이 걸립니다."

—『대담』, 141

"사실은, **실재**가 있습니다. 그것은 어떤 논의에도 영향을 받지 않습니다. **실재**로서 안주하고, 그것의 성품 등에 대한 무익한 논의들을 하지 맙시다."

—『대담』, 201

"마음을 내면으로 돌리는 것은 수행과 무욕에 의해서만 가능하며, 그것은 점진적으로만 성공합니다."

—『대담』, 213

헌: 내관은 마음 제어가 있어야 가능하고, 제어는 내관에 의해서만 성취될 수 있습니다. 이것은 하나의 순환논법 아닙니까?

마: 예, 그것들은 상호 의존적입니다. 나란히 함께 가야 합니다. 수행(*abhyasa*-내관)과 무욕(*vairagya*)이 그 결과를 점진적으로 산출합니다. 무욕을 닦는 것은 마음이 바깥으로 투사되는 것을 억제하기 위해서이고, 수행은 마음이 계속 내면을 향하게 하기 위한 것입니다. 제어와 내관 사이에 하나의 투쟁이 있습니다. 그것이 내면에서 부단히 계속됩니다. 때가 되면 내관이 성공할 것입니다.

헌: 어떻게 시작합니까? 그것을 위해 당신의 은총이 필요합니다.

마: 은총은 늘 있습니다. "스승의 은총 없이는 무욕을 얻을 수 없고, 진리의 깨달음도, **진아**에 내재함도 얻을 수 없다"고 했습니다.

수행이 필요합니다. 그것은 우리 안에 갇혀 있는 못된 황소를 맛난 풀로 꾀어 달아나지 못하게 훈련시키는 것과 같습니다.

—『대담』, 220

"불행이란 원치 않는 생각일 뿐입니다. 마음이 그것에 저항할 만큼 강하지 않은 것입니다."

—『대담』, 241

"쾌락은 마음을 안으로 돌려서 붙들어두는 데 있고, 고통은 마음을 밖으로 내보내는 데 있습니다. 쾌락만이 있습니다. 쾌락이 없는 것을 고통이라고 합니다. 우리의 성품은 쾌락, 곧 **지복**(*Ananda*)입니다."

—『대담』, 244

점심 때, 넬로르에서 온 한 방문객이 **마하르쉬**님께 당신이 드시는 음식에서 약간의 음식[쁘라사드]을 덜어달라고 청했다.

마: 에고가 하는 생각 없이 드십시오. 그러면 그대가 드는 것이 **바가반**의 쁘라사드(*prasad*)가 됩니다." —『대담』, 228

헌: 책 지식은 **진아 깨달음**에 얼마나 도움이 됩니까?

마: 그 사람이 영적인 마음을 갖게 하는 한에서만 도움이 됩니다.

헌: 지성은 얼마나 도움이 됩니까?

마: 그 사람이 지성을 에고 안에, 에고를 **진아** 안에 가라앉히게 해주는 한에서만 도움이 됩니다." —『대담』, 23

"대화는 **신의 은총**(*Iswara Prasad*)이 **대자재**大自在(*samrajya*)[우주적 지배권]를 얻는 데 필요한가, 아니면 그것을 이루기 위한 개아(*jiva*)의 정직하고 치열한 노력들 자체가 그를 생사의 세계로 돌아옴이 없는 **'그것'**으로 이끌어 줄 수 있지 않은가 하는 질문으로 나아갔다. **마하르쉬**님은 당신의 성안聖顔(Holy Face)을 환히 밝히는, 일체에 편재하며 주위 사람들에게 빛을 주는 그런 형언할 수 없는 미소를 지으면서, 확신에 찬 어조로 진리의 느낌을 주며 답변하셨다: **신의 은총**은 **깨달음**에 필수적입니다. 그것은 사람을 **신 깨달음**(God realization)으로 이끕니다. 그러나 그런 은총은 자유를 향한 길 위에서 열심히, 끊임없이 노력해 온 참된 헌신자나 요기에게만 하사됩니다." —『대담』, 29

"그대는 더 높은 힘에 의해 조종되고 있다. 그대가 그것에 복종하지 않으려고 하는 것 자체가 그것을 인정하는 것이다. 그러지 말고 그 힘을 인정하고, 하나의 도구로서 복종하라. 아니면 그것을 달리 표현하여, 만일 거부하면 그대는 강제로 이끌려서 그 행위를 하게 될 것이다. 마지못해 일하는 자가 되지 말고, 기꺼이 일하는 자가 되라." —『대담』, 58

헌: 끊어짐 없는 **지복** 안에 안정되게 머무르지 못하게 하는 장애들은 무엇입니까? 그런 것은 어떻게 극복할 수 있습니까?

마: 그 장애들은 이런 것입니다.

(1) 무지, 곧 자신의 순수한 존재에 대한 망각.

(2) 그 체험조차도 **실재**의 체험이었는지 비실재의 체험이었는지 의아해하는 의심.

(3) '나는 몸이다'라는 관념과, 세계가 실재한다는 생각으로 이루어진 오류. 이런 것들은 진리의 청문, 그에 대한 성찰, 그리고 집중으로 극복됩니다.

마: **진리**의 청문에 두 종류가 있습니다. 보통의 청문은 어떤 스승이 해설하고 설명하는 진리를 듣는 것입니다. 그러나 올바른 청문은 스스로 그 물음["나는 누구인가?"]을 제기하고 그 답을 추구하여, 자신의 내면에서 그 답이 끊어짐 없는 '나-나'임을 발견하는 것입니다.

이 체험에 대해 성찰하는 것이 두 번째 단계입니다. 그 안에 일념으로 머무르는 것(일여내관)이 세 번째 단계입니다." —『대담』, 95

헌: **세속 포기**(Renunciation-출가)가 무엇입니까?

마: 에고의 포기입니다.

헌: 소유물을 포기하는 것 아닙니까?

마: 소유자도 포기하는 거지요. —『대담』, 164

3. 축복의 개화 (2)

"보세요, **진아**는 이것이나 저것인 것이 아닌 **존재함**(Be-ing)일 뿐입니다. 그것은 단순한 **존재**(Being)입니다. 존재하십시오(Be)—그러면 무지가 종식됩니다. 누구에게 무지가 있는지 탐구하십시오. 에고는 그대가 잠에서 깨어나면 일어납니다. 그대의 순수한 **존재함**을 깨달으십시오. 몸과의 어떤 혼동도 없게 하십시오. 몸은 생각들의 결과입니다. 그 생각들은 평소처럼 활동하겠지만, 그대는 영향 받지 않을 것입니다. 잠들어 있을 때 그대는 몸에 상관하지 않았습니다. 늘 그런 상태로 머무를 수 있습니다."

—『대담』, 46

마: 세계가 그것을 지각하는 누군가 없이 존재할 수 있습니까? 어느 쪽이 먼저입니까? ("내가 있다"는) **존재**-의식(Being-consciousness)입니까, (잠에서 깨면 일어나는) 출현-의식(rising-consciousness)입니까? **존재**-의식은 늘 있고, 영원하고 순수합니다. 출현-의식은 일어나고 사라집니다. 그것은 일시적입니다."

—『대담』, 53

라마무르티 씨: '거짓된 나'와 구별되는 '**진정한 나**'를 어떻게 알 수 있습니까?

마: 자기 자신을 모르는 사람이 있습니까? 누구나 알지만, 그런데도 **자기**를 모릅니다. 이상한 역설逆說이지요.

스승님은 나중에 이렇게 덧붙이셨다: 마음이 과연 존재하는지 탐구해보면 마음이란 존재하지 않는다는 것을 알게 될 것입니다. 그것이 마음의 제어입니다. 그러지 않고 마음이 존재한다고 여기고 그것을 제어하려 든다면 그것은 마음이 마음을 제어하는 격이 되어, 마치 경찰관으로 가장한 도둑이 도둑을, 즉 자기 자신을 잡으려고 하는 것과 같습니다. 그렇게 해서는 마음이 지속될 뿐이고, 스스로를 피해 갑니다."

—『대담』, 43

헌: 그 수행법이 무엇입니까?

마: 에고의 근원인 '나'를 부단히 탐색하는 것입니다. "나는 누구인가?"를 알아내십시오. 순수한 '나'는 실재, 곧 절대적인 존재-의식-지복입니다. 그것을 잊어버리면 온갖 불행이 생겨나지만, 그것을 꽉 붙들면 그 불행이 그 사람에게 영향을 주지 않습니다." —『대담』, 17

"깨달음을 위해서는 스승이 필요합니까?" 피곳 부인이 먼저 질문했다.

마: 깨달음은 가르침 · 강설 · 명상 등의 결과라기보다는 스승의 은총의 결과입니다. 가르침 등은 2차적인 보조수단일 뿐이지만, 은총은 1차적이고 본질적인 원인입니다." —『대담』, 13

마: 그대를 창조한 힘이 세계를 창조했습니다. 그것이 그대를 돌볼 수 있다면, 마찬가지로 세계도 돌볼 수 있습니다." —『대담』, 20

마: 외부 현상들의 찰나적 성품을 조사해 보면 무욕無慾(*vairagya*)에 이릅니다. 따라서 탐구(*vichara*)가 무엇보다 먼저 밟아야 할 단계입니다. 탐구가 자동적으로 지속되면 결국 부富 · 명성 · 안락 · 쾌락 등을 경멸하게 됩니다. '나'라는 생각이 더 분명해져서 그것을 살펴볼 수 있게 됩니다. '나'의 근원은 심장인데, 이것이 최종 목표입니다. 그러나 그 구도자가 기질상 '탐구의 길(*Vichara Marga*)'[내면을 성찰하는 분석적 방법]에 맞지 않는다면,

어떤 이상理想에 대한 헌신(*bhakti*)을 계발해야 합니다. 그것은 신이나 스승, 인류 일반, 윤리 법칙, 심지어 아름다움이라는 이상일 수도 있지만, 그 중의 하나가 그 개인을 사로잡으면 다른 집착들은 약해집니다. 즉, 무욕이 계발됩니다. 그 이상理想에 대한 집착이 동시에 증장增長되어 마침내 지배적 흐름이 됩니다. 그리하여 일념집중(*ekagrata*)이 동시에 눈에 띄지 않게 증장되는데, 환영幻影과 직접적 보조수단들(초능력)이 수반될 수도 있고 그렇지 않을 수도 있습니다."

—『대담』, 27

"지금 어려운 점은 그 사람이 자신을 행위자로 생각한다는 것입니다. 그러나 그것은 착각입니다. 일체를 하는 것은 더 높은 힘이고, 인간은 하나의 도구일 뿐입니다. 그 입장을 그가 받아들이면 문제들에서 벗어나지만, 그렇지 않으면 문제를 자초합니다."

—『대담』, 63

헌: 마음을 어떻게 소멸합니까?

마: 마음을 찾아보십시오. 찾아보면 그것은 사라질 것입니다.

헌: 잘 모르겠습니다.

마: 마음은 생각들의 다발일 뿐입니다. 그 생각들이 일어나는 것은 생각하는 자가 있기 때문입니다. 그 생각하는 자가 에고입니다. 이 에고를 찾아보면 그것은 자동적으로 사라질 것입니다. 에고와 마음은 같은 것입니다. 에고가 뿌리생각(root-thought)이며, 거기서 다른 모든 생각들이 일어납니다.

헌: 마음을 어떻게 찾습니까?

마: 내면으로 뛰어드십시오. 그대는 지금 마음이 내면에서 일어난다는 것을 압니다. 그러니 내면으로 가라앉아서 찾아보십시오.

헌: 그것을 어떻게 해야 하는지 아직 잘 모르겠습니다.

마: 그대는 호흡 제어를 닦고 있습니다. 기계적 호흡 제어는 그대를 그 목표로 이끌어주지 못할 것입니다. 그것은 하나의 보조수단일 뿐입니다. 그것을 기계적으로 하는 동안 마음속으로는 깨어 있도록 주의하고, '나'라는 생각을 기억하면서 그 근원을 찾으십시오. 그러면 호흡이 가라앉는 곳에서 '나'라는 생각이 일어나는 것을 발견할 것입니다. 그것들은 함께 가라앉고 일어납니다. '나'라는 생각도 호흡과 함께 가라앉을 것입니다. 동시에 다른 하나의 밝게 빛나는 무한한 '나-나'가 드러날 것이고, 그것은 끊임없이 지속될 것입니다. 그것이 목표입니다. 그것은 다른 이름으로도 불리는데, 신 · 진아 · 꾼달리니 샥띠(*Kundalini Sakti*) · 의식 · 요가 · 헌신 · 지知 등이 그것입니다.

헌: 아직도 분명하게 이해되지 않습니다.

마: 해 보면 자연히 목표에 이르게 됩니다. —『대담』, 195

마: 그대들은 명상을 어떻게 합니까?

헌: 저는 "나는 누구인가?" 하고 묻는 것으로 시작하여, 몸을 '나'가 아니라고 배제하고, 호흡을 '나'가 아니라고 배제하고, 마음을 '나'가 아니라고 배제하는데, 더 이상은 나아가지 못합니다.

마: 뭐, 그것이 지성知性이 미칠 수 있는 한계지요. 그대의 과정은 지적知的일 뿐입니다. 실로 모든 경전이 그런 과정을 이야기하는 것은 구도자가 진리를 알도록 인도하기 위해서일 뿐입니다. 진리를 직접 가리켜 보일 수는 없습니다. 그래서 그런 지적인 과정이 있습니다.

보세요, 그 모든 '나 아닌 것'을 배제하는 사람도 그 '나'는 배제할 수 없습니다. "나는 이것이 아니다"라거나 "나는 그것이다"라고 말하려면, '나'가 있어야 합니다. 이 '나'는 에고, 곧 '나'라는 생각일 뿐입니다. 이 '나'라는 생각이 일어난 뒤에 다른 모든 생각이 일어납니다. 따라서 '나'라는 생각이 뿌리생각입니다. 이 뿌리를 뽑아버리면 다른 모든 것이 동시에 뿌리 뽑힙니다. 따라서 그 뿌리인 '나'를 추구하고, 그대 자신에게 "나는 누구인가?" 하고 물으십시오. 그 '나'의 근원을 알아내십시오. 그러면 이 모든 것이 사라지고 순수한 진아가 항상 머무르게 될 것입니다.

헌: 그것을 어떻게 합니까?

마: 그 '나'는 늘 있습니다—깊은 잠 속에도, 꿈속에도, 생시에도 말입니다. 잠자던 사람은 지금 말을 하는 사람과 같은 사람입니다. 늘 '나'라는 느낌이 있습니다. 그렇지 않다면 그대는 자신의 존재를 부인합니까? 그러지 않지요. 그대는 "내가 있다"고 말합니다. 누가 있는지 알아내십시오.

헌: 그렇다고 해도 저는 이해가 되지 않습니다. 당신께서는 '나'가 지금 그릇된 '나'라고 하셨습니다. 이 그릇된 '나'를 어떻게 제거합니까?

마: 그릇된 '나'를 제거할 필요는 없습니다. '나'가 어떻게 그 자신을 제거할 수 있습니까? 그대가 해야 할 일은 그것의 근원을 발견하여 거기에 머무르는 것뿐입니다. 그대의 노력은 거기까지만 미칠 수 있습니다. 그 다음은 그 너머가 알아서 할 것입니다. 거기서는 그대가 아무것도 할 수 없습니다. 어떤 노력도 거기에 도달하지 못합니다.

헌: '나'가 늘—지금 여기에 있다면, 왜 제가 그렇게 느끼지 못합니까?

마: 바로 그거지요. 그것이 느껴지지 않는다고 누가 말합니까? 진정한 '나'가 그렇게 말합니까, 거짓된 '나'가 그렇게 말합니까? 조사해 보십시오. 그것이 그릇된 '나'라는 것을 알 것입니다. 그 그릇된 '나'가 장애입니다. 참 '나'가 숨겨져 있지 않게 하기 위해서는 그것을 제거해야 합니다. '나는 깨닫지 못했다'는 느낌이 깨달음에 장애입니다. 사실 그것은 이미 깨달아져 있고, 더 이상 깨달아야 할 것이 없습니다. 그렇지 않다면 그 깨달음은 새로운 것이 되겠지요. 즉, 그것은 이제까지 존재하지 않았고 앞으로 일어나야 합니다. 태어나는 것은 또한 죽을 것입니다. 만약 깨달

음이 영원하지 않다면 그것은 가질 만한 가치가 없습니다. 따라서 우리가 추구하는 것은 새로 일어나야 하는 일이 아닙니다. 그것은 영원하지만 장애들로 인해 지금 우리가 모르는 것일 뿐입니다. 그것이 우리가 추구하는 것입니다. 우리가 해야 할 일은 그 장애를 제거하는 것뿐입니다. 영원한 것을 영원하다고 알지 못하는 것은 무지 때문입니다. 무지가 장애입니다. 이 무지를 극복하십시오. 그러면 모든 일이 잘 될 것입니다.

이 무지는 '나'라는 생각과 동일합니다. 그것의 근원을 발견하십시오. 그러면 그것은 사라질 것입니다.

'나'라는 생각은 유령과 같아서, 만져볼 수는 없지만 몸과 동시에 일어나고, 몸과 함께 번성하다가 사라집니다. 몸-의식이 그릇된 '나'입니다. 이 몸-의식을 포기하십시오. '나'의 근원을 추구하면 그렇게 됩니다. 몸은 "내가 있다"고 말하지 않습니다. "나는 몸이다!"라고 말하는 것은 그대입니다. 이 '나'가 누구인지를 발견하십시오. 그 근원을 찾아보면 그것은 사라질 것입니다.

—『대담』, 197

헌: '나'를 찾아보면 아무것도 보이지 않습니다.

마: 그대는 자신을 몸과 동일시하고, 시각을 눈과 동일시하는 데 익숙해져 있기 때문에 아무것도 보이지 않는다고 말합니다. 보일 것이 뭐가 있습니까? 누가 봅니까? 어떻게 봅니까? 단 하나의 의식이 있을 뿐인데, 그것이 '나'라는 생각으로 나타나서 자신을 몸과 동일시하고, 눈을 통해서 자신을 투사하여 주위의 대상들을 봅니다.[1] 개인은 생시의 상태에 한정되어 있으면서 뭔가 다른 것을 볼 거라고 기대합니다. 그의 감각기관들

1) *T.* 단 하나의 의식이 자신을 투사하여 주위의 대상들, 곧 세계를 본다. 따라서 세계는 의식의 투사물이다. 이 '단 하나의 의식'을 보편적 의식이라고 하며, 전 우주는 그것의 현현된 모습이다. 또한 이 의식이 '나'라는 생각으로 나타나므로, 모든 개아는 단 하나의 의식일 뿐이다(『진어화만』, 제534연 참조). 보편적 의식은 궁극의 실재와 별개가 아니지만, 실재가 부동의 침묵이라면, 의식은 창조력 샥띠를 수반하는 실재의 동적인 측면으로 이해된다.

의 증거가 권위의 증표가 되겠지요. 그러나 그는 '보는 자, 보이는 것, 봄'이 모두 같은 의식, 즉 '나-나'의 나툼(현현)이라는 것을 인정하지 않을 것입니다. 진아가 눈에 보이는 것이어야 한다는 환상을 극복하는 데는 내관內觀이 도움이 됩니다. 실은 (실재하는 것으로서) 눈에 보이는 것은 아무것도 없습니다. 그대는 지금 그 '나'를 어떻게 느낍니까? 그대 앞에 거울을 들어야 그대 자신이 있음을 압니까? (그대가 존재한다는) 그 자각이 '나'입니다. 그것을 깨달으십시오. 그러면 그것이 진리입니다.

헌: 생각들의 근원을 탐구해 들어가면 '나'에 대한 어떤 지각이 있습니다. 그러나 그것은 저를 만족시키지 못합니다.

마: 정말 맞습니다. 그 '나'라는 지각은 하나의 형상, 어쩌면 몸과 연관되겠지요. 순수한 진아와 연관되는 것은 아무것도 있을 수 없습니다. 진아는 연관되어 있지 않은 순수한 실재이며, 그것의 빛 안에서 몸·에고 등이 빛납니다. 모든 생각을 가라앉히면 그 순수한 의식이 남습니다.

잠에서 막 깨어나서 세계를 인식하기 전에 그 순수한 '나-나'가 있습니다. 잠들거나 생각들이 그대를 점거하게 함이 없이 그것을 붙드십시오. 그것을 꽉 붙들면 설사 세계가 보인다 해도 상관없습니다. 보는 자는 현상들에 영향 받지 않고 남습니다. —『대담』, 196

헌: 이 '나'라는 생각은 저에게서 일어납니다. 그러나 진아는 모르겠습니다.

마: 그런 것은 모두 마음의 개념일 뿐입니다. 그대는 지금 자신을 그릇된 '나', 즉 '나'라는 생각과 동일시하고 있습니다. 이 '나'라는 생각은 일어나고 가라앉는 반면, '나'의 참된 의미는 그 둘을 넘어서 있습니다. 그대의 존재에는 단절이 있을 수 없습니다. 잠을 잔 그대가 지금은 깨어 있습니다. 그대의 깊은 잠 속에서는 불행이 없었습니다. 반면에 지금은

그것이 존재합니다. 지금 무슨 일이 일어났기에 이런 차이를 경험합니까? 그대가 잠들어 있을 때는 '나'라는 생각이 없었던 반면, 지금은 그것이 존재합니다. 참 '나'는 드러나지 않고 거짓 '나'가 활개치고 있습니다. 이 거짓 '나'가 그대의 올바른 앎을 가로막는 장애물입니다. 이 거짓 '나'가 어디서 일어나는지 알아내십시오. 그러면 그것이 사라질 것입니다. 그대는 단지 본래의 그대―즉, 절대적 존재일 것입니다.

헌: 그것을 어떻게 합니까? 저는 지금까지 성공하지 못했습니다.

마: '나'라는 생각의 근원을 탐색하십시오. 그대가 해야 할 일은 그것뿐입니다. 우주는 '나'라는 생각 때문에 존재합니다. 그 생각이 끝나면 불행도 끝이 납니다. 거짓 '나'는 그것의 근원을 추구할 때만 끝이 날 것입니다.

―『대담』, 222

헌: 홀로 있음(solitude)은 수행에 도움이 됩니까?

마: 홀로 있음이라고 한 것은 무슨 의미입니까?

헌: 다른 사람들을 멀리하는 것입니다.

마: 왜 그래야 합니까? 그것은 두려움에 의해 발동될 뿐입니다. 홀로 있다 해도, 남들의 간섭으로 홀로 있음이 망쳐지는 것에 대한 두려움이 있습니다. 더욱이 홀로 있으면 생각들이 어떻게 지워집니까? 현재의 환경 속에서 그렇게 되어야 하지 않습니까?

헌: 그러나 지금은 마음이 분산됩니다.

마: 왜 마음을 (제어하지 못하고) 놓아버립니까? 홀로 있음이란 마음을 고요하게 하는 것과 같습니다. 그것은 군중 속에서도 할 수 있습니다. 홀로 있음이 우리의 생각들을 지워줄 수는 없습니다. 수행을 해야 그렇게 됩니다. 여기(세간)서도 같은 수행을 할 수 있습니다.

―『대담』, 156

그녀: 명상과 산란심散亂心(distraction)의 차이는 무엇입니까?

마: 아무 차이가 없습니다. 생각들이 있을 때는 산란심이고, 아무 생각이 없을 때는 명상입니다. 그러나 명상은 (진정한 **평안**의 상태와는 구별되는) 하나의 수행일 뿐입니다.

그녀: 명상은 어떻게 닦습니까?

마: 생각들을 물리치십시오.

그녀: 일을 명상과 어떻게 조화시킵니까?

마: 그 일하는 자가 누구입니까? 그에게 그 질문을 하라 하십시오. 그대는 늘 **진아**입니다. 마음이 아닙니다. 그런 질문을 하는 것은 마음입니다. 일은 늘 **진아**의 친존에서만 진행됩니다. 일은 깨달음에 장애가 아닙니다. 문제가 되는 것은 일하는 자의 오인된 정체성입니다. 그 그릇된 정체성을 제거하십시오.

—『대담』, 68

"어떤 사람이 **마하르쉬**님께 자기에게 무슨 말이든 좀 해 달라고 청했다. 무엇을 알고 싶은지를 묻자, 자기는 아무것도 모르며 **마하르쉬**님에게서 무슨 말이든지 듣고 싶다고 했다.

마: 그대는 자신이 아무것도 모른다는 것을 압니다. 그 **앎**(아는 성품)을 알아내십시오. 그것이 해탈(*mukti*)입니다."

—『대담』, 12

스승님은 기독교 신앙의 참된 의미를 이렇게 말씀하셨다:

그리스도는 에고입니다.

십자가는 몸입니다.

에고가 십자가형을 당해서 죽을 때, 살아남는 것은 **절대적 존재**[신]인데 ("**나와 아버지는** 하나다"라는 말 참조), 이 영광된 살아남음을 **부활**이라고 합니다.

—『대담』, 86

마: 사람이 죽으면 화장용 장작이 준비되고 시신이 장작 위에 반듯이 눕혀집니다. 그리고 장작에 불을 붙입니다. 피부가 타고, 살이 타고, 이어서 뼈가 타고, 마침내 온 몸이 재가 됩니다. 그 다음에 무엇이 남습니까? 마음이지요. 그러면 이런 질문이 일어납니다. "이 몸 안에는 얼마나 많은 마음이 있는가? 하나인가 둘인가?" 만약 둘이라면, 왜 사람들은 '우리'라고 하지 않고 '나'라고 말합니까? 따라서 단 하나만 있습니다. "그것은 어디서 생기는가? 그 성품(*swarupa*)은 무엇인가?" 이렇게 탐구하면 마음도 사라집니다. 그 다음 질문은 "나는 누구인가?" 하는 것입니다. (결국) 진아만이 남습니다. 이것이 내관입니다. 그것이 제가 했던 방법입니다. 이 과정에 의해 몸에 대한 집착(*dehavasana*)이 소멸됩니다. 에고가 사라집니다. 진아만이 빛납니다.

—『대담』, 34

4. 축복의 개화 (3)

마: 진아는 늘 자기인데, 왜 대장부(*dhira*)만 깨쳐야 합니까? 대장부가 용기 있는 사람을 뜻합니까? 아닙니다. *dhih*는 '지성'이고, *rah*는 '지켜봄, 보호'를 뜻합니다. 그래서 (진정한) 대장부는 마음이 늘 내면을 향하고 있게 하면서 그것을 놓치지 않는 사람입니다. —『대담』, 352

마: "나는 내가 있다는 것이다(I am that I am)." "내가 있다"가 신이지, "나는 신이다"라고 생각하는 것은 (신이) 아닙니다. "내가 있다"를 깨달을 일이지 "내가 있다"라고 생각하지 마십시오. "내가 신인을 알라"고 하지 "내가 신임을 생각하라"고 하지 않습니다.

나중에 스리 바가반이 말씀을 계속하셨다: "나는 내가 있다는 것이다"라고 합니다. 그것은 사람이 '나'로서 안주해야 한다는 뜻입니다. 그는 늘 '나'일 뿐입니다. 달리 아무것도 아닙니다. 하지만 그는 "나는 누구인가?" 하고 묻습니다. 환幻의 제물(무지인)은 "나는 누구인가?" 하고 묻겠지만, 자신을 완전히 자각하고 있는 사람은 그러지 않습니다. 진아와 비아非我의 그릇된 동일시로 인해 그대가 "나는 누구인가?" 하고 묻게 됩니다.

더 나중에 말씀하셨다: 띠루반나말라이로 오는 여러 길이 있지만, 어느 길로 오든 띠루반나말라이는 동일합니다. 마찬가지로, 이 주제에 접근하는 방법은 인석에 따라 다릅니다. 하지만 진아는 동일합니다. 그런데 띠루반나말라이에 있으면서 거기로 가는 길을 묻는다면 우스운 일입니다. 마찬가지로, 자신이 진아이면서 어떻게 진아를 깨닫느냐고 묻는다면 터무

니없어 보입니다. 그대가 진아입니다. 진아로 머무르십시오. 그뿐입니다. 질문들이 일어나는 것은 자기와 몸의 그릇된 동일시 때문입니다. 그것이 무지입니다. 이것이 사라져야 합니다. 그것이 제거되면 진아만이 있습니다."

—『대담』, 354

"일어나는 '나'는 또한 가라앉겠지요. 그것이 개인적인 '나', 곧 '나'라는 개념입니다. 일어나지 않는 것은 가라앉지 않겠지요. 그것은 있고, 영원히 있을 것입니다. 그것이 보편적인 '나', 완전한 '나', 혹은 진아 깨달음입니다."

—『대담』, 311

제닝스 부인: 스리 바가반께서는, 깨달음의 상태는 생각들의 횡포에서 벗어나는 것이라고 말씀하십니다. 생각들은 존재계의 구조 안에서 한 자리를 점하고 있지 않습니까? 어쩌면 낮은 차원이겠지만 말입니다.

마: 생각들은 '나'라는 생각으로부터 일어나는데, 이 생각은 다시 진아에서 일어납니다. 따라서 진아가 '나'와 기타 생각들로 나타납니다. 생각들이 있든 없든 그게 뭐가 중요합니까?

헌: 좋은 생각들은 깨달음에 도움이 됩니까? 그런 생각들은 깨달음에 이르는 진정한 '방편(*via media*)', 곧 사다리의 낮은 계단 아닙니까?

마: 예, 이런 식으로지요—그것들이 나쁜 생각들을 몰아내 줍니다. 그 생각들 자체도 사라져야 깨달음의 상태에 이르게 됩니다.

헌: 그러나 창조적인 생각들은 깨달음의 한 측면이고, 따라서 도움이 되지 않습니까?

마: 방금 말한 점에서만 도움이 되지요. 진아 안에서는 그런 생각들이 모두 사라져야 합니다. 좋든 나쁘든 생각들은 그대를 더 멀리 데려가지, 더 가까이 데려오지는 않습니다. 왜냐하면 진아는 생각들보다 더 친밀하

기 때문입니다. 그대가 곧 진아인 반면, 생각들은 진아에게 낯섭니다.

헌: 그러니까 진아는 결국 자신의 깨달음을 도와준 자신의 창조물을 흡수하는군요. 반면에 문명은 (숭배하지 않아야 할 것들을) 잘못 숭배하고, 그래서 자신의 진보를 도와준 자신의 창조물들을 분리하고 '단절'시킵니다.

마: 그대는 생각들과 별개 아닙니까? 그 생각들 없이 존재하지 않습니까? 그러나 그 생각들이 그대 없이 존재할 수 있습니까? —『대담』, 341

헌: 무지(*avidya*)가 있습니까?

마: 그것이 누구에게 있습니까?

헌: 에고 자아에게요.

마: 예, 에고에게 있지요. 그 에고를 제거하십시오. 무지가 사라집니다. 에고를 찾아보면 그것은 사라집니다. 진정한 자아만이 남습니다. 무지를 공언하던 에고가 보이지 않습니다. 실재 안에 무지란 없습니다. 모든 경전들은 무지의 존재를 부인하기 위한 것입니다.

헌: 에고는 어떻게 일어났습니까?

마: 에고는 없습니다. 그렇지 않으면 그대는 두 개의 자아를 인정합니까? 에고가 없는데 무지가 어떻게 있을 수 있습니까? 그대가 탐구하기 시작하면, 이미 존재하지 않던 그 무지가 없다는 것을 알게 되거나, 아니면 그것이 도망가 버렸다고 말하게 될 것입니다.

무지는 에고에 속합니다. 왜 에고를 생각하고 고통까지 받습니까? 또 무지란 무엇입니까? 그것은 '존재하지 않는 것'(마야)입니다. 그러나 세간적 삶은 무지라는 가정假定을 필요로 합니다. 무지란 우리의 모름일 뿐, 그 이상 아무것도 아닙니다. 그것은 진아를 모르거나 잊어버린 것입니다. 해 앞에 어둠이 있을 수 있습니까? 마찬가지로, 스스로 분명하고 스스로 빛나는 진아 앞에 무지가 있을 수 있습니까? 만일 그대가 진아를 알면, 어둠도 없고, 무지도 없고, 불행도 없을 것입니다.

문제·불행 등을 느끼는 것은 마음입니다. 어둠은 결코 오지도 않고 가지도 않습니다. 해를 보십시오. 그러면 어둠은 없습니다. 마찬가지로, **진아**를 보십시오. 그러면 무지는 존재하지 않는다는 것을 알게 될 것입니다.

헌: 어떻게 하면 우리가 **진아**를 알 수 있습니까?

마: '**진아**를 아는 것'은 '**진아**가 되는 것'을 의미합니다. 그대는 **진아**를 모른다고 말할 수 있습니까? 그대가 그대의 눈을 볼 수 없고, 들여다볼 거울이 없다고 해서 그대의 눈이 존재하는 것을 부인합니까? 마찬가지로, 비록 **진아**가 대상화되지는 않는다 해도 그대는 **진아**를 알고 있습니다. 아니면 그것이 대상화되지 않는다고 해서 그대가 **진아**를 부인합니까? 그대가 "나는 **진아**를 알 수 없다"고 말할 때, 그것은 상대적인 앎의 견지에서 (그 앎이) 없다는 뜻입니다. 그대가 상대적인 앎에 워낙 익숙해져 있어 자신을 그것과 동일시하기 때문입니다. 그런 그릇된 정체성이 이 분명한 **진아**를 모른다는 어려움을 만들어냈는데, 이는 그것이 대상화될 수 없기 때문입니다. 그런데 그대는 "어떻게 하면 우리가 **진아**를 아느냐?"고 묻습니다. 그대의 어려움은 "어떻게?"에 집중되어 있습니다. **진아**를 알 수 있는 것이 누구입니까? 몸이 그것을 알 수 있습니까?

몸에게 답하라 하십시오. 몸이 지각된다고 지금 누가 말합니까?

—『대담』, 363

헌: **지복**은 불행이 없는 것일 뿐입니까, 아니면 적극적인 어떤 것입니까?

마: 적극적이지요. 불행의 상실과 행복의 일어남은 동시적입니다.

—『대담』, 372

헌: 어떻게 명상합니까?

마: 그대가 가장 좋아하는 것에 집중하십시오. 단 하나의 생각이 지배하면 다른 모든 생각들은 배제되고 결국 뿌리 뽑힙니다. 다양성이 지배하는 한 나쁜 생각들이 있습니다. 사랑하는 대상이 지배할 때는 좋은 생각들만이 대세를 이룹니다. 따라서 한 생각만 붙드십시오. 명상이 주된 수행법입니다.

조금 후 **스리 바가반**이 계속 말씀하셨다:

명상은 싸움을 의미합니다. 그대가 명상을 시작하자마자 다른 생각들이 함께 몰려들어 힘을 모아서, 그대가 붙들려고 하는 그 단 하나의 생각을 침몰시키려 합니다. 좋은 생각은 거듭된 수행으로 점차 힘을 얻어야 합니다. 그것이 강해지고 나면 다른 생각들은 패주할 것입니다. 이것은 명상에서 늘 벌어지는 일대 싸움입니다.

사람은 불행을 없애고 싶어 합니다. 그러자면 마음의 평안이 필요한데, 그것은 온갖 생각으로 인한 번뇌가 없다는 것을 뜻합니다. 마음의 평안은 명상에 의해서만 생겨납니다.

—『대담』, 371

마: 그러면 이 '나'라는 생각[에고]이 무엇입니까? 존재계의 구조 안에서 그것은 주체입니까, 대상입니까?

그것이 생시와 꿈의 상태에서 다른 모든 대상들을 주시하는 한, 혹은 좌우간 그것이 그렇다고 우리가 생각하는 한, 그것은 주체라고 보아야 합니다. 그러나 순수한 **진아**를 깨닫고 나면 그것은 하나의 대상일 뿐일 것입니다.

—『대담』, 323

헌: 왜 수많은 신들이 이야기됩니까?

마: 몸은 하나뿐입니다. 하지만 그것이 얼마나 많은 기능을 합니까? 그

모든 기능의 근원은 단 하나입니다. 신들도 그와 마찬가지입니다.

—『대담』, 371

한 마하라니 귀인(Maharani Saheba-마하라자의 비妃인 귀부인)이 부드럽고 낮은 목소리로, 그러나 상당히 또렷이 들리게 이렇게 말했다.

헌: 마하라지님(Maharajji), 저는 당신을 뵈올 행운을 가졌습니다. 제 눈은 당신을 바라보는 즐거움을, 제 귀는 당신의 목소리를 듣는 즐거움을 가졌습니다. 저는 인간이 갖고 싶어 하는 모든 복을 받았습니다.

마하라니 예하의 목소리가 메었다. 그녀는 마음의 힘을 잔뜩 끌어 모아 천천히 말을 이어갔다: 저는 제가 바라는, 인간이 바랄 수 있는 모든 것을 가졌습니다…. 그러나…그러나…저는…저는…마음의 평안이 없고…뭔가가 그것을 가로막습니다. 아마 제 운명이….

몇 분 동안 침묵이 있었다. 그러자 마하르쉬님이 예의 부드러운 태도로 말씀하셨다.

마: 좋습니다. 말해야 할 것은 말해졌습니다. 그런데, 운명이 무엇입니까? 운명은 없습니다. 순복하십시오. 그러면 모든 일이 잘 될 것입니다. 모든 책임을 신에게 던져버리십시오. 스스로 그 짐을 지지 마십시오. 그러면 운명이 그대를 어떻게 할 수 있겠습니까?

헌: 순복이 불가능합니다.

마: 예. 처음에는 완전한 순복이 불가능하지요. 그러나 부분적인 순복은 확실히 누구에게나 가능합니다. 때가 되면 그것이 완전한 순복에 이릅니다. 그런데 만약 순복이 불가능하다면 무엇을 할 수 있습니까? 마음의 평안이 없습니다. 그대는 그것을 생겨나게 할 힘이 없습니다. 순복에 의해서만 그렇게 될 수 있습니다.

—『대담』, 244

헌: 제가 **스리 바가반**의 저작들을 읽어보니 탐구가 **깨달음**에 이르는 한 방법으로 이야기된다는 것을 알겠습니다.

마: 예, 그것이 **자기탐구**(*vichara*)입니다.

헌: 그것은 어떻게 하는 것입니까?

마: 질문자는 자신의 **자아**가 존재함을 인정해야겠지요. "**내가 있다**"가 그 **깨달음**입니다. **깨달음**에 이르기까지 그 단서를 추구하는 것이 **자기탐구**입니다. **자기탐구**와 **깨달음**은 동일합니다.

헌: 알 듯 말 듯합니다. 저는 무엇에 대해서 명상할까요?

마: 명상은 명상하는 대상이 필요한 반면, **자기탐구**에서는 주체만 있고 대상이 없습니다. 명상은 이 점에서 **자기탐구**와 다릅니다.

헌: 명상은 **깨달음**에 이르는 효율적인 과정 중의 하나 아닙니까?

마: 명상(*Dhyana*)은 어떤 대상에 대한 집중입니다. 그것은 잡다한 생각들이 들어오지 못하게 하고 마음을 단 한 가지 생각에 고정하는 목적을 달성시켜 주지만, 그 한 생각마저 사라져야 **깨달음**에 이릅니다. 그러나 **깨달음**은 새로 얻어지는 것이 전혀 아닙니다. 그것은 이미 있지만, 생각들의 막에 가려집니다. 우리의 모든 노력은 이 막을 걷는 데로 향해지며, 그러다가 **깨달음**이 드러납니다.

참된 구도자에게 명상을 하라고 조언하면 많은 사람들은 그 조언에 만족하여 돌아가겠지요. 그러나 그 중의 어떤 사람은 돌아와서, "어떤 대상에 대해 명상하는 저는 누구입니까?" 하고 물을지 모릅니다. 그런 사람에게는 **진아**를 발견하라고 말해 주어야 합니다. 그것이 종국입니다. 그것이 **자기탐구**입니다.

헌: 명상을 하지 않고 **자기탐구**만 해도 되겠습니까?

마: **자기탐구**는 과정이자 목표입니다. "**내가 있다**"가 목표이자 최종적 **실재**입니다. 노력으로 그것을 붙드는 것이 **자기탐구**입니다. 그것이 자연발

로적이고 자연스러울 때, 그것이 깨달음입니다. —『대담』, 390

헌: 마음의 집중도 수행법 중의 하나입니까?

마: 집중은 한 가지를 생각하는 것이 아닙니다. 오히려 그것은 우리의 참된 성품을 보지 못하게 가로막는 다른 모든 생각을 물리치는 것입니다. 우리의 모든 노력은 무지의 베일을 걷는 데로 향해질 뿐입니다. 지금은 생각들을 제압하기가 어려운 것처럼 보입니다. 거듭난 상태(진아를 깨달은 상태)에서는 생각을 불러들이기가 더 어렵다는 것을 알 것입니다. 그도 그럴 것이, 생각할 것들이 있습니까? 진아밖에 없습니다. 생각은 대상들이 있을 때만 작용할 수 있습니다. 그러나 대상이 없습니다. 생각이 대체 어떻게 일어날 수 있겠습니까?

습관으로 인해 우리는 생각을 그치기가 어렵다고 믿습니다. 그 오류를 발견하면, 어리석게도 생각을 일으켜 불필요하게 애쓰는 일이 없을 것입니다. —『대담』, 398

헌: 스승은 자신의 힘 중 일부를 제자에게 전해줌으로써 제자가 진아를 깨닫게 할 수 있다고 하는데, 그게 사실입니까?

마: 예. 그러나 스승이 진아 깨달음을 일으켜 주지는 않습니다. 그는 단지 깨달음의 장애들을 제거해 줄 뿐입니다. 진아는 늘 깨달아져 있습니다.

헌: 진아 깨달음을 위해서는 스승이 절대적으로 필요합니까?

마: 그대가 진아 깨달음을 추구하는 한 스승이 필요합니다. 스승은 진아입니다. 스승을 진정한 자아로 보고, 그대의 자아를 개인적 자아로 보십시오. 이 이원성의 느낌이 사라지는 것이 무지의 제거입니다. 그대에게 이원성이 지속되는 한 스승이 필요합니다. 그대는 자신을 몸과 동일시하기 때문에, 스승도 어떤 몸이라고 생각합니다. 그대는 몸이 아니고 스승

도 몸이 아닙니다. 그대는 진아이고 스승도 진아입니다. 이런 지知는 소위 진아 깨달음에 의해 얻어집니다.

헌: 특정인이 유능한 스승인지 여부를 우리가 어떻게 알 수 있습니까?

마: 그의 친존에서 발견되는 마음의 평안과, 그대가 그에 대해서 느끼는 존경심에 의해서지요. —『대담』, 282

헌: 심장은 오른쪽에 있다, 왼쪽에 있다, 혹은 중앙에 있다고 이야기됩니다. 그런 견해차가 있는데, 우리는 심장(*Hridaya*)에 대해 어떻게 명상해야 합니까?

마: 그대가 있고, 그것은 하나의 사실입니다. 명상은 그대에 의한, 그대의, 그대 안의 것입니다. 그것은 그대가 있는 곳에서 계속되어야 합니다. 그것은 그대의 밖에 있을 수 없습니다. 그래서 그대가 명상의 중심이고, 그것이 심장입니다. 그러나 몸과 관련해서는 그것(심장)에 하나의 위치가 부여됩니다. 그대는 그대가 있다는 것을 압니다. 그대는 어디 있습니까? 몸 안에 있지 밖에 있지는 않습니다. 하지만 몸 전체는 아니지요. 그대가 전신에 편재하기는 하지만, 그대는 자신의 모든 생각이 거기서 시작되고 거기로 가라앉는 하나의 중심이 있다는 것을 인정합니다. 심지어 팔다리가 절단되어도 그대는 있는데, 다만 감각에 결함이 있을 뿐입니다. 그래서 하나의 중심이 있다고 인정할 수밖에 없습니다. 그것을 심장이라고 합니다. 심장은 단지 중심일 뿐만 아니라 진아이기도 합니다. 심장은 진아의 다른 이름일 뿐입니다.

그런 의심들이 일어나는 것은 그대가 그것을 어떤 구체적이고 물리적인 것과 동일시할 때뿐입니다. 경전들이 그것을 101개의 영맥(*nadis*)의 근원 등으로 묘사한다는 것은 분명합니다. 『요가 바시슈타』에서는 쭈달라가 꾼달리니는 101개의 영맥으로 이루어져 있다고 하면서, 그것을 심장과 동일시합니다.

심장은 개념이 아니고 명상의 대상도 아닙니다. 오히려 그것은 명상이 이루어지는 자리이며, 진아는 오롯이 홀로 남아 있습니다. 그대는 심장 안에서 몸을 보고, 심장 안에서 세계를 봅니다. 그것과 별개인 것은 아무것도 없습니다. 그래서 갖가지 노력은 거기에 자리잡고 있을 뿐입니다.

—『대담』, 403

헌: 미래를 보장하기 위해서 할 수 있는 최선은 무엇입니까?

마: 현재를 돌보십시오. 미래는 스스로 알아서 하겠지요.

헌: 미래는 현재의 결과입니다. 그러니 그것을 좋게 만들려면 어떻게 해야 합니까? 아니면 가만히 있어야 합니까?

마: 그 의문은 누구의 것입니까? 어떤 행동 노선을 원하는 것은 누구입니까? 그 의문자를 발견하십시오. 의문자를 붙들면 그 의문들은 사라질 것입니다. 자기를 놓쳤으니 생각들이 그대를 괴롭힙니다. 세계가 보이고, 의문들이 일어나고, 미래에 대한 걱정도 일어납니다.

자기를 꽉 붙들면 그런 것들은 사라질 것입니다. —『대담』, 240

헌: 스푸라나(*sphurana*)[빛남]란 무엇입니까?

마: '아함 아함(*aham aham*)', 곧 '나-나'가 진아입니다.[1] '아함 이담(*aham idam*)', 곧 "나는 이것이다" 또는 "나는 저것이다"는 에고입니다. 빛남은 늘 있습니다. 에고는 일시적입니다. '나'가 '나'로서만 유지될 때, 그것이 진아입니다. 그것이 옆길로 벗어나서 "이것"이라고 말할 때, 그것은 에고입니다. —『대담』, 363

1) *T.* 여기서 '나-나'는 '나는 나다'의 의미로 이해할 수 있다. 타밀어는 주격조사가 없어, '나는 나다'가 '아함 아함'으로 표현될 수밖에 없다. '아함 이담'과 비교해 보라.

제2편

전주곡

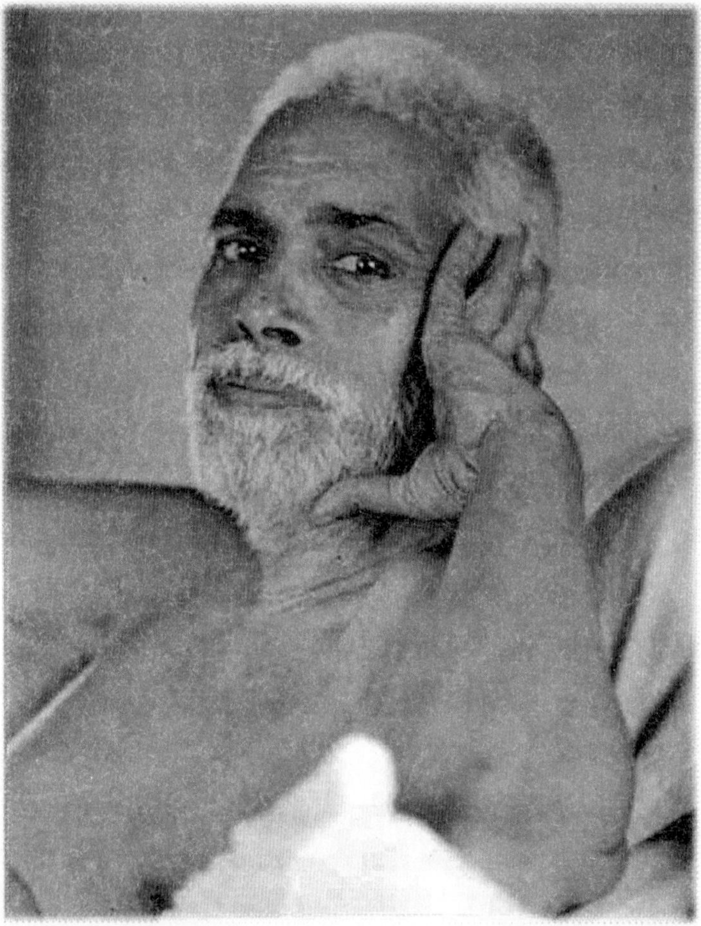

1. 그저 자각하라

우리는 왜 누군가의 이야기에 귀를 기울이는가? 우리는 왜 책을 읽는가? 그것은 그 화자나 저자가 우리에게 새로운 뭔가를 전달해 줄 거라는 희망 때문인가? 새로움은 하나의 함정이다!

베다에서는 **실재**에 대해 "그것은 새롭고, 늘 새롭다(*Navo navo bhavati*)"고 말한다. **마하르쉬**님은 이 말씀을 찬양하면서, '새로운'이라는 개념은 '낡은'이라는 개념을 가정한다는 것을 지적한다. 그래서 **마하르쉬**님은 '새롭고 늘 새로운(*navo navo*)'이 '싱그럽고 늘 싱그러운'을 뜻한다고 설명했다. **실재**는 활짝 핀 장미처럼 늘 싱그럽다. 싱그러움이 **실재**의 본질이다. "보라, 내가 만물을 새롭게 만든다"고 성경의 **하느님**은 말한다.

바가반은 **위없는 진인**은 늘 태어나고 매일 새로워진다고 말씀하신다. 그런 존재들과의 **삿상**(*Satsangh*)[친교]은 우리가 새로운 뭔가를 얻게 돕는 것이 아니라 이 영원한 싱그러움을 재발견하도록 돕는다. 이것이 **삿상**의 중요성이자 활기참이다. 우리가 성자들을 방문하는 것은 꼭 새로운 가르침을 듣기 위해서는 아니다. 그들의 친존에서는 우리가 이 싱그러움을 느끼고, "그것은 새롭고, 늘 새롭다"는 말씀의 살아 있는 화현들을 지각하기 때문이다.

모든 성자와 우리들 각자가 이 싱그러움의 삶을 살고 있다. 단지 우리가 그것을 인식하지 못할 뿐이다. 우리가 매 순간 싱그러움 속에서 살 때, 그것이 영적인 삶이다. 그것은 어떤 기법이나 패턴을 따르는 것이 아니고, 어떤 결론에 도달하거나 거기서 멈추는 것도 아니며, 끝없고, 의식하는, 순간순간의 삶이다.

우리가 성자와 진인들에게서 관찰하는 한 가지 뚜렷한 성질은 그들이 늘 싱그럽다는 것이다. 우리는 어떤 문제를 가지고 그들을 찾아갈 수도 있는데, 그들을 떠날 때는 그 문제가 해결되었을 수도 있고 그렇지 않을 수도 있다. 그러나 우리는 어떤 새로워진 느낌으로 영감을 얻어서 간다.

"우리는 세상의 빛이다"라고 예수님은 말한다. 그는 "여러분 자신에게 빛(light)이 되라"고도 말한다. 우리가 듣기로 '광채'를 뜻하는 'light'는 '가볍다'는 의미이기도 하다. 그러니 가벼워지고 빛이 되라. 비교와 대조, 합의와 모순, 온통 열기이고 빛이 없지 않은가? 이것이 해탈(*Vimukti*)[자유]로 이끄는 지知인가?

바가반 라마나는 이렇게 말한다. "배운 이들의 마음 속에는 하나의 가족이 아니라 책들로 이루어진 많은 가족이 있고, 이것이 그들의 영적인 진보에 장애가 된다는 것을 아십시오." 아쉬람을 떠나서 베단타 학식을 얻어 돌아오고 싶어 한 가까운 한 제자에게 당신은 이렇게 말했다. "그런 것은 끝이 없지만, 만일 자네가 진아에 안주하면 어떠한 질문에 대한 답변도 자네 심장 속에서 하나의 메아리처럼 반향될 것이네."

진아에 안주하라. 그대 자신이 되라. 자기 자신이 되는 것이 자기 자신을 아는 것이고, 역으로도 마찬가지이다.

바가반 라마나는 거듭해서 우리에게, 보태고, 획득하고, 축적하기보다는 내버리고, 쓸어버리라고 말한다. 어떤 사람이 되지 말고, 그대 자신이 **되라**고 한다. 바가반은 실로 존재의 지고한 예언자이다.

그러니 자기 자신이 되는 것은 항상 싱그러워지는 것이고, 항상 다시 태어나는 것이다. 자기 심장의 안식 속에서 고요히 있는 것이 창조성의 정점이다. 마하르쉬님은 우리에게 불완전함이나 비실재성을 포기하려는 어떤 노력도 하지 말라고 말씀하실 것이다. 만일 그대가 적극적인 것을 긍정하면, 소극적인 것들은 저절로 떨어져 나갈 것이다.

소극적인 것이 무엇인가? 언젠가 마하르쉬님이 이렇게 말씀하셨다. "그대 안에 신이 없다면, 그대 바깥에도 신은 없습니다. 그대 안에 진리가 없다면, 그대 바깥에도 진리는 없습니다." 그것이 소극적인 것이다—즉, 그대 바깥의 진리라는 개념이다. 그대 안에 있는 진리는 누구도 그대에게서 빼앗아 갈 수 없다. 그것이 적극적인 것이다. 우리는 늘 이름과 형상들을 다루고 있는데, 마음은 축적된 지식으로부터 어떤 진리의 개념을 투사한다. 마하르쉬님이 말씀하셨듯이, "이름과 형상들은 흰 스크린에 영사된 영화와 같다." 그대가 그 흰 스크린이다. 그대는 하나의 개념이 아니다. 그대가 읽고 있는 이것은 비물질적이다. 그것을 읽고 있는 그 사람이라는 그 살아 있는 원리가 진리이다.

어떤 사람이 마하르쉬님께 여쭈었다. "당신께서 말씀하시는 것은 최면술 아닙니까?" 당신이 웃으면서 대답했다. "그대는 자신이 몸이라고, 어딘가에 도달하기 위해 노력을 해야 한다고, 이미 최면을 당해 있습니다. 제가 그대에게 이야기하는 것은 그런 모든 개념에서 그대 자신을 탈脫최면화하기 위한 것입니다."

우리는 자신을 탈脫최면화할 준비가 되어 있는가? 어떤 사람이 안락한 침상 위에 앉으신 채 편안하게 팔다리를 뻗으시는 마하르쉬님을 바라보면서 말했다. "당신께는 어려울 것이 없습니다! 거기에 아주 편안하게 앉아 계시고 당신의 삶을 즐기고 계시니 말입니다!" 마하르쉬님이 미소를 띠며 말씀하셨다. "이리 와서 몇 분만, 어떤 생각도 없이, 어떤 움직임도 없이, 앉아 있어 보십시오." 그 헌신자는 단 몇 초도 그렇게 할 수 없었다!

우리는 향상되기 위해, 우리의 삶을 변화시키기 위해, 행복하게 살기 위해 아주 많은 노력을 한다. 그런데 우리가 삶 그 자체에 어떤 주의를 기울여 본 적이 있는가? 모든 것을 보는 그것에 조금 주의를 기울이라.

행해지는 것에 주의를 기울이는 대신, 행하는 자에 주의를 기울이라. 그대가 보는 것, 그대가 듣는 것을 강조하는 대신, 그대의 강조점을 '보는 자', '듣는 자'에게로 옮겨 보라. "하늘나라는 그대 안에 있다."

하지만 우리는 단어들, 곧 언어적 명료함만 산출하는 단어들을 수집하기를 선호하는 것 같다. 마하르쉬님은 분명한 예시로 이런 곤경을 묘사했다. 한 도둑이 도둑을 잡기 위해, 즉 바로 그 자신인 도둑을 잡기 위해 경찰관으로 변신한다. 마음이 그 자신의 소멸을 위한 길을 닦겠는가?

어떤 사람이 마하르쉬님께 여쭈었다. "만일 저희가 그 상태에 있다면, 어떻게 세간적 활동을 돌볼 수 있겠습니까?" 마하르쉬님이 답변하셨다. "여러분은 불완전하고 희석된 마음을 가지고 수많은 것을 성취했다고 주장합니다. 그러나 바로 그 마음은 진아로부터만 빛을 받습니다. 모든 산 존재들(living beings)이 해에게서 에너지를 받듯이, 이 사고 과정은 진아로부터 에너지를 받습니다. 빌려온 영광이 수많은 것을 성취할 수 있다면, 그 근원 에너지로는 여러분이 더 좋은 조건을 갖추게 될 것이라고 생각하기가 어려울까요?"

폴 브런튼이 마하르쉬님께 여쭈었다. "마하르쉬님, 당신께서는 숲속의 아쉬람에 계십니다. 그것은 좋습니다. 여기에는 어떤 문제도, 어떤 군중도, 그 무엇도 없습니다. 그러나 저는 런던으로, 런던의 번잡함으로, 뉴욕의 번잡함으로 돌아가야 합니다. 제가 무엇을 할 수 있습니까?" 마하르쉬님이 미소를 지으며 대답했다. "그 말을 누가 합니까? 숲속의 아쉬람이 문제들에서 벗어나 있고, 런던의 번잡함이나 뉴욕의 번잡함은 문제들로 가득 차 있다고, 누가 그렇게 말합니까?" 그것은 브런튼의 마음이었다. 그러니 그 문제가 어디에 있는가?

마하르쉬님을 처음 얼핏 보고서 브런튼이 무념의 상태에 들긴 했으나, 그의 마음이 강력한 힘으로 다시 돌아왔다. 그는 이렇게 말했다. "저는 일을 해야 합니다. 이것을 닦는다면 제가 어떻게 일을 할 수 있습니까?"

마하르쉬님이 말씀하셨다. "일과 지혜 사이에는 어떤 모순도 없습니다."

누가 일하는가? 누가 명상하는가? 그것은 나 자신이다. 내가 일하고 있다. 내가 명상하고 있다. 내가 그 상태에 있다. 일을, 명상을, 내관을 제거하면 무엇이 남는가? **내가 있다.** 왜 일에, 명상에, 기타 등등에 그토록 많은 주의를 기울이는가? 왜 **내가 있다**로서 안주하지 않는가? 그저 자각하라(Simply be aware).

2. 자기탐구 수행에 전념하라

소크라테스의 말로 널리 알려져 있는 "그대 자신을 알라(Know Thyself)"는 마법적 탐구는, 모든 시대의 가장 위대한 현자·진인·사상가들의 주의를 사로잡았다. 그것은 세계 모든 나라의 열망하는 영혼들의 심장에서 솟구쳐 오르는 본질적 체험이다. 그것을 표현하는 용어, 단어, 언어들은 서로 다르지만, 그 내용의 본질은 동일하다.

베단타의 명령은 "자기를 알라(*Aatmaanaam Viddhi*)"이다. 사실 이 체험적 언명이 모든 동양 종교들의 근간이다. 다만 이 언명의 핵심은 너무나 근본적이어서, 그것을 어떤 철학이나 사상가나 시대의 것으로 분류하기 어려운 것도 사실이다. 즉, '아는 자를 알기'가 모든 시대, 모든 종교들의 모든 영적인 노력의 목표이다. '아는 자'를 알지 않고 기타 모든 것을 아는 것을 '전적인 무지'—'근본무지根本無知(*Moola Avidya*)'라고 한다. 그래서 자기(진아)를 아는 것에 아주 큰 비중이 두어진다. "그대 자신을 알라"는 "그대가 누구인지 알라"와 같다. "나는 누구인가?"를 묻거나 "나는 어디서 오는가?"를 추구하는 것이 직접적 수단이다. 이 탐구가 바가반 스리 라마나 마하르쉬의 근본 가르침이다.

"단순한 존재가 진아다"라고 마하르쉬님은 말씀하신다. 이 존재가 의식이다. 우리들 각자의 살아 있음 원리 자체가 이 의식이다. 어떤 형태의 인식도 의식이라는 이 무변제無邊際(광대무변한 영역) 안에 있을 뿐이다. 인간의 활동을 지배하는 '3요소(*triputi*)', 즉 '아는 자', '알려지는 대상', '아는 행위'의 세 가지 원리는 의식 안에서만 일어난다. 경험들은 '세 가지 상태

(*avastha thraya*)'—생시, 꿈, 깊은 잠의 상태—로 분류되는데, 이 또한 의식 안에서만 일어난다. 마찬가지로, 옳고 그름, 선과 악, 낮과 밤, 혹은 유有와 무無의 개념과 같이 '이원자二元者(*dhwandhva*)'로 불리는 상대물의 쌍들은 **의식**이라는 배경 속에서만 드러난다.

그래서 **의식**은 그 위에서 3요소, 세 가지 상태, 그리고 이원자의 유희가 끝없이 벌어지는 바탕 혹은 스크린이다. 우리가 이 드라마를 부단히 인식하면서 거기에 깊이 몰두하는 동안, 그 유희가 일어나는 토대 혹은 바탕은 완전히 잊힌다.

"누구에 의해서?"

우리의 주의(attention)를 세부사항이나 활동에서 그 활동의 근원으로 돌리는 것을 '내면 성찰(introspection)'이라고 한다. 이렇게 내면을 향하는 것이 '수행(*sadhana*)'이라는 영적 노력의 시작이다. 3요소, 세 가지 상태, 그리고 이원자에서 뒤돌아서서 **찌뜨**(*Chit*)[전체적 의식]로 향하는 것이 "**자기 자신을 알라**"의 관문을 여는 적극적 열쇠이다. 다른 어떤 것을 의식하거나 인식하는 것은 3요소, 세 가지 상태, 이원자를 불러온다. 그러나 **순수한 의식**은 그 자체로 **순수한 자각**이다. 그것이 모든 움직임의 토대이지만, 그것은 움직임 없이—그런 어떤 움직임에도 영향 받지 않고—남아 있다.

어쩌면 한 가지 비유가 우리의 토대인 **의식**을 이해하는 데 도움이 될 것이다.

전기는 전선 속을 흐른다. 그것은 눈에 보이지 않고 만져지지 않는다. 전구가 그 전선에 연결되어 있으면 전등이 켜진다. 전구의 색깔은 불빛의 색을 결정한다. 전류가 선풍기로 흐르면 팬이 돌아간다. 펌프에 연결되면 물을 퍼 올린다. 이 모든 경우에 흐르는 전류는 동일하다. 그러나 그 효과는 서로 다르다. 마찬가지로, **의식**의 순수한 빛이 서로 다른 신체적·정서적·정신적·에고적 덮개들을 통과하면, 마치 **의식**이 그 특정한 덮개의 색상과 질감을 취하면서 자신을 제한하는 것처럼 보인다. 전구·선풍기·펌프는 눈에 보이(고 전기가 아니)므로 그것들의 효용 측면이 우리의 주의를 사로잡고, 그 뿌리 혹은 원인—전기—은 등한시된다. 마찬가지로 인간의 활동이 그를 함정에 빠트리고, 그가 **의식**인 자신의 성품 자체를 잊게 만든다.

의식이 한 개인이나 그 몸에 국한되면 그것이 이 현상계에 의해 가려지고, 그 결과 현상계와 관련하여 에고는 **자기**에게 경계선들을 긋고 나서 (그렇게 의식이 국한된) 그것을 **자기**로 착각하게 된다.

금 장신구들이 금과 별개로는 어떤 존재성도 없듯이, 에고는 **진아**와 별개로는 어떤 존재성도 없다. 그러나 **진아**는 늘 존재한다. 에고는 **진아**의 한 그림자일 뿐이다. 에고는 한 몸을 붙들고 그것을 통해 자신을 **자기**로 투사한다. 이처럼 에고는 의식하는 지각자이자 세계의 향유자로서 다수성(무수한 사물 현상들로 이루어진 현상계) 속에서 번성한다. 그것은 한 형상에서 다른 형상으로 건너간다. 왜냐하면 어떤 형상도 영원하지 않기 때문이다. 찰나적인 것의 그런 움직임을 생사윤회라고 한다. 이 한계를 전문용어로 삼사라(*samsara*-윤회)라고 한다. 그런 속박에서 벗어나는 것을 **해탈**이라고 하며, 이는 우리가 전체적인 **의식** 속에 다시 자리잡는 것이다.

순수한 의식으로서 안주함이 인간 삶의 궁극적 목표이다. 에고에서 해방되는 것이다!

그것을 어떻게 이루어내는가?

자기탐구(*Atma Vvichara*)를 통해서 에고의 속박에서 벗어남을 얻는다. 이것이 "나는 누구인가?라는 탐구"의 과정, 곧 "자기 자신을 알기" 위한 기법이다. 속박은 에고이다. 속박은 에고에게 있다. **의식**이 한 몸에 조건화되는 것, 곧 한 몸과 자신을 동일시하는 것이 이 에고이다. 경전에서 말하기를, 에고가 존재하는 것은 무無탐구(*avichara*), 즉 탐구를 하지 않기 때문이라고 한다. 이 무無탐구는 무지(*avidhya*)에 의해 유지되고 강화된다. 의식은 순수한 주의일 뿐이다. 주의가 움직이지 않고 견지될 때, 에고 곧 '주의 없음'은 설 자리가 없다. 주의를 그 자체 위에 견지하는 것, 주의 없음을 전체적 주의, 전체적 의식 속으로 해소하거나 변모시키는 것, "나는 누구인가?"라는 탐구가 핵심적 과정이다. 우리의 주의를 자기 자신에게 돌리는 것이 참된 지知의 본질이다. 그런 자기주시(Self-attention)가 "아는 자를 알기"라는 무량한 보물의 불가사의한 문을 여는 열쇠이다. 아는 자를 알면, 알아야 할 다른 누구도 없고, 다른 아무것도 없다. 순수한 의식으로 머무르는 것이 "그대 자신을 알라"의 비밀이자 의미이다.

바가반 라마나는 그 모든 것을 하나의 경經(*sutra*)—곧 경구로 표현했다. 그 전체 과정을 함축적인 네 단어 '데함, 나함, 꼬함, 소함(*deham, naham, koham, soham*)'으로 요약한 것이다.

데함(DEHAM)—모든 객관적·주관적 지각을 상징하는 몸.

나함(NAHAM)—'나가 아니다.'

꼬함(KOHAM)—'나는 누구인가?'

소함(SOHAM)—'나는 의식이다.'

모든 덮개, 탈것, 가면, 운송 수단과 위장막을 없애고 내면에서 "나는 누구인가?"의 탐구를 가차 없이 해나가면, 순수한 의식만이 남을 것이다. 그런 자기탐구는 우리를 속박에서 해방시킨다. 속박에서 해방되고 지혜가 밝아오는 것은 동시적이다. 마치 빛이 나타나는 것과 어둠이 끝나는 것이 동시적이듯이.

내면으로의 이 장엄한 여정에서는 스승의 은총이 절대적으로 필요하다. 내면으로 뛰어들 준비가 되어 있는 사람에게는 스승의 은총이 전적으로 보증된다. 자기탐구 수행에 전념하는 사람은, 삶의 상황과 무관하게 내면에서 솟구치는 갈수록 깊은 평안을 통해 이 은총을 느낀다.

3. 고요함 속으로 해소되기

자연은 있는 것—존재하는 것이다. 더 자세히 보면, 우리는 그것을 대상적 자연(소산적 자연)과 주체적 자연(능산적 자연)으로 나눌 수 있을 것이다. 지각하는 그것은 주체적 자연이고, 지각되는 것은 대상적 자연이다.

생시 상태에서는 세계가 존재하고, 세계가 지각된다. 세계로서의 자연은 대상적 자연이고, 그 세계를 지각하는 자는 주체적 자연이다. 생시 상태에서는 둘 다 존재한다. 깊은 잠 속에서는 둘 다 사라진다. 꿈의 상태에서는 대상적 자연과 주체적 자연 둘 다 남아 있지만, (생시일 때와는) 전적으로 다른 차원이다.

종종 인용되는 타밀 격언에 따르면, 자연의 본질은 "옛것이 파괴되고 새것이 다시 나오는 것"이다. 자연은 늘 변하지만 영원히 똑같은 것으로 남아 있다. 항상 흐르지만 그 순간의 넓음 속에 어엿이 존재하는 강처럼—혹은 시간 그 자체처럼—말이다.

『띠루만디람(*Tirumandiram*)』[1]에서는 이렇게 말한다. "자연은 매 순간 흘러 변하며, 변화가 계속 일어난다." 고대의 이 타밀 고전의 저자인 성자는 이런 변화하는 모습을 비부띠(*vibhuti*)[성스러운 재]라고 부른다. 그는 지각하는 자를 주 시바에, 지각되는 대상을 비부띠에 비유한다. 이 하느님은 '보이는 대상'—곧 비부띠를 온몸에 바르신 '보는 자'이다. 항상 변하는 것 속에 영원한 불변성이 숨겨져 있다.

---

1) *T.* 타밀의 시바파 성자인 띠루물라르(Tirumular, 6-10세기?)가 지은 3,000연 이상으로 이루어진 시 작품. 다양한 영적인 주제들을 다루고 있다.

만일 지각되는 것이 항시 변하는 하나의 흐름이라면, 그것은 지각하는 자가 불변이라는 의미를 내포하지 않는가?

또 다른 관점에서 보자면, **자연**에 다시 두 가지 측면이 있다. 하나는 정적인(*achala*) 측면, 하나는 동적인(*chala*) 측면이다. 움직이는 모든 것은 움직이지 않는 공간(*sthira tattva*) 안에서 움직인다.

아루나찰라는 그 절대적인 부동의 원리이며, 모든 움직임(*chalana*)은 그것의 주위를 돌다가 결국 그것 속으로 합일된다고 **바가반**은 말씀하신다. **아루나찰라** 가까이에서 동요가 고요해지는 것은, 쇳가루들이 춤추다가 그 자체 움직임이 없는 자석에 달라붙어 움직일 수 없게 되는 것과 같다. **바가반**은 「아루나찰라 8연시」에서 이렇게 말한다. "나는 **아루나찰라**에 이끌렸고, 가까이 다가와서 그것이 **움직이지 않는 것**임을 보았다네!"

모든 창조물은 지地·수水·화火·풍風·공空의 5대 원소로 이루어져 있고, 움직이거나 움직이지 않는 모든 것은 이 5대 원소의 한 조합일 뿐이다. **바가반**은 **아루나찰라**에 말을 건네면서 이렇게 말한다. "5대 원소와 모든 산 존재들과 우주라는 광대한 공간은 **당신** 외에 아무것도 아닙니다." (—「아루나찰라 11연시」, 제7연.)

이 원소의 토대, 곧 기반은 무엇인가? **뿌라나**(*Purana*)에서는 **제1자**인 **시바**가 당신의 **배우자**인 **제2자 샥띠**(*Sakti*)를 창조했고, 그런 다음 창조계의 모든 것이 나왔다고 말한다. 정적인 측면인 **시바**가 동적인 측면인 **샥띠**를 창조하자 전체 외적 진화(evolution) 과정이 뒤따랐다.

그 역인 내적 진화(involution)[2]의 과정은 움직임[샥띠]이 고요함[시바] 안으로 합일되는 것이다. 그것이 바로 『아루나찰라 마하뜨미얌(*Arunachala*

---

2) *T.* involution은 evolution의 상대어인데, 몇 가지 의미가 있다. 신지학에서는 개인적 영혼이 물질 속으로 들어가는 것(즉, 윤회의 시작)을 뜻하고, 오로빈도의 철학에서는 **절대적 실재**가 자신에게 내재된 **힘**(샥띠)을 통해 우주를 현출하는 것을 의미한다. 메허 바바에게는 구도자가 **진아 깨달음**을 목표로 내면을 향하는 것을 뜻한다. 여기서는 현상계에서 다시 **절대적 실재**로 회귀하는 과정의 의미로 사용되었다. 이는 곧 내면을 향한 **자기탐구**를 뜻한다.

Mahatmyam)』[3]에서 들려주는, 어머니 여신(시바의 반려인 빠르바띠)이 힘든 따빠스(*tapas*)를 한 뒤에 그녀의 주 아루나찰레스와라와 합일을 이루었다는 이야기[4]이다.

이 외적 진화와 내적 진화는 하루의 매 순간 일어나고 있다. 작은 씨앗에서 자라난 큰 나무가 열매를 맺고 죽지만, 씨앗에서 다시 솟아난다. 그 과정은 계속된다. 이것은 모든 산 존재들에게 동일하다.

왜인가? 이 모든 것은 정확히 어디서 시작되는가? 그것이 어디서 끝나는가? 객관적으로, 과학적으로는 이 모든 물음이 답변되지 않고 남는다. 그러나 영적으로는 우리 각자가 우리 자신 안에 그 답변을 가지고 있다.

인간에 대한 자연의 선물, 곧 일상생활의 기본적 경험들—생시, 꿈, 깊은 잠의 세 가지 상태—속에 자연의 작용이라는 신비에 대한 단서가 들어 있다. 이 세 가지 존재 상태를 주의 깊게 분석하면, 5대 원소, 정적인 원리와 동적인 원리의 뿌리를 알게 되고, 진리를 체험적으로 깨닫는다.

잠은 "가혹한 운명의 돌팔매질과 화살"[5]로부터 행복하게 벗어나는 것이다. 깊은 잠 속에서는 전 세계가 그 지각자와 함께[우리들 각자에게 개인적으로] 해소된다. 아무것도 없다. 깨어나면 존재한다는 의식이 일어나고 그런 다음 자기 몸과의 동일시가 일어나며, 이어서 무수한 환경과 관계들이 뒤따른다.

진인들은 "위에서와 같이, 아래에도 있다(as above, so below)"[6]—즉 "대우주에 들어 있는 것은 소우주 안에 들어 있다"는 것을 확언한다. 인간은

---

3) *T.* 아루나찰라에의 위대함을 설한 남인도의 경전의 하나. 바가반이 여기에서 7개 연을 타밀어로 번역한 것도 같은 제목으로 「아루나찰라 다섯 찬가」의 서두에 나온다.

4) *T.* 아루나찰라에서 빠르바띠는 치열한 따빠스를 했고, 결국 시바의 몸 절반을 얻었다고 한다. 그래서 아루나찰라 산의 절반은 어머니 여신의 몸이다.

5) *T.* 셰익스피어의 『햄릿』에서 햄릿이 고뇌하며 내뱉는 독백의 일부이다. "사느냐 죽느냐, 그것이 문제다. 어느 것이 더 고상한가? 가혹한 운명의 돌팔매질과 화살을 견디는 것? 아니면 고통의 바다에 맞서 무기를 들고 싸워 그 고통을 끝내는 것?"

6) *T.* 이것은 고대 후기의 비밀스러운 교의들을 담고 있는 헤르메스주의 문헌(Hermetic texts)의 하나인 *Emerald Tablet*의 두 번째 문장을 인용한 것으로 보인다.

생시와 잠의 상태를 경험하는 행위에서, 외적 진화와 내적 진화의 드라마를 재현한다.

꿈을 꾸는 행위는 우리들 각자가 엄청난 창조와 해체의 힘을 부여받고 있다는 사실을 말해준다. 꿈의 상태에서 경험하는 활동, 개별 존재들, 기쁨과 슬픔의 전 범위가 단 한 사람의 꿈을 꾸는 자가 창조한 것이다. 생시의 지각자도 마찬가지로 그의 생시 세계를 만든 사람이다.

나아가 경전에서는 꿈의 내용들이 생시의 마음에게 실재하지 않듯이, **진아 깨달음**의 절대적 관점에서는 생시 상태에서 지각되는 대상적 자연도 주체인 지각자와 함께 실재하지 않는다고 말한다.

그래서 대상적이든 주체적이든 **자연**의 토대는 우리 자신의 '**자각**'에 뿌리를 두고 있고, 이 **자각**이 모든 창조계를 포함하고, 투사하고, 양육하고, 집어 삼킨다. 이 **자각**이 생시·꿈·깊은 잠의 상태들의 바탕이다. **바가반**은 이 **자각**을 '**진아**', '**심장**'이라고 부른다.

만일 우리가 이 다양한 상태들의 장악에서 벗어나서 **자각** 그 자체 안에 머무르면, **자연**의 진리가 드러난다. 이 드러남은 **침묵** 속에서—즉 각 존재의 가장 깊은 내면의 핵심 속에서 일어난다.

이 **침묵** 속에서 우리는 **자연**이 단지 지복(*ananda*)이고, 영원한 기쁨이고, 자비심이고, 순수한 지성이며, "선택 없는 자각(choiceless awareness)"[7]이라는 것을 깨닫는다. 그것은 그렇게 도처에서 빛난다.

---

7) *T.* 이것은 지두 크리슈나무르티(Jidu Krishnamurti)가 사용하여 널리 퍼진 용어이다. 주어진 상황에서 어떤 선입견, 선호 혹은 의도적 선택 없이 자연발로적으로 작용하는 완전한 자각, 즉 가장 본연적인 **순수한 자각**을 의미한다.

4. 가장 중요한 학學

스리 벤까떼스와라 사르마(Sri Venkateswara Sarma)[사스뜨리갈 마마]는 놀랍도록 비범한 점성가였다. 그는 어릴 때부터 천재였다. 비상한 지성을 가진 그는 점성학의 가장 심원하고 어려운 분과인 쁘라스나(PRASNA)를 아주 약관의 나이에 통달했고, 자신의 스승으로부터 가장 지혜로운 제자로 칭찬받았다. 쁘라스나는 수학과 통찰력에 기초하고, 그것의 완벽한 결실인 하나의 점성학이다.

쁘라스나의 기법은 천궁도도 요하지 않고 손금도 볼 필요가 없다. 점성학적 예언을 듣고 싶은 사람에게서 요구되는 세부 사항은 그의 이름, 이름 첫 글자, 그가 하는 질문의 첫 단어, 그가 질문을 하면서 향하는 (동쪽 등의) 방위, 시간, 그의 지리적 출신지, 그리고 점성학과 전혀 무관해 보일 수도 있는 기타 몇 가지 사항이다. 쁘라스나 점성가는 이런 것들을 고려하여 몇 초 안에 마음 속으로 천궁도를 그려야 할 것이다. 그토록 신속히 그렇게 하려면 아주 대단한 수학적 정밀함과 완벽함이 요구된다. 마음속에 그 천궁도를 그리고, 순간적으로 그것을 연구한 다음, 기도하듯이 기다려야 한다. 그러면 내면의 통찰력 깊은 곳에서 단어들이 솟구쳐 오르고, 문장들이 그의 입에서 나올 것이다. 그것이 질문자에 대한 점성학적 예언이 된다. 이 쁘라스나 과정은 점성학적 수학에 기초할 뿐만 아니라 직관적 계시에서 정점에 이르기 때문에, 그 예언들은 놀랍도록 정확하고, 가장 미세한 세부 사항까지 적중한다고 한다.

나 같은 세속인이 이 학學의 강력한 성격을 이해할 수 있게 하기 위해 사스뜨리갈 마마(Sastrigal Mama)는 한 예를 들었다.

하루는 그가 예공실에서 예배를 올리고 있을 때 한 상인이 그의 집을 찾아왔다. 그의 부인이 그에게 나갑빠 쩨띠아르라는 분이 베란다에서 기다리고 있는데, 걱정이 많고 급해 보인다고 말했다. 자신이 하던 정교한 예공 과정을 중단하고 싶지 않았던 사스뜨리갈 마마는, 부인이 들려준 그 이름과 몇 가지 세부 사항만 듣고 나서 몇 분 안에 예언을 말해 주기 시작했다.

"나갑빠 쩨띠아르에게 말하시오. 그는 자신이 잃어버린 다이아몬드 반지에 대해 묻기 위해서 온 거라고 말이오. 그는 자기 하인을 의심하고 있소. 그에게 아무도 그것을 훔치지 않았다고 보증해 주시오. 그의 뜰 안 우물 근처에 바나나 나무들이 두 줄로 있는데, 한쪽에는 두 그루만 있고 다른 쪽에는 여러 그루가 모여 있다오. 그에게 그 두 그루 밑을 찾아보라고 하시오. 다이아몬드 반지는 그곳에 놓여 있소. 그가 자기 옷을 빨랫돌 위에서 세탁하고 있을 때, 그 반지가 손가락에서 빠져 그곳에 떨어졌는데, 그의 눈에 띄지 않은 거요."

그것이 아주 상세한 점까지 사실로 드러난 것은 말할 필요도 없다! 이것은 그의 놀랍도록 정확한 많은 예언들 중 하나였다. 그래서 사스뜨리갈 마마는 그 당시 아주 잘나갔다. 그런 놀라운 성공을 거두자 그는 당연히 쁘라스나라는 이 점성학 분과가 가장 완벽한 학學이라고 확신했다.

그 시기에 그는 처음으로 **스리 라마나 마하르쉬**에 대해 듣게 되었다. 그는 **바가반**의 사진을 보았고, 당신에게 아주 강력한 끌림을 느꼈다. 그래서 **아루나찰라**로 가서 산을 올라, 당시 **바가반**의 거주처였던 스깐다쉬람에 이르렀다. **바가반**이 그에세 베푼 바로 첫 시선이 일순간에 사스뜨리갈을 당신의 노예로 만들어 버렸다. 그는 자신이 소중히 여겼던 모든 것을 포기하고 **마하르쉬**님 곁에 영구히 머무르고 싶은 강한 욕망을 느꼈다.

하지만 점성학이라는 이 한 가지 끌림이 있었고, 그것이 그의 마음을 분산시켰다. 그것은 하나의 딜레마였고, 그를 동요시켰다.

하루는 그가 용기를 내어 마하르쉬님께 다가가서 아주 겸손하게, 그러나 완전한 확신을 가지고 다음의 질문을 던졌다. "바가반! 점성학은 모든 학學 중에서 최고이고 가장 정확하지 않습니까?"

바가반은 침묵 속에서 한동안 그를 뚫어지게 바라보았다. 그런 다음 천천히 그러나 확고하게 대답했다. "진아의 학學이 다른 모든 학보다 우월합니다." 사스뜨리갈 마마는 자신의 경력상 정점에 있었다. 자신이 해 주는 예언마다 엄청난 복채를 받고 있었고, 그래서 많은 돈을 벌어 방대한 부를 축적하고 있었다.

하지만 스승님의 이 결정적인 말씀은, 벌이가 좋은 직업을 그날로 포기하고 진아의 학學을 추구해야 한다는 전적인 확신을 그에게 안겨주었다. 부인도 그에게 전적으로 동의했다. 그들은 성산 아루나찰라가 보호해 주는 그늘 아래, 참스승의 성스러운 두 발 아래서, 아주 가난한 가운데 여생을 살았다.

이 가장 중요한 진아의 학學이란 어떤 것인가?

진아지의 학

랜덤하우스 영어사전은 '학學(science)'과 '지知(knowledge)'라는 단어들에 대해 다음과 같이 정의하고 있다.

Science: [명사] 체계적으로 정리되고 일반 법칙들의 작용을 보여주는 일군의 사실 혹은 진실들을 다루는 지식이나 연구 분과. "지식"을 뜻하는 라틴어 "skeeyenteeya"에서 왔고, 이는 "알다"라는 뜻의 라틴어 어근 "skee"와 산스크리트어 "sastra"에서 왔음.

Know: [타동사] 분명하고 확실하게 지각하거나 이해하다. 중세 영어의

"knowen", "Knawen"에서 왔고, 이것은 고대 영어의 "geknawan"에서 왔음. 이는 "지식"을 뜻하는 그리스어 "gnosis"와 흡사함. 이 모든 것은 지식, 곧 절대자에 대한 직접적 지식을 뜻하는 "*Jnana*"에서처럼 어근 "jna"에서 파생됨.

인위적이고 무상한, 그래서 실재하지 않는 모든 것이 벗겨져 나간 실제 있는 그대로의 자기 자신을 아는 것은—그것이 인간의 모든 문제를 해소하고 그가 자신의 참된 성품에 안주할 수 있게 해준다는 점에서—가능하고 바람직한 일일 뿐 아니라, 그것은 하나의 전체적인 학學이고, 완전한 학이다. 그래서 당연히 물리학·천문학·수학·화학 기타 모든 학學보다 우월하다. 그것은 하나의 '전체적' 학學('total' science)이다. 왜냐하면 모든 학學 중에서 그것만이 다른 모든 학을 이해하거나 연역하는 바로 그 사람의 성품 속으로 들어가기 때문이다.

우리들 각자는 항상 행복하고, 슬픔에 물들지 않기를 열망한다. 또한 우리는 이미 알려진 것만 추구할 수 있다. 우리가 자기 자신에 대해서만 최대의 사랑을 가지고 있다는 것은 아주 분명하다. 그러니 행복은 우리의 진정한 성품이고, 우리가 자기 자신만을 깊이 사랑하는 것도 그 때문이라고 추론할 수 있지 않은가? 그래서 내면에서 솟아오르는 내재적이고 오염 없는 행복을 깨닫기 위해서는 우리 자신을 아는 것이 필수적이다. 그러한 진아지(Self-knowledge)를 얻으려면 "나는 누구인가?"의 탐구, 곧 진아에 대한 탐구가 최선의 수단이라고, 바가반 라마나는 말씀하신다.

자기 자신에 대한 진리를 발견하려면 우리가 내면으로 파고들어서 우리의 모든 활동의 근원을 탐색해야 한다고, 스리 라마나는 말씀하셨다. 당신이 말씀하시기를, 만일 진리가 우리 자신 안에 있지 않다면, 그 진리는 분명히 바깥에서도 발견될 수 없다고 했다. 라마나 마하르쉬님은 이 핵심적 요점을 강조하기 위해 결코 전문용어나 논쟁술에 빠지지 않았다.

당신은 우리 자신의 일상적 경험을 거론했다. 누구도 "나는 존재하지 않는다"거나, "나는 잠, 꿈, 허기나 갈증이 무엇인지 모른다"는 등의 말을 할 수 없다. 당신은 우리의 주의를 그런 일상적 경험에 쏠리게 함으로써, 우리가 그 진리에 다름 아니라는 것을 깨닫게 했던 것이다.

누구나 그 자신을 '나'라고만 지칭한다. 수십억의 전체 인구가 언제나 그들 각자를 칭하면서 '나'라고, '나'라고만 한다. 수십억의 '나'가 있는가? 그 반대로, 무수한 몸들을 지칭할 수 있는 단 하나의 '나'가 있다! 가늠할 수도 없을 정도의 다수성(무수한 개인들)이 단 하나의 음절로 귀착된다. 그렇다, '나'는 그 자신보다 한량없이 방대하고 광범위한 어떤 것을 대표하는 하나의 상징이다.

이 '나'가 무엇인가? 지각력 없는 몸 안에서 어떤 경각警覺의 느낌, 어떤 '나'의 감각이 일어난다. 그것을 '마음'이라고 한다. 바가반 라마나는 만일 우리가 마음의 성품을 탐구하면 그것이 생각들의 한 다발로 보인다고 말한다. 모든 생각을 제거한 뒤에 남아 있는 것을 자세히 살펴보면, 생각과 별개의 마음 같은 것은 없다는 것을 발견할 것이다. 따라서 마음은 '나'가 모든 생각들의 기반으로서 작용하는 하나의 기능이다. 모든 생각은 '나'와 관계된다. 각 생각은 자기 자신에 대한 것이거나 아니면 개인들, 대상들, 사물들, 사건들 혹은 의견들로서 자기 자신과 연관되어 있다. 이 모든 것들이 '나'로서의 자기 안에 뿌리를 두고 있다. 그래서 각자의 안에 있는 '나'는 '나'라는 생각일 뿐인데, 이것이 무수한 생각들의 전체 범위에 대한 토대이다.

매일 잠에서 깨어났을 때 첫 번째 생각이 이 '나'라는 생각이다. 잠 속에서는 우리가 자신을 지칭하는 그 '나'를 포함해서 어떤 것도 우리가 알지 못한다. 이 '나', 곧 '나'라는 생각은 그것이 가진 다른 생각들의 연쇄와 함께 깊은 잠 속에 완전히 가라앉는다. 만일 계속해서 주의 깊게 관찰하면, 깊은 잠이 들기 전에 '저무는' 마지막 생각도 이 '나'라는 생각이라는 것을 볼 것이다. 이 '나'가 어디로 저물고 이 '나'가 어디에서 일어나는가? 그것 속으로 '나'가 합일되고 그것에서 '나'가 일어나는 그 근원을 알아내기 위해, 우리에게는 **바가반**의 확실한 도움이 있다. 당신은 '나'에게 실은 어떤 시작이나 끝도 없다고 지적함으로써 우리를 더 멀리 인도한다. 우리가 생시에 아는 외관상의 '나'라는 느낌이 사라지는 깊은 잠 속에서조차도 그것(참된 '나')은 단절 없이 지속된다. 우리는 확실하게 그렇게 말할 수 있다. 왜냐하면 깨어났을 때 우리의 존재(existence)에서 어떤 간격도 느끼지 않기 때문이다. 오히려 우리는 우리가 잘 잤다고 선언한다. 그래서 생시의 '나', 곧 '나'라는 생각이 없을 때에도 있는 그것이 우리의 진정한 성품이다. 그것을 **진아**라고 한다. **바가반**은 그것이 끊임이 없다는 것, 그것은 오고 가는 '나'라는 생각과 달리 항상 있다는 것을 의미하기 위해 그것을 '나'-'나'라고 부른다.

우리는 "나는 누구인가?"라는 강력한 탐구에 의해 우리가 실은 행위와 경험들이라는 영화가 그 위에서 오고 가는 스크린이라는 것을 깨닫는다. 그 영화의 화면들은 시작이 있고 끝이 있지만, 그것들이 투사되는 스크린은 불변이고 영원하다. **스리 라마나**는 '나'라는 느낌이 우리 모두의 경험이라고 말씀하셨다. 이것은 생시·꿈·깊은 잠의 상태들이 그 위에서 오고 가는 토대이다.

자기탐구의 길은 서로 다른 경험의 모든 상태를 초월하는 그 '나'를 꽉 붙드는 것이다. **스리 라마나 마하르쉬**님은 '있는 것'—언제 어느 때나 그 불변의 '나'로 머무르는 것—이 곧 '**진리**가 되는 것'이라고 말씀하셨다. 있음(Being)과 별개의 어떤 **진리**도 없다. 그것을 성취하려면 자기 자신의 생시·꿈·깊은 잠의 경험에 대한 직관적 분석이 필수적이다.

1933년에 **스리 라마나 마하르쉬**님과 폴 브런튼 사이에서 기록된 한 대화가 이것을 아주 분명히 해 준다. 그것은 내용이 풍부한 브런튼의 책 『비밀 인도에서의 탐색(*A Search in Secret India*)』에 이렇게 나와 있다:

스리 라마나가 말했다. "그대는 '저는 생각합니다'라고 말합니다. 그것은 그대가 깨어 있는 지금 그 말을 하고 있음을 뜻합니다. 여하튼 그대는 그대가 깊은 잠 속에도 존재한다는 것을 인정하지요, 그렇지 않습니까?"

"예. 그러나 저는 그때 기능하지 않았습니다." 구도자가 대답했다.

마하르쉬가 말했다. "그렇다면 그대는 깊은 잠 속에서도 존재했습니다. 그대는 계속 존재하는 같은 사람이지요. 그렇지 않습니까?"

"그렇습니다." 구도자가 대답했다.

"그러나 깊은 잠 속에서는 그대가 기능하지 않았다는 그런 차이가 있지요." 스리 라마나가 말을 계속했다. "차라리 그대는 생시 상태의 사고 기능과 연관되어 있고, 잠 속에서는 그것과 절연되어 있다고 해야겠지요. 그렇지 않습니까?"

"그렇습니다." 구도자가 대답했다.

"그렇다면 어느 것이 그대의 진정한 성품입니까?" 마하르쉬가 그 문제를 분명하게 주지시키며 말했다. "그것은 사고와 연관됩니까, 아니면 사고와 절연됩니까? 이 모든 것 이면의 그 '나'가 누구입니까? 그리고 (잠 속의) 그 무지는 누구의 무지입니까? 이런 물음들에 대한 답변만으로도 그대가 이미 깨달아 있다는 것을 증명하기에 족할 것입니다. 자기 자신의 존재를 부인하는 사람이 누가 있습니까? 아니면 자신은 잠 속에서 존재하지 않았다고 말할 수 있는 사람이 누가 있습니까? 그래서 순수한 존재가 인정됩니다. 그것이 인정된다는 것은 또한 의식이 있음을 의미합니다. 그래서 모든 사람들은 깨달아져 있습니다. 무지한 사람이 전혀 없습니다. …"

"깊은 잠 속에서 그대는 그 몸에 국한되어 있지 않았고, 순수한 존재, 곧 그대 자신의 참된 성품으로서 지속되었습니다. 지금 생시의 상태에서는 몸이라는 한계가 덧붙여진 채 계속 같은 존재로 있습니다. 이런 한계들이 그대로 하여금 다른 대상들을 보게 만듭니다. 그래서 욕망들이 일어납니다. 그러나 잠 속의 무욕의 상태는 지금만큼이나 그대를 행복하게 했습니다. 어떤 부족함도 느끼지 못했습니다. 욕망을 가짐으로써 그대 자신을 비참하게 만들지 않았습니다. 그러나 지금은 그대가 자신을 그 몸에 국한시키기 때문에 욕망을 가지고 있습니다. 깊은 잠 속에서 경험하는 그대의 원초적인 **진아**가 늘 존재하는데, 왜 그런 한계들을 유지하고 싶어 하면서 계속 욕망들을 가지고 있습니까? 이 **진아**가 누구인지, 이 '나'가 누구인지 알아내십시오. 그렇게 하면서 '나'로서 안주하면, 모든 의심과 괴로움이 걷힐 것입니다."

'나', 곧 '나'라는 생각이 깊은 잠 속에 합일되는 것은 우리의 진정한 성품, 곧 **진아** 속으로 들어가는 것이고, 매일 깨어나면 그것이 다시 나오는 것도 **진아**가 그것의 **근원**이기 때문이다. 경전에서도 **신**의 최초의 **이름**은 '나'라고 선언한다! 우리가 '나'라는 생각을 면밀히 관찰하는 것이 매우 필수적이다. 왜냐하면 그것은 경전에서 우리 안에 숨겨져 있다고 이야기하는, 몸과 **진아** 사이의 유일한 연결고리이기 때문이다. '나'라는 생각과, 그것이 어디서 일어나는지에 우리가 온전한 주의를 기울이면 된다. 언제 어느 때나 우리의 주의가 흔들림 없이 '나', 곧 '나'라는 생각을 향하고 있어야 한다. 어떻게 말인가? **생각들이** 일어날 때는 "이 생각이 누구에게 있는가?"라는 물음을 던지라. 그 답은 "나에게"이다. 그러면 "나는 누구인가?"라고 물으라. 그런 질문이 우리의 온전한 주의를 '나'에게로 가져간다. "나는 누구인가?"라는 물음에는 어떤 답도 없다. 그 예리한 주의가 우리를 자신의 **근원**, 즉 순수한 **침묵**으로 데려간다. 우리 자신의 **진리**를 알아내기 위해 우리가 쏟아야 하는 단 한 가지 노력은, 우리의 주의를 자기 자신에게 집중하는 것이다.

진인 바시슈타(Sage Vasishta)는 **주 라마**를 이렇게 깨우쳤다. "각자의 몸 안에서 '나-나'로서 빛나는 것은 진아일 뿐이니, 그것에 대해 명상해야 한다. 탐구라는 막대기로 사납게 생긴 마음과 뱀 같은 감각기관들을 때려서 그것들이 심장[근원] 안에 안주하게 만들라."

우리가 알려고 하는 진아, 진리, 침묵, 행복, 근원은 이처럼 진실로 우리 자신이다.

바가반 라마나는 『라마나스라맘에서 보낸 편지』에서 이렇게 말한다. "우리가 자신이 누구인지, 자신이 무엇인지를 탐구하여 진리를 알아내면, 우리가 자기 자신이 됩니다."

언젠가 한 헌신자가 마하르쉬님께, 이 진아의 학學에 통달하려면 자신이 무엇을 해야 하는지 여쭈었을 때, 바가반은 자비로운 미소를 지으며 이렇게 답변했다. "그대가 있는 그대로 있으십시오(Be as you ARE)!"

5. 그대가 그것이다

“진아지의 길을 밟는 것은 면도날 위를 걷는 것과 같다.” 영적인 법문을 하는 사람들은, 영적인 수행으로 나아가기를 열망하는 구도자들에게 경고하고 겁을 주기 위해 이 유명한 경전 말씀을 자주 인용한다.

그러나 스리 바가반은 힘주어 이렇게 주장한다.

“진아지는 쉬운 것이네,

존재하는 가장 쉬운 것이라네.” (—「진아지」, 제1연.)

그것은 쉬운가, 어려운가?

둘 다이다!

우리가 자신의 마음과 그 마음이 시키는 것들에 집착하는 한 그것은 더없이 어렵다. 더 정확히는, 마음에 의지하여 그것이 우리를 진아지의 영역으로 데려다 주기를 바란다면 말이다. 그것은 불가능한 일이기에!

오히려 우리는 마음을 배격하고, 마음이 갖가지로 말하는 목소리들을 무시하고, 내면으로 돌아서서 마음의 한계를 초월해야 한다. 그럴 때는 진아지가 존재하는 것 중에서 가장 쉬운 것이다.

마음을 가지고서는 우리가 진아지에서 아주 멀리, 멀리 떨어져 있다. 그것은 마음으로써 도달할 수 없는 것이다.

마음이 없으면 우리가 이미 그것이다!

그래서 그것의 쉬움, 혹은 “더없이 어려움”은 “우리”에게 달렸다.

영적인 공부는 그 자체로 쉽지도 않고 어렵지도 않다. 혹은 달리 표현해서, 그것은 쉽기도 하고 어렵기도 하다.

어떻게 말인가?

흙·물·불·공기·허공의 5대 원소가 있다. 이 중에서 흙은 가장 거친 원소이다. 우리는 그것을 볼 수 있고, 만질 수 있고, 맛볼 수 있고, 느껴볼 수 있고, 쥐어 볼 수 있고, 냄새 맡을 수 있다. 그 다음은 물이다. 그것은 흙보다 미세하다. 불은 물보다도 더 미세하다. 공기는 훨씬 더 미세한데, 아주 미세해서 우리는 그것을 몸으로 느낄 수만 있다. 그것을 볼 수도 없고 쥐어 볼 수도 없다. 허공(ether)은 모든 것 중에서 가장 미세하다. 우리는 그것을 볼 수도 없고 느낄 수도 없다! 그것은 워낙 미세해서, 우리는 그것이 일체에 편재하는 원소로서 존재한다는 것을 받아들일 수 있을 뿐이다.

이 원소들은 단계적으로 점점 더 미세해지다가 결국 허공에 도달하는데, 이것은 우리가 존재한다고 인정만 할 수 있고 구체적으로 입증할 수는 없는 원소이다. 그래서 원소들 중 가장 미세한 것이 허공이다.

우리는 상상할 수 있는가? 마음은 허공보다도 훨씬 더 미세하다고, 베다에서 말한다!

스리 마하르쉬님은 마음이 생각들의 다발에 불과하다고 말씀하신다. 그래서 생각은 허공보다도 더 미세하다. 생각들보다 더 미세한 것은 (그것들의) 부모격 생각인 '나'라는 생각이라고, **스리 바가반**은 말한다.

'나'라는 생각 너머에는 '나'라는 생각을 포함하여 어떤 생각도 없는 **순수한 마음**이 있다. 이 **순수한 마음**은 우리가 잠에서 깨어나는 즉시 '나'라는 생각이 일어나는 기반이다. 그것은 (물론 형상이나 열기는 없는) 찬연함의 '형상'으로 있다.

이 찬연함, 비춤, 빛조차도 넘어서서 **진아**가 있다. 이것이 모든 것 중에서 가장 미세한 것이고, 그 위에서 혹은 그것으로부터 일체가 일어나고, 그 속으로 일체가 가라앉는 토대 자체인 **뚜리야**(*turiya*)이다.

진아만이—즉, 모든 존재의 영원하고 불변하는 단 하나의 토대만이—있다. 다른 모든 것은 당연히 실재하지 않거나 참되지 않다. 일체가 오고 가지만, 시간과 공간, 즉 마음을 넘어서 머무르지 않는다.

그래서 5대 원소 · 시간 · 공간 · 생각들, 심지어 '나'라는 생각조차도 넘어서 있고 초월하는 것이 그것(THAT), 곧 진아이다.

이제 이 지도에서 마음의 위치를 그려 보라.

그것은 허공보다도 더 미세하지만 진아와 관련해서는 흙만큼이나 거칠다. 그 위치를 정하기 곤란하지 않은가!

우리에게 마음을 초월하라는 요구는 도저히 극복할 수 없고, 이해할 수 없고, 따라서 불가능한 것으로 보이지 않는가?

그도 그럴 것이, 우리는 허공이 무엇인지도 모른다. 마음은 허공보다도 더 미세하다. 그러니 어떻게 우리가 알지도 못하는 것을 우리가 없애기를 바랄 수 있겠는가?

"그것은 면도날 위를 걷는 것과 같다"는 우파니샤드의 말씀이 타당함을 받아들인다면, 그 과업은 어렵게 보이고, 어쩌면 불가능해 보일 수 있다!

하지만 "그것은 가장 쉬운 것"이라고 거듭거듭 확인해 주시는 바가반 라마나에게로 그대의 주의를 단호히 돌려 보라.

앞서의 (우파니샤드) 말씀은 그 과업을 하나의 문제로 제기하는 반면, 바가반은 그 반대의 입장을 단호히 확언해 준다.

즉, 만일 우리가 그것을 하나의 문제로 삼아 대결하려 들고 싶다면, 마음은 더없이 중요하고, 지배적인 것이 되어, 전체 과업을 굉장히 어렵고 거의 불가능한 것으로 그려내게 된다.

우리가 공손히 마하르쉬님께로 향하면 전체 문제가 분명해진다. "'이 문제가 누구에게 있는가?'라는 물음을 던지십시오. 답은 '나에게'입니다. 거기서 더 나아가 '나는 누구인가?' 하고 물으십시오. 지켜보십시오! 그러면 즉시 모든 생각이 멈춥니다! 아무 생각이 없을 때는 마음도 없습니다. 그대 자신의 경험 외에는 어떤 증거도 필요 없습니다. **자기탐구**를 제대로 하면 마음이 저절로 작용하지 않게 되는 상태가 옵니다. **침묵**의 상태만이 지배합니다. 그 **침묵**이 **진아**입니다. '따뜨 뜨왐 아시(*Tat tvam asi*)'—곧 '그대가 **그것**'입니다."

그 모든 것이 얼마나 단순한지 보라! "그대가 **그것**이다"를 하나의 개념, 또 다른 생각으로 바꿔 놓지 말라. 그것을 **실재**로서, 곧 그대의 핵심, 그대가 존재하는 불멸의 불변하는 토대로서 체험하라. (생각하는 것이 아니라) 체험하는 것이 열쇠이다.

모든 질문과 난감한 수수께끼들을 제기하고, 키우고, 연장하고, 풍부하게 하고, 살찌우는 것은 마음일 뿐이다. 그런 마음 상태에서는 **진아지**가 불가능한데, 그것은 단지 거칠기 그지없는 마음이 그것을 방해하기 때문이다. 즉, 그런 마음은 **진아지**와 우리 사이의 한 철벽이 되어, 우리가 그것을 활기차게 느끼고 그것이 **되지** 못하게 한다. 마음이 있는 곳에서는 **그것**이 느껴지지 않고, **그것**만이 있는 곳에서는 마음이 없다!

진리, 곧 **실재**는 생각의 자취라고는 없는 우리의 진정한 **존재**이다. 그것이 **진아**이다. 이 **침묵**—즉 **진아**—이 **되는** 것이 **진아지**이다. 그리고 그것은 "가장 쉬운 것, 존재하는 가장 쉬운 것"이다. 있는 것(what IS)은 **그것**뿐이기 때문이다. "그저 있는 것이 **진리**입니다. '이것'이나 '저것'이 되는 것은 거짓입니다."라고 **바가반**은 말씀하셨다.

"있는 것"[진아]은 존재하는 가장 쉬운 것이다. 왜냐하면 우리는 그저 "있는" 것—그대의 영원하고 참된 성품—외에는 아무 할 일이 없기 때문이다.

'이것'['어떤 사람']이 되는 것은, 그것이 마음과 원소들에 의존해 있다는 것만으로도 하나의 거짓이다. 그래서 그것을 추구하는 것은 늘 한량없는 불행을 가져온다. 왜냐하면 "어떤 사람이 되기" 위해서는 많은 정신적·신체적 노력이 필요한데, 거듭되는 탄생을 거치면서 그것이 우리의 참된 성품을 알지 못하게 가로막기 때문이다.

진리—토대인 우리의 참된 성품—를 붙드는 것이 가장 쉽다.

"마음 없음" = "있는 것."

비진리를 붙드는 것은 고통스러운데, 이는 그것이 생사윤회를 일으키기 때문이다. 더욱이 수백 가지 행법 중 어느 것에 의해 그것을 벗어나려는 그대의 노력도 똑같이 고통스럽고 무익하다. 왜냐하면 그런 행법들이 마음에 기초하고 있기 때문이다. 자기탐구를 제외한 모든 행법들은 마음을 지향하고 있다고, 바가반은 말씀하신다.

그러니 "그대가 진아다", "진아지는 존재하는 가장 쉬운 것이다"라고 하시는 스승님, 바가반 라마나의 말씀에 왜 귀를 기울이지 않겠는가?

독毒보다 더 나쁘고, 우리를 마음에 속박하면서, 항상 "그것은 불가능하다!"라고 단언하는, 우리의 불확신과 의심의 상태를 왜 고수하는가? 그것이 불가능한 것은, 마음에게 그러하다.

갈등이 이 불순수한 마음의 본질이다. 자신이 모든 것을 안다고 생각하는 이 미혹된 마음이 우리에게 '방관자'의 입장, 비진실에 뿌리 내린 입장을 갖도록 강요한다.

라마나께서 확언해 주신다. "어떤 남들도 없고, 진아만이 있다."

"'나는 누구인가?'에 대한 답은 그 질문이다."라고 당신은 말한다.

그대가 그 질문이다.

그대가 그것이다.

그대가 진아이다.

6. 우리가 신이다

"우리가 신[이스와라]입니다. 신견神見(*Iswara Drishti*)[우리 자신을 신으로 보는 것] 자체가 신의 은총입니다. 그래서 우리가 신의 은총을 얻으려면 신의 은총이 필요한 거지요." 마하르쉬님은 미소를 지으시고…

—『대담』, 399

중동의 마울라나 만수르 알-할라즈(Maulana Mansur al-Hallaj)는 "아날 하크(*Ana'l Haqq*)"["내가 신이다"]라고 말한 탓에 전통주의자들에 의해 교수형을 당했다. 9세기였다. 그보다 몇 세기 전, 지금으로부터 2천 년 전에는 이스라엘 나사렛의 한 목수의 아들이 "나와 내 **아버지**는 하나다", "내가 **진리**다"라고 말했다가 전통주의자들에 의해 십자가에 못 박혔다. 이 선한 목자 이전의 몇 세기는 그렇게 전통주의의 나쁜 늑대들에 의해 집어삼켜졌으니, 아테네의 조각가였다가 철학자가 된 소크라테스는 아테네 사람들에게 "그대 자신을 알라(*Gnothi Seauton*)"고 말한 '흉악한 범죄'에 대해 독미나리의 독 한 컵을 마셔야 했다.

만수르·예수·소크라테스는 모두 **진리**의 인간, 참된 **신인**神人(Godmen)들이었다. 그들이 말한 것은 **진리**일 뿐이었다. 하지만 왜 그들은 동포들에 의해 살해되었는가? 유념해야 할 점은, 그들을 죽인 자들은 모두 종교인들이었지 비종교인이 아니었다는 것이다.

그 살해자들은 **신**이 내면이 아니라 바깥에, 저 위에, 저 너머에 있다고 믿었다. 사람들이 여전히 그렇게 생각하듯이, 그들은 몸과 마음을 가진 남자와 여자들이 각기 서로 다르고, 신이 그들의 운명을 지배한다고 생각했다. 반면에 만수르 · 예수 · 소크라테스는 그들의 개인성을 상실했고, 자신의 내면에서 영원하고 무한하며 빛나는 진리를—신을—발견했다. 그것을 그들은 하크(*Haq*) · 알라(*Allah*) · 엘리(*Eli*) 등으로 다양하게 불렀다. 그들이 '나'라고 했을 때 그것은 각 존재의 내면에 있는 단 하나의 보편적 진아를 의미했다. 반면에 그들을 살해한 자들에게 '나'는 그 단어를 말하는 그 사람 이상은 아니었다.

"나는 브라만이다", "그대가 그 브라만이다" 등의 큰 말씀(*Mahavakyas*)이 수천 년 전부터 인간들에게 주어진 우리나라(인도)에서도, 개인적 영혼이 곧 신이고 절대자 그 사제라고 말하는 사람들과, "아니다, 그들은 서로 다르다. 개아(*jiva*)[개인]는 신, 곧 인격신의 한 측면일 뿐이고, 부분은 전체를 보유할 수 없다"고 말하는 사람들 간에 오랜 철학적 분쟁이 있었다.

바가반 라마나는 아짜리야 샹까라(Acharya Sankara)의 「진아각지송(*Atma Bodha*)」에 대한 당신의 타밀어 번역에 붙인 기원시에서 이렇게 말한다. "샹까라, 곧 진아를 깨닫게 하시는 분이 우리 자신의 진아와 다를 수 있겠는가? 그분 외에 누가 오늘 우리 안의 가장 내밀한 진아로 안주하면서 이것을 타밀어로 말하겠는가?" 따라서 바가반 라마나와 아짜리야 샹까라, 혹은 마찬가지로 만수르 · 예수 · 소크라테스 · 붓다와 여타 진아를 깨달은 존재들이 서로 다른 존재라고 이야기하는 것은 적절치 않을 것이다. 그들은 상이한 시대에 다양한 방식으로 현현한 같은 진아이다.

그러나 바가반 라마나로서의 진아의 현현은 완전한 침묵과 고요함의 현현이었다. 스리 라마나는 어떤 주장도 하지 않았고, 결코 설교를 하거나 법문을 하지 않았다. 당신은 평안과 고요함의 한 신이었다. 샅가리개 하나만 걸치고, 초년에는 머리도 헝클어지고 손발톱도 깎지 않은 채, 진아에 몰입해 있었다. 사람들을 가르칠 필요도 없었고, 그들을 개혁할 필요는 더더욱 없었다. 왜냐하면 당신의 깨달은 눈에는 세계가 곧 브라만이었고, 모든 사람이 그것일 뿐이었기 때문이다. 하지만 배운 사람이나 글을 모르는 사람이나 공히 당신을 한 분의 스와미, 한 분의 진인으로 존경했다. 하루는 대단한 고행자이고 산스크리트 경전에 대해 엄청난 학식을 가졌으며 탁월한 시적 재능을 가진 한 사람이 와서 이 젊은이를 보고 크게 감복하여, 자신의 제자들에게 이제부터는 이 진인을 '바가반 스리 라마나 마하르쉬'라고 부르도록 명했다. 이 위대한 시인(*Mahakavi*)은 어떻게 스리 라마나를 마하르쉬, 곧 큰 진인으로, 바가반[신적인 분, 복된 분]으로 인식했던가? 가나빠띠 무니는—그것이 그의 이름이었다—그것이 "신께서 주신 지知 덕분"이었다고 말했다!

바가반 라마나가 아루나찰라에서 침묵으로 영적 지배를 하신 54년 동안 무수한 지혜 추구자들이 원근 각지에서 당신을 찾아왔다. 그들은 당신의 친존에 잠깐만 있어도, 여기에 몸-의식과 에고가 전혀 없는 존재가 있고, 여기에 참으로 '바가반'이, 곧 신적인 분이 계시다는 것을 깨달았다.

스리 라마나는 "내가 신이다"라거나 "나는 브라만이다"라고 선언할 필요가 없었다. 말 그대로, 진리가 천 리나 우뚝 솟았다. 더구나 당신의 친존에서는 그 사람이 자신의 개인성을 상실했고, 자신이 모든 존재들과 하나임을 이해했다. 바가반이 사람들과 새, 염소, 소, 원숭이, 사슴, 개, 뱀 등에게 평등함과 우애를 보여주었을 뿐 아니라, 그들과 완전히 나뉠 수 없이 하나인 것을 보았을 때, 그 사람은 자연발로적으로 풀과 나무들을 포함한 모든 산 존재의 신성神性을 느꼈다.

연로한 아쉬람 거주자인 꾼주 스와미는, 화신(*Avatara*)은 반드시 진아의 전적인 현현은 아니지만, 바가반 같은 반야안주자(*sthitha prajna*)는 진아의 전적인 현현이라고 종종 말하곤 했다. 사실 바가반은, 진아가 항상 있는데 화신이니 강림이니 할 것이 어디 있느냐고 했다. 스리 오로빈도가 한

때 "영적인 거물"이라고 불렀던 스리 라마나는 어떤 경외로운 우월한 존재로서 사람들 사이에 계시지 않았고, 비슷한 무리 중 으뜸이거나 비슷한 무리 중 한 사람으로서 계시지도 않았다. 당신은 순수한 비이원적 본질로서 계셨다. 바가반께는 어떤 종류의 두 가지도 없었다. 스승과 제자, 남자와 여자, 진인과 범부, 선과 악, 사람과 짐승이 당신에게는 모두 단 하나의 진아였다. 실로 "우리가 그것"이다. 복수인 '우리'가 단수인 비이원적 그것 속으로 사라진다. "'나'가 일어나지 않는 상태가 우리가 그것인 상태이다(*Nanudiyadulla nilai namaduvay ulla nilai*)."(—「실재사십송」, 제27연)

신이라는 관념[이스와라, 야훼/여호와, 알라, 아후라 마즈다 등]이 수천 년 전부터 인간을 사로잡고 있다. 서양의 한 사상가는 그가 보기에 무엇이 인간의 가장 대단한 발명품이냐는 질문을 받고, '신'이라고 대답했다. 프랑스의 뛰어난 학자이자 풍자가인 볼테르는, 만약 신이 존재하지 않았다면 그를 발명할 필요가 있었을 거라고 말했다. 독일의 철학자 칸트는 한 책에서 신을 부정했고, 그 다음 책에서 신을 긍정했으며, 세 번째 책인 『판단력 비판』에서는 신을 발견했다고 한다! 또 다른 독일 철학자 프리드리히 니체는 "신은 죽었다"고 선언했다. 어떤 사람이 수피 성자 바야지드(Bayazid)의 대문을 두드리고 물었다. "바야지드 계신가요?" 성자가 대답했다. "신 말고 여기 누가 있습니까?" "신이 진리다"라고 계속 이야기하던 간디지는 나중에 "진리가 신이다"라고 말하기 시작했다. 최초의 소련 우주비행사는 지구로 돌아와, 자신은 우주공간 어디서도 신을 발견하지 못했다고 말했다. 스페인의 십자가의 성 요한(St. John of the Cross)은 감옥에서 형을 살고 나와서 말했다. "감옥에 있을 때 워낙 신에 도취되어 있어서, 나왔을 때는 도처에서 그분 외에 아무것도 볼 수 없었습니다!"

그래서 모든 나라에는 신을 믿는 사람, 믿지 않는 사람, 믿지도 않고 믿지 않는 것도 아닌 불가지론자들이 존재하고 있다. 도처에서 신을 발견하는 사람들이 있고, 예배소(교회나 사원)에서만 신을 발견하는 사람들도 있고, 어디에서도 신을 보지 못하는 사람들이 있다!

'깨어남(awakening)'이 신성이다. 깨어난 사람은 자신의 의식이 곧 신임을 깨닫는다. 우리가 깨어나서 우리의 참된 정체성을 발견하면, 나른하고 꿈같은 우리의 삶들 속에 존재하는 무질서가 사라진다.

바가반 라마나는 우리의 소위 생시 상태는 하나의 꿈인데, 단지 긴 꿈이라고 말씀하신다.

진인, 곧 깨어난 자, 진아를 깨달은 자는 말한다. "나는 잠을 잤고, 세계가 실재한다는 꿈을 꾸었다. 깨어나서는 세계가 하나의 꿈이고, 진아가 실재한다는 것을 발견했다."

그는 또한 "나는 브라만이다", "나는 시바다(*Sivoham*)", "아날 하크" 혹은 더 낫게는 바가반 라마나처럼 "내가 있다"는 것을 발견했다.

신을 뜻하는 히브리어 단어 '야훼'는 얼마나 아름다운 단어인가! 그것은 "내가 있다"는 뜻이니 말이다. 여호와는 야훼 단어의 영어식 형태이다. 스리 라마나는 『구약』의 "나는 내가 있다는 것이다"가 "나는 브라만이다(*Aham Brahmasmi*)"보다도 진아에 대한 묘사로서는 더 낫다고 하셨다.

왜 인간들은 자신의 신적 정체성을 망각하고 사는가? 왜 그들은 "내가 신이다", "그대가 신이다", "우리가 신이다"라는 말을 듣거나, 세계는 환幻이고 진아가 실재한다는 말을 들으면 믿지 못해서 입을 딱 벌리는가?

왜 인간들은 슬픔과 갈등 속에서 사는가? 왜 인간들은 하찮고 제한된 '환경의 동물들(creatures of circumstances)'[1]처럼 행동하는가? 왜 인류라는 가족은 인간과 인간 사이의 수많은 벽들로 나뉘어져 있는가? 진아 깨달음은 우리 각자의 도달 범위 내에 있는가, 선택된 소수만 얻을 수 있는가?

---

1) *T.* 이것은 환경에 지배되는 인간들을 의미한다. 영국 작가 서머싯 몸의 단편집 『환경의 동물들(*Creatures of Circumstance*)』에서 따온 듯하다.

이뿐만 아니라 무수한 다른 질문들도 바가반 라마나는 주로 침묵 속에서, 때로는 몇 마디 엄선된 단어로 답변했다. 인쇄된 당신의 저작들을 주의 깊게 공부하는 사람들은, 자신이 가졌던 삶과 죽음의 수수께끼 전체가 해결되는 것을 발견할 것이다.

바가반은 늘 말씀하신다. "먼저 그대 자신을 아십시오. 참된 지知인 진아를 모르는데, 다양한 것들을 아는 것이 무슨 지知입니까?" 당신은 종종 질문자에게 묻는다. "누가 그 질문을 합니까?" 그것이 질문자를 내면으로 향하게 했다. 많은 사람들이 바가반의 친존에서 자신이 그 자신의 존재의 핵심이고, 자신이 그 자신의 심장 속에 거주한다는 것을 깨달았다.

"내면을 향하라", "있으라." 인간의 형상을 한 참스승은 그대를 내면으로 밀어 넣는다. 그대가 참으로, 전적으로 내면을 향할 때, 모두의 안에 진아로서 항상 존재하는 참스승이 내면에서 그대를 접수한다. "진아가 되라."

우리는 진아다. 우리는 찌뜨(*Chit*), 곧 순수한 의식이다. 우리는 신이다. 왜냐하면 순수한 의식은 무한하고, 영원하고, 일체에 편재하고, 비이원적이며, 완전한 지복이자 평안이기 때문이다. 바가반 라마나 안에서는 외적 스승과 내적 스승이 하나다. 진아를 보는 것이 신을 보는 것이라면, 스리 라마나를 보는 것이 진아가 되는 것이다. 그 전수傳授는 아주 순간적이다!

순수한 의식보다 더 높거나 더 신성한 것은 없고, 그 무엇도 그것과 별개가 아니다. 그것 아닌 어떤 신도 없다. 진아 깨달음은 우리가 우리 자신의 성품, 우리의 찌뜨-스와루빠(*Chit-Swaroopa*),를 전면적으로 체험하는 것이며, 그것은 "시작도 끝도 없는 존재이자, 끊임이 없는 자각-지복이다." (—「가르침의 핵심」, 제28연.)

바가반은 진아가 됨으로써 이 진리를 가르치셨다. 글로 쓰거나 말로 하신 당신의 말씀들은 엄청난 힘과 아름다움이 있고, 당신의 침묵은 깊이를 가늠할 수 없다. 당신은 진실로 영원한 침묵의 스승이다! 당신의 친존에서 우리는 빠르든 늦든, 신을 알기 위해서는 우리가 신이 되어야 하고, 우리가 곧 신이라는 것을 깨달았다. 지금도 그렇고 영원히 그렇다! 우리를 우리의 신성神性에서 분리하는 것은 우리의 개인성, 우리의 에고인데, 그것은 하나의 '유령', 하나의 신화(거짓된 통념)이다.

"실재의 영역에서는 신과 인간이 똑같은 하나라네. (분리의) 어떤 차별이 느껴지는 것은 거친 무지일 뿐이네."(—「가르침의 핵심」, 제24연)

"우리 자신에게서 이 무지를 없애는 것이, 우리가 곧 '내가 있다'로서 (내면에서) 맥동하는 신임을 깨닫는 것이라네."(—「가르침의 핵심」, 제25연)

'결코 없는 것'(환幻)은 없다. 어떤 헌신자가 바가반께, 어떻게 하면 신의 힘을 아는지 여쭈자, 당신이 말씀하셨다.

"그대는 "내가 있다"고 말합니다. 바로 그거지요. 달리 무엇이 "내가 있다"고 말할 수 있습니까? 그대 자신의 존재가 곧 그의 힘입니다. 그대가 "나는 이것 또는 저것이다, 이러저러하다"고 말할 때만 문제가 일어납니다. 그러지 말고, 그대 자신이 되십시오. 그거면 됩니다."(—『대담』, 478.)

바가반 라마나의 전체 가르침은 "있으라", "진아로서 안주하라"는 말로 요약될 수 있다. 우리는 사뜨(*Sat*), 아뜨마, 브라만, 신인 진아이다.

살해자들이 만수르 · 예수 · 소크라테스 · 간디와 기타 하느님의 사람들을 죽였다. 그러나 몸을 죽였지, 진아를 죽이지는 못했다. 몸은 결코 없었고, 진아는 항상 있다.

동양의 한 전설에 따르면 "인간이 사이스의 여신(Goddess of Sais)2)의 베일을 벗기고 그 자신을 보았다"고 했다. 스리 바가반은 인간의 베일을 벗기고 그가 곧 신임을 보여준다!

---

2) *T.* 이집트 나일강 삼각주의 도시 사이스에서 기원전 3천 년경 숭배되던 여신 네이트(Neith).

제3편

친존, 진보, 완성, 평안

친존

1. 스승이 곧 가르침이다

진보

2. 가르침과 스승은 누구를 위해 있는가?

3. 나는 누구인가? : 큰스승의 단순한 가르침

완성

4. 자기발견의 영적인 향기

5. 우리의 참된 정박 : 몸, 마음인가, 진아인가?

평안

6. 그대 자신을 사랑하라! 그대 자신을 알라! 그대 자신이 되라!

1. 스승이 곧 가르침이다

나는 스리 라마나 마하르쉬님의 오랜 헌신자 4~50분과 함께, 그리고 많은 진인·성자들과 함께 35년을 보내는 큰 기회와 자랑스러운 특권을 가졌다. 그분들 모두가 마치 한 목소리인 듯 나에게 가르쳐 주신 것 한 가지는 '스승(teacher)'이 곧 '가르침(teaching)'이라는 것과, 그 '가르침'이 무엇보다 중요하다는 것이었다. '가르침'에 주의를 기울이는 것은 그 사람, 곧 '스승'에게 주의를 기울이는 것과는 다르다. 따라서 구도자들의 주의는 '가르침'에 가 있어야 하고, 그것을 실천에 옮겨야 한다. 왜냐하면 '가르침'이 곧 '스승'이기 때문이다. 우리는 무지에서 '스승'을 그지 그 몸이라고 여긴다. '서로 다른' 혹은 '많은' 스승들이라는 관념이 떠오르는 것은 우리가 올바르게 이해하지 못하는 이 기본적 무지 때문이다. 위의 오랜 헌신자들은 항상 스리 라마나의 '가르침'을 살아 냈고, 그럼으로써 늘 참스승 바가반 라마나 속에서 살고 있었다. 그래서 그분들은 항상 행복했고, 늘 모든 청문자들을 행복하게 해주었다. 우리가 스스로 가르침으로서 살 때, 그 '가르침'의 향기가 모든 청문자들을 도울 것이다. 우리가 한 '스승'에게 드릴 수 있는 최고·최대의 감사는 우리 자신의 삶 속에 그 '가르침'의 실천을 투입하는 것이다.

산스크리트어로 '구루(GURU)'라는 단어는 '어둠을 몰아내는 자'라는 뜻이다. '구(GU)'는 어둠—짙은 어둠—이고, '루(RU)'는 '몰아내는 자', '제거자'를 뜻한다. 그래서 '구루'는 어둠을 제거하는 자이다. 가장 두껍고 짙은 어둠은 무엇인가?

우리가 자신의 바깥에서 발견하는 어둠은 가장 짙은 어둠이 아니다. 우리 자신의 안에 있는 어둠이 가장 짙고, 극복할 수 없을 만큼 두텁다! 그런 내적인 어둠이 '무지'이다. 무엇에 대한 무지인가? 자기 자신의 **진리**, 곧 **진아**에 대한 무지이다. 이것이 가장 짙은 무지이다. 그것은 자기 자신을 몸이라고만, 마음이라고만 여기는 무지이고, 자신이 항상 **진아**이며, 유일한 **진리**라는 것을 잊어버리는 것이다! 자기 혼자서 이 무지를 제거하기란, 혹은 이 내적인 무지에서 벗어나기란 매우 어렵다. 왜냐하면 그것은 경전을 읽고, 고행을 하고, 종교적 행법에 의지하는 것과 같은 우리가 아는 어떤 수단으로도 될 수 없기 때문이다. 그것은 거의 불가능해 보인다!

그러나 우리가 어떤 스승(teacher), 참된 **스승**, **사드구루**를 찾아가면, 불가능해 보이는 바로 그것이 아주 쉬워진다. 그의 **친존**에서는 불가능한 일도 가장 쉬운 일이 된다! 어떻게? '**스승**'은 곧 '가르침'이라는 것을 기억하라. 그럴 때만 우리가 말 그대로 그 '**스승**'의 **친존**에 있는 것이다. '가르침'을 실천하면, 외관상 불가능하던 장애물이 가장 쉬운 보조수단이 될 수 있다! **스승**은 온통 자비이다. 그의 유일한 관심은 구도자에게서 짙은 어둠—**근본무지**—을 제거하는 것이다. 그래서 우리가 **스승**의 **친존**에 있을 때는—그것은 실은 그의 가르침(*upadesa*)을 실천한다는 뜻이지만—우리의 무지가 제거된다!

'**구루**', 곧 '**스승**'은 한 나라의 대통령이나 총리 같은 하나의 지위나 직책이 아니다. 그것은 하나의 상태도 아니다. 그것은 **진리** 그 자체다! **스승**은 **진아**, 곧 **진리**이다. 즉, 우리 자신의 **진아**가 진정한 **스승**이다. 우리가 어떤 외적인 **스승**을 찾아갈 때, 그가 줄 유일한 가르침은 우리의 심장 속 "내적인 **스승**"을 깨우는 것이다. '**스승**'은 진리이므로, 그에게는 어떤 비진리도 존재하지 않는다! 해에게는 어떤 어둠도 없다. 시인들, 방관자들은 해가 뜨면 그것이 자신의 적인 어둠을 몰아낸다고 말할지 모른다. 그러나 진실로 해에게는 어떤 어둠도 존재하지 않는다. 해에게 어둠은 들어본 적도 없는 것이다! 마찬가지로, 스승은 전적으로 진리이고, 진리 외에 아무것도 아닌데, 어떻게 비진리·무지·어둠이 그의 친존에서 존재할 수 있겠는가? '외부의 스승'은 '내면의 스승'을 환기시킨다.

따라서 '내면의 스승(Guru within)'에게도 전혀 어떤 무지도 없다! 우리의 일상생활 속에서 그의 가르침을 근면하게 따르면('내면의 스승'을 부르면), 무지란 전혀 존재하지 않고, 어둠이란 전혀 존재하지 않는다는 것을 체험적으로 깨달을 수 있다! 존재하는 것이 무엇이든, 그것은 충만함으로서만 존재한다. 그리고 우리는 이 전일성(Wholeness)에서 결코 떨어져 있지 않다! 이 진리로 깨어나기만 하면 된다.

오직 '가르침'을 엄격히 고수하는 것이야말로, 온통 찬란하고 포괄적인 '스승'에 대한 참된 숭배이다! 왜냐하면 '가르침'이 '스승'이기 때문이다!

어쩌면 다음의 의미심장한 일화들의 견지에서 보면, 위의 내용을 더 이해하기 쉬울 것이다.

로다 맥키버 여사는 스리 라마나 마하르쉬의 독실한 파르시(Parsee-조로아스터교도) 헌신자로서, 평생 스리 라마나스라맘 인근에서 거주했다. 그녀는 자신의 참스승 바가반 라마나의 신성한 두 발에 자신의 머리를 놓고 싶다는, 그리 불가능하지만도 않은 바람을 내면에서 키우고 있었다. 그러나 아쉬람의 규칙은 누구도 마하르쉬님의 발에 접촉하는 것을 엄금했다! 그래서 그녀는 마하르쉬님이 혼자 계실 때 자신의 숙원을 이루고 싶었다. 다행히도 어느 날 아침식사 후에 마하르쉬님 혼자서 작은 방을 지나가며 걷고 계셨고, 로다는 급히 당신께 가서 당신의 발 앞에 엎드리려고 했다. 마하르쉬님은 무엇을 원하느냐고 물으시는 듯한 제스처를 취하셨다. 그녀가 말했다. "바가반! 제 삶에서 단 하나 바라는 것이 있다면 제 머리를 저의 참스승 스리 라마나의 신성한 두 발에 내려놓는 것입니다. 부디 허락해 주셔서 그렇게 저를 축복해 주십시오, 바가반!" 마하르쉬님은 그녀에게 가까이 다가가서 당신의 발을 가리키며 말씀하셨다. "로다! 이것이 참스승의 발인가? 참스승의 발은 (그녀의 심장을 가리키며) 여기에 항상 있어! 자네 마음을 심장 안에 합일시켜. 그러면 그것이 참으로 자네 머리를 참스승의 두 발에 내려놓는 거야."

마하르쉬님의 중심적 가르침은 우리의 분열적인 마음이 그것의 근원인 진아에 합일되어야 한다는 것이다. 그리고 그 진아는 우리의 심장에 거주하고 있다는 것이다. 당신은 또한 신·스승·진아가 동의어라고 말씀하셨다. 그래서 진아로서의 스승은 우리의 심장으로서 항상 빛난다. 따라서 스승의 성스러운 발도 우리 자신의 심장에 다름 아니다! 이것이 "가르침이 곧 스승이다"라는 진리를 분명하게 드러내 준다.

* * *

스리 니사르가닷따 마하라지(Sri Nisargadatta Maharaj)는 비이원성의 가르침을 설할 때, 그 자신이 저 "내가 있다"는 자각의 상태에서 결코 벗어나지 않았다. 그래서 그는 언제나 이 최고의 영적 전일성 상태의 타당성과 진리를 옹호했고, 그러면서 스스로 늘 그 상태에 들어 있었다!

또한 매일 아침 그는 자신의 스승(싯다라메쉬와르 마하라지), 스승의 스승(바우사헵 마하라지), 스승의 스승의 스승(구루링가장감 마하라지)의 초상에 예공을 올리고 있었다는 것을 유념하는 것도 똑같이 중요하다!

이런 외관상의 이분법을 목격한 한 서양인 헌신자가 마하라지에게 질문했다. "마하라지! 당신께서는 비이원론을 가장 순수한 본질에서, 그리고 가장 비타협적인 방식으로 가르치시는 독특한 성자이십니다. 그러나 당신께서 당신의 스승님들과 신들에게 예공 의식을 거행하시는 것이 놀랍습니다! '**단일성**만 있다'는 당신의 가르침과, 이런 이원적 숭배를 하시는 것은 더없이 모순적입니다! 부디 그에 대해 설명해 주시겠습니까?"

스리 니사르가닷따 마하라지는 미소를 띠고 (자신의 **심장**을 가리키며) 말했다. "여기에는 어떤 모순도 없습니다. 그 모순은 그대의 마음속에 있지요! **전일성**의 비이원적 상태는 내적인 **스승**에 다름 아닙니다. 온통 **전일성**일 뿐인 외부의 **스승**도 찬양 받고, 우러러 보이고, 숭배 받습니다! 모순이 어디 있습니까? 가르침과 스승은 똑같은 하나입니다!"

2. 가르침과 스승은 누구를 위해 있는가?

스리 바가반의 파르시 여성 헌신자인 로다 맥키버 여사가 한번은 자신의 친구를 봄베이에서 데려왔다. 그 친구를 당신께 소개드리면서 그녀가 말했다. "제 친구는 사두도 아닌 사람을 자신의 구루로 받아들였습니다. 제가 그를 여기 데려온 것은 그 구루를 포기하고 당신을 따르게 하기 위해서입니다, 바가반. 부디 그가 그렇게 하도록 해주십시오." **스리 바가반**이 엄격하게 답변하셨다. "그대가 누구이기에 그에게 적합한 구루가 누구라고 말합니까? 그대는 무슨 힘으로 한 인간의 진면목을 알아볼 수 있습니까? 그리고 그대는 구루가 그토록 중요하다는 것을 확신합니까? 모든 것은 그 제자에게 달렸습니다. 바위 하나라도 그대가 큰 신심을 가지고 숭배하면 그것이 신으로 보일 것입니다."[1)]

인도에서는 모든 시대를 통틀어 진정한 가르침이 부족한 적이 결코 없었고, 그런 점에서는 자비로운 **스승들**도 결코 부족하지 않았다. 그래서 우리는 **베다**, **우파니샤드**, **서사시**, **뿌라나**의 형태로 더없이 진정한 가르침의 집성물을 자랑스럽게 보유하고 있다. 특히 『바가바드 기타』는 전 세계에서 탁월한 영적 논저로 인정받고 있다. 마찬가지로, 태곳적의 **베다** 리쉬들의 영광에 덧붙여, **진인**과 성자들이 세기에 세기를 거듭하여 계속 '덕스러운 인도(*Punya Bharat*)'를 장식한다.

그래서 우리의 전통은 늘 가르침과 스승들의 중요성을 자랑스럽게 견

1) *T.* 앞의 54쪽에서 로다 맥키버가 들려주는 두 번째 이야기에서는 "방문객 두 사람"이 찾아왔다고 했는데, 여기서는 로다 맥키버 자신이 친구를 데려온 것으로 나온다. 앞의 경우에는 저자가 로다를 '방문객'의 한 명으로 익명화하여 서술한 것으로 보인다.

지해 왔다. 그런 만큼, 그것은 신 · 세계 · 경전 · 스승 · 가르침 · 전일성 · 단일성 · 충만함 · 자유 · 벗어남 · 해탈에 대한 영원한 진리들로 이루어진, 말하자면 하나의 '영원성의 금사슬'이라는 선물로 인간에게 건네져 왔고, 그에게 그것을 직접 소유하도록 권고해 왔다. 인간도 그동안 내내 그것의 장엄함과 값을 헤아릴 수 없는 그것의 가치에 놀라면서, 공손하게 그것을 숭배해 왔다! 하지만 반복적으로, 그것이 사용되지 않은 채 남겨지곤 했다. 그 이유는 단지 이 귀중한 금사슬의 연결이 끊어지고, 느슨해지고, 불완전했기 때문인데, 이는 하나의 핵심 연결고리를 상실한 탓이었다. 그 상실된 핵심 연결고리 때문에, 인간이 장식되지 않은 채 그 금사슬을 멀리한 것이다.

그것을 발견하여 끼워 넣기만 하면 금사슬이 완전해질 그 상실된 연결고리가 무엇인가?

그 상실된 연결고리는 '그대'—곧, 우리들 각자를 개인적으로 지칭하는 '그대'이다. 그 '그대'는 지금 이 행을 읽고 있는 사람을 지칭한다! 이 '그대'를 거기에 덧붙이는 것만으로도—이것은 우리 자신의 내적인 신성으로 깨어나는 것을 의미하지만—이 영원성의 금사슬이 완전해질 것이다. 놀랍지 않은가? 갑자기, 그 '그대'가 존재계의 틀 안에서 더없이 중요해진다. 하지만 그것은 절대적으로 참되다.

그것을 더 잘 이해하기 위해서는 이런 질문을 던져야 한다. "가르침은 누구를 위해 있는가?" "스승은 누구를 위해 있는가?"

우리는 가르침과 스승의 중요성을 강조해 왔다. 그 가르침이 아무리 진부하다 해도, 그것은 그 가르침을 흡수하는 사람에게만 가치와 의미를 갖는다. 그렇지 않은가? 가르침 없이 스승의 중요성이 어디 있는가? 그 가르침을 흡수하는 사람이 누구인가?

오, 독자여! 이 문장을 읽고 있는 '그대'여, 모든 가르침과 모든 스승들이 존재하는 것은 '그대'를 위해서이다. 그대가 그 가르침으로 깨어나고 그것을 소유한다는 것은 실은 상실된 연결고리를 영원성의 금사슬에 있는 제자리에 잘 닦아 넣는 것이다. '그대'가 깨어날 때까지는 이 귀중한 보석이 장식되지 않은 채로 있을 거라는 것을 확실히 알라! 그래서 베다에서는 "그대가 그것이다(*Tat Twam Asi*)"라고 선언한다.

보라, 이상하게도 '그대'는 그대 자신을 잊어버리고 등한시한다. 자신을 이 사슬의 핵심 연결고리로 포함시키는 것을 잊어버린 것은 누구인가? 이 무지, 곧 망각은 우리에게 '열 명의 바보' 이야기를 상기시켜 주지 않는가?

한 마을에 열 명의 바보가 살았는데, 그들은 늘 함께 있었다. 한번은 그들이 어느 강을 건너야 했다. 강 저쪽 편으로 헤엄쳐 건너간 그들은 문득 누가 강물에 빠져 죽지 않았는지 심각하게 의심했다. 그래서 인원을 세어 열 명 모두가 무사하다는 것을 납득하려고 했다. 바보들의 우두머리가 나머지 사람들을 한 줄로 세우고 각자에게 '하나, 둘, 셋'을 외치게 했다. 마지막 사람이 '아홉'을 외쳤을 때, 그들 모두에게 공포감이 엄습했다. 왜냐하면 '열 번째' 사람이 물에 빠져 죽었다고 판단했기 때문이다. 그들 각자가 나서서 나머지 사람들을 세어 보았지만 '아홉'이라는 숫자에 도달할 뿐이었다! 모두가 엉엉 울면서 '열 번째' 사람을 잃은 것을 슬퍼했다. 한 나그네가 지나가다가 그들의 곤경을 보고, 그들의 진짜 잘못은 자기 자신을 빼고 센 것임을 알았다! 그는 그들을 일렬로 세운 뒤, 그들 자신의 방식대로 숫자를 외치게 했다. 이제 열 번째 사람이 '열'이라고 외쳤다! 바보들은 모두 그 나그네가 비상히 영리해서 '잃어버렸던' 열 번째 사람이 살아 돌아오게 하는 데 성공했다고 기뻐했다! '열 번째' 사람을 결코 잃었던 적이 없었고, 그런 만큼 그를 살아 돌아오게 하고 말고도 없었다! 세는 자기 자신을 깜박 잊고 세지 않은 것이 단 하나의 잘못이었다!

이처럼 진리의 추구자—'그대'—가 모든 가르침과 모든 스승을 살아나게 하는 데 무엇보다 중요하다. 따라서 스승, 가르침, '그대'가 참된 영적 삼위일체이다. 여기서 '그대'의 중요성을 과장하거나 과하게 극적으로 표현하는 것이 아니다. 여기서 '그대'라고 지칭하는 것은 몸인 그대도 아니고 ('나는 이런 사람이다'라고) 정체성이 부여된 인격인 그대도 아니다. '그대'로서의 살아 있는 원리, 곧 '자각'을 가리켜 말할 뿐이다. 그대 자신을 자기 이름과 한 몸으로서의 자기 형상과 동일시하는 것과 별개로, 이 '그대'가 누구인지 그대가 실제로 알아야 하지 않겠는가? 그 '그대'를 어떻게 알 것인가?

바가반 스리 라마나 마하르쉬는 '그대'가 실제로 누구인지 그대가 알 수 있는, 하나의 독특한 방법을 제시한다.

3. 나는 누구인가? 큰 스승의 단순한 가르침

가르침과 스승의 중요성을 자세히 서술했으니, 이제 여기서는 천 년의 스승이신 스리 라마나 마하르쉬의 “나는 누구인가?” 가르침의 핵심을 제시한다. 독자들의 논리적이고 합리적인 접근법을 염두에 두고, 그 가르침을 쉽게 이해할 수 있는 용어, 구절, 표현으로 서술한다. 하지만 그 가르침의 저변의 흐름은 순수하게 영적인 것이기에, 우리는 그것을 단순히 지적으로 분별하거나 토론하기보다는 그것을 깊이 천착하여 ‘체험’해야 한다. 그런 만큼, ‘수행’이 순전한 행복과 영구적 지복—스리 라마나 마하르쉬는 이것을 우리들 각자의 “타고난 권리”라고 단언한다—이라는 이 영적인 보물 창고를 여는 유일한 열쇠이다.

“신과 스승은 실은 똑같은 하나입니다. 스승의 은총을 얻은 사람은 분명히 구원 받을 것이고, 결코 버림 받지 않을 것입니다. 마치 호랑이의 입 안에 떨어진 먹이가 결코 도망갈 수 없듯이 말입니다. 그렇기는 하나, 제자 자신이 스승이 보여준 길을 흔들림 없이 따라야 합니다.”라고 바가반 라마나는 말씀하신다.

인간은 신적 본질을 지닌 존재일 뿐이다. 그러나 그는 지금 무지에 빠진 채 자신 안의 이 신적 본질에 대한 지知로부터 스스로를 차단하고 있다. 인간 안의 그 신적 소질은 없애려 해도 없앨 수 없다. 한동안은 그것이 은폐될지 모르나, 다시 솟아나올 수밖에 없다.

인간의 움직임은 일반적으로 바깥으로만 향한다. 몸 안의 감각기관들 모두가 바깥을 향해 있고, 바깥으로부터만 사물을 흡수하게 되어 있기 때문이다. 그의 주의를 외적인 것들로부터 떼어내어 내면으로 향하게 하면, 자신 안의 **신적** 성품이 온통 찬란하게 드러난다는 것을 인식하게 된다. 이처럼 내면으로 향하는 사람은 누구나 내면의 이 영원한 진리를 깨닫게 되어 있다. 어느 누구도 이 **신적 의식**에서 배제되지 않는다. 자신의 주의를 바깥으로 돌리는 인간은 그 행위 자체로, 그것을 의식적으로 체험하는 일에서 자신을 배제한다. 물론 모든 인간은 무지한 가운데서도 자신 안의 이 **신적 의식**을 경험하지 못하는 것은 아니지만 말이다. 그가 알든 모르든, 모든 인간은 이 **순수한 의식**, **순수한 자각**으로 충만해 있다. 그런 **자각**을 가려서 그가 그것을 의식적으로 경험하지 못하게 하는 것은 외적인 것들에 집착하는 그의 습習인데, 그것이 그의 불만, 취약함, 어둠과 두려움으로 표현된다. 그가 내면을 더 깊이, 더 오래 바라보게 하라. 그러면 어김없이 이 소위 '숨겨져 있고 불가사의한' **진아**가 자신의 중심, 곧 자기 존재의 근원에 거주하고 있음을 발견할 것이다. 외적인 것들로부터 돌아서서 내면을 향하고 이 근원에 온전한 주의를 기울이면, 인간의 삶 속에서 엄청난 변화가 일어난다. 왜냐하면 자신이 이 **신적 본질**을 지닌 존재임을 처음으로 인식하기 때문이다.

그는 경전에서 선언하는 "**그대가 그것이다**"가 "그대 자신이 저 **신적 본질이다**"라는 의미임을 이해한다. **순수한 자각**, 곧 모든 인간 안의 '**내가 있음**'이 이 **신**의 **본질**이다.

모든 인간 안의 이 **실재**는 **의식**, 곧 **자각**이다. 어떤 사람도 자신이 그것을 모른다고 말할 수 없다. 그것을 모른다는 부인 행위 자체로 그는 그것의 존재를 선언한다! **실재**의 특징은 그것이 늘 존재하며, 스스로 그 자체로 존재할 수 있다는 것이다. 인간 안의 이 **자각**은 스스로, 그 자체로 늘 존재한다. 따라서 인간 각자는 내면의 **영원한 빛**으로 난 이 통로로 언제든지 들어갈 수 있다. 일단 자기 내면의 **참된 존재**를 일견一見하는 체험을 얻으면—이 참된 존재는 그것이 존재하기 위해 그의 노력이나 지지를 요하지 않고 전적으로 독립하여 빛나는 반면, 그의 모든 외적 활동은 결실을 맺기 위해 그의 노력을 요하지만—오관에 의존하지 않는 경이로운 상태에 자신이 들어갔음을 깨달을 것이다. 이것은 그가 이전에 해본 적이 없는 체험이다. 오관의 도움 없이, 그것도 그 자신 안에서 그 스스로 얻은 체험은 실로 독특하다. 자신 안에서 이 소견을 얻는 그날은 가장 찬란한 날이다. 왜냐하면 그날 그는 영원성과 하나이기 때문이다. 그런 내적 탐험을 하는 그 누구도 몽상가가 아니며, '그는 무수한 사람들이 내일 억지로 해야 할 일을 오늘 앞당겨 하는 것일 뿐'이다. 따라서 인간은 지혜를 소유할 이런 능력을 가진 영적인 존재다. 그는 매 순간 이 진리를 호흡한다! 이처럼 그는 자신의 내면에 신적 무한성을 가지고 있다. 이 무한한 자각이 순전한 행복의 영원한 느낌으로서 체험된다. 이것이 삿찌다난다라는 영원한 진리의 '아난다' 측면이다.

그러나 동전의 앞면인 우리의 내적 존재의 진리를 이렇게 진술할 때, 우리는 동전의 뒷면도 말해야 하지 않겠는가? 마음을 끄는 것들과 한눈팔 거리가 많은 외부 세계는 인간의 주의를 어쩌면 빨아들이듯 몽땅 집어삼킨다. 인간의 몸이 그토록 아주 강하게 끌리고 집착하는 외부 세계의 복잡한 속도는, 언제나 인간을 더욱 더 끌어당겨 그 자신에게 외적인 물질·대상·활동들에 몰두하게 한다. 시간도 노호하는 급류처럼 내달리며 인간을 휩쓸고 가서, 시간의 변천 속에 그를 익사시킨다. 신체적으로나 정신적으로나 끝없이 바깥으로 내달리도록 계속 강요당하는 그런 투쟁 속에서, 인간에게 뒤로 도약하여 내면으로 뛰어들라고 하면, 그것은 거의 체조 묘기나 다름없는 일일 것이다. 그리고 그렇게 완전히 망가진 인간에게 신적 자각에 대해 이야기하고, 그가 내면으로 향할 필요가 있다고 말해 주어도 거의 헛된 일이 될 것이다.

그는 그런 정보를 그저 '인간적 환상과 유아적 이상주의의 한 환각'으로 취급할 것이다. 만약 그가 자신의 삶에서 '뒤로돌기'를 하는 데, 즉 밖을 향한 활동으로부터 안을 향한 성찰로 의식적 주의를 돌리는 데 관심을 가져야 한다면, 좋은 명분이 필요하다.

그 절박한 명분이 무엇인가?

영적인 규율, 윤리적 규범, 의식상儀式上의 규제라는 이름으로 또다시 그가 외적인 일에 몰두하도록 더 강요함이 없이, 그가 부드러우면서도 확고하게 내면을 향하고 그의 **존재**인 **진리**에 노출되게 해야 한다. **바가반 스리 라마나 마하르쉬**는 이 '내면으로 뛰어들기'를 가장 쉽고, 가장 직접적이고 단순한 방식으로 성취하는 하나의 **왕도**를 열어 주었다. 그것을 분명하게 이해하려면 우리가 현미경적 관점을 가져야 할 것이다. 왜냐하면 이제까지 우리는 일반적인 서술만 해 왔기 때문이다. 즉, '인류'에 대한 우리의 몰두에서 벗어나 우리의 주의를 '개인'에게로 옮겨 보자.

4. 자기발견의 영적인 향기

16세의 소년이던 바가반 스리 라마나 마하르쉬는 그 자신의 '죽음'을 경험했고, 그것을 극복하면서 '너의 목숨을 잃음으로써 그것을 얻는다(마태복음, 16:25)는 성경 말씀을 확인해 주었다! 그리하여 털끝만큼도 생각의 간섭을 받거나 생각에 의해 가려짐이 없이 실재와 바로 마주했고, 그럼으로써 영원한 진리에 자리잡게 되었다. 그 지고한 영적 승리와 함께 당신은 54년간 지혜 왕국의 지고한 군주로서 군림하셨다! 이 소년은 그 독특하고 전체적인 영적 체험을 했을 때, 경전의 내용에 대해 아는 것이 하나도 없었다. 하지만 나중에 바로 그런 경전 문헌들을 접했을 때, 그것이 하나같이 자신의 직접 체험을 뒷받침하고 있음을 발견했다. 그런 만큼, 우리는 당신의 가르침에서 논리적 명료함, 직접성, 자연스러움, 명석함과 우리 자신의 체험에 큰 강조점을 두고 있다는 것을 발견한다. 당신은 또한 불필요한 모든 이론을 피하고 이렇게 확언하였다. "진리는 단순하며 항상 존재합니다. 그것을 체험하려면 내면으로 향하기만 하면 됩니다."

누구나 '나-나'라고 말하지만, 이상하게도 이 '나'가 정확히 무엇인지, 혹은 그것이 무엇을 의미하는지 알려고 노력하는 사람은 많지 않다. 우리가 '나'라고 할 때 그것은 보통 몸만을 의미하지만, 더 깊이 분석하면 그것은 생각하고, 느끼고, 의지하는 기능을 의미한다. 몸이 '나'가 아니라는 결론에는 우리가 쉽게 도달할 수 있다. 몸은 지각력이 없기 때문이다. 우리가 '지각력이 없다'고 하는 것은, 몸이 늘 '알려지는 것'이지 결코 '아는 원리'가 아니라는 뜻이다. 위대한 힌두 진인 알라마 쁘라부(Allama

Prabhu)는 이렇게 말했다. "자각을 잃지 말고 그대 자신을 알라. 만일 몸이 그대 자신이라면 왜 그대는 '나의 몸'이라고 말하는가? 모두가 자신의 소유물을 '나의 옷, 나의 금'이라는 식으로 말한다. 누가 한 번이라도 '나는 옷이다', '나는 금이다'라면서 자신을 옷이나 금으로 인식하는지 말해 보라. 그대가 몸을 자기 자신이라고 여길 때는, 하나의 덧씌움을 사실로 착각하는 것이다."[1)]

그렇다면 이 '나'는 무엇인가?

지각력이 없는 몸 안에서 어떤 경각(alertness)의 느낌, 어떤 '나'라는 감각이 일어난다. 그것을 '마음'이라고 한다. **바가반 라마나**는 만일 우리가 마음의 본질을 탐구하면 그것이 생각들의 한 다발임을 알게 된다고 말한다. 따라서 마음은 그 안에서 '나'가 모든 생각들의 토대로서 작용하는 하나의 기능이다. 모든 생각은 '나'를 중심으로 모여 있다. '나는 생각한다', '나는 느낀다', '나는 안다' 등으로 말이다. '그들이 오고 있다', '저것은 아름답다'와 같이 그 생각이 '나'와 직접 관계되지 않는 것처럼 보이고, 그런 생각들이 순전히 '타자'에 대한 것처럼 보일 때조차도, '나'가 확실히 내포되어 있다. '나'에 대한 자각 없이 어떻게 우리가 다른 어떤 것이나 어떤 사람을 생각할 수 있겠는가? 그래서 '나'라는 생각이나 '나'라는 느낌, 곧 개인성의 느낌, 자신이 '아무개'라는 느낌은 다른 모든 생각이 그것의 주위를 도는 받침점이다. 다른 모든 생각들은 '나'라는 생각에 의존해 있지만, '나'라는 생각은 다른 모든 생각과 독립해 있다. 다른 모든 생각들은 오고 가지만, '나'라는 생각은 그것들의 토대 자체로서 지속되기 때문이다. 더 면밀히 살펴서 '나'라는 생각[자신이 어떤 사람이라는 느낌]도 사라진다는 것을 인식할 때까지는, 그렇게 보인다. 그것도 매일 사라진다!

---

1) *T.* 이 문단과 그 아래 네댓 줄까지는 앞의 『진아가 되라』 267쪽에서 이미 나왔던 내용을 거의 그대로 다시 가져온 것이다.

언제? 깊은 잠 속에서이다. 왜냐하면 깊은 잠 속에서는 우리가 생시와 꿈속에서와 같은 방식으로 자기 자신을 인식하지 못하기 때문이다. 사실 깨어나서 '나'라는 느낌이 돌아오면 우리가 "나는 아무것도 몰랐어. 아주 잘 잤다"고 말한다. 앞의 "나는 아무것도 몰랐어"는 우리가 아는 '나'라는 느낌이 깊은 잠 속에서는 전혀 없었다는 것을 말해준다. 그러나 "아주 잘 잤다"라는 것은 잠 속에서조차도 자각이 끊어지지 않았다는 사실을 말해준다. 그렇지 않다면 우리가 잘 잤다는 것을 어떻게 기억하겠는가? 이것은 우리가 생시에 아는 그 '나'—곧 우리가 말하는 '나'라는 생각이자 마음의 본질—가 없을 때조차도 우리가 존재한다는 인식을 가져다준다. 그런데 '나'라는 생각이 없을 때도 존재하는 이것이 우리의 본질적 성품일 것이 분명하다.

이것은 주목받지 않은 채 내면에 숨겨져 있는 **자각**이라는 적나라한 진리에 대한 앎으로 우리가 깨어나도록 추동한다. 그도 그럴 것이, '나'라는 생각은 몸과 본질적인 '나'—경전에서 우리 내면에 숨겨져 있다고 이야기하는 '나'—사이의 연결고리이기에, 그것을 면밀히 관찰하는 것이 필수적이기 때문이다. 우리는 '나'라는 생각과 그것이 어디서 일어나는지에 대해 오롯한 주의를 기울임으로써, 그것을 그 근원에까지 추적해야 한다.

어떻게 그렇게 하는가?

이와 같다. 다른 생각들이 일어날 때, 우리는 주의를 '나'라는 생각으로 되가져가야 한다. 언제나 우리의 주의는 흔들림 없이 '나'라는 느낌 혹은 '나'라는 생각을 향해야 한다. 만일 주의가 흔들려 다른 생각으로 흐르면, 그것이 '나의 생각'일 뿐임을 기억함으로써 주의를 '나'에게로 도로 끌어와야 한다. 그런데 '나'는 누구인가? 그 '나'가 누구인지 모르면서 '나'와 관계되는 어떤 것을 생각한다는 것은 말이 안 되지 않는가? 그래서 주의는 "나는 누구인가?"의 탐구로 돌아오고, '나'의 성품을 발견하기 위해

'나' 위에 고정적으로 머무르게 될 것이다. 주의가 '나'에서 벗어날 때마다 이 과정을 반복해야 한다.

우리가 우리 자신을 탐색하면, 곧 주의를 '나'라는 생각에만 고정함으로써 끈질기게 '나'를 탐구하면, 그 '나'라는 생각이 자신의 **근원**으로 가라앉는다. 그러면 우리가 내면의 **실재**, **진아**, '나-나'와 직접 접촉하게 된다. 우리가 '**내가 있다**'가 되기 위해 내면을 천착하는 진지함과 일념집중이 어느 정도인가가, 그에 따른 보상이 어떠할지의 정도이기도 하다. 자기 자신이 되는 것은 곧은 길일 뿐 아니라 가장 쉬운 길이다. 왜냐하면 바깥의 어떤 도움도 전혀 필요하지 않기 때문이다. 따라서 우리는 **스리 마하르쉬**님이 권장하신 대로, 밖으로 나가는 마음을 안으로 돌리거나 밀어 넣어 그것의 **근원**을 향하게 하는 어떤 행위도 영적이며, 마음을 밖으로 끌어당겨 그것이 (개인적) 정체성에 관여하게 하는 어떤 행위도 비非영적이라는 결론을 내릴 수 있다.[2)]

바가반 라마나는 우리 모두를 **내적 행복**의 이 **진리**로 깨어나게 하는 하나의 길을 열어 주셨는데, 이 **진리**는 전 세계에 울려 퍼지게 될 것이다. 이 길은 시간의 시험과 논리적 분석, 그리고 임상적·실제적 적용을 견뎌낼 것이다. **진리 추구자**들은 그것을 고수할 것이고, 그리하여 앞으로 올 모든 시간 동안 타오르는 **진리**의 횃불을 유지할 것이다. 누구든, 그가 어디에 있든 그리고 어떤 직업에 종사하든, 복잡한 환경의 도전에 휩쓸리지 않고 그런 것에 의존하지도 않으면서, **스리 라마나**의 이 묵연한 내면적 길을 따를 수 있다. 그래서 이 내면성찰적 **자기탐구**의 길은 항상 열려 있는 길이고, 누구도 밟아갈 수 있다. 그것은 단순하고 직접적이며, 직관에 의해 합리적으로 뒷받침되고, 종교든 도그마든 어떤 외향적 영향으로

---

2) *T.* 이 문단과 그 아래 두 문단 모두, 앞의 『진아가 되라』 269쪽 둘째 문단부터 271쪽 셋째 줄까지에서 이미 나왔던 내용을 거의 비슷한 문장으로 다시 반복하고 있다.

부터도 벗어나 있다. 따라서 이 길은 승려들이나 출가할 준비가 되어 있는 사람들 못지않게, 실무 비즈니스맨, 사무직과 공장 노동자, 혹은 전문 직업인들에게도 적합하다. **마하르쉬**의 방법이 독특한 점은 그것이 이성에 의해 점검된 직관에 기초해 있고, 또한 이 순수한 추론은 비추어진 직관(illumined intuition)에 의해서만 **진아탐구**에 사용된다는 것이다.

그래서 요약삼아 우리는 **스리 라마나** 자신의 이런 말씀을 인용할 수 있다. "'나'가 일어나지 않는 상태가 **순수한 존재**, **순수한 자각**입니다. (우리 안의 이 **순수한 실재**에 대해 당신이 쓰신 단어는 '**심장**'이다.) 이것은 '나는 누구인가?'라는 탐구를 통해서만 성취될 수 있습니다. 물속에 떨어진 어떤 것을 건지기 위해 사람이 잠수하듯이, 예리한 일념집중으로 자기 자신 속으로 뛰어들어 그 '나'가 일어나는 곳을 발견하십시오. **진아지**로 이끄는 유일한 탐구는 '나'라는 느낌의 근원을 추구하는 것입니다. 만일 그대가 내면에서 '나는 누구인가?'를 탐구하면, 개인적인 '나', 제한된 '나'는 그대가 **심장**에 도달하자마자 부끄러워서 떨어져 나갑니다. 그러면 즉시 **실재**가 '나'로서 자연발생적으로 현현합니다. 그것이 자신을 '나'로서 드러내기는 하나, 그것은 우리가 아는 제한된 '나'가 아니라 **완전한 존재**, **영원한 '나'**, 곧 우리 안의 **신적 본질**입니다. 그대가 알려고 하는 **진아**, 곧 **진리**는 이처럼 진실로 그대 자신의 것입니다."

5. 우리의 참된 정박: 몸·마음인가, 진아인가

스리 라마나 마하르쉬의 가르침이 독특한 점은, 그것이 논리에 뿌리를 두고 있고 합리적 용어들로 표현되지만, 그 영적인 내용에서 굉장히 단순하다는 것이다. 애매함과 당혹함의 여지가 있는 모든 전문용어가 전적으로 기피된다. 우리의 삶 속의 직업과 무관하게 그것을 우리의 일상생활에서 직접 채용할 수 있다는 점 때문에, 우리는 계급·지역·종교의 조건들에 속박되지 않고 당신의 가르침에 쉽게 적응할 수 있다. 그래서 영적인 완성이라는 그것의 피날레에서 누구도 배제되지 않는다. 스와미 비베카난다는 언젠가, 구도자들이 수행(*sadhana*)을 해 나가는 데에는 격려만이 필요하다고 말했다. 스리 라마나 마하르쉬의 가르침을 닦기 시작한 구도자들은 그런 격려를 풍부히 받는다. 진아 깨달음이라는 목표를 향해 가는 매 단계에서 당신의 인도를 쉽게 얻을 수 있기 때문이다.

자기탐구(*Atma Vichara*)라는 용어는 인도의 많은 고대 경전에서 발견된다. 아디 샹까라짜리야는 그의 위대한 저작 『분별정보(*Vivekachudamani*)』에서, 해탈은 아무리 많은 행위로도 성취할 수 없고 자기탐구에 의해서만 성취된다고 말한다.[1)]

『냐나 바시슈타』(『냐나 바시땀』)에서는 진인 바시슈타가 이렇게 선언한다. "모든 몸 안에서 '나-나'로서 빛나는 것은 진아일 뿐이니, 그것에 대해 명상해야 한다. …탐구의 막대기로 사납게 생긴 마음과 뱀 같은 감각기관

1) *T.* 이 문단부터 본 장 끝까지는 앞의 『진아가 되라』 271쪽 중간부터 275쪽 중간까지 나왔던 내용을 거의 똑같이 다시 가져온 것이다.

들을 때려서 그것들이 심장 안에 안주하게 하라."

『해탈정수』에서는 선언한다. "탐구만이 (그대를) 베다에서 드러낸 지知로 이끌어 준다. 공부로는 진아지를 얻을 수 없다."

『바가바드 기타』에서는 말한다. "마음을 진아에 확고히 고정하라."

그래서 "경전에서 이미 자기탐구를 언급하고 있다면, 왜 바가반은 새로운 가르침을 내셨는가?"라고 묻는다면, 볼 눈과 들을 귀를 가진 사람들에게는 그 답이 쉽게 준비되어 있다.

비록 경전에서 자기탐구를 언급하고는 있으나, 그것을 닦는 실제적 방법은 분명하게 나와 있지 않다. 경전에서 "그대는 몸·생기·마음 등이 아니라 브라만이다"와 같은 단서들을 주고 있는 것은 사실이지만, 이런 단서들은 그것을 실천에 옮기는 법을 강조하지 않는다. 그런 명상은 다시 또 다른 마음 활동을 도입한다. 마음에 의한 어떤 행위도 우리 자신을 속박한다. 우리는 명상으로 시작하지만 이내 출발한 곳에 그대로 있는 우리 자신을 발견한다! 어쩌면 그런 경전들을 베푼 지고의 실재가, 기존의 경전 문구들에도 불구하고 이 부단한 수수께끼가 지속된다는 것을 발견하고, 인류를 위한 깊은 자비심에서 다시 바가반 라마나라는 아름다운 형상으로 와서, 보통 사람이 쉽게 이해하고, 닦고, 깨달을 수 있는 진리를 발견할 더 쉬운 단서들을 베푸셨는지도 모른다.

바가반의 가르침의 독특성은 그것이 마음이라는 틀 안에 들어가지 않는다는 것이다. 사실 바가반은 심적인 방법들을 통해 마음의 족쇄들을 제거하려는 노력의 영역과 범위, 그리고 그것이 궁극적으로 부질없음을 전적으로 다루신 큰 스승이시다. 마음 그 자체를 탐색해 보면, 그것이 자신의 근원에 합일될 것이고, 새로운 차원의 기능들이 생겨날 것이다.

「실재사십송」의 기원시 제1연에서 스리 바가반은 (이 단어가 일반적으로 이해되는 의미에서의) '명상'의 부질없음을 지적하면서 이렇게 묻는다.

"실재는 생각이 없이 심장 안에 존재하는데, 심장이라고 불리는 그 실재를 누가 어떻게 명상할 수 있는가?" 다시 말해서, 만약 명상을 보통의 의미로 즉, 생각하기의 한 과정으로 이해한다면, 우리가 아무리 명상을 많이 해도 생각을 넘어서 있는 실재를 알거나 깨달을 수 없다는 것이다. 생각을 아무리 많이 한들, 생각의 범위를 넘어서 있는 것을 어떻게 깨달을 수 있겠는가? 그렇다면 실재를 어떻게 깨닫겠는가? 그 답을 바가반 자신이 같은 연의 나머지 부분에서 제시한다. "심장 안에서 있는 그대로 안주하는 것이 참으로 그것에 대해 명상하는 것이라네." 달리 말해서, 실재는 생각을 넘어서 있으니 생각이 없이 항상 있는 그대로의 그 실재로서 안주하는 것이 그것에 대해 명상하고, 그것을 있는 그대로 깨닫는 유일한 방식이라는 것이다. 그런데 어떻게 생각 없이 그렇게 안주할 수 있는가?

지금 우리가 그 실재로서 생각 없이 안주하지 못하게 하는 것은 무엇인가? 실재 혹은 진아는 생각을 넘어서 부가물(adjuncts) 없는 순수한 "내가 있다"로서, 심장 속에서 항상 빛난다. 그러나 그 "내가 있다"로서 안주하는 대신 에고가, 즉 "나는 이 몸이다", "나는 아무개다"라고 느끼는 별개의 개인이 일어난다. 이 에고가 뿌리 생각, 곧 '나'라는 생각이며, 우리가 이미 보았듯이 그것 없이는 다른 어떤 생각도 존재할 수 없다. 따라서 우리가 "내가 있다"로서 자연스럽게 안주하는 것을 방해하는 것은 '몸', '세계' 등과 같은 상념 형상(thought-forms)을 취하는 이 개인적 '나'이다. 그래서 우리가 진아로서 생각이 없이 머무르고, 그럼으로써 있는 그대로의 실재를 깨닫고 싶다면, 이 방해물인 첫 번째 생각, 곧 에고를 없애기만 하면 된다. 그래서 「실재사십송」의 많은 연들이 에고와 그것의 부산물—몸과 세계—의 성품을 분석하고 묘사한다. 왜냐하면 우리가 그것들의 성품을 이해할 때에만 그것들을 없애는 법을 알 것이기 때문이다.

이 에고의 성품은 무엇이며, 어떻게 하면 그것이 일어나는 것을 막을 수 있는가? 이 질문에 대한 답이 바가반의 가르침의 독특한 점이다. 「실재사십송」 제24연에서 당신이 우리에게 말하기를, 지각력 없는 몸은 스스로 '나'라고 말하지 못하고, 실재하는 영원한 '나'는 일어나거나 저물지 않으며, 그 둘 사이에서 몸에 국한되는 거짓 '나'가 일어나는데, 이것이 에고, 다른 말로는 지각력 있는 진아와 지각력 없는 몸 사이의 매듭인 의식-몸 매듭(*chit-jada-granthi*)이다. 그것은 속박, 개인적 영혼, 마음 등으로도 알려져 있다. 그 다음 연에서 스리 바가반은 우리에게 말한다. "이 형상 없는 유령 같은 에고는 한 형상[몸]을 붙듦으로써 생겨나고, 한 형상을 붙듦으로써 존속하며, 그것이 붙드는 형상을 먹고 살면서 더 커진다네. 그것은 한 형상을 떠나 다른 형상을 붙들지만…" 그렇다면 우리가 진아로서 평화롭고 행복하게 안주하지 못하게 가로막는 이 단 하나의 방해물을 우리는 어떻게 없앨 수 있는가? 그 답을 바가반은 같은 연[제25연]에서 이렇게 제시한다. "찾아보면 그것은 달아나 버리네!" 당신은 한 이야기로 그것을 잘 보여준다. 어떤 사내가 신부와 신랑 양쪽의 친구인 척 행세했다. 모두가 그를 믿는 동안 그는 양가 사람들을 이래라저래라 하면서 맛있는 음식들을 거하게 먹고 아주 즐겁게 지냈다. 그러나 사람들이 그에 대해 묻기 시작하자마자, 그가 누구인지 알아내려고 하자마자, 그는 달아나 사라져 버렸다. 에고도 그와 마찬가지여서, 진아로도 행세하고 몸으로도 행세한다. 그것은 의식을 부여 받고 있어 '나'로서 빛나는데, 그것은 진아의 속성이다. 동시에 그것은 한 형상에 국한되어 일어나고 저무는데, 이것은 몸의 속성이다. 그것이 무엇인지 우리가 묻지 않는 한, 이 에고는 우리를 이래라저래라 하면서 오관을 통해 얻은 대상들에 대한 지知를 맛나게 먹을 것이다. 그러나 우리가 자기탐구를 시작하자마자, 이 에고가 무엇인지 알려고 들자마자, 그것은 달아나 사라져 버릴 것이다.

혹자는 우리가 에고를 자세히 살피거나 에고에 관심을 둘 때, 왜 에고가 그렇게 사라지는지 의아해할지 모른다. 스리 바가반이 설명하듯이, 에고는 한 형상을 붙듦으로써만 생겨나고, 형상들을 붙듦으로써 존속한다. 붙들 형상이 없으면 에고가 존립할 수 없다. 모든 생각, 모든 대상, 2인칭과 3인칭에 대한 앎은 형상들일 뿐이다. 따라서 에고가 대상들, 곧 2인칭과 3인칭에 주의를 기울이는 한, 그것은 커지고 강해진다. 그러나 에고 자체는 형상이 없다. 그래서 그것이 그 자신, 곧 1인칭 혹은 주체에게 주의를 기울이려고 하면 그것이 힘을 잃고, 가라앉고, 사라질 것이다. 사라진다는 것은 에고가 자신의 근원 속으로, 심장 안으로 도로 떨어진다는 의미이다. 그것이 2인칭과 3인칭에 주의를 기울이는 동안은 에고가 존재하는 듯이 보이지만, 그것이 그 자신에게 주의를 기울이려 할 때, 곧 "나는 누구인가?"를 탐구할 때는 에고가 존재하지 않는다. 이 진리를 바가반은 「가르침의 핵심」, 제17연에서 분명하게 설한다. "부주의함 없이 마음의 형상을 탐구하면, 마음 같은 것은 전혀 없다는 것을 알게 될 것이네. 이것이 누구에게나 직접적인 길이라네." 이렇게 에고가 존재하지 않음이 발견되어 사라지면 무엇이 남는가? 진아, 곧 실재뿐이다! 따라서 이것이, 우리에게—바가반이 「실재사십송」의 첫 번째 기원시에서 말하듯이—"심장 안에서 있는 그대로 안주"할 수 있게 해주는 직접적인 길이다.

바가반의 또 한 가지 독특한 기여는, 두 개의 '나', 곧 에고인 '나'와 진아인 '나'라는 것은 없으며—"수행(*sadhana*)을 할 때는 이원성이고 성취(*sadhyam*)를 하면 비이원성이라는 것은 옳지 않네"라고 바가반은 힘주어 말한다—진아가 단 하나 실재하는 '나'라는 것을 분명하게 설하셨다는 것이다. 오직 "내가 있다"의 이 바다 위에서만 모든 감정, 느낌, 생각, 그 개인의 부가물들, 우리가 그것을 진정한 '나'로 느끼게 만드는 에고가 일어난다. 따라서 우리가 이 외관상의 '나'를 면밀하게 조사하면, 그 '나'는 실은 에고가 아니라 진아일 뿐이라는 것을 발견할 것이다.

6. 그대 자신을 사랑하라! 그대 자신을 알라! 그대 자신이 되라!

무지의 어떤 형상과 함께하는 것도 실로 고통스럽다! 특히 영적인 모름은 사람을 끝없이 되풀이되는 고통 속에 익사시킨다. 그래서 모든 종교의 경전들은 무지에서 벗어남을 삶의 목표로 선언한다. **스리 라마나 마하르쉬**는 모든 무지의 뿌리인, 외관상 치유 불가능한 이 고통을 끝내는 수정같이 명료한 영적인 해법을 우리에게 베푸신다. 자기 자신에 대한 진리를 모르는 것이 이 거친 무지이다. **자기탐구**가 이 무지의 덩어리를 송두리째 잘라내는 유일한 방법이라고 **마하르쉬**님은 강조한다. 무지가 제거되면 남는 것은 항상 빛나는 **순수한 지혜**의 빛이다. 우리 자신의 내적 **실재**가 이 **찬란한 불길**이다. "그대의 **진아**가 되라"가 **마하르쉬**님의 **왕명**이며, 그것을 따르면 우리는 자신이 항상 저 **영원한 빛**일 뿐임을 인식한다! 경전에서는 **진아**가 천 개의 찬연한 태양이라고 선언한다. "**진아**가 되는 것이 곧 **진아**를 아는 것"이라고 **마하르쉬**님은 말했다. 따라서 **진아 깨달음**이 모든 인간적 노력의 정점이다.

바가반의 가르침에서 또 하나 독특한 점은, 당신이 주의를 기울이는 것의 중요성을 말씀하셨다는 것이다. 그래서 우리는, **바가반**이 가르친 **자기탐구**의 올바른 기법은 그저 '나'라는 느낌에 온전한 주의를 기울이는 것이라고 과감히 말할 수 있다. 우리가 '나'라는 느낌에 주의를 기울이려고 하자마자 온갖 생각이 일어나서 우리의 주의를 분산시킨다. 그러나 생각들은 제 스스로 일어나는 것이 아니라, 그것을 '우리가 생각하기' 때문에 일어난다는 것을 관찰하는 것은 흥미롭다. 더욱이 생각들은 그 나름의 어떤 힘도 가지고 있지 않고, 우리가 그 생각에 주의를 기울이는 것에 의해서만 힘을 얻는다. 만일 우리가 일어나는 생각에 주의를 기울이지 않으면, 생각들은 제 스스로 가라앉을 것이다. 바가반은 말씀하신다. "만일 에고를 부인하고 그것을 무시하여 고사시키면, 그대가 자유롭게 될 것입니다. 만일 에고를 받아들이면, 그것이 그대에게 한계를 부과하고 그대로 하여금 그것을 초월하려고 헛되이 분투하게 만들 것입니다." 그래서 우리는 생각에 대한 주의를 젖혀두고 자기주시(Self-attention)를 되찾아야 한다. 스리 바가반은 『나는 누구인가?』에서 이 주의의 방법을 분명하게 가르치는데, 거기서 당신은 이렇게 말한다. "다른 생각이 일어나면 그것을 완성하려 하지 말고 '이 생각이 누구에게 일어났나?' 하고 물어야 합니다. 아무리 많은 생각이 일어난들 무슨 상관 있습니까? 생각이 하나 일어나는 바로 그 순간, 용감하게 '나는 누구인가?' 하고 물으면, 마음[우리의 주의력]은 (생각으로부터) 그것의 근원인 진아로 돌아갈 것이고, (그런 다음, 생각에 주의를 기울일 자가 없으므로) 일어났던 생각들도 가라앉을 것입니다. 이런 식으로 거듭거듭 수행하면 마음이 그것의 근원에 머무르는 힘이 증가합니다." 이것은 구도자들, 곧 이 길의 수행자들에게 큰 단서이다. 우리의 주의가 이 '나'라는 느낌을 고수하는 한, 우리는 다른 어떤 것을 알거나 거기에 주의를 기울일 수 없다.[1)]

탐구의 유일한 목적은 우리의 주의를 이 '나'로 되돌리는 것이다. 따라서 자기탐구에 의해서만 진아를 알 수 있는데, 자기탐구는 마음의 한 활동이 아니라 모든 형태의 마음 활동이 지멸止滅되는 것, 즉 마음이 고요한 상태이다. 스리 바가반은 「가르침의 핵심」 제26연에서 이렇게 말한다.

1) *T.* 이 문단부터 본 장 끝까지는 앞의 『진아가 되라』 275쪽 하단부터 278쪽 끝까지 나왔던 내용을 거의 똑같이 가져온 것이다.

"진아가 되는 것 자체가 진아를 아는 것이니, 진아는 둘이 아니기 때문이네. 이것이 진아안주라네."

「실재사십송」 제27연에서는 바가반이 선언하기를, 우리가 진아에 주의를 기울이지 않으면 '나'가 일어나지 않는 에고 없음(egolessness)의 상태를 성취할 수 없고, 저 에고 없음을 성취하지 못하면 실재와 하나가 된 우리의 참된 상태에 안주할 수 없다고 한다. 왜 이것이 그래야 하는가? 왜 다른 수행법들도 우리가 진아를 깨달을 수 있게 해줄 수 없는가? 그 이유를 바가반은 『마하르쉬의 복음』[제2권, 제1장]에서 이렇게 명료하게 설명한다. "자기탐구만이 진아에 이르는 직접적 수단입니다. 왜냐하면 다른 모든 수행은 그 수행을 해나가기 위한 도구로서의 마음이 유지되는 것을 전제하며, 마음이 없이는 그것을 닦을 수 없기 때문입니다. 따라서 자기탐구 아닌 수행법으로 에고나 마음을 소멸하려고 하는 것은 마치 어떤 도둑이 경찰관으로 가장하여 그 도둑을 잡으려고 하는 것과 같습니다. 자기탐구만이 에고도 마음도 실제로는 존재하지 않는다는 진리를 드러낼 수 있고, 그래서 그것만이 우리가 진아를 깨닫게 해줄 수 있습니다." 바가반은 다른 비유도 사용하셨다. 당신은 다른 수행으로 마음을 죽이려고 하는 것은 자신의 그림자를 땅에 묻으려고 하는 것과 같다고 설명한다. 만약 마음이 실재한다면, 그것은 어쩌면 자신을 죽일 수도 있을 것이다. 그러나 진실은, 마음은 실재하지 않고, 따라서 그것이 자신을 죽일 수 없는 것은 사람이 자신의 그림자를 땅에 묻을 수 없는 것과 같다!

스리 라마나는 위없는 시 「진아지」에서, "자기탐구가 모든 길 중에서 가장 쉬운 길"이라고 분명하게 강조했다. 바가반이 왜 '가장 쉽다'고 했는지 살펴보자. '쉽다'와 '어렵다'는 말들은 무엇을 의미하는가? 스리 사두 옴(Sri Sadhu Om)의 말씀은 이렇다. "우리가 좋아하지 않는 것, 우리가 할 수 없는 것, 우리가 알지 못하는 것은 우리가 '어렵다'고 말한다. 반면에 우리가 좋아하는 것, 우리가 이미 한 것, 우리가 이미 알고 있는 것은 '쉽다'고 말한다." 즉, 어떤 것이 우리의 사랑(loving)의 힘, 함(doing)의 힘, 앎(knowing)의 힘의 범위 내에 있으면 우리는 그것을 쉽다고 느끼지만, 그것이 우리의 사랑의 힘, 함이나 앎의 힘 안에 있지 않으면 '어렵다'고 느낀다. 이 단순한 정의를 가지고 **자기탐구**가 쉬운지 어려운지를 살펴보자. 누가 자기 자신을 사랑하지 않는다고 말할 수 있는 사람이 있는가? 없다. 우리가 소중히 여기는 모든 것 중에서, 우리가 가장 사랑하는 것은 우리 자신이다. 누가 자기 자신을 모른다고 말할 수 있는 사람이 있는가? 없다. 왜냐하면 우리가 다른 어떤 것을 알기 이전에 먼저 우리 자신을 알아야 하기 때문이다. 우리가 "나는 아무개를 안다"고 말할 때, 그것이 우리가 '나'라는 느낌을 안다는 것을 증명해 주지 않는가? 그리고 누가 자신은 몸과 마음 같은 모든 부가물을 제거하고 그 자신으로 안주하지 못한다고 말할 수 있는 사람이 있는가? 없다. 왜냐하면 우리는 매일 깊은 잠 속에서 애씀 없이 그리고 자연스럽게, 이런 부가물들을 없애고 우리의 참된 성품 안에 머무르기 때문이다. 그래서 우리 모두가 우리의 **진아**를 사랑하고, 우리 모두가 우리의 **진아**를 알고 있고, 우리 모두가 우리의 **진아**로서 안주할 수 있다는 것이 분명하다. 바꾸어 말해서, **자기탐구**에 필요한 사랑의 힘(*iccha-sakti*), 함의 힘(*kriya-sakti*), 앎의 힘(*jnana-sakti*)은 이미 우리 안에 내재해 있다! 따라서 **자기탐구**가 가장 쉬운 것이다.

스리 바가반이 우리에게 하라고 하는 것은 "그대 자신을 사랑하고, 그대 자신을 알고, 그대 자신이 되라."가 전부이다. 어떻게 이것이 어려울 수 있겠는가?

바가반 라마나가 **자기탐구**가 가장 쉽다고 보증하실 때, 당신은 또한 거기서 우리에게 하나의 단서를 미묘하게 남겨 주었다. 당신이 재확인해 주는 것은 이 노력을 우리만 하는 것이 아니고, 당신의 **은총**이 늘 있어서 우리를 인도한다는 것이다. 당신의 은총이 우리 모두를 당신의 연꽃 발에 이르게 했는데, 우리가 가장 고귀하고 가장 가치 있는 성취, 즉 자기탐구에서의 성공을 이루도록 당신이 어찌 도우시지 않겠는가?

"내가 있다"가 지금 여기 있는데 왜 두려워한단 말인가!

제4편

지복의 꽃다발

지복의 꽃다발

"참된 수행자에게 필요한 것은 우뜨사하(*utsaha*)[긍정적인 것으로 마음을 끌기] 뿐이다." 스와미 비베카난다가 언젠가 한 말이다. 그런 견지에서, 우리는 **진아**를 확언하는 이 지복스러운 말씀들과 **바가반 라마나**의 친존에서 일어났던 일들을 하나의 꽃다발로 가져온다. "맛난 푸른 풀 한 움큼으로" 날뛰는 황소를 자신의 우리로 얌전히 도로 데려오듯이, 부단히, 쉴 새 없이, 즐겁게 이 풍성한 영적 공양물을 읽으면 참된 구도자의 시끄러운 마음도 자신이 일어난 곳—심장—으로 확실히 도로 들어가게 될 것이다.

1. 지복의 꽃다발 (1)[1)]

모든 길은 **자기탐구**의 길에 합일됩니다. 모든 언어가 **침묵**(*mouna*)에 합일되듯이 말입니다. —『편지』, 159

질문: "바가반께서는 저희에게 늘 자기 자신을 알라고 가르치십니다. 어떻게 하면 저희 자신을 알 수 있는지 부디 가르쳐 주시고 저희를 축복해 주셨으면 합니다."

바가반: "그 친절함(축복의 은총)은 늘 있습니다. 없는 것이라면 달라고 해야겠지만, 이미 있는 것을 달라고 하면 안 되지요. 그 친절함이 존재한다는 것을 온 마음으로 믿어야 합니다. 그거면 됩니다." —『편지』, 108

오늘 오후 3시에 한 헌신자가 **바가반**의 소파 가까이 서서 말했습니다. "**스와미**, 저는 한 가지 욕망밖에 없습니다. 즉, 제 머리를 **바가반**의 발 위에 얹고 절을 하는 것입니다. **바가반**께서는 저에게 이 은혜를 베풀어 주셔야 합니다." "오! 그게 욕망인가요! 그런데 어느 것이 발이고 어느 것이 머리입니까?" **바가반**이 물으셨습니다. 아무 답이 없었지요. **바가반**은 잠시 뜸을 들인 후 말씀하셨습니다. "자아가 합일되는 곳(심장), 거기가 발입니다." "그곳이 어디입니까?" 그 헌신자가 여쭈었습니다. "어디냐고요? 그것은 그대 자신의 **진아** 안입니다. '나'라는 느낌, 곧 에고가 머리입니다.

---

1) *T.* 본 장의 인용문들은『라마나스라맘에서 보낸 편지(*Letters from Sri Ramanasramam*)』에서 발췌한 것이다. (숫자는『편지』최근판의 장 번호이고, 화자는 수리 나감마이다.)

그 아상我相(*aham vritti*)[에고]이 해소되는 곳, 그것이 스승의 발입니다."

—『편지』, 113

바가반은 미소를 지으며 말씀하셨습니다. "지복은 늘 있는 것이지 오고 가는 것이 아닙니다. 오고 가는 것은 마음의 창조물이고, 그에 대해 걱정해서는 안 됩니다."

다른 질문자: "그 지복을 깨닫기 위해서는 뭔가 붙들 것이 있어야 합니다. 그렇지 않습니까?"

바가반: "다른 뭔가를 붙들어야 한다면 이원성이 있어야 합니다. 그러나 있는 것은 단 하나의 진아이고, 이원성이란 없습니다. 그러니 누가 누구를 붙듭니까? 그리고 붙들어야 할 것이 무엇입니까?" —『편지』, 144

"스와미, 어떻게 하면 우리가 진아를 발견할 수 있습니까?"

"그대는 진아 안에 있습니다. 그러니 그것을 발견하는 데 무슨 어려움이 있을 수 있습니까?" 바가반이 답변하셨습니다.

"제가 진아 안에 있다고 말씀하십니다만, 그 진아가 정확히 어디 있습니까?" 질문자가 계속 질문했습니다.

"심장 안에 안주하여 끈기 있게 찾으면 그것을 발견할 것입니다"라는 것이 바가반의 답변이었습니다. —『편지』, 139

"스와미, 저희가 하직 인사 드리겠습니다. 부디 저희들의 마음이 샨띠(*shanti*) 안에 합일되어 해소될 수 있도록 축복해 주시기를 기원합니다." 바가반은 평소처럼 고개를 끄덕이셨습니다. 그들이 떠난 뒤에 당신은 라마짠드라 아이어를 바라보며 말씀하셨습니다. "샨띠는 본래적 상태입니다. 밖에서 오는 것을 물리치면 남는 것은 평안입니다. 그러면 해소되거나 합일될 것이 뭐가 있습니까? 밖에서 오는 것만 내버리면 됩니다."

—『편지』, 135

"마음이 사람의 속박과 해탈의 원인입니다(*mana eva manushyanam karanam bandha mokshayoh*). 그 마음이 많은 환상을 창조합니다."

질문자: "그 환상들은 어떻게 사라지겠습니까?"

바가반: "**자기탐구**를 통해 앞에서 말한 비밀스런 진리를 확인하면 그 다수성은 다섯으로 해소되고, 다섯은 셋으로, 셋은 하나로 해소됩니다.[2] 그대에게 두통이 있다고 하면 어떤 약을 먹어 두통을 없앱니다. 그러면 원래의 상태로 돌아갑니다. 몸이 **자기**라고 하는 환상이 그 두통과 같습니다. **자기탐구**라는 약을 복용하면 그것은 사라집니다."

—『편지』, 141

바가반: "예, 그것이 진짜입니다. '나'라는 것이 있습니다. 평안을 이따금씩 체험한다면, 평안이라는 것이 있다는 것을 인정해야 합니다. 더욱이 욕망이라고 하는 감정들도 마음의 일부인데, 만약 욕망을 추방해 버리면 마음의 동요가 없을 것입니다. 동요가 없으면 남는 것은 평안입니다. 늘 있는 것을 성취하는 데는 어떤 노력도 필요치 않습니다. 노력은 모든 욕망을 추방하기 위해 필요할 뿐입니다. 마음이 동요할 때는 그런 문제들로부터 마음을 돌려놓아야 합니다. 그렇게 하면 평안이 있는 그대로 머무릅니다. 그것이 **아뜨마**, 곧 **자기**이고, 그것이 **해탈**이며, 그것이 **진아**입니다."

—『편지』, 144

"**스와미**, 여기 앉아 있는 사람들은 늘 당신께 뭔가를 여쭈고 당신께서

2) *T.* 여기서 '다섯'은 지·수·화·풍·공의 '5대 원소'를 뜻하고, '셋'은 사뜨와·라자스·따마스의 세 가지 구나(*gunas*)를 뜻한다.

는 어떤 대답을 해 주십니다. 그것을 보면 저도 뭔가 여쭈어 보고 싶다는 마음이 들지만, 무엇을 여쭤야 할지 모르겠습니다. 이러니 어떻게 해탈(*mukti*)을 얻겠습니까?"

바가반은 자애롭게 그를 바라보고 미소 지으며 말씀하셨습니다.

"자신이 아무것도 모른다는 것을 그대는 어떻게 압니까?" 그가 말했습니다. "제가 여기 온 뒤 이 모든 사람들이 여쭈는 질문과 바가반께서 흔쾌히 해 주시는 답변을 듣고, 저는 아무것도 모른다는 느낌이 다가왔습니다." "그렇다면 괜찮은 거지요. 그대는 자신이 아무것도 모른다는 것을 알아냈습니다. 그것 자체로 충분합니다. 무엇이 더 필요합니까?" 바가반이 말씀하셨습니다. "그 정도만 가지고 어떻게 해탈을 이룹니까, 스와미?" 질문자가 말했습니다. "왜 안 됩니까? 자기가 아무것도 모른다는 것을 아는 사람이 있습니다. 그 사람이 누구인지 탐구하여 알아낼 수만 있다면 그걸로 족합니다. 자기는 모르는 것이 없다고 생각하면 에고가 발달하겠지요. 그러느니, 자신이 아무것도 모른다는 사실을 알고 나서, 어떻게 해탈을 얻을 수 있는지 묻는 것이 훨씬 낫지 않습니까?" —『편지』, 17

또 한번은 한 안드라 청년이 와서 말했습니다. "스와미, 저는 해탈을 얻고 싶은 큰 열망이 있고, 그에 이르는 길을 알고 싶어서 베단타에 관한 온갖 책들을 읽었습니다. 책들은 모두 각기 다른 방식으로 해탈을 묘사합니다. 저는 학식 있는 분들도 많이 찾아갔는데, 그분들께 질문을 드리면 각기 서로 다른 길을 권했습니다. 어찌 해야 할지 몰라서 당신을 찾아뵈었습니다. 제가 가야 할 길을 부디 말씀해 주십시오."

바가반은 얼굴에 웃음을 띠고 말씀하셨습니다. "좋습니다. 그러면 그대가 온 길로 가십시오." 우리는 이 말씀에 모두 재미있어 했습니다. 그러나 가여운 청년은 무슨 말을 해야 할지 몰랐습니다. 그는 바가반이 회당을 떠나실 때까지 기다렸다가 우울한 표정으로 호소하듯이 다른 사람들을 돌아보며 말했습니다. "여러분, 저는 해탈에 이르는 길을 알고 싶은 열망에서, 경비와 불편함도 돌아보지 않은 채 큰 희망을 품고 먼 길을 왔습니다. 그런데 저에게 온 길로 도로 가라고 말씀하시는 게 온당합니까? 이것이 그렇게 큰 농담거리입니까?"

그러자 그들 중의 한 사람이 말했습니다. "아니지요. 그것은 농담이 아닙니다. 그것은 당신의 질문에 대한 가장 적절한 답변입니다. **바가반**의 가르침은 '나는 누구인가?' 하는 탐구가 해탈에 이르는 가장 쉬운 일이라는 겁니다. 당신은 **바가반**께 '제가' 어느 길로 가야 하느냐고 여쭈었는데, '그대가 온 길로 가라'고 하신 그분의 말씀은 그 '나'가 나온 길을 탐구하고 추구하면 해탈을 얻게 될 거라는 의미였습니다."

마하트마의 음성은 가벼운 기분으로 이야기할 때조차 진리를 가리켜 보입니다. 그러자 누군가가 『나는 누구인가?』 책을 그 청년의 손에 쥐어 주었습니다. 그는 그 해석에 놀랐고, **바가반**의 말씀을 가르침(*upadesa*)으로 받아들여 당신께 오체투지 하고 떠났습니다.

바가반은 보통 우리에게 유머러스하거나 격의 없는 말투로, 혹은 위로 삼아서 가르침을 베푸십니다. 제(수리 나감마)가 아쉬람에 온 초기에는, 집에 가고 싶은 마음이 날 때마다 회당에 사람이 거의 없을 어떤 때를 보아 **바가반**께 다가가 이렇게 말씀드리곤 했습니다. "저는 집에 가고 싶습니다, **바가반**. 그러나 집안의 어수선한 일들에 도로 빠져들까 두렵습니다." 그러면 당신은 "모든 것이 와서 우리 안에 빠져드는데, 우리가 무엇에 빠져들 일이 어디 있나?" 하고 답변하시는 것이었습니다.

또 한번은 제가 말했습니다. "**스와미**, 저는 아직 이런 속박에서 벗어나지 못했습니다." **바가반**이 대답하셨지요. "오는 것은 오라 하고 가는 것은 가라고 해. 왜 걱정하나?" 그렇지요, 그 '나'가 무엇인지를 깨달을 수

만 있다면 우리가 이런 모든 걱정을 할 일이 없겠지요. —『편지』, 12

얼마 전에 한 벵갈인 청년이 그와 비슷한 질문을 했는데, **바가반**은 그에게 아주 자세히 설명해 주셨습니다. 의문이 해소되지 않은 그 청년이 질문했습니다. "**진아**는 모든 시간에, 모든 장소에 존재한다고 말씀하시는데, 그 '나'가 정확히 어디 있습니까?" **바가반**은 미소를 띠며 대답했습니다. "저는 그대가 모든 시간에, 모든 장소에 존재한다고 말하는데, 그대는 그 '나'가 어디 있느냐고 묻습니다. 그것은 그대가 띠루반나말라이에 있으면서 '띠루반나말라이는 어디 있느냐?'고 묻는 것과 같습니다. 그대는 도처에 있는데, 어디서 찾지요? 진짜 망상은 그대가 그 몸이라는 느낌입니다. 그 망상을 없애면 남는 것은 그대의 **진아**입니다. 그대와 함께 있지 않는 것이라면 찾아야 하겠지만, 늘 그대와 함께 있는 것을 찾을 필요가 어디 있습니까? 모든 수행법은 그대가 몸이라는 망상을 없애기 위한 것입니다. '내가 있다(I am)'는 앎은 늘 있습니다. 그것을 **아뜨마**(Atma)라 하든 **빠라마뜨마**(*Paramatma*)라 하든, 뭐라 하든 좋습니다. '나는 몸이다'라는 관념을 없애야 합니다. **자기**인 그 '나'를 찾을 필요는 없습니다. 그 **진아**는 일체에 편재합니다." —『편지』, 73

그녀가 회당을 나가자마자 **바가반**은 웃음을 터뜨렸고, 우리를 돌아보며 말씀하셨습니다. "그녀는 자기에게 해탈만 주면 족하다고 합니다. 달리 아무것도 원치 않고 말입니다." 제 옆에 앉아 있던 숩바락슈맘마가 그 이야기를 이어받아 조용히 말했습니다. "저희도 같은 목적으로 여기 와서 살고 있습니다. 저희는 더 아무것도 원치 않습니다. 저희에게 해탈만 주시면 족합니다." "만일 여러분이 일체를 버리고 포기한다면 남는 것은 해탈뿐입니다. 남들이 여러분에게 줄 게 뭐가 있습니까? 그것은 늘 있습니다. 그것은 있습니다(That *is*).” 바가반이 말씀하셨습니다. “저희들은 그 모든 것을 모릅니다. 바가반께서 직접 저희에게 해탈을 주셔야 합니다.” 그렇게 말하고 그녀는 회당을 떠났습니다. 바가반은 곁에 있던 시자들을 바라보면서 말씀하셨습니다. “내가 그들에게 해탈을 줘야 한다는군. 그들에게 해탈만 주면 족하다는 거야. 그 자체가 하나의 욕망 아닌가? 여러분이 가지고 있는 모든 욕망을 놓아버린다면, 남는 것은 해탈일 뿐입니다. 그리고 그 모든 욕망을 놓아버리기 위해 여러분에게 수행(*sadhana*)이 필요한 것입니다.”

—『편지』, 22

1주일쯤 전에, 아쉬람에 처음 온 사람이 바가반께 여쭈었습니다. “이 몸 안에 여전히 있는 동안 해탈(*moksha*)을 얻는 것이 가능합니까?” 바가반이 말씀하셨습니다. “해탈이 무엇입니까? 누가 그것을 성취합니까? 속박이 없다면 해탈이 어떻게 있을 수 있습니까? 누가 그 속박을 가지고 있습니까?” “저입니다.” 질문자가 말했습니다. “그대는 실제로 누구입니까? 어떻게 그 속박을 얻었습니까? 그리고 왜 얻었습니까? 그대가 먼저 그것을 알면, 우리가 이 몸 안에 있는 동안 해탈을 성취하는 것에 대해 생각해 볼 수 있지요.” 바가반이 말씀하셨습니다. 그 사람은 더 이상 여쭐 수 없어 침묵을 지켰고, 얼마 후 떠났습니다.

그가 떠난 뒤 바가반은 눈에 자애로움을 담고 우리 모두를 바라보셨고, 이렇게 말씀하셨습니다. “많은 사람들이 같은 질문을 합니다. 그들은 이 몸 안에서 해탈을 성취하고 싶어 합니다. 그런 어떤 모임(*sangham*)이 있습니다. 지금만 그런 게 아니고 옛날에도 많은 사람이, 회춘법回春法(*kaya kalpa vratas*)이니 뭐 그런 것들이 있어서 이 몸을 금강석같이 강하게 만들어 불멸이 되게 할 수 있다는 취지로 제자들을 가르쳤을 뿐 아니라, 책까지 썼습니다. 그런 모든 이야기를 하고 별의별 것들을 다 하면서 그에 대해 상세히 책을 썼던 그들도, 세월이 흐르자 죽었습니다. 회춘법을 이야기하고 가르쳤던 스승 자신이 죽는데, 그의 제자들은 어떻겠습니까? 우리가 지금 보는 사물이 다음 순간에 어떻게 될지 우리는 모릅니다. 자기탐구를 통해서 우리가 몸이 아니라는 것을 깨닫지 못하면, 그리고 무욕(*vairagya*)으로써 그에 대해 걱정하기를 그치지 않으면, 샨띠(*shanti*)를 성취할 수 없습니다. 해탈이란 결국 샨띠[완전한 평안]를 성취하는 것입니다. 따라서 몸을 자기와 동일시하는 한 평안을 성취하지 못한다면, 몸을 영원히 그 상태로 보존하려 드는 어떤 시도도 속박을 줄이기는커녕 늘리게 됩니다. 그것은 모두 환상입니다." 바가반이 말씀하셨습니다.

—『편지』, 37

라마무르띠가 여쭈었습니다. "그 차이는 원자와 무한자 사이의 어디에서 옵니까?" "그것은 몸 그 자체에서 옵니다." 바가반이 말씀하셨습니다. 라마무르띠가 여쭈었습니다. "어떻게 해서 우리는 세계 속에서 그렇게 많은 힘들을 봅니까?" 바가반이 말씀하셨습니다. "마음이 유일한 원인입니다. 그대에게 수많은 힘들을 보게 하는 것은 마음입니다. 그것이 태어날 때 다른 모든 것이 태어납니다. 5대 원소와 그 원소들 너머의 힘들—그것이 무엇이든—그리고 다른 것들을 넘어서 있는 힘들도, 일단 마음이 태어나면 형태를 취합니다. 마음이 해소되면 다른 모든 것도 해소됩니다. 마음이 일체의 원인입니다."

—『편지』, 52

그 브라민이 다시 예리하게 여쭈었습니다. "사람들이 간통이나 절도를 범하고 술을 마시는 등의 죄를 짓는다 해도, 앞서 말씀드린 그런 진언을 가지고 염송을 하면 그 죄가 씻겨나갈 수 있습니까? 아니면 그 죄가 그들에게 붙겠습니까?"

"만일 '나는 염송을 하고 있다'는 느낌이 없으면, 어떤 사람이 저지른 죄가 그에게 붙지 않을 것입니다. '나는 염송을 하고 있다'는 느낌이 있으면 나쁜 습習에서 나온 죄가 왜 붙지 않겠습니까?" 바가반이 말씀하셨습니다. "이 공덕(*punya*)이 저 죄(*papam*)를 소멸해 주지 않습니까?" 브라민이 여쭈었습니다. "'내가 하고 있다'는 느낌이 있는 한, 그것이 좋은 것이든 나쁜 것이든 자기 행위의 결과를 경험해야 합니다. 어떻게 한 행위를 다른 행위로 씻어내는 것이 가능합니까? '내가 하고 있다'는 느낌이 사라지면 그 무엇도 사람에게 영향을 주지 않습니다. 그러나 진아를 깨닫지 못하면 '내가 하고 있다'는 느낌이 결코 사라지지 않을 것입니다."

—『편지』, 48

그 헌신자가 말했습니다. "우리의 자아를 그 자신의 자리에서 해소한다는 것은, 지성(*buddhi*)[발달된 마음]을 가지고 음식껍질(*annamaya kosa*)과 여타 껍질들을 버리고, 그런 다음 지성 자체도 버린다는 뜻입니까?" 바가반은 이렇게 답변했습니다. "지성을 버리면 그대가 어디로 갑니까? 지성이 그 자신의 상태에 머무르는 것이 곧 우리 자신의 상태를 아는 것입니다. 이미 언급된 다양한 요소들을 제거하거나 버리기 위해서는 지성을 회초리처럼 사용해야 합니다. 지성은 깨끗하지 않은 부분과 깨끗한 부분의 두 부분으로 되어 있다고 묘사됩니다. 그것이 내적기관(*antahkarana*)의 작용과 연관되면 깨끗하지 않다고 말해집니다. 그것이 마음이고 에고라는 것입니다. 지성이 그런 것을 몰아내는 회초리로 사용되어 진아의 영감(*aham spurana*), 즉 '나'를 안겨줄 때, 그것이 깨끗한 지성이라는 것입니다. 그것을 붙들고 나머지를 버리면, '존재하는 것'이 있는 그대로 머무릅니다."

계속된 질문은 이러했습니다. "그 지성이 아뜨마(*Atma*)와 하나가 되어야 한다고 합니다. 어째서 그렇습니까?" 바가반은 이렇게 답변했습니다. "그것은 바깥에서 오는 것이 아닌데, 어떻게 아뜨마와 하나가 될 수 있습니까? 그것은 우리 자신 안에 있습니다. 아뜨마의 느낌 혹은 그림자가 지성입니다. 정적인 물건인 그 지성을 알면 우리가 자신의 진아로서 머무릅니다. 혹자는 그것을 '지성'이라 하고, 혹자는 '샥띠'라고 하며, 혹자는 그것을 '아함(*aham*)'이라고 합니다. 이름이 무엇이든, 그것을 꽉 붙들어서 다른 데서 오는 모든 것을 몰아내야 합니다." —『편지』, 113

"바가반께서는 그런 모든 나쁜 것을 버리기 위해 수행을 해야 한다고 말씀하십니다만, 마음 자체는 활동력이 없어 혼자서는 아무것도 하지 못하고, 의식(*chaitanya*)은 부동不動(*achalam*)이어서 아무것도 하지 않으려고 합니다. 그렇다면 우리가 어떻게 수행을 할 수 있습니까?" 하고 어떤 사람이 여쭈었습니다. 바가반이 대답했습니다. "오호! 그런데 그대는 지금 어떻게 말을 할 수 있습니까?" "스와미, 그것이 이해가 안 되고, 그래서 깨우쳐 주십사 하는 것입니다." 그가 말했습니다. 바가반이 대답했습니다. "좋습니다. 그러면 부디 귀담아 들으십시오. 활동력이 없는 마음은 부동인 의식(*chaitanya*)과의 접촉력(*sannidhyabala*)[가까이 있음의 힘]에 의해 일체를 할 수 있습니다. 그러나 의식의 도움 없이는 활동력 없는 마음 혼자서 아무것도 성취하지 못합니다. 의식은 움직이지 않으므로 마음의 도움 없이 아무것도 성취할 수 없습니다. 그것은 필수연관(*avinabhavam*)의 관계, 즉 하나가 다른 하나와 불가분하게 의존하는 관계입니다. 그래서 옛사람들은 이 문제를 다양한 각도에서 논의하여, 마음은 의식-몸 결합체(*chit-jada-atmakam*)라는 결론에 이른 것입니다. 우리는 의식(*chit*)[진아]과 몸(*jada*)의 결합이 행위를 낳는다고 말해야겠지요."

바가반은 이 의식-몸 매듭(*chit-jada-granthi*)에 대해 「실재사십송」 제24연에서 다음과 같이 멋지게 말씀하신 바 있습니다.

몸은 '나'라고 말하지 않고, 진아는 태어나지 않네.

그 사이에서 '나'라는 느낌이 온 몸 안에서 태어난다네.

그것을 뭐라고 하든, 그것이 의식-몸 매듭이며 또한 속박이라네.

—『편지』, 93

여성: 바가반! 어떻게 하면 제가 **진아**를 성취할 수 있습니까?

바가반: 그대는 왜 **진아**를 성취해야 합니까?

여성: **샨띠**(*shanti*)[평안]를 얻기 위해서입니다.

바가반: 그래요! 그겁니까? 그러면 평안이라는 게 있군요, 그렇습니까?

여성: 예! 있습니다.

바가반: 좋습니다! 그리고 그대는 그것을 성취해야 한다는 것을 아는군요. 어떻게 알지요? 그것을 알려면 언젠가 그것을 경험해 보았어야 합니다. 사탕수수가 달다는 것을 알 때만 그것을 더 먹고 싶은 마음이 납니다. 마찬가지로, 그대는 평안을 경험해 보았음이 분명합니다. 그대는 이따금 그것을 경험합니다. 그렇지 않다면 왜 그렇게 평안을 갈망하겠습니까? 사실 우리는 모든 인간이 그와 같이 평안을, 모종의 평안을 갈망한다는 것을 압니다. 따라서 평안은 실재하는 것, 곧 **실재**임이 명백합니다. 그것을 '샨띠'라 하든, '영혼'이라 하든, '**빠라마뜨마**'라 하든, '**진아**'라 하든, 뭐라고 해도 좋습니다. 우리 모두가 그것을 원합니다. 그렇지 않습니까?

여성: 예! 그러나 어떻게 그것을 얻습니까?

바가반: 그대가 가지고 있는 것은 **샨띠** 그 자체입니다. 어떤 사람이 자기가 이미 가지고 있는 것을 달라고 하면 제가 무슨 말을 할 수 있습니까? 그것이 어디서 가져와야 하는 것이라면 노력이 필요합니다. 온갖 활동을 하는 마음이 그대와 그대의 **진아** 사이를 갈라놓고 있습니다. 그대가 이제 해야 할 일은 그것을 제거하는 것입니다.

—『편지』, 98

"스와미, 저희가 눈을 감고 앉아서 명상을 할 때는 괜찮습니다. 하지만 눈을 뜨고 있으면 외적인 감각들이 문제를 야기합니다. 저희는 어떻게 해야 합니까?"

바가반: 눈을 뜨고 있다 한들 무슨 일이 일어납니까? 집에서 창문을 열어 놓고도 잠을 자듯이, 마음을 잠들게 하면 그걸로 족합니다.

헌신자: 그 말씀은 마음이 세간사에서 떨어져 있어야 한다는 뜻이군요. 저희는 아무리 애를 쓰도 그렇게 해서 마음을 제어하지 못합니다.

바가반: 예, 맞습니다. 그래서 아이가 자기 그림자를 붙잡으려고 쫓아가다가 붙잡지 못해서 울 때, 엄마가 와서 아이가 쫓아가지 못하게 하는 것입니다. 마찬가지로, 마음이 (바깥으로) 달려 나가지 못하게 해야 합니다.

헌신자: 어떤 방법으로 그것을 막을 수 있습니까?

바가반: **베단타**의 말씀들을 듣고 그에 대해 명상함으로써 마음을 붙들고, 그렇게 해서 그것이 헤매지 않게 해야 합니다.

헌신자: 그 말씀은 세간적 쾌락을 포기하고 **아뜨마 아난다**(*Atma Ananda*)[진아의 지복]를 붙들어야 한다는 뜻이군요. 그렇습니까?

바가반: **아난다**[지고의 지복]는 늘 존재합니다. 포기해야 할 것은 세간적인 것들뿐입니다. 그것들을 포기하면 남는 것은 오로지 **지복**입니다. 있는 것은 **진아**입니다. 있는 것을 붙잡고 말고가 어디 있습니까? 그것은 그대 자신의 성품(*Swabhava*-自性)입니다.

헌신자: 그 성품도 **스와루빠**(*Swarupa*)[진아]라고 합니까?

바가반: 예. 그 둘 사이에는 아무 차이가 없습니다.

헌신자: 만약 **아난다**가 **진아** 그 자체라고 한다면, 그것을 경험하는 것은 누구입니까?

바가반: 그것이 핵심입니다. 경험하는 자가 있는 한 **아난다**가 **진아** 그 자체라고 말해야 하겠지요. 경험할 자가 없으면 **아난다**에 형상이 있고 말

고가 어디 있습니까? 남는 것은 '있는 것'(실재)뿐입니다. 있는 것이 곧 '아난다'입니다. 그것이 곧 진아입니다. 진아와 자기 자신이 다르다는 느낌이 있는 한 탐구하고 경험하는 자가 있겠지만, 진아를 깨달으면 경험할 자가 아무도 없을 것입니다. 질문할 자가 누가 있습니까? 할 말이 뭐가 있습니까? 그러나 보통의 언어로는, 지복이 곧 진아라거나 우리의 진정한 성품이라고 말해야 하겠지요.

헌신자: 그것은 다 좋습니다, 스와미. 그러나 저희가 아무리 애를 써도 이 마음이 제어되지 않고 스와루빠를 둘러싸서, 저희가 그것을 지각할 수 없습니다. 어떻게 해야 합니까?

바가반은 미소를 지으시고 당신의 새끼손가락을 눈에 갖다 대고 말씀하셨습니다. "보세요. 이 새끼손가락이 눈을 가리면 온 세계가 보이지 않습니다. 그와 마찬가지로, 이 작은 마음이 온 우주를 가려서 브라만이 보이지 않습니다. 그것이 얼마나 강력한지 보십시오!"

—『편지』, 221

한 빤디뜨가 질문했습니다. "어떤 곳에서는 사는 것 자체가 극히 힘들어집니다. 그런 데서는 수행(*sadhana*)을 어떻게 해야 합니까?"

바가반이 답변했습니다. "그 장소는 그대 안에 있습니다. 그대가 그 장소에 있는 것이 아닙니다. 그대가 모든 장소에 있는데, 어떤 데서는 어려움이 있고 다른 데서는 그렇지 않다고 할 것이 어디 있습니까?" "그러나 어떤 곳에서는 우리가 마음의 평안을 얻지 못합니다." 그가 이의를 제기했고, 바가반은 이렇게 답변했습니다. "늘 존재하는 것이 평안입니다. 그것이 그대의 본래적 상태입니다. 그대는 자신의 본래적 상태를 인식하지 못합니다. 실재하지 않는 비정상 상태들에 미혹되어 평안이 없다고 서운해합니다. 그대의 진아를 깨달으면, 모든 장소가 똑같이 수행에 적합해질

것입니다." —『편지』, 101

"그대가 알다시피 우리는 의심할 바 없이 존재합니다. 세계도 브라만으로서 존재합니다. 그렇기는 하나, (실제로) 우리가 브라만으로 볼 수 있는 것(대상)이 뭐가 있습니까? 우리의 소견을 일체에 편재한 브라만으로 만들어야 합니다. 고인들이 말하기를, '소견을 지知로 충만하게 하면 세계가 브라만으로 충만한 것으로 보인다'고 했습니다. 세계는 우리가 보는 대로입니다. 우리가 그것을 물질로 보면 그것은 물질입니다. 그것을 브라만으로 보면 그것은 브라만입니다. 그래서 우리의 소견을 바꾸어야 합니다. 스크린 없이 영화의 화면을 볼 수 있습니까? 우리가 있는 그대로 머물러 있으면, 일체가 그런 태도에 스스로 맞춰집니다." —『편지』, 256

연세가 많은 한 퇴직 판사가 말했습니다. "스와미님, 저도 스승님의 발에 봉사할 수 있는 기회를 얻어야겠습니다." 이에 대해 바가반이 답변했습니다. "오, 그런가요? '진아에게 하는 것이 스승에게 하는 것(*Atma-vai guruhu*)'이지요! 당신은 지금 일흔입니다. 저에게 봉사한다고요? 그만하면 됐습니다! 최소한 지금부터라도 당신 자신에게 봉사하십시오. 침묵을 지키고 계시면 그걸로 충분하고도 남습니다." —『편지』, 8

스리 바가반이 마두라이에서 죽음을 바라보던 체험담을 들려주면서, 이렇게 말씀하셨습니다. "이 죽음을 보는 가운데,[3] 감각기관들은 모두 마비되었지만 아한 스푸라나(*aham sphurana*)[자기자각]는 또렷하게 분명했습니다. 그래서 저는 우리가 '나'라고 하는 것은 저 자각이지 몸이 아니라는 것을 알았습니다. 이 자기자각(Self-awareness)은 결코 쇠퇴하지 않습니다. 그것은

3) *T.* 바가반이 마두라이의 숙부댁에서 갑자기 죽음의 공포와 마주할 때 경험한 일을 가리킨다.

어떤 것과도 무관합니다. 그것은 스스로 빛납니다. 설사 이 몸이 불태워진다 해도 그것은 영향을 받지 않을 것입니다. 그래서 바로 그날, 저는 그것이 '나'라는 것을 아주 분명히 안 것입니다." —『편지』, 2

2. 지복의 꽃다발 (2)[1)]

바가반 라마나께서는 우리의 진아에 대한 온전한 신적 의식의 깨달음을 삶의 영광과 목표로서 우리 앞에 설정해 주셨다. 진아는 창조되거나 성취될 수 있는 것이 아니라, 시작될 수도 없고 끝날 수도 없는—왜냐하면 그것은 영원하기 때문에—하나의 자각을 가지고 그 자체를 온전히 자각하고 있는 어떤 것이다. 당신은 절대자를, 항상 그것 자체로 있는 각 개인의 삶 속의 진아인 "내가 있다"로 선언한다. 그런 깨달음은 모든 사람에게 궁극적으로 순수한 의식을, 곧 비인격성이고, 무시간성이자 무공간성이고, 무원인성이며, 자유이고 평안인 상태를 하사한다. 당신 자신이, 누구나의 바로 문간에 늘 서 있는 그런 숭고한 가르침의 한 증거이시다. 스리 라마나는 우리 모두의 안에 잠재되어 있는 신성을 일깨우신다.

바가반을 안다는 것은 바가반 자신이 되는 것이다. 왜냐하면 앎이 있음이고, 있음이 앎이기 때문이다. —스와미 라제스와라난다, pp.2, 3, 4

내가 바가반과 대화할 때 당신이 나에게 하신 말씀의 핵심은 이러했다. "그대는 결국 '내가 보거나 생각하거나 행위하는 모든 것은 하나다'라고 말합니다. 그러나 그것은 실은 두 가지 관념, 즉 보이는 모든 것과, 보고 생각하고 행위하며 '나'라고 말하는 그 '나'를 포함합니다. 이 둘 중에서 어느 것이 더 실재하고, 참되고, 중요합니까? 명백히 '보는 자'입니다. '보

1) 본 장의 인용문들은 『향기로운 꽃잎(*Fragrant Petals*)』(원서 제2판, 2005)에서 발췌한 것이다. *T.* 각 인용문 말미의 출처 표시에서 사람 이름은 해당 글의 기고자이다.

이는 것'은 '보는 자'에 의존하기 때문입니다. 그러니 그대의 '나'의 근원인 '보는 자'에게로 주의를 돌려서 그것을 깨달으십시오. 이것이 진정으로 해야 할 일입니다. 이제까지 그대는 주체가 아니라 대상들을 공부해 왔습니다. 이제 이 '나'라는 단어가 어떤 실재를 대표하는지 알아내십시오. '나'라는 표현의 근원인 그 실체를 발견하십시오. 그것이 진아, 곧 모든 자아들의 자아입니다."

이 직접적이고 단순한 가르침은 나에게 하나의 보약과 같았다. 그것이 그때까지 내 마음을 사로잡고 있던 불안과 혼란을 쓸어가 버렸다. 물론 그것은 「실재사십송」의 핵심이고, 바가반의 모든 저작들의 중심 주제이다. 그 말씀의 단순성에 나는 불쑥 이렇게 말했다. "그러면 바가반, 진아 깨달음은 아주 쉽습니다. 당신께서 「진아지」에서 말씀하시듯이 말입니다!"

바가반은 미소를 짓고 말씀하셨다. "그렇지요, 그렇지요. 처음에는 그렇게 보이지만, 어려움도 있습니다. 그대가 현재 가진 거짓된 가치와 잘못된 동일시를 극복해야 합니다. 따라서 그 탐구는 집중된 노력을 요하고, 근원에 도달했을 때 거기에 꾸준히 안주하는 것이 필요합니다." 그러나 당신은 나에게 경고 말씀을 하면서도 위안의 말씀을 덧붙이셨다. "그러나 거기에 주눅 들지 마십시오. '나'를 추구하려는 그 충동이 일어난다는 것 자체가 신의 은총의 행위입니다. 일단 이 충동이 그대를 장악하면 그대는 그 손아귀에 있습니다. 신의 은총의 장악은 결코 느슨해지지 않고, 마침내 그대를 잡아먹습니다. 마치 호랑이 아가리 속의 먹이가 결코 도망칠 수 없듯이 말입니다."

—G. L. N., pp.187-8

한번은 여성 네 명이 스리 바가반을 친견하러 스리 라마나스라맘에 왔다. 그들은 국적이 서로 달랐는데, 한 사람은 미국인, 한 사람은 이탈리아인, 한 사람은 프랑스인, 또 한 사람은 인도인인 기독교도였다. 그들은

바가반께 예를 표한 뒤에 기도 회당 안의 당신 바로 앞 남쪽 벽 근처에 앉았다. 미국인 여성이 대화를 시작하여 당신께 질문을 하고 답변을 얻었고, 그것을 한 헌신자가 회당 안에서 통역했다. 끝에 가서 미국인 여성이 **바가반**께 이렇게 여쭈었다. "저희의 영적인 발전을 위해 저희가 당신의 은총을 가질 수 있습니까?" **바가반**이 답변하셨다. "여러분이 그 은총을 갖지 못했다면 여기에 올 생각을 하지 못했겠지요." 이 얼마나 사람을 고무하는 답변인가! 당신의 친존을 찾아온 그 누구도 실망하고 돌아간 적이 없었다. 진지한 탐구자에게는 당신이 늘 이렇게 말씀하시곤 했다. "그대가 이미 **그것**이고, 무지의 베일만 없애면 됩니다." 스와미 비베카난다는 자신의 추종자들에게 곧잘 이렇게 말했다. "'나는 보는데, 그대들은 보지 못한다'고 말하는 냉정한 스승을 믿지 말라." **바가반**은 당신의 가르침에 대해 어떤 비밀주의도 결코 견지하지 않으셨다.

당신의 태도는 담백했고 늘 사람을 고무하는 것이었다. 당신은 이렇게 말씀하시곤 했다. "여러분은 이미 **실재**이고, 새로운 어떤 것을 깨닫게 되지 않을 것입니다. 여러분의 노력은 탐구에 의해 무지의 베일을 없애는 데로 향해져야 합니다." 이제 그 방문객들에게로 돌아가면, 미국인 여성은 이렇게 말했다. "**바가반**, 저는 미국으로 돌아갑니다. 거기로 오시겠습니까?" **바가반**은 얼굴에 미소를 띠고 확신을 표현하는 어조로 답변하셨다. "저는 이미 거기에도 있습니다. 저는 시간과 공간을 넘어서 있습니다.

—C. V. 수브라마니아 아이어, pp.19-20

람다스(Ramdas)는 **스리 라마나**에게 이렇게 말했다. "**마하라지**, 여기 당신 앞에 비천한 노예가 하나 있습니다. 그에게 연민을 가져 주십시오. 당신께 드리는 그의 유일한 간청은 당신의 축복을 그에게 베풀어 주십사 하는 것입니다."

마하르쉬님은 당신의 아름다운 눈을 람다스에게로 향하여, 마치 안구를 통해 당신의 축복을 람다스에게 쏟아 붓듯이 몇 분 간 그의 눈을 유심히 들여다보신 다음, 축복을 해 주었다는 뜻으로 당신의 고개를 흔드셨다. 형언할 수 없는 기쁨의 전율이 람다스의 몸을 훑고 지나갔고, 그의 전신은 미풍에 나뭇잎 떨리듯 떨렸다….

람다스는 세간을 완전히 망각한 상태로 라마나 마하르쉬께 나아갔다. 당신의 친존에서는 황홀경의 전율을 느꼈다. 마하르쉬님은 람다스에게서 그 깨침이 영원하도록 만들어 주셨다. 어떤 사람들이 람다스에게 말했다. "당신께서는 마하르쉬께 가셨고, 깨침을 얻으셨습니다. 그와 같이 저희에게도 깨침을 베풀어 주십시오." 람다스가 말했다. "여러분도 람다스가 마하르쉬를 찾아갔을 때와 같은 정신으로, 같은 상태로 람다스에게 와야 합니다. 그러면 여러분도 그것을 얻을 것입니다. 그의 심장이 어디에 있었습니까? 그의 열망이 얼마나 강렬했습니까? 그 당시 세계가 그에게 무엇이었습니까? 여러분이 그 상태로 온다면, 그건 좋습니다."

—스와미 람다스, pp.75-6, 77-8

마하라슈트라의 으뜸 시인-성자인 냐네스와르(Jnaneshwar)가 『바가바드 기타』에 대한 그의 유명한 주석서(『냐네스와리』) 말미에서 하나의 은택을 청했듯이, 나도 나만을 위해서가 아니라 회당 안에 있던 모든 헌신자들과 다른 곳에 있는 모든 남들을 위해, 진인 소히로바(Sohiroba)[2]의 말씀[노래]을 빌려 같은 투로 나의 바가반께 다음과 같은 은택을 청했다. 나는 먼저 그 노래의 의미를 영어로 바가반께 설명 드린 다음, 노래를 불렀다.

"오 바가반, 만일 당신께서 저희에게 뭔가를 베풀어 주실 거라면, 이것

2) *T.* 마하라슈트라 서부 해안 지역인 꼰깐(Konkan) 출신의 진인(17-18세기). 베단타를 깊이 깨달았고, 베단타의 진리를 노래한 2행시 2만 연을 지었으며, 몇 권의 저서를 남겼다.

을 베풀어 주십시오. 저희의 에고가 사라지고 저희의 시각[소견]이 (진아에) 집중되도록, 생각이 떨어져 나가도록, 그리고 세계가 더 이상 존재하지 않도록 말입니다. 저희가 형상과 감각대상들에 의존하지 않는 본래적 행복을 얻게 해 주십시오. 소금이 물에 녹듯이, 저희의 마음이 진아에 합일되도록 말입니다." 소히로바는 더 나아가 몸-의식과 세계-의식이 없는 그의 삶은 무한한 의식에 완전히 합일된다고 말한다.

이것을 들으신 바가반은 매우 즐거워하셨다. 당신은 위로 몸을 쭉 펴시더니 큰 소리로 선언하셨다. "받아요, 실컷 받으세요. 들어와요, 들어와." 이때 바가반의 모습은 신들이 볼 만한 광경이었다. 그때 전문 사진가가 있었다면 멋진 스냅사진을 찍을 수 있었을 것이다. 나 자신으로 말하면, 그때 바가반의 그 즐겁고, 행복하고, 빛나시던 모습을 결코 잊지 못할 것이다.

어떻게 해야 들어가는가? 1949년 3월, 나는 새로 지은 성스러운 어머니 사원의 낙성식과 관련해 기회를 내어 라마나스라맘에 갔다. 그때 나는 바가반께 "들어가기"에 대해 설명을 좀 더 해 주십사고 청했다. 내가 여쭈었다. "어떻게 들어가며, 들어갔을 때는 어떻게 그곳에 머무릅니까?" 바가반은 웃으시고, 나를 바라보며 대답하셨다. "몸-의식['나는 몸이다'라는 관념]은 무시하십시오. 그럴 때 '안'이 어디 있고 '밖'이 어디 있습니까? 모든 생명의식(life-consciousness)은 안팎으로 하나입니다." 이 얼마나 멋지고 아름다운 답변인가!

—N. V. 구나지, pp.158-9

나는 말라얄람어로 불쑥 이렇게 말했다. "바가반! 저는 당신의 탐구의 길(*Vichara Marga*)에 대해서 들은 바 있습니다만, 그에 대한 분명한 개념이 없습니다. 그것은 조용한 곳에 앉아 자기 자신에게 '나는 누구인가?'라는 물음을 반복해서 묻는 것입니까, 아니면 그 물음을 만트라로 삼고 명상하는 것입니까?"

내 말을 들은 모든 사람들의 눈이 나에게로 향했고, 나는 아주 수줍음을 느꼈다. 그러자 바가반이 나를 똑바로 바라보며 말라얄람어로 간결하게 그리고 분명하게 답변하셨다. "아니지요. 그것은 '나는 누구인가'를 염하거나 그에 대해 명상하는 것이 아닙니다. 그것은 그대 자신 속으로 깊이 뛰어들어 그 '나'라는 생각이 그대 안에서 일어나는 곳을 추구하고, 다른 모든 생각을 물리치면서 그것을 꽉 붙드는 것입니다. 지속적으로 끈질기게 시도하다 보면 진아에 이르게 될 것입니다."

—M. M. 메논, pp.170-71

언젠가 내가 바가반께 말씀드렸다. "저는 여기에 여러 해를 있었습니다. 사람들은 명상하여 삼매에 듭니다. 저는 잠시 눈을 감으면 마음이 세상을 열 바퀴나 돌고, 오래 전에 잊혔던 수많은 것들이 떠오릅니다." 이에 대해 바가반은 이렇게 말씀하셨다. "왜 남들에 대해 신경 쓰나? 그들은 명상할 수도 있고, 잠을 자거나 코를 골 수도 있지. 자네 자신을 돌보게. 마음이 헤맬 때마다 그것을 도로 탐구로 가져와. 『바가바드 기타』에 이런 연이 있지. '들뜨고 불안정한 마음이 어느 쪽으로 헤매든, 그것을 제어하여 다시 진아에로 되돌려야 한다.'" 그러나 나는 만족하지 못했고, 스리 바가반이 말씀하셨다. "엄마가 깨워서 젖을 먹인 뒤 다시 잠이 든 아이는 다음날 아침 엄마에게 '엄마, 어젯밤에 나 젖 한 번도 안 줬어'라고 하지. 그래도 자네는 먹을 만큼 먹은 거지."

—R. 나라야나 아이어, p.185

한번은 아주 학식 있는 산스크리트 학자 몇 명이 구 회당에서 우파니샤드와 기타 경전적 텍스트의 어떤 부분들을 바가반과 함께 토의하고 있었다. 바가반은 적절한 설명을 하고 계셨고, 그것은 기억하고 우러를 만한 장면이었다. 동시에 나는 가슴속에서 정말 이렇게 느꼈다. '오, 이 사람들은 정말 대단하구나. 그리고 그들이 그렇게 학식이 있고 깊은 이해를 가지고 있어서 우리 바가반과 토의를 할 수 있다니 얼마나 복이 많은가. 그들에 비하면 경전 학식이 전무한 나는 뭐지?' 나는 비참함을 느꼈다. 그 빤디뜨들이 떠난 뒤, 바가반이 나를 돌아보고 "뭐라고?" 하시며, 내 눈을 들여다보고 내 생각을 살펴보셨다. 그런 다음 내가 설명할 기회도 주시지 않은 채 (사람들에게) 말씀을 계속하셨다. "그런 건 껍데기일 뿐입니다! 이런 모든 책 지식과 경전을 외어서 재생할 수 있는 능력은 전혀 아무 쓸모없습니다. 진리를 알기 위해 그런 모든 학식의 고통을 겪을 필요는 없습니다. 여러분이 진리를 얻는 것은 책을 읽어서가 아닙니다. 침묵하고 있으라, 그것이 진리입니다. 고요히 있으라, 그것이 신입니다."

그런 다음 당신은 다시 나를 돌아보셨고, 당신의 어조와 태도에는 즉시 어떤 변화가 있었다. 당신이 나에게 물으셨다. "자네 면도를 직접 하나?" 이 갑작스러운 변화에 당혹한 나는 떨면서 그랬다고 대답했다.

"아, 면도를 하려면 거울을 사용하지. 그렇지 않나? 거울을 보면서 자네 얼굴에 면도를 하지, 거울 속의 얼굴 모습에 면도하지는 않지. 마찬가지로, 모든 경전은 자네에게 깨달음에 이르는 길을 보여주기 위한 것뿐이네. 수행을 해서 성취를 하라는 거지. 책에서 얻은 학식으로 토의만 하는 것은 사람이 거울 속의 얼굴 모습에 면도하는 것에 비견될 수 있네." 그 날부터 내가 느껴왔던 열등감은 단번에 아주 사라졌다.

바가반이 개인적 가르침으로서 베풀어 주신 보증이 하나 더 있는데, 그것은 내 수행에서 나에게 절대적 가치가 있다. 나는 울면서 당신에게, 내가 베단타에 대해 아무것도 모르며, 나는 재가자여서 고행을 닦을 수도 없다고 했다. 그래서 나는 당신께서 실재를 보여주시거나 그에 이르는 길을 보여주어 나를 도와 달라고 간청했다. 나는 또 바가반의 자기탐구라는 방법이 나에게는 너무 어렵다고 솔직하게 고백했다. 그러자 당신이 자애롭게 말씀하셨다. "자네 「실재사십송」 알잖아. 그것은 순수한 진리를 전수하고, 그것을 다루고, 그것을 설명하지. 그것을 한 연 한 연 계속 읽게. 그 연들의 단어들은 시간이 가면 사라질 것이고, 진리만이 마치 허물을 벗고 빛나게 드러나는 뱀처럼, 빛날 것이네." 이것이 나의 수행이다.

하루는 내가 바가반의 침상 근처에 앉아 있을 때, 세계 안에서 나타나는 일체가 환幻(*maya*)이라는 고대의 가르침에 궁금증이 일었다. 나는 바가반과, 당신이 앉으신 침상, 곧 나를 바가반과 분리하는 장벽과, 나 자신을 보면서, 어떻게 그럴 수 있을까 의아해했다. 이 모든 것이 어떻게 거짓일 수 있단 말인가? 나는 내 의심을 설명하면서 바가반께 여쭈었다. "바가반, 우리 모두가 실재하지 않고 존재하지 않을 수도 있습니까? 부디 저를 일깨워 주십시오." 바가반은 웃으시더니 내가 전날 밤 무슨 꿈을 꾸었는지 물으셨다. 나는 몇 사람이 잠들어 누워 있는 꿈을 꾸었다고 대답했다. 당신이 말씀하셨다. "지금 내가 자네에게, 가서 꿈속의 그 사람들을 다 깨워 그들에게 그들이 실재하지 않는다고 말하라고 하면 얼마나 황당하겠나! 나에게는 그것이 그러하다네. 꿈꾸는 그 사람 외에는 아무것도 없어. 그러니 실재하든 않든 꿈속의 사람들이라는 문제가 어디서 일어나겠나? 그들을 깨워서 그들이 실재하지 않는다고 말해 주는 것은 더 말할 나위가 없지. 우리는 모두 실재하지 않는데, 왜 그것을 의심하나? 그것만이 실재하네." 이 설명을 들은 뒤로 나는 대상 세계의 비실재성에 대해 어떤 의심도 결코 갖지 않았다. 또 한번은 당신이 말씀하셨다. "일체가 꿈속의 대상들처럼 실재하지 않습니다. 그러나 어떤 단계에서는 진리, 곧 실재와, 세계, 곧 비실재가 존재합니다. 진인이 하는 일은 무지한 사람들에게 그들이 보고 느끼는 것들은 실재하지 않고, 실재는 그들 자신의 존재(Being)라는 사실을 깨닫게 하는 것입니다. 이것은 사자 꿈을 꾸고 있던 코끼리가 문득 깨어나서, 사자는 실재하지 않고 자기 자신만 실재한다는 것을 발견하는 것에 비유될 수 있습니다. 그 코끼리는 개아, 곧 개인이고, 꿈은 실재하지 않는 세계, 그리고 사자는 **진인**, 곧 **스승**입니다. **스승**은 비실재와 **실재** 사이의 연결고리입니다." 또 한번은 당신이 이렇게 말씀하셨다. "어떤 **진인**(*jnani*)[깨달은 사람]도 없고, **지**知(*jnana*)만이 있습니다."

—'비슈누',[3] pp.240-242

"'내 것'을 포기하는 것이 헌신이고, '나'를 포기하는 것이 지知입니다."

"인간은 더 이상 없습니다. **신**만이 있습니다."

"행복을 열망하는 것이 헌신입니다. **진아**를 열망하는 것이 지知입니다."

—T. N. 크리슈나스와미, pp.252, 253

하루는 내가 기분이 좋으신 **바가반**께, **바가반**께서는 어떻게 수천 명의 사람들이 날이면 날마다 당신 앞에서 하는 절을 받으실 수 있는지 여쭈었다. **바가반**이 답변하셨다. "그 비법을 자네에게 말해 주지. 그들이 나에게 절하기 전에, 내가 먼저 그들에게 절한다네. 나를 찾아오는 사람들은 겸손함의 표시로 바닥에 몸만 내던지지. 그 마음의 내용이 무엇이든, 나는 그들을 볼 때 그 마음 속을 들여다보지 않고 그곳의 **의식**(*Chaitanya*), 즉 나의 **진아**인 **아뜨만**을 들여다보는데, 그들은 그것을 모른다네. 나는 그들과 하나이지만, 그들은 그것을, 즉 **불변자**(*Kutastha*)[4]와 **브라만**이 불가분임을 모르지. 나에게는 남들이 없네. 나만이 **있네**(I alone AM). 거기에 더 내포된 의미는, 그들은 절을 하는 동안 진정한 절(*praneedana*)을 하지

---

3) *T.* '비슈누'는 바로 앞에(447쪽) 나온 R. 나라야나 아이어의 필명이다(129쪽 그의 사진 참조). 『스리 라마나 회상』에도 그가 숩바라마이야 교수에게 보낸 편지들이 많이 나온다.
4) *T.* '양미간에 거주하는 자'라는 뜻이며, 불변의 주시자인 의식, 곧 진아를 가리킨다.

않고 있다는 거지. 반면에 나는 신체적으로 절하지는 않지만, 나의 단일성 의식(*eka bhava*)은 모든 면에서 그들을 돕는다네. 이처럼 모든 영혼들 안에서 나는 **불변자**이고, 나는 그들 모두의 안에서 나 자신의 **존재**를 본다네. 그래서 나는 수천 번의 절뿐만 아니라 무수한 절도 받을 수 있네. 나는 그들 모두인데, 그들은 자신들이 **나 자신**임을 알지 못하지."

—T. K. S. p.255

3. 축복—은총

진아, 곧 진리는 항상 '있는' 것이고, 그것은 항상 '실재'이다. 따라서 진아를 '깨달을' 필요도 없고, 그것을 하나의 '실재'로 만들 필요도 없다고, 스리 바가반은 말씀하신다. 그러나 구도자는 자기탐구의 수행을 통해서 '비실재'를 '비실재화(unrealising)'하는(그것이 실재하지 않음을 확인하는) 행위를 할 책임이 있다고 당신은 덧붙인다. 우리 자신에게 외적인 모든 것은—깊은 잠 속에서 증명되다시피—비실재하지만, 우리의 마음은 우리의 주의를 부단히 바깥으로 외부화하고, 그리하여 우리를 의심·불확신·고통 속에 빠트린다. 반면에, 마음을 '외적 주의'에서 거두어들여 '내적 주의'로 내향시키는 것은 우리를 (깊은 잠 속에서처럼) 평안·고요·만족의 품 안에 들게 한다. 그래서 내면으로 집중된 어떤 움직임도 우리를 움직임이 없는 실재에 합일시킨다는 것이 아주 분명하다.

어떻게 하면 우리가 이 움직임을 이루어내는가? 스리 바가반은 명하신다. "심장 속으로 들어가라(*Hrdi Visa*)"고. 영적인 심장이 진아 그 자체이고, 그것이 가슴 오른쪽에 있다는 것을 말하자면 '발견'하신 분이 바가반 라마나이셨다.[1)]

진아가 '나'라는 형상으로 이렇게 현현하는 것은 모두에게 직접적이고 즉각적이다. 그것은 어떤 형태의 증거나 입증도 필요로 하지 않는다. 아디 샹까라는 한 시구에서 이렇게 썼다. "심장의 영역에서 모두에 의해 즉

1) 「실재사십송 보유」, 제18연: "두 젖가슴 사이, 가슴 아래 배 위에 여섯 가지 기관이 있는데 색깔은 여러 가지네. 그 중 하나는 연꽃 봉오리처럼 생긴 것이 심장이니, 그것은 중앙에서 손가락 두 개 폭만큼 오른쪽에 있다네. 그 심장 안에서 '나-나'가 빛난다네."

각적으로, 직접적으로 경험되는 것이 이 '나'이다." 그래서 '자아지自我知(*Atma Vidya*)'[자기탐구]는 우리를 '심장지知(*Hridaya Vidya*)'[진아지] 속으로 합일시킨다. 곧, 마음이 심장의 핵심 속으로 해소된다. 스리 바가반은 이렇게 말한다. "'이것이 중심(*Hrit Ayam*)이다'[*Hridayam*=심장], 즉 그것이 마음이 일어나고 가라앉는 중심입니다. 그것[심장]이 깨달음의 자리입니다." 『라마나 마하르쉬와의 대담』(대담 97)에 나오는 다음 구절이 이 점을 아주 분명하게 밝혀준다.

> 암발라(Ambala)에서 온 신사인 라마짠다르 씨가, 심장이 어디 있는지, 그리고 깨달음이 무엇인지를 질문했다.
>
> **스리 바가반:** 심장은 신체적인 것이 아닙니다. 그것은 영적인 것입니다. (심장을 뜻하는 산스크리트어) 흐리다얌(*hridayam*)은 흐리뜨(*hrit*-중심)와 아얌(*ayam*-이것)을 합친 말로, '이것이 중심이다'라는 뜻입니다. 그것은 거기서 생각들이 일어나는 곳이고, 그 위에 생각들이 존속하는 곳이며, 거기로 생각들이 해소되는 곳입니다. 생각들이 마음의 내용물이고, 생각들이 우주를 형성합니다. 심장은 만물의 중심입니다. 우파니샤드에서는 "거기서 이 존재들이 태어나는 것(*Yatova imani bhutani ayante*)" 등을 브라만이라고 말합니다. 그것이 심장입니다. 브라만이 곧 심장입니다.
>
> **헌신자:** 그것을 어떻게 깨닫습니까?
>
> **스리 바가반:** 한 순간도 자기를 체험하지 못하는 사람은 없습니다. 왜냐하면 누구도 자기와 한시라도 떨어져 있다고 하는 사람은 없으니까요. 그가 진아입니다. 진아가 곧 심장입니다.
>
> **헌신자:** 분명하게 이해되지 않습니다.
>
> **스리 바가반:** 깊은 잠 속에서도 그대는 존재하는데, 깨어나도 그대는 남아 있습니다. 같은 자기가 두 가지 상태에 다 있습니다. 그 차이는 세계를 지각하느냐 지각하지 못하느냐 하는 것뿐입니다. 세계는 마음과 함께 뜨고

마음과 함께 집니다. 뜨고 지는 것은 진아가 아닙니다. 진아는 그와 달라서, 마음을 일으키고, 유지하고, 해소합니다. 그래서 진아가 저변의 원리입니다. 그대가 누구냐고 물어보면, 그대는 가슴 오른쪽에 손을 대고 "접니다"라고 말합니다. 자신도 모르게 거기서 자기를 가리킵니다. 진아가 이렇게 해서 알려집니다. 그러나 그 개인은 비참한데, 왜냐하면 마음과 몸을 자기와 혼동하기 때문입니다. 이 혼동은 그릇된 앎에 기인합니다. 그릇된 앎을 없애기만 하면 됩니다. 그것을 없애고 나면 깨달음이 일어납니다.

"심장 · 진아 · 진리 · 브라만 · 아뜨만은 모두 동의어이고 동일하다"라고 스리 바가반은 말씀하신다.

"내가 있다"가 우리 모두 안의 진리이다. '나는 이것이다', 혹은 '나는 저것이다'는 비진리이다(따라서 그것을 피해야 한다). "내가 있다"로서 항상 머무르는 것이 참스승 바가반 라마나의 직접적 가르침이다. 스승 라마나의 이 독특한 가르침을 실천하는 사람에게는 스승의 은총이 찬란하게 쏟아진다. 그런 부단한 수행이 참된 헌신자가 이 큰 스승님께 드릴 수 있는 최고의 보상이다. 스승의 '은총'—축복—은 늘 있다고 스리 바가반은 보증하셨다.

스리 라마나께 절합니다(Sri Ramanarpanamastu)

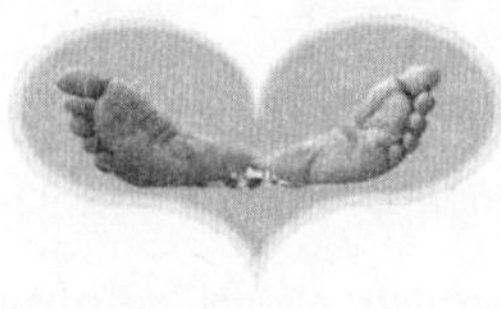

용어 해설

āndavane	하느님이시여!
abhāva	비존재. 부재.
abhayam	두려움이 없는 것. 귀의한 자에게 피난처를 제공하기.
abhishekam	관수식灌水式. 신상이나 링감을 성수, 우유 등으로 목욕시키는 것.
āchārya	스승. 법사.
ādesa	명령. 명.
advaita	비이원성. 비이원론.
advaitin	비이원론자. 비이원론을 신봉하는 사람.
aham	'나'. 에고.
ahamkāra	'나'라는 생각. 아상我相.
ajāta	불생不生. 태어남이 없음.
akāsh	허공. 하늘. 에테르.
Ālwars	남인도 비슈누파 성자 10명을 통칭하는 말. 비슈누를 찬양한 그들의 찬가는 경전으로 간주된다.
ananda vritti	지복의 상相. 기쁨의 감각.
ānandamaya kosha	지복껍질. 진아를 싸고 있는 다섯 껍질 중 하나.
anugraha	은총, 축복.
Arunāchalam	아루나찰라의 타밀식 표기. 남인도 타밀나두 주 띠루반나말라이에 있는 성산.
ashtottaram	어떤 신을 숭배할 때 염하는 108명호名號.
ātma	진아. 때로는 영혼.
ātma vichara	자기탐구. 진아에 대한 탐구.
ātma vidyā	진아지. 혹은 진아의 학學.

ātma nishtā	진아 안주자. 진아에 자리잡고 있는 사람.
ātmanubhūti	진아 체험.
ātmasiddhi	진아 성취.
Āvudaiakka	타밀 지역 남부에 살았던 영적으로 진보한 여성. 타밀 남부 지역에서 아주 인기 있는 베단타적 노래를 많이 지었는데, 그 노래들은 세대를 내려가며 구전되었다.
bairāgi	무욕인人. 고행자. 흔히 유랑하는 승려.
bhakta	헌신자.
bhakti mārga	헌신의 길.
bhāva	느낌. 감정. 숭배하는 신에 대해서 갖는 정서적 태도.
bhikshā	1) 탁발 고행자에게 올리는 음식 공양. 2) 대중공양. 사원이나 아쉬람의 전 대중에게 베푸는 음식 공양.
Brahman	브라만. 절대자.
Brahma nirvāna	범열반梵涅槃. 성자나 진인의 입적. 절대자와의 합일.
Brahma Jnāni	브라만 진인. 브라만, 곧 진아를 깨달은 사람.
Brahmavidyā	브라만 지知. 브라만, 곧 진아에 대한 지知.
brinjal	가지(egg plant).
chappal	샌들. 슬리퍼.
charkhā	손으로 돌리는 물레.
chatram	여행자 숙소(choultry).
chelā	제자.
chit-jada-granthi	의식-몸 매듭.
chutney	처트니. 약간 되직하게 만드는 인도의 묽은 소스.
darshan	친견親見. 성자, 스승, 신상神像, 성지聖地 등을 보는 것. 원래는 성자나 스승이 헌신자를 바라보아 주는 것이다.
deham mrinmaya	"몸은 모두 흙이다." 이것은 스리 바가반이 산스크리트어로 지은 한 시의 첫 구절이다.
dehātma buddhi	'몸이 나다'라는 관념. 에고의 존립 근거인 몸과의 동일시 관념.
dhāl	달. 절반으로 쪼갠 렌즈콩. 인도의 식재료이다.
dhoti	인도 남자들이 허리에 둘러 발목까지 오게 입는 긴 천.

Divya Prabandham	타밀어로 된 비슈누파 문헌들.
drishti-srishti vāda	견현론見現論. 동시창조론. 이 세계는 우리가 잠에서 깨어나는 동시에 창조된다는 이론.
dvādasi	초하루나 그믐으로부터 열 이틀째 되는 날.
eka bhakti	일념헌신.
ekādasi	초하루나 그믐으로부터 열 하루째 되는 날.
garbhavāsam	어머니의 자궁 안에 머무르는 것(즉, 환생).
giripradakshinā	산 오른돌이. 산을 자기 오른쪽에 두고 산을 도는 것.
goshālā	우사牛舍.
grantha	책. 문자적으로는 '매듭'.
guru	구루. 스승.
guru kanikkai	스승에게 올리는 공양.
hatha yoga	하타 요가. 신체 자세와 주로 관계되는 요가 형태.
iddlis	이들리. 쌀가루로 만드는 떡.
Iswara	이스와라. 세계의 하느님이라는 측면에서의 지고의 존재. 시바의 다른 이름이기도 하다.
jata	헝클어진 머리.
jatini	헝클어진 머리를 하고 있는 여자.
jayanti	탄신일. 추종자들이 기리는 위대한 인물의 생일.
jivanmukti	생전해탈. 몸으로 살아 있는 동안의 해탈.
jnāna	영적인 지知. 지혜.
jnāna jyoti	영적인 지知의 빛.
jnāna mārga	지知의 길.
Jnāna Vasittam	『냐나 바시땀』. 『요가 바시슈타』의 타밀어판 축약본.
jnāna yoga	지知 요가. 지知를 통해서 절대자를 깨닫는 방법.
jnāni	진인. 진아를 깨달은 사람.
Kaivalya Navaneetam	『해탈정수』. 타밀어로 된 비이원론의 한 고전.
Kali	네 유가(yugas) 중 마지막 유가.
kamandalam	까만달루. 인도의 고행자들이 들고 다니는, 보통 큰 코코넛 껍질로 만든 물 주전자.
kanji	쌀죽.

karchatti	돌로 만든 요리용 그릇.
karma	행위. 또는 행위의 결과, 업業.
karma yoga	행위 요가. 집착 없는 행위의 길.
karunā	자비. 자비심.
kāvya	시詩. 시 작품.
kolam	보통 쌀가루로 땅바닥이나 문간에 그리는 무늬.
koottu	꾸뚜. 야채 요리의 하나.
kshetra	사원. 들판. 몸.
kumbhabhishekam	관수식灌水式. 힌두 신상이나 사원의 낙성식.
kumbhaka	지식止息. 숨 멈춤.
kummi	춤꾼들이 원을 그리며 도는 시골 춤에 수반되는 노래.
laya samādhi	심잠心潛 삼매. 감각도 없고 진아 자각도 없는 몰입 상태. 이는 진아 깨달음에 장애라고 이야기된다.
linga	시바의 상징인 윗면이 둥근 돌기둥. 링감.
linga puja	시바링가에 하는 예공.
maha mouna	큰 침묵. 지고한 실재의 상태.
Mahāpuja	바가반의 어머니 입적 기념일.
Mahāsamādhi	대삼매. 위대한 인물이 몸을 벗는 것.
mangala sloka	산스크리트 시 작품의 서두에 오는 기원시.
manolaya	심잠心潛. 마음이 일시적으로 가라앉은 상태.
mantapa	돋운 석대石臺 위에 지붕을 받치는 기둥들이 있는 건물.
mantra	만트라. 진언. 영적인 힘을 가진 신성한 단어나 어구.
mārgazhi	타밀력의 열두 달 중 아홉 번째 달.
moksha	해탈.
moolam	근원. 기원. 타밀 지역에서는 이자를 버는 원금을 의미하기도 한다.
mouna	침묵. 묵언.
mukti	해탈.
muni	무니. 고행자.
nādis	요가적 신경들. 영맥靈脈.
naivedya	예공 때 신께 바치는 공양물.

nāma-japa	명호 염송. 신의 이름을 염하는 것.
nāmāvalis	어떤 신의 성스러운 이름들을 적은 목록.
Nāyanmār	남인도 시바파의 성자 63인을 통칭하는 말. 그들의 이야기는 『뻬리야뿌라남(*Periyapuranam*)』에 나온다.
nirguna dhyāna	속성 없는 절대자에 대한 명상.
Nivritti Panchakam	「무욕 5연시」. 인도 께랄라 지역의 유명한 성자이자 사회개혁가인 스리 나라야나 구루가 스깐다쉬람으로 스리 바가반을 방문했을 때, 당신에 대해서 지은 5연의 산스크리트어 시.
odai	작은 흐름.
pakodās	밀가루와 기타 재료로 만든 일종의 튀긴 떡.
Palākotthu	라마나스라맘에 인접한 서쪽에 사두들이 오두막을 짓고 거주하던 구역. 지금은 라마나스라맘의 경내이다.
pallavi	노래의 후렴.
pancha mukha darsana	아루나찰라 산의 다섯 봉우리를 보는 것. 아루나찰라 북동쪽의 어느 지점에서 산을 바라보면 크고 작은 봉우리 5개를 함께 볼 수 있다.
panchakosās	진아를 덮어 가리는 다섯 껍질.
pārāyana	빠라야나. 베다 등 경전이나 종교적 텍스트를 개인이나 집단이 창송하는 것.
phala	결과. 열매.
phalasruti	종교적 텍스트에 덧붙여, 그 텍스트를 읽고 성찰할 때 얻는 이익을 묘사하기 위해 붙인 마무리 연.
prānāyāma	호흡 제어.
prapatti shatakam	자기순복에 대한 100연의 시.
prāptam	사람에게 생기는 복. 행운.
prārabdha	발현업. 개인의 업 중에서 금생에 발현되는 부분.
prasād	쁘라사드. 신, 성자, 또는 스승에게 올린 공양물의 일부를 헌신자들에게 나누어 준 것.
priya	사랑. 사랑스러운.
puja	예공. 꽃, 물 등으로 예를 갖추어 하는 숭배.

puris	밀가루로 반죽을 만들고 눌러 펴서 기름에 튀긴 것.
purna	온전한. 완전한. 전체적인.
purushottama	완전한 인간. 최상의 인간.
rudrākshamāla	루드락샤 염주. 시바파에서 사용하는 염주.
sādhana	수행.
sādhu	사두. 힌두 승려.
saguna	속성이 있는.
sahaja	본래적인. 자연스럽고 지속적인.
sahasrāra	사하스라라. '천 개의 꽃잎'으로 묘사되는, 머리 정수리에 있는 요가적 중심(차크라).
Sāktādvaitin	샥띠(Sakti)의 숭배자이면서 비이원론자인 사람.
Sakti	샥띠. 신적 측면 혹은 원리의 힘, 에너지 혹은 활동. 힌두 신화에서 신적 측면 혹은 원리는 신으로 표현되고, 에너지나 활동은 신의 아내(여신)로 표현된다.
Sāma Veda	4베다 중 세 번째. 이 베다는 곡조에 맞춰 노래로 불려지며, 인도의 가장 오래되고 가장 정교한 음악 형식 중 하나라고 이야기된다.
samādhi	삼매. 진아에의 몰입.
samatva bhāva	모두를 진아의 현현으로 동등하게 보고, 모두를 평등하게 배려하는 태도.
sāmbar	삼바르. 남인도인들이 좋아하는, 달로 만든 소스.
sāmbrāni	인도 유향나무의 수지인 프랑킨센스(frankincense).
samhāra	파괴.
sankalpa	의지 혹은 생각.
sannyāsa	포기. 출가.
sannyāsi	산야시. 출가수행자. 고행자.
sarvādhikāri	도감都監. 아쉬람의 행정 책임자.
sarvajna	전지자全知者. 일체를 아는 자.
sāshtānga namaskāram	오체투지.
sāstrās	행위, 예술, 학문, 행정 등을 규율하는 힌두 경전.
satguru	참스승. 완전한 깨달음을 얻은 스승.

satsang	삿상. 영적인 모임. 현자들과의 친교.
Sat-Chit-Ananda-Brahman	존재-의식-지복인 절대자.
siddhas	싯다. 영적인 성취가 있든 없든 초능력을 가진 사람.
Siva	시바. 지고의 하느님. 인격신 이스와라와도 동일시된다.
sloka	산스크리트어 시.
srishti	창조.
sushumna	수슘나. 척수 안에 있는 심령적 통로.
tapas	따빠스. 진아 깨달음을 성취하기 위해서 하는 고행.
tapasvin	따빠스를 하는 사람, 혹은 한 사람.
thida jnāna	확고한 지知.
tirobhāva	잊어버리기. 희미해지기. (문자적으로는 '사라짐'.)
upadesa	스승이 베푸는 영적인 가르침.
Upanishads	우파니샤드. 베다의 종결부. 베단타 철학의 토대를 이루는 텍스트들.
uppumā	웁뿌마. 잘게 분쇄한 쌀이나 세몰리나(semolina-밀의 일종)로 만드는 남인도식 죽.
vaddi	원금에 대한 이자.
vaibhavam	위대함, 영광, 장엄함.
vairāgya	무욕, 무집착.
Vaishnavite	비슈누파 헌신자.
vāsanās	원습原習. 전생의 행위들로 인해 어떤 사람에게 내재하는 잠재적 경향성.
Veda Pāthasāla	베다 학당. 브라민 소년들에게 베다를 가르치는 학교.
Vedānta	베단타. 베다의 종결 부분, 곧 우파니샤드. 우파니샤드의 가르침.
Veera Saiva	비라 사이바. 문자적으로, '치열하게 시바께 헌신하는.' 까르나따까(Karnataka) 지역에서 나왔고, 지금도 그 지역에서 지배적인 종파.
venbā	벤바. 타밀시의 한 운율, 혹은 그 운율로 되어 있는 시. 4행시에서 첫 행과 둘째 행의 첫 단어들이 같은 운으로 되어 있다.

vichāra	탐구. 보통 바가반이 가르친 자기탐구를 가리킨다.
vichāra mārga	자기탐구의 길.
vijnānamaya kosa	지성껍질. 진아를 가리는 다섯 껍질의 하나.
vritti	상相. 마음이 취하는 변상變相들 중 하나.
yātra	여행.
yoga mārga	신적 합일로 이끄는 요가의 길.
yoga sādhanā	요가 수행.
Yoga Vāsishta	『요가 바시슈타』. 진인 바시슈타가 비슈누의 화신인 라마의 질문에 답하는 내용으로 되어 있는 산스크리트어로 된 비이원론 텍스트.
yogāsanās	하타 요가에서 가르치는 요가 자세.
yogi	요기. 요가의 길을 따르는 사람, 또는 그 길에 통달한 사람.

찾아보기

가나빠띠 무니 81, 147, 390
가나빠띠 아이어 박사 212
가네사, 주 33, 65
「가르침의 핵심」 82, 157-9, 274, 276, 296, 302, 305-6, 393-4, 419, 421
견현론/현견론 86
고빈다난다 기리 108, 245
구디야땀 206, 210
구루무르땀 220-1, 324
구하 98
구하이 나마시바야 243
구하이 나마시바야 사원 203, 206
까나깜마, 스리마띠 121, 173, 183, 187, 214, 224
까니야꾸마리에서 모래 가져오기 87-8
까람짠다니 중령 229
까르띠가이 디빰 218
까말라니, 스리마띠 177
까메스와리 암말 160
까비야 194
까우스뚜바 보석 48
꼬마 깐난 이야기 59-60
꾼주 스와미 19, 21-2, 32, 41-3, 45, 49, 60-1, 63, 91, 94-7, 107, 112, 124-5, 150, 152, 157-160, 186, 196-200, 204-5, 223, 228, 241-3, 246, 390
꿀 할머니 248
꿈미(*kummi*) 158-9
끼라이 빠띠 206, 209-210, 241

나가순다람 아이어, P. R. 36-7
"나는 누구인가?" 58, 167, 269-70, 274-6, 280, 301, 315, 334, 340, 342-3, 348-9, 366, 368-9, 377, 379, 381, 385, 387, 406, 412, 431, 446-7
『나는 누구인가?』 276, 296, 309, 421, 431
나따라자, 주 58, 201
나따라자 아이어(N. N. 라잔) 177-180
나떼산, K. 38, 51, 148
나라싱하 라오, G. L. 142
나라싱하 스와미, B. V. 159, 315
나라싱하 아이어, R. 148
나라야나 구루, 스리 107-112, 245
나라야나 아이어, R. 161, 173, 216-7
나라야나 아이어 박사 215
나바의 라자 171
나야나 72, 81, 83, 93, 194 →가나빠띠 무니
나얀마르 69
『나의 회상』 32
남비아르, K. K. 158
『냐나 바시땀』/『냐나 바시슈타』 45, 169, 219-220, 271, 415
냐나 삼반다르 133
냐네스와르 445

니란자나나난다 스와미 40, 94, 171, 173, 230 →찐나스와미

「다끄쉬나무르띠 송찬」 98, 157
대중공양 61, 117, 134-5, 227, 245
던컨 그린레이스 251
데바라자 무달리아르 32, 36, 90, 202
「데비깔롯따라」 99, 299, 302
데수르 아킬란담마 106, 226, 228
데이바시가마니 데시가르 220
데이비드 맥키버 104, 234, 253
도라이스와미 아이어 236
『디비야 쁘라반담』 69
따빠스 스와미 138, 182, 202-3
따유마나바르 216
딸레야르칸 여사 89
땀비란 스와미 92-3
떼남마 117
뗄라르 그룹 241-2
『뜨리뿌라 라하시야』 253
『띠루바짜감』 193
「띠루밤마나이」 193
「띠루벰바바이」 192
「띠루빨란두」 193
「띠루빨리옐루찌」 192
띠루쭐리 95, 103, 214, 319, 325
「띠루쭐리나타나이 깐데네」 200-1
띠야가라자 150, 161

라 가나빠띠 99
라다 224
라다크리슈난, S. 147
라뜨남말 322
라마, 주 25, 41
「라마나 다섯 찬가」 56, 163
『(라마나 마하르쉬) 저작 전집』 90, 187, 189, 192, 286
「라마나 빠다 말라이」 241
「라마나 아누브후띠」 200
『라마나 아루나찰라』 146
「라마나 아쉬또따람」 71
『라마나 친존 예경』 93, 193
라마나난다 마딸라얍 228
라마나타 딕쉬따르[브라마짜리]; 라마나탄 75, 195-201
라마네스와라 마하 링가 57
라마니 암말 222
라마스와미 삘라이 43, 55, 148, 211
라마짠드라 아이어, T. P. 95-7, 173, 180, 428
라마크리슈나, 스리 26
라마크리슈나 스와미 21-2
라마크리슈나 아이어 박사 88, 214
라자고빨라 아이어 182
라자빨라얌의 라마니 암말 247-250
라잠/라잠말 149-50
락슈미 랑가나단 30
락슈미 암말 88-9, 214-5
랄리따 벤까따라만 148-9
람꾸마르, 천의 얼굴 66
랑가나타 아이어, N. S. 56, 155
렝가스와미 아이옝가르 163
로깜말/로깜마 19
로다 맥키버 54, 89, 104, 159, 399, 402
루시아 오즈본 258
르네 게농 253
『리부 기타』 169, 189
『리부 기타의 핵심』 155
마 아난다마이 마 138
라마스와미 아이어 148, 222

마니까바짜가르 193, 216
마뜨루부떼스와라 사원 87, 115, 138, 173
마스딴 스와미 227-9, 241
『마하르쉬의 복음』 139, 277, 422
마하트마 간디 107, 182, 198
만수르 (알 할라즈) 388-9, 394
만트라 염송 20
메스 박사, G. H. 266
명상 347, 351, 355, 357, 416
명호염송 184
명호찬名號讚 72
모리스 프리드먼 53, 139-41, 251-2, 257
무나갈라 벤까따라마이아 95, 124-5, 159
무달리아르 빠띠 92, 106
무루가나르, 스리 17, 52, 81, 93-4, 119-121, 139, 147, 157-9, 183-4, 187, 191-4, 210, 216, 271
무염송의 염송 253, 255
「무욕 5연시」 110
「문자혼인화만」 163, 209, 302-3, 305
물라이빨 띠르탐 153, 203-4
밀라까이 싯다르(고추 스와미) 150

『바가바드 기타』 28, 85, 271, 308, 331, 402, 416, 445, 447
「바가바드 기타 요지」 29, 82
바가바따르 스와미 151-2,
『바가바땀』/『바가바따』 83, 322
『바가반과 함께한 나날』 81
바랄락슈미 여신 149
바마데마, 성자 192
바수데바 225 →크리슈나
바수데바 사스뜨리 75, 214
바시슈타, 진인 46
바잔 168
반다바시 206, 218, 226, 241
발라라마 레디, 스리 28, 79-84, 86, 88, 99, 107, 181-2, 194, 229, 232, 290
발라크리슈나 스와미 157
발현업 192, 301
범열반梵涅槃 29, 216
벤까떼스와라, 주 213
벤까뜨라뜨남 173-4, 217
벤바 96-7
본연상태 110, 167
부따뚜 알와르 70-1
부미나떼스와라 사원 103
『분별정부』 98, 221, 271, 415
『불이각등』 253
브라마스뜨라 280
브라만 안주자 170
브라만 지知 176
브라만 진인 169
비라 사이바 92
비라 숩바이아 스와미 96
비베카난다 26
비스와나타 스와미 34, 36, 64, 68-9, 71, 75, 94, 101, 171, 183, 194, 199, 224, 243, 246
비토바 스와미 227
빌라쩨리 랑가(나타) 아이어 103
빛 89, 265, 287, 306; -의 기둥, 36; -의 형상, 325; 영원한 -, 310, 407, 420; 순수한 지혜의 -, 420; 지知의 -, 99
빠드마, 스리마띠 187
빠드마 시따빠띠 212-3
빠드마나반 박사 250
빠딸라 링가 249, 324
빠라마뜨만 432
빠르바띠 33, 191

빠리셰짜남(*parishechanam*) 245
빠짜이암만 사원 197
빤짜 무카 다르사나 101
빨라니 스와미 109, 111, 150, 209, 322
뻬루말(석공) 203-4
뻬루말 스와미 95, 150-1, 196
뻬이 알와르 70-1
뽀디가이 알와르 69-70
쁘라바까르 73-4
쁘라브하바띠 라제 공주 18-9, 124-6
「쁘라빠띠 샤따깜」 74

사두 나따나난다 24-5
사두 바스와니 101-2
사두 옴, 스리 106, 277, 422
사두깔 짜뜨람 108-9
사드구루 398 →참스승
사뜨 265, 394 →존재
사뜨-찌뜨-아난다 305
사뜨-찌뜨-아난다-브라만 59
사뜨-찌뜨-아난다-스와루빠 280
사스뜨리, D. S. 135
사슴 발리 153-4
사우실리야 235
사하스라라 114
사하얌바, 여신 104
산땀마/샨땀마 20, 314
삼뿌르남말 15, 27
상까라난다 20-1
상까람말 122
상념 형상 275, 294
생전해탈 57, 168
「샤꾼딸람」 194
샥띠 55, 303, 371, 436; - 비이원론, 99-100; 꾼달리니 -, 342
샥띠 비이원론 99-100
샨무감, M. G. 165, 167
샹까라(짜리야), 아디 26, 36, 96-8, 255, 271, 389, 415, 452
선택 없는 자각 373
세샤드리 사스뜨리갈 15, 221
세샤드리 스와미(갈) 50, 227, 322
소마순다람 스와미 21
수브라마니안 박사, K. 15, 79, 170, 172
수브라마니얌, R. 64
순다람 아이어 88, 103
숩바라마이야 교수 82, 84, 217, 232, 234
숩부락슈미 암말 49-50, 116
스리니바사 라오 박사, V. 97
스리니바사 아이어 153-4
『스리 라마나 기타』 51, 84, 147, 287
「스리 라마나 라짜나발리」 82
『스리 라마나 릴라』 84
'스리 라마나 108명호 찬가' 72
『스리 라마나 회상』 82, 232
스와미 람다스 101, 445
스와루빠 133, 438-9
스와미나탄 교수, K. 16, 97
스푸라나 114, 358 →아한 스푸라나
시바난다 스와미 23, 78
시바라마 렛디아르 165
시바라만, R. 75
시바쁘라까삼 삘라이 241
시키드와자와 쭈달라 이야기 61-3
실재 35-6, 46, 86, 119, 123, 147, 264-6, 269-70, 272-3, 279, 300, 327, 333-6, 340, 351, 361, 386, 394, 407, 413-4, 417, 420, 452; 궁극의 -, 36, 416; 순수한 -, 270, 345, 414; 지고의 -, 264, 416; -의 화현, 147

「실재사십송」 96, 142, 263-4, 272-3, 275-6, 279, 285, 289, 291, 298-301, 305-6, 391, 416-9, 422, 436, 443, 449
「실재사십송 보유」 45, 79, 81, 296-8, 301, 452
『실재직견』 100
심잠心潛; 심잠삼매 20-1
심장 46, 114, 167, 201, 228, 264, 270-2, 274-5, 281, 285, 287-8, 304, 307, 310, 316, 340, 357-8, 417, 419
심장공간 201, 264
심상시知 453
싯디 62, 211-2

아난다 265, 281, 283, 438-9
아난담말 187-192
아뜨마/아뜨만 330, 394, 429, 432, 435-6, 450, 454; - 아난다, 438
『아뜨마 뿌라나』 192
아루나짤람 벨라이 199, 210
아루나찰라 22-3, 32-3, 38, 52, 60-1, 75, 77, 101, 133, 142, 153, 189, 191, 243, 251, 261, 296, 303, 305, 320-3, 325, 371, 375-6, 390; - 라마나, 94, 145, 310; -의 빛, 319
「아루나찰라 다섯 찬가」 56, 305-6
「아루나찰라 마하뜨미야」 90, 305
『아루나찰라 마하뜨미얌』 371
아루나찰라 무달리아르 95
아루나찰라-시바 325
아루나찰라-시바-라마나 59
'아루나찰라 시바' 염송 255
「아루나찰라 5보송」 36, 82, 290, 304
「아루나찰라 11연시」 142, 297, 371
아바얌 217, 232-3
아부다야까 27
아서 오즈본 38, 145, 251, 253, 258, 262, 296, 318
아한 스푸라나 305, 320, 358, 440
안나말라이 땀비란 220
안나말라이 스와미 184-5, 189, 231, 315
안자네야 25, 41
알라감말/알라감마 88, 191
알라감말, 스리마띠 32, 65
알라멜루 암말 214
알와르 69
암리따나다 145
암마니 암말 136
암소 락슈미 154, 181, 199, 210
염송(*japa*) 184, 205, 434-5
「영적인 가르침」 24, 285-6
예수 362, 368, 389
『요가 바시슈타』 45, 123, 183, 334, 357
요기 라마이아 92, 159, 199
울라두/울람 304
웃단디 나이나르 218, 220-1, 241, 322
육체아 관념 327
의식 27, 48, 114, 225, 274, 291, 293, 342, 344-5, 366-9, 392, 407, 418, 436, 450; 순수한 -, 113-4, 264, 269, 294, 303, 345, 367-9, 393, 442; 신적 -, 264, 407, 442
의식-몸 매듭 273, 285, 418, 436-7

자가디산 204-5
자가디스와라 사스뜨리 82-3, 99, 124
자각 26, 114, 145, 147, 264-5, 267, 284-8, 292-3, 295, 300, 304, 306, 320, 323, 327, 345, 373, 405, 407-

8, 412, 440; 순수한 -, 187, 264, 270, 285-8, 305, 325, 367, 407, 414; 신적 -, 408; 영원한 -, 299; 절대적 -, 35
자각-지知-지복 280
자각-지복 393
자기자각 320, 440
자기탐구 17, 24, 26, 58-9, 91-3, 100, 114, 133, 165-6, 266, 269-71, 274-8, 300-2, 309, 315-6, 330, 355, 368-9, 387, 415-6, 420-4, 429, 452 ; -의 길, 270, 379, 413, 427
자나까 왕 45-6, 48
자나끼 마따 212-3
자나끼라마난 212-3
자띠니 순다람발 60-1
재키 41-2, 76
전체적 주의[의식] 369
존재 111, 251, 268, 271, 279, 291, 293, 298, 304, 306, 324, 327, 339, 366; 순수한 -, 35, 178, 270, 282, 285, 288, 305, 380, 414; 영원한 -, 288; 움직임 없는 -, 316; 절대적 -, 346-7; 지고의[지고한] -, 145, 288, 310, 328; 진정한[참된] -, 74, 187, 265, 283-4, 286, 305, 386, 407-8
존재-의식-지복 340
존재-의식/출현-의식 339
존재-자각-지복 325
진아 깨달음 32, 51, 58, 91, 147, 161, 182, 313, 334, 337, 350, 356-7, 392-3, 415, 420, 443
「진아 깨달음 장」 98
「진아각지송」 96-8, 389
진아성취 191
진아안주 158, 167, 276, 422
진아지 45-6, 100, 266, 270-1, 377, 383, 386-7, 414, 416
「진아지」 264, 277, 383, 422, 443
「진인의 언행에 대한 5연시」 111
찔람마 33, 65
찌뜨 265, 367, 393 →의식
찌뜨-스와루빠 393
찐나스와미 31, 76, 154, 222, 248
채드윅 소령 50-1, 146, 231, 251-2, 258, 314
침묵 98-9, 101, 170, 304, 323, 327, 373, 381, 386, 389, 393-4, 427; -의 태양, 289, 316; -의 현존, 261; 큰 -, 58

칼리다사 194
크리슈나, 주 25, 82, 85, 204, 224
크리슈나무르티 아이어 교수, N. R. 56, 60, 88, 103, 148, 155, 201
크리슈나무르티 아이어 박사, M. R. 29, 49, 116-7
크리슈나쁘렘, 스리 86, 224
크리슈나스와미 40-2
크리슈나스와미 박사, T. N. 162, 450
크리슈나스와미 아이어 171

「탐구보주화만」 95
탐구의 길 17, 340, 446 →자기탐구의 길
『탐구의 바다』 95

해리 딕먼 113
「해탈 3시」 82
『해탈정수』 24, 123, 169, 219-20, 271, 310, 416
형상/비형상 명상 168
흐리다야 113-5 →심장

옮긴이의 말

스리 V. 가네산 님의 『추억의 순간들』은 바가반 스리 라마나와 친교한 제자와 헌신자들의 다양한 회상들을 한데 엮은 것이다. 스승과 함께한 그들의 기억은 바가반의 삶과 가르침으로 늘 충전되어 있었다. 이 참스승의 강력한 영적 자장은 그들의 외적·내적 삶을 워낙 변모시켜서, 스승이 몸을 버린 지 수십 년이 지난 뒤에도 그들의 가슴은 당신에 대한 사랑으로 가득했다. 저자가 이 책을 엮을 때만 해도 원로 헌신자들이 다수 생존해 있었으나 이후 속속 세상을 떠났고, 그들의 소중한 기억은 이제 이러한 책으로 남았다. 이미 많은 회상들이 책과 기고문들로 출간되었지만, 바가반과 함께한 이야기들은 사소한 일화조차도 많은 이들에게 큰 울림과 영감으로 다가온다. 저자는 그것을 최대한 보존하려 애썼고, 그 과정에서 많은 가르침을 얻었으며, 결국 자신도 깊은 깨달음을 얻었다.

바가반은 어떤 분이었던가? 소년시절 그의 깨달음은 단박에 궁극의 경지에 이른 것이었고, 더 이상 수행은 필요치 않았다. 당신이 1896년 아루나찰라에 도래한 직후의 비범한 고행들은 깊은 삼매의 지복 속에서 자연발생적으로 일어난 일이었지만, 널리 중생들을 교화하기 위한 견고한 밑작업이 되었다. 그 후 54년간 아루나찰라에서 펼쳐진 스리 라마나의 삶은 그 자체 하나의 위대한 드라마였다. 수천수만의 사람들이 당신의 발아래 이르러 가르침을 듣고 침묵의 은총을 받았으며, 많은 성자와 스승들이 당신을 큰 스승으로 추앙했다. 신적 지혜와 자비로써 인류의 영성을 크게 향상시킨 그는 실로 20세기의 붓다였다고 해도 과언이 아닐 것이다.

당신과 가까이 접촉한 많은 사람들은 **바가반**의 한량없는 **자비**가 여러 형태의 은총과 기적들로 나타나는 것을 경험했다. 그 놀랍고 행복한 이야기들이 본서의 곳곳을 수놓고 있지만, 그것은 **참스승**이 깨달음의 안내자이자 깊은 **지혜**의 전범일 뿐만 아니라, 헌신자들의 인간적 소망과 세간적 어려움까지 두루 살피고 보호하는 **아버지**이자 **어머니** 같은 존재였음을 말해준다. 그와 같이 헌신자 개개인과 내밀하게 연결될 수 있었던 것은, 당신 내면의 일종의 투명한 거울에 헌신자들의 마음 상태나 말과 행동이 그대로 비치기 때문이었다. 이른바 '타심통', '천안통', '천이통' 등으로 알려진 그런 통찰력은 **완전한 깨달음**의 깊은 경지에서 나오는 본연의 능력이었고, **스리 라마나**의 아쉬람은 당신의 이런 능력과 따뜻한 시선에 의해 모든 일이 자연스럽고 조화롭게 일어나는 공간이었다.

그러나 **바가반**과 헌신자들이 교류하는 삶에서 더 본질적인 측면은 일체에 편재한 **침묵**이었다. 당신의 회상會上은 기본적으로 말보다는 **침묵**이 지배하는 영역이었고, 그 **침묵** 속에서 엄청난 것들이 끊임없이 전달되고 있었다. 그것은 모든 방문객과 헌신자들의 영적 수준에 개별적으로 최적화된 어떤 작업을 자동적으로 수행하는 고도의 메커니즘이었고, 질문과 답변들이 이루어지는 가운데서도 어김없이 작용하는 강력한 **자각**의 **힘**이었다. 그 **힘**은 당신을 찾아온 사람들뿐만 아니라, 멀리 있는 구도자들에게도 은연중 작용하여 그들을 당신 곁으로 끌어당겼다. 어떤 이들은 한 번도 본 적 없는 당신을 꿈속에서 만나기도 했다. **완전히 깨달은 존재**는 인간들 사이에서 **신**의 경지를 구현한다는 것을 알 수 있다. 그런데 그 **신**은 누구보다도 모범적이고 도덕적인 존재이기도 하다. 예컨대 **바가반**은 종잇조각 하나도 함부로 버리지 않고 모아서 공책을 만드는 최고의 절약가였다. 또한 당신의 행법인 **자기탐구**를 드러나게 권하지도 않고, 그것을 닦는지 묻지도 않는 배려심으로 사람들의 자율성을 최대한 존중했다.

그래서 이러한 회상들의 모음은 '대담'을 모은 어록과는 또 다른 가치가 있다. 대담의 가르침이 공식적인 것이라면, 회상들은 한결 비공식적이면서 바가반의 삶과 가르침 전반을 더 입체적으로 조명해 준다. 또한 친견이나 문답의 이면에서 일어나는, 남들은 알 수 없는 체험들이 어떻게 가능한지도 엿볼 수 있게 한다. 바가반과의 만남으로 가슴이 열려 진아를 체험하거나, 개인적 의문들이 해소되거나, 마음의 고통이 사라진 무수한 사례들이 알려지지 않은 채 그 헌신자들에게 간직되었다. 그것을 가능케 한 신적인 힘 혹은 빛은 그와 같이 세상에 널리 확산되었고, 지금도 퍼져나가고 있다. 궁극의 진리 자체인 바가반은 이와 같이 우리들의 가슴 속으로 들어왔고, 앞으로도 계속 우리의 수행과 깨달음을 인도할 것이다.

본서에는 같은 저자의 다른 책 두 권을 별책으로 합본하였다. V. 가네산 님은 바가반 집안의 후손이자 이제는 그 자신 아쉬람에서 존경 받는 원로 헌신자이고, 바가반의 가르침에 따라 수행하여 깊은 깨달음의 경지를 여신 분이기에, 그 가르침에 대한 저자의 해설을 듣는 것은 우리에게 많은 도움이 될 것이다. 별책 1 『진아가 되라』는 저자가 각지의 아쉬람 지부를 다니며 법문한 내용 중 일부를 모은 것으로, 여기에 수록된 세 권 중 가장 먼저 출간된 것이다. 이것은 바가반의 「실재사십송」 중 일부 연을 해설하면서, 바가반의 가르침에서 핵심을 이루는 자기탐구 수행법을 더 자세히 설명하고 있다. 별책 2 『바가반 라마나의 직접 가르침』은 비슷한 흐름에서 바가반의 가르침을 다양한 각도에서 재조명하고, 『대담』 등에서 발췌한 핵심 가르침을 몇 장에 걸쳐 밀도 있게 제시하고 있다. 다만 별책 2에는 별책 1의 제1장 내용 상당 부분을 약간의 자구 수정과 함께 거의 그대로 옮겨놓은 부분들이 있다. 즉, 중복되는 부분이 있는데, 우리는 이것을 저자가 중요 내용을 반복하여 강조한 것으로 간주하고 읽으면 될 것이다. 여하튼 두 별책은 그렇게 중첩적으로 연결되어 있다.

바가반의 가르침이 침묵이라는 큰 힘에 의해 구도자들의 심장에 직접 전달된다는 것은 앞에서 보았지만, 당신이 가르친 자기탐구 수행법은 어떤가? 바가반 당시에도 이 수행을 어렵게 느끼는 사람들이 많았고, 지금도 그러하다. 이는 기본적으로 사람들이 명상을 어떤 집중의 대상이 있는 '이원적' 수행으로 여기기 때문이다. 호흡 수련에서부터 몸과 마음의 현상이나 내용, 이법理法 등을 관하는 갖가지 행법에 이르기까지 모든 수행법이 이원적인 반면, 자기탐구는 탐구의 주체인 자기와 대상인 자기가 하나로 통일된 비이원적 '자각'의 행법이라는 점에서 독보적이다. (불교에서는 자신의 마음 빛을 돌이켜 비추는 '회광반조'를 본질로 하는 '정혜쌍수', 곧 반야바라밀다 수행이 이 자각의 행법이다.) 이원적 행법들은 '마음'을 사용하기 때문에 마지막까지 마음이 남지만, 자기탐구는 우리가 보편적으로 항상 경험하는 '내가 있다'는 존재-의식을 기반으로 하고, 마음의 '근원' 자체를 추적하기에 마음을 소멸하기가 더 쉽다. 이 원리를 이해하는 것이 무엇보다 중요하며, 본서의 저자도 별책에서 이런 측면들을 강조하고 있다.

바가반 라마나는 이와 같이 인류를 깨달음의 길로 이끄는 최고 수준의 가르침을 베풀었을 뿐 아니라, 완전한 인간(*purushottama*), 곧 붓다의 현대적 모습을 보여주었다. 이것은 지혜와 자비의 화신인 진정한 신의 모습이기도 하다. 이러한 신성神性은 아득한 우주 저편에 있다고 상상되는 어떤 절대적 존재의 특권이 아니라 진아인 우리 모두의 내적 본질이며, 그것은 '지금 여기'에서 깨달음으로 구현될 수 있다는 것이 바가반의 메시지이다. 신으로서 당신은 늘 우리의 내면에 있고, 당신에게 초점을 맞추는 사람은 누구든 그 길로 이끄는 당신의 영적 에너지, 즉 은총을 받을 수 있다. 헌신자와 스승은 늘 연결되어 있고, 우리 모두는 하나이기 때문이다.

2023년 12월 옮긴이 씀